21世纪人力资源与劳动关系精品教材

HUMAN
Resource and Labor
Relations Management

人力资源与
劳动关系管理

唐镳 等 著

东北财经大学出版社
Dongbei University of Finance & Economics Press

大连

图书在版编目（CIP）数据

人力资源与劳动关系管理／唐鑛等著 . —大连：东北财经大学
出版社，2014.8（2017.7 重印）
（21 世纪人力资源与劳动关系精品教材）
ISBN 978-7-5654-1643-9

Ⅰ . 人…　　Ⅱ . 唐…　　Ⅲ . ① 人力资源管理–高等学校–教材
② 劳动关系–管理–高等学校–教材　　Ⅳ . ① F241 ② F246

中国版本图书馆 CIP 数据核字（2014）第 180213 号

东北财经大学出版社出版
（大连市黑石礁尖山街 217 号　邮政编码　116025）
教学支持：（0411）84710309
营 销 部：（0411）84710711
总 编 室：（0411）84710523
网　　址：http：//www. dufep. cn
读者信箱：dufep @ dufe. edu. cn

大连美跃彩色印刷有限公司印刷　　　　东北财经大学出版社发行

幅面尺寸：185mm×260mm　　　字数：440 千字　　印张：21.5　　插页：1
2014 年 8 月第 1 版　　　　　　　　　　　　　　2017 年 7 月第 2 次印刷

责任编辑：石真珍　　　　　　　　　　责任校对：武　晓
封面设计：冀贵收　　　　　　　　　　版式设计：钟福建

定价：38.00 元

总序

劳动关系是劳资双方在工作场所形成的用工关系，它是一种既包括权利关系又包括利益关系的社会关系。劳动关系学就是对这一特定关系进行研究的学科，其核心是雇佣关系和劳动问题的研究。在国际上，早期这一学科被称为劳资关系（industrial relations，国内也译为产业关系），也有雇佣关系（employment relations）的说法。近年来，随着工会密度下降，集体劳动关系让位于个体劳动关系，劳资关系研究的范围已经扩大到与工作相关的全部领域和问题，诸如绩效与报酬的对等承诺与对等实现、工作与生活的平衡、职业安全和健康、就业歧视、雇员满意度、工作安全以及国际劳资关系比较研究等。由于劳资关系与人力资源管理学科的研究领域如此相似，有人认为"劳资关系"的概念已经过时。但也有许多人认为应保留"劳资关系"这一称谓，因为它表达了分析一个被广泛认可的领域的研究方法。作为一种妥协，一些机构采用了比较中立的说法——雇佣关系。2006 年，美国雇佣和劳动关系学会由过去的 LIRA（Labor and Industrial Relations Association）更名为 LERA（Labor and Employment Relations Association）即反映了这一发展趋势和变化。

比起人力资源管理、劳动经济学等相关学科，劳动关系作为一门学科有着无法替代的优势。人力资源管理的基本假设是员工与管理者的合作，劳动经济学的基本假设是各生产要素之间的竞争。假如员工与管理者是完全合作的，人力资源管理的解释框架是最合理的；假如各生产要素是完全竞争的，劳动经济学的解释框架则是最优的。但事实上，既不存在完全的合作，亦不存在完全的竞争，正是真实世界的不完美赋予了劳动关系学科无限的生命力。

劳动关系学科的发展也有赖于劳动关系专业人才的培养。目前，美国康奈尔大学、罗格斯大学、俄亥俄州立大学、明尼苏达大学等在不同院系中都设立了劳动关系专业；英国的剑桥大学、伦敦政治经济学院、华威大学等，加拿大的多伦多大学、蒙特利尔大学等也设立了劳动关系专业。劳动关系学科以及劳动关系人才培养在中国也愈来愈受到重视。在教育部新颁布的《普通高等学校本科专业目录（2012年）》中，劳动关系专业正式列入管理学门类的工商管理类，全国已有50多所大学开设劳动关系课程，部分院校开始设立劳动关系本科专业。近年来，中国人民大学劳动人事学院启动了包括学士、硕士和博士的劳动关系人才培养模式，并招收劳动关系方向的博士后研究人员。

正是在这样的背景下，我们精心策划和组织了本套反映中国劳动关系理论研究和实践操作的"21世纪人力资源与劳动关系精品教材"。概括起来，本丛书与以往的同类教材相比有三个较为显著的特点：第一，整体编排的系统性；第二，教材内容的管理导向；第三，适应学科特色的跨学科融合。正因为此，我们期望本套教材的出版不仅能够反映国内劳动关系学科的发展状况，更能够推动未来我国劳动科学理论研究和实践的不断发展。

最后，我要在这里感谢各位作者投入的辛勤汗水和智慧，感谢东北财经大学出版社的大力支持，感谢他们为中国劳动关系学科的基础性建设工作作出不懈努力！

唐　鑛
2014 年 6 月

前　言

　　劳动关系学科应当说有着独特的存在价值和地位。尽管劳动关系作为一门学科，其研究对象和方法，特别是其与人力资源管理和劳动经济学的关系，存在着不同的学术观点和争论。寇肯教授（Kochan，2005）认为，劳动关系学科的五大特征决定了它对于劳动科学研究的价值：第一，它是以问题为中心的，从劳动关系研究在美国兴起开始，它就关注工资低、工作环境差、劳工政策缺乏、工会代表缺失等现实问题；第二，它采用多学科整体化的方法将问题概念化，经济学、社会学、心理学、政治学等成熟学科的概念框架在不同的问题探讨中各有用武之地；第三，它尊重和重视历史，将对劳工问题的分析放在恰当的历史背景中，能给研究者更多的启示；第四，它采用多样的研究方法，既有量化分析，也有制度的、历史的、案例的分析，既有个体层面的分析，也有组织和社会层面的分析；第五，它假设员工与雇主之间存在着持续性的利益冲突，正是这种独特的制度性假设使得劳动关系理论在对罢工、集体谈判、劳动争议等问题的解释上有相较于其他理论的明显优势。考夫曼教授（Kaufman，2010）指出，劳动关系作为一门学科，其核心是雇佣关系和劳动问题的研究，现实世界中的劳资双方，既不存在完全的合作，亦不存在完全的竞争，正是真实世界的不完美赋予了劳动关系学科无限的生命力。

　　近年来频繁出现的罢工、停工等群体事件不仅影响企业的生产与经营，恶化劳资关系，而且有可能诱发严重的突发性劳资冲突事件。面对工作场所用工管理的复杂现实，我们完全有必要仔细审视工作场所的雇佣关系，重新检讨企业的用工模式，认真思考用工管理中的四个问题：

一、工作场所雇佣关系管理到底有几种模式

　　雇佣关系不是一种纯粹的经济交易，更具体地讲，雇佣问题就是人力资源与

劳动关系问题。研究雇佣关系就是要分析企业、个人、市场、制度和公共政策这些因素在实现效率、公平和参与权这三个目标的过程中分别起什么作用以及如何发挥作用。

工作场所用工管理的关键是一系列可能用于制定并执行工作场所规则的程序，其实质强调的就是管理程序的合法、合情、合理。工作场所雇佣关系管理的程序性规则一般有五种选择：雇主控制、联合磋商、集体谈判、工会主导、法规调节。工作场所雇佣关系管理模式的划分取决于我们对以下四个人力资源与劳动关系关键问题的回答：

（1）劳动力是不是商品？

（2）雇主和雇员是不是自律的劳动力竞争市场中的平等主体？

（3）雇主和雇员之间是否存在内在的利益冲突？

（4）雇员参与权与发言权是否重要？

第一个和第三个问题是劳动关系中的标准问题，加上另外两个以后，基于对全部四个问题的不同看法就可以将工作场所雇佣关系管理模式分为六种：市场竞争、独立雇员代表制、政府监管、员工主导、人力资本经营、传统人力资源管理。其中的独立雇员代表制和政府监管可以归入多元论视角的劳动关系管理，传统人力资源管理和人力资本经营可以归为一元论视角的人力资源管理。

平衡效率、公平和参与权的最恰当的工作场所雇佣关系管理模式取决于对以下四个方面的看法：工作的性质、劳动力市场如何运行、雇佣关系冲突的性质以及工作场所参与权和发言权的重要性。唯市场主义认为，工作场所的公平完全可以通过市场实现，工人通过流动、通过放弃他们不喜欢的工作去追求理想的工作就是他们已经获得发言权的具体体现。人力资源管理的偏好者们则断言参与权可以通过非工会雇员代表计划来提供。激进主义则认为如果雇佣关系中的冲突是基于阶级的冲突，那么平衡财产权和劳工权只是维持资本对劳工统治地位的一种隐蔽形式。相比之下，依靠非市场制度来平衡效率、公平和参与权的要求反映了关于雇佣关系管理中多元主义的思想，这一思想结合了非完全市场中劳资双方之间谈判力量的不平等以及关于民主社会中应该赋予工人以工作场所参与权和发言权的观点。

二、人力资源管理和劳动关系管理有什么区别和联系

用工关系起源于工业革命，是工业革命通过自由的劳动力市场和拥有数千工人的大规模工业组织创造出了现代雇佣关系。

现代意义上的劳动关系、人力资源管理等相关概念是在 1910—1920 年的北美地区主要是美国产生的。20 世纪 20 年代劳动关系和人力资源管理相关领域的概念慢慢发生了变化，此时的劳资关系概念囊括了与工作生活相关的所有领域。随后，劳动关系和人事管理两个概念作为劳资关系的组成部分逐渐被采纳。其

中，劳动关系主要是从员工的视角考虑产业关系中出现的问题，其重点关注的是员工的目标和需求，并希望通过集体谈判来谋求工人与雇主力量的平衡。人事管理则是从雇主的角度考虑企业管理，其关注的重点是员工的招聘、晋升和流转等。这种现象一直持续到 20 世纪 60 年代。

20 世纪 60 年代之后，出现了两个明显的变化。第一个变化就是人力资源和人力资源管理概念的兴起及其对人事管理概念的逐步替代。人力资源管理实践在中小企业的成功更加促进了人力资源管理概念对人事管理概念的替代。20 世纪 90 年代之后，无论是在商界还是学术界，人力资源管理的理念和思想已经完全突破并取代了人事管理概念的内涵和外延。

第二个显著变化是人们对劳资关系理解的变化。之前的劳资关系被认为是包含了与工作场所相关的所有方面的内容，但是现在劳资关系的内涵和外延正在不断萎缩。很多佩带着"劳资关系"标签的研究专家们认为集体谈判才是劳资关系的核心内容，他们逐步将其研究的重点转向了工会、集体谈判和劳工政策等，而缺乏对非工会企业、微观层面企业制度的研究。这些现象使得在一般的理解范围内，劳资关系的概念越来越接近于早期的仅仅基于员工视角的劳动关系范畴。而人力资源管理实践和理论的盛行更使得人力资源管理有逐渐从劳资关系中脱离出来，成为与劳资关系并驾齐驱的一个学科的趋势。话虽如此，但仍有大批劳资关系的学者们坚守着劳资关系研究的传统阵地，他们的研究范围不仅包含集体谈判及劳动政策等传统劳动关系的范畴，还触及与工作场所相关的用工管理的各个领域。

劳动关系管理和人力资源管理有着很多相通的地方，自从雇佣现象产生开始，劳动关系管理和人力资源管理对工作场所问题的研究就都包含了雇主、员工和社会这三种视角，只是其侧重点不同。人力资源管理是以一元论的视角研究雇佣关系。尽管它认识到雇员与雇主在利益上的分歧，但并不强调这些分歧内在的冲突性，研究层面主要是个人和小组水平的雇佣关系。人力资源管理主要从雇主角度出发寻找解决方案，目标在于提高组织效率，较少关注工会和集体谈判的作用。劳动关系管理是以雇主、员工和社会这三种视角研究雇佣关系，客观中立是劳动关系管理的价值出发点。劳动关系管理既承认组织效率是一个重要目标，也强调保护和提高员工的利益。因此，劳动关系管理虽然把雇主看做雇佣关系的重要主体，但是它非常关注工会和集体谈判等调整雇佣关系的"员工视角"，同时也关注通过劳动立法和社会保障来调整雇佣关系的"社会视角"。

三、如何理解人力资源管理在用工管理中的地位及局限性

1. 人力资源管理方法在工作场所用工管理中的地位

人力资源管理与企业雇佣关系的状态存在内在的关联，人力资源管理具有天然的调整雇佣关系的内在功能。虽然和谐劳动关系不是人力资源管理追求的目

标，但是人力资源管理本身就能够在一定程度上有效促进劳动关系的和谐与稳定。

人力资源管理的对象是劳资关系的主体一方，因此人力资源管理不可能回避劳动关系问题，相反劳动关系问题应该是企业人力资源管理所面对的基本问题。在欧美国家，人力资源管理的重要目标之一是通过人力资源管理的方式阻止工会的成立，使企业运行无工会化，因此企业不可避免地要通过各种人力资源管理方式讨好和分化员工，实际上这也在一定程度上协调和解决了部分用工关系中的矛盾。现代人力资源管理理论反复强调，企业人力资源部门的重要职责之一就是维护员工利益。因此，人力资源管理调整劳动关系的基本原则应是在帮助员工实现自身价值的基础上实现企业的组织目标。

可见，虽然人力资源管理以企业绩效为终极目标，但是协调和解决劳动关系问题也是其必备的重要职能。

2. 人力资源管理方法在工作场所用工管理中的局限性

人力资源管理作为一种劳动关系调整方法，存在着天然的局限性，这种局限性集中表现在两个方面：

第一，人力资源管理具有天然的单边性，也就是雇主的单边控制问题。这种单边性其实质就是雇主主导下的劳动关系调整模式，这种调整模式假设雇主能够遵照员工的利益，并通过人力资源管理手段实现企业绩效和员工利益的双赢。但是这种劳动关系是雇主单边控制下的用工关系，是一种极不平衡的劳动关系状态，非常容易产生大量不利于员工一方的冲突。近年来中国企业劳动争议案件数量不断上升与中国现存用工关系管理模式过分倚重企业人力资源管理的思路和方法有很大关系。

第二，人力资源管理具有天然的微观性。人力资源管理方法强调的是企业微观层面的劳动关系调整，但是这种微观层面的劳动关系协调却并不等同于行业和社会层面的劳动关系和谐，甚至有时候部分企业在协调自身内部劳动关系的时候存在诸多破坏国家宏观劳动关系的行为。因此，通过工会、集体谈判、劳动立法和社会保障等方式从宏观层面进行劳动关系调整是非常必要的。反过来，宏观层面的劳动关系协调将直接影响到企业的人力资源管理，它将成为企业人力资源管理的底线和保障。例如，政府发布的劳动标准和用工准则是每个企业在人力资源管理过程中不能违背的，同时这些标准和准则又会影响到人力资源管理的规章制度和程序实践。

四、人力资源管理与劳动关系管理如何实现真正的融合

虽然企业贯彻现代人力资源管理理念，在一定程度上能够实现企业范围内的劳动关系和谐，但是，人力资源管理在调节劳动关系时存在局限和随意性，特别是在劳资双方力量严重不对等的情况下，实行单纯的人力资源管理或者以人力资

源管理为主的劳动关系调整方法是无法实现整个社会劳动关系的和谐的。

劳资双方在工作场所形成的用工关系就是劳动关系，劳动关系管理就是对劳资双方在工作场所形成的用工关系进行统筹协调和战略性管理。战略劳动关系管理的对象就是工作场所中的"人力资源与劳动关系"，我们把"人力资源与劳动关系"（HRIR）作为单个的词语来描述一个宽泛的领域，既包括人力资源管理也包括劳动关系的制度性范式。

战略劳动关系管理清楚地表明劳资双方在企业中是一种谁也离不开谁的相互依存关系，企业只不过是一个利益相关方为实现共同利益并进行各自利益交换的平台而已。因此，在工作场所的具体用工管理实践中这种用工管理是双向的，劳资双方的利益诉求集中表现在报酬与绩效两个方面。为此，战略劳动关系管理提出了"员工第一"的用工管理战略，即企业想要得到员工的绩效承诺，就必须考虑怎样对员工进行报酬承诺。只有组织给予员工的报酬得到员工认可和接受，员工才会产生对组织的认同和承诺。这种高承诺员工既是企业战略的直接执行者，又是企业利益的直接相关者，在企业绩效目标实现过程中具有决定性的作用，他们是企业获得竞争优势、实现企业可持续发展的战略保证。

战略劳动关系管理用多元论的视角来处理工作场所的用工关系，即认为劳资双方虽然有许多重要的利益共同点，双方都希望组织健康发展，但是两者的利益明显不同且经常会发生冲突。因此，战略劳动关系管理认为组织应该建立劳资沟通机制，要求劳资双方通过正式或非正式的协商、沟通和谈判来解决双方用工过程中的系列问题。战略劳动关系管理的最优管理实践则要求企业建立包括预防、协商、调解、仲裁和诉讼五个子系统的企业冲突管理系统，工作场所劳资双方的任何冲突与纠纷都应该通过组织的冲突管理系统来解决和处理。战略劳动关系管理认为可以用两大标准来评判企业冲突管理系统是否得到高效运行：一个是时间第一的原则，即冲突与纠纷应在最短的时间内化解；另一个就是组织内部解决原则，即可以利用一系列经济手段和制度设计，尽可能地把劳资冲突与纠纷化解在企业内部，不要酿成社会性群体事件。

战略劳动关系管理冰山模型包括了现实用工管理中的合法、合情、合理三个层面的内容，其中，"合法"层面是战略劳动关系管理冰山模型浮在水面部分的主要内容；"合法"层面的具体管理实践实际上就是对雇佣关系中员工参与权的落实和维护，是企业规章制度制定过程中民主程序的具体体现，其实质就是企业的民主管理。"合情"层面的小部分浮在水面上，与"合法"层面的内容共同构成冰山的水上部分。"合情"层面的大部分内容是冰山模型悬浮在水面下的部分。"合情"层面的具体管理实践实际上就是对雇佣关系中公平目标的落实和维护，是以人为本的用工管理，其实质就是最终实现企业和员工的共同发展。"合理"层面是战略劳动关系管理冰山模型潜在水下的最深层次的内容。"合理"层面强调劳资双方都必须从效用比较、理性权衡的角度思考和审视工作场所的用工管理问题，强调效率是财富的源泉和实现劳资双方各自利益最大化的基础。"合理"层面的具体管理实践实际上就是对雇佣关系中效率目标的落实和追求。

在我国经济转轨的现实背景下，与劳动关系学科发展和理论演进相一致，我国的劳动关系专业的人才培养也取得了突飞猛进的发展。我本人是劳动经济学背景出身，有过十多年的创业、投资和人力资源管理咨询经验，这导致我的教学实践总是以现实问题为导向。因此，自中国人民大学劳动人事学院劳动关系系成立以来我就在学院分别开设了本科生的"企业劳动关系管理"、研究生的"劳动关系经济学分析"与"企业劳动关系管理研究"、博士生的"劳动关系主文献阅读"和"战略劳动关系管理"等课程。同时，自2011年以来我连续5个学期给全校本科生开设了"人力资源与劳动关系管理"公选课程，选修名额100人，期期超标，效果良好。在充实而辛苦的教学科研实践过程中，我越来越认可北美主流学者的观点：人力资源与劳动关系（HRIR）是一个既包括人力资源管理也包括劳动关系的制度性范式的单个词语；企业要绩效，员工要报酬，报酬和绩效的对等承诺和双向实现是工作场所用工管理的主要矛盾和主要问题；人力资源与劳动关系管理实质上就是一个在组织绩效与员工报酬之间寻找平衡的过程。

正是基于以上认知，我和我的学生撰写了这本《人力资源与劳动关系管理》。该书的很多章节都是在我的课堂上由我的学生记录整理我的讲义并由我们共同讨论完成的，因此，可以说该书基本上是对我五年来关于企业用工管理讲课内容的综合与提炼。本书的具体写作分工如下：刘兰、唐鑛负责第1章；王舒扬负责第2章；嵇月婷负责第3章、第7章、第8章；余田负责第4章；王笑颜负责第5章；刘文静负责第6章；王方易、汪鑫负责第9章；刘兰负责第10章；汪鑫负责第11章。我设计本书的框架结构、提供基本资料并带领大家对全书进行讨论和统稿。

由于我们水平所限，书中必有许多不足和疏漏之处，恳请广大读者批评指正。

唐　鑛

2014年6月

目录

第1章 绪论

1.1 工作场所用工管理的理论创新和思想演进

1.1.1 工作场所的人力资源与劳动关系管理

用工关系起源于工业革命，是工业革命通过自由的劳动力市场和具有数千工人的大规模工业组织创造出的现代劳资关系（employee-employer relations），这种关系从劳动者被企业聘用后就自然产生了，包括劳动者与雇主之间的权利与义务，及其相关事项。

现代意义上的劳动关系、人力资源管理等相关概念是在 1910—1920 年的北美地区主要是美国产生的。此时的产业关系（industrial relations）概念囊括了与工作生活相关的所有领域，反映了传统制造业中工会组织率高的体力劳动者与雇主之间的关系，所以很多时候大家对"产业关系"与"劳资关系"并不加以严格区分。随后，劳工关系（labor relations）和人事管理两个概念作为劳资关系的组成部分逐渐被采纳。其中，劳工关系主要是从员工的视角考虑产业关系中出现的问题，其重点关注的是员工的目标和需求，并希望通过集体谈判来谋求工人与雇主力量的平衡。人事管理则是从雇主的角度考虑企业管理，其关注的重点是员工的招聘、考核、晋升和流转等具体用工管理实践。

20 世纪 60 年代之后，出现了两个明显的变化：第一个变化就是人力资源和人力资源管理概念的兴起及其对人事管理概念的逐步替代；第二个变化是人们对劳资关系理解的变化。之前的劳资关系被认为包含了与工作场所相关的所有方面的内容，但是现在人们认为集体谈判才是劳资关系的核心内容，他们逐步将研究的重点转向了工会、集体谈判和劳工政策等，而缺乏对非工会企业、微观层面企业制度的研究。话虽如此，但仍有大批劳资关系的学者们坚守着劳资关系研究的传统阵地，他们的研究范围不仅包含集体谈判及劳动政策等传统劳动关系的范畴，还触及与工作场所相关的用工管理的各个领域。

目前，人力资源管理（HR）与劳动关系管理（IR）出现了强劲的融合趋势，理论界把"人力资源与劳动关系（HRIR）"作为一个单个的词语来描述一个宽泛的领域，既包括人力资源管理也包括劳动关系的制度性范式。因此，人力资源与劳动关系管理就是对劳资双方在工作场所形成的用工关系进行协调和管理。劳资双方在工作场所中的利益诉求集中表现在报酬与绩效两个方面，企业要绩效，员工要报酬，这都是天经地义的事情。因此，人力资源与劳动关系管理实质上就是一个在组织绩效与员工报酬之间寻找平衡的过程，而员工报酬和组织绩效其本质是劳资双方的对等承诺和对等实现，这才是工作场所用工管理的主要矛盾和主要问题。

考虑到国内的语义环境，我们把劳动关系界定为劳资双方在工作场所形成的用工关系。当前，聚焦于集体谈判及雇主与工会之间关系的传统劳动关系研究已经出现局限性和不适应性，劳动关系研究需要回归"以问题为中心"的核心定位。由于工作场所是劳动关系存在和运行的空间范围，劳动关系包含了雇佣关系所有的研究方面和实践领域，因此，一切工作场所中形成的劳动问题都应纳入劳动关系的研究范畴，且不应当排斥人力资源管理已有的对工作场所中所形成的劳动问题的研究，尤其在中国集体协商、工会制度还不健全的情境下，如何处理现实中的劳动用工问题，如何应对移动互联网和云数据时代的各种挑战，都迫切需要我们对企业用工管理作出相应的理论突破和理论创新。

1.1.2　工作场所用工管理的理论创新和思想演进

自亚当·斯密的《国富论》1776 年出版以来的 200 多年时间里，工作场所用工管理的理论创新和思想演进大致经历了以下几个阶段：

1. 第一个阶段是人事管理

在这个阶段，亚当·斯密的劳动分工理论是企业部门设置和岗位分工的理论基础，亚当·斯密的劳动力思想是工作场所用工管理的理论渊源。在亚当·斯密关于用工管理的理论中有两个著名假设，即他在假设劳动力是同质的基础上还认定劳动力是为机器运行而配置的，劳动力是机器生产系统的一部分，随着生产力的提高，劳动者可以由机器来代替。这个阶段另一个重要的管理思想就是 1911年泰勒在《科学管理原理》中提出的必须采用科学管理来代替传统的经验法则，即专业分工、标准化和最优化思想。泰勒认为管理的主要目的是使劳资双方都得到最大限度的利益。实现这一目的的方式只能是提高劳动生产率，即每个工人都下定决心每天努力做出尽可能多的工作。亚当·斯密的分工理论和泰勒的科学管理原理在底特律老福特的流水线上得到了完美的实现。

2. 第二个阶段是人力资源管理

这个阶段工作场所用工管理理论的代表人物是被誉为"现代管理之父"的彼得·德鲁克。德鲁克在 1954 年出版的《管理的实践》中第一次提出了"人力资源"的概念。在讨论如何管理员工及其工作时，德鲁克明确指出"和其他所有资源相比较而言，唯一的区别就是它是人"，作为人的这种资源具有当前其他资源所没有的素质，即协调能力、融合能力、判断力和想象力。不同于第一个阶段人事管理把员工工具化和同质化的特点，第二个阶段的用工思想则是将员工人格化和异质化。

3. 第三个阶段是人力资本理论

这一阶段的代表人物是舒尔茨和贝克尔。20 世纪 60 年代初哈佛大学的舒尔茨认为人力资本主要是指凝结在员工身上的知识、技能及其所表现出来的工作能力。人力资本具有四大经济特点，即人力资本的创造性、人力资本创造力的本体性、人力资本创造力的无限性和人力资本的自有性。芝加哥大学的贝克尔进一步研究了人力资本形成和获得过程中教育和家庭的作用。舒尔茨和贝克尔的人力资本理论与德鲁克的人力资源理论都强调员工的异质性，但人力资本理论更强调人力资本的形成和获得，强调教育和培训对员工全面发展的重要性，是对德鲁克只关注人力资源使用和激励的差异性理论的进一步深化和扩展。

4. 第四个阶段是战略人力资源管理

20 世纪 80 年代以来工作场所用工管理中流行的战略人力资源管理理论包括人力资源管理角色理论、人力资源产品线思想和人力资源管理的经济学分析等几大模块。密歇根大学的沃尔里奇认为人力资源专业人员在企业用工管理中扮演着四种角色，即战略伙伴角色、行政人事专家角色、组织变革推动者角色以及员工领导和员工支持角色。沃尔里奇的人力资源角色理论将传统的工作场所用工管理真正提升到战略管理的高度，从理论与实践相结合的角度构建了系统的、全面的现代用工管理操作系统。在沃尔里奇等的基础上，南加州大学的劳勒进一步提出了人力资源管理的三条产品线理论，即第一条产品线是行政支持服务，第二条产品线是商业伙伴服务，第三条产品线是战略伙伴服务。劳勒的三条产品线理论彻底让人力资源部门摆脱了过去作为一般职能辅助部门的地位，把人力资源部门上升为真正的价值创造部门（商业部门）。先后在芝加哥大学和斯坦福大学任教的拉奇尔教授从价值和效率的角度分析研究企业制度结构里面最为核心的"人事"管理制度，他强调人力资源管理者必须更多地关注工作的有效产出，必须对管理行为进行成本收益分析，而不能仅仅致力于所从事的工作和行为本身。拉奇尔开创的"人事管理经济学"明确指出工作场所用工管理的每一个环节和步骤都必须且能够给企业创造商业价值，人力资源管理活动必须且能够创造投资者、直线经理以及员工都认同的价值。

5. 第五个阶段是人性化雇佣关系理论

进入 21 世纪以来，人性化雇佣关系理论在工作场所用工管理中越来越流行。明尼苏达大学的巴德认为雇佣不仅仅是一种经济活动，而且也是一种充满人性特征的管理行为，需要公平考虑和对等实现劳资双方的相互承诺。巴德将效率、公平和发言权作为现代人力资源与劳资关系管理的基本目标。为了分析工作场所用工管理中这三大目标的核心地位和实现这三大目标的管理实践，他定义了一个包容性的"人力资源与劳资关系"（human resources and industrial relations，HRIR）研究领域，其中包括多元主义的劳资关系、一元论的人力资源管理以及激进主义的劳工关系。考虑到语义和国情特点，中国人民大学唐鑛教授提出了战略劳动关系管理的思想，该理论认为工作场所用工管理的核心问题是劳资双方的相互期许与相互承诺以及承诺能否对等实现的问题。虽然人力资源管理和战略劳动关系管理对工作场所用工问题的研究都包含了雇主、员工和社会这三种视角，但是其侧重点不同。人力资源管理主要从雇主角度出发寻找问题解决方案，维护企业利益是其价值出发点，而战略劳动关系管理则是以上三种解决途径的一个总和，客观中立是劳动关系管理的价值出发点。

1.1.3 工作场所用工管理的三重境界

劳动关系实质就是雇佣关系（employment relations），劳资双方在企业中是一种谁也离不开谁的相互依存关系，企业只不过是利益相关方为实现共同利益并进行各自利益交换的一个平台而已。由于劳资双方的利益诉求在工作场所管理实践中集中表现为报酬与绩效两个方面，因此，雇佣关系管理的双向性以及用工管理的五次理论创新在工作场所用工管理追求的三重境界得到了完美的展示（如图1-1所示）。

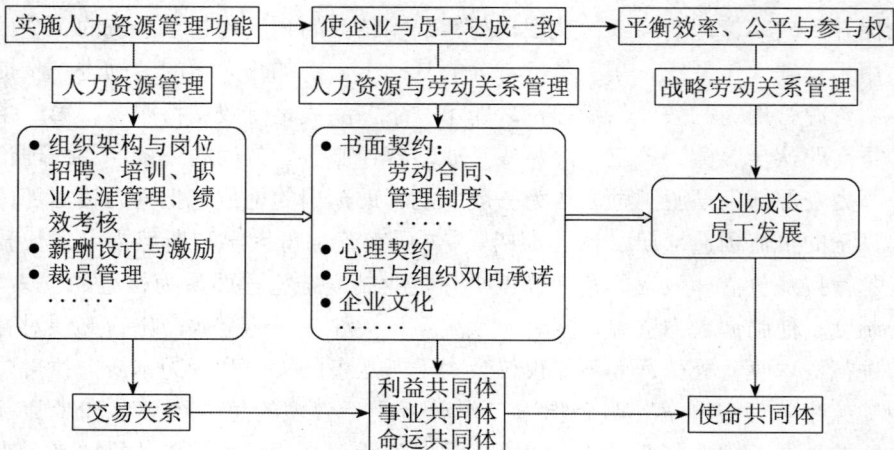

图 1-1 工作场所用工管理的三重境界

1. 用工管理的第一个层次就是传统意义上的人力资源管理

在这个管理层次上，劳资双方的雇佣关系表现为赤裸裸的交易关系，员工投入自己的时间和专业知识为雇主谋利，以此换取一系列的经济与非经济报酬。管理学的 X 理论是这个层次用工管理模式的前提假设。在这个前提下，早期的管理实践中企业管理方认为员工是没有自觉性的，是懒惰的，威慑和控制才是节约用工成本的最好方法，今天的管理实践则是强调激励手段与激励技术在用工管理中的作用。随着管理实践的精细化和管理理论的提升，虽然企业的用工管理越来越追求组织战略与组织架构的对接，越来越追求岗位分析、岗位评估、员工招聘、员工培训、绩效考核、薪酬管理和劳动合同管理等各个管理模块的完美以及各个模块之间的平衡与自洽，但是，这种雇主单边控制的用工管理模式始终局限在劳资双方的关系是一种基于利益交换的关系的认知层面上。

2. 用工管理的第二个层次可以概括为人力资源与劳动关系管理

在这个管理层次上，劳资双方的雇佣关系表现为一种三位一体的关系，即劳资双方试图在工作场所建立一种基于利益共同体、事业共同体和命运共同体的新型雇佣关系。由于该层次的管理模式糅合了管理学的 X 理论和 Y 理论，因此，在这种三位一体的关系中，利益共同体、事业共同体和命运共同体三者之间具有明显的递进关系。虽然该层次的人力资源与劳动关系管理模式能够通过规章制度建设和组织文化建设，使企业与员工暂时达成一致，但这种模式离实现组织可持续发展和劳资双赢的目标还有很大的距离。

3. 用工管理的第三个层次就是战略劳动关系管理

在这个管理层次上，劳资双方为了一个共同的理念和使命，在一个远大目标的召唤下实现了利益共同体、事业共同体和命运共同体三位一体的用工管理。正是因为战略劳动关系管理基于用多元论的视角，认为劳资双方的利益明显不同且经常会发生冲突，因此，战略劳动关系管理才能让工作场所的用工管理实现理想主义和现实主义的完美结合。比如，战略劳动关系管理认为组织应该建立劳资沟通机制，要求劳资双方通过正式或非正式的协商、沟通和谈判来解决劳资双方在用工过程中的系列问题。战略劳动关系管理还认为应在工作场所建立包括预防、协商、调解、仲裁和诉讼五个子系统的企业冲突管理系统，工作场所劳资双方的任何冲突与纠纷都应该通过组织的冲突管理系统来解决和处理。企业冲突管理系统高效运行的标准有两个：一个是时间第一的原则，即冲突与纠纷应在最短的时间内化解；另一个是组织内部解决原则，即可以利用一系列经济手段和制度设计，尽可能地把劳资冲突与纠纷化解在企业内部，不要酿成社会性群体事件。

虽然战略劳动关系管理同样认为报酬和绩效是工作场所用工管理的主要矛盾和主要问题，但是，企业有效的劳动关系管理应当体现合理、合情、合法三原则，达到效率、公平和员工参与的平衡，最终实现雇主与雇员的双赢结果。因此，战略劳动关系管理的用工管理战略是"员工第一"的战略，即企业想要得到员工的绩效承诺，就必须要考虑怎样对员工进行报酬承诺。战略劳动关系管理认为只有组织给予员工的报酬得到员工认可和接受的时候，才会产生员工对组织的认同和承诺。这种高承诺员工既是企业战略的直接执行者，又是企业利益的直接相关者，在企业绩效目标实现过程中具有决定性的作用，他们是企业获得竞争优势，实现可持续发展的战略保证。

通过以上对用工管理的五次理论创新的梳理和对工作场所用工管理三重境界的认知，我们发现，虽然人力资源管理理念在一定程度上能够实现企业范围内的用工关系和谐，但是，人力资源管理的局限性和随意性使得单纯的人力资源管理无法实现整个社会组织雇佣关系的和谐。在现实的用工管理实践中，很多企业已经意识到以交易关系为基础的控制型用工管理模式的不足，正在尝试和探索三位一体的承诺型的用工管理模式。虽然我们面对的管理现实是如此具体而复杂，但是工作场所用工管理的更高境界即战略劳动关系管理仍然应该是企业管理实践努力的目标和方向。

1.2 改革开放以来我国劳动用工关系的发展变迁

工作场所用工关系是一种基本的社会经济关系。改革开放三十余年来，我国经济体制发生了重大变化，劳动用工领域也产生了深刻的变革。劳动用工管理制度的改革正是以调动劳动者的积极性为起点展开，并以逐步确立劳动者的市场主体地位，促成劳动用工关系从身份到契约的转变为方向。劳动制度改革秉承了中国经济体制改革的基本思路，走过了一条双轨制渐进式改革历程。

1.2.1 1978—1991 年：劳动用工制度改革

1. 城乡隔绝体制松动

1978 年 12 月，党的十一届三中全会确立了以经济建设为中心的基本路线，1979 年 9 月，党的十一届四中全会通过了《关于加快农业发展若干问题的决定》，允许农民因时因地制宜，经营自主，广大农村出现了多种经营形式和乡镇企业的劳动力流动。

与此同时，城镇劳动用工制度也进行了改革。1980 年 8 月全国劳动就业工作会议上确定，我国开始实行"在国家统筹规划指导下，实行劳动部门介绍就业、自愿组织起来就业和自谋职业相结合"的"三结合"就业方针。1984 年，中共中央一号文件规定"允许务工、经商、办服务业的农民自理口粮到集镇落户"，20 多年严苛的城乡隔绝体制终于有所松动。此后几年间，大批农民向乡镇转移。

自此开始，城镇形成了以从事第三产业、提供劳务服务为主要形式的劳动力市场，当时也称劳务市场。

2. 劳动合同制出现

1980 年国务院发布了《中外合资企业劳动管理规定》，规定"合营企业职工的雇佣、解雇和辞职，生产和工作任务，工资和奖惩，工作时间和假期，劳动保险和生活福利，劳动保护，劳动纪律等事项，通过订立劳动合同加以规定"。劳动合同制首先在合资企业中推行。同年，上海在国营企业中进行了劳动合同制的试点工作。外商投资企业和试点企业实行劳动合同制为我国劳动制度改革提供了经验。

1986 年国务院发布《国营企业招用工人暂行规定》，要求企业招用工人贯彻执行先培训、后就业的原则，面向社会，公开招收，全面考核，择优录用。1986 年 7 月 12 日，国务院发布《国营企业实行劳动合同制暂行规定》，要求企业在国家劳动工资计划指标内招用常年性工作岗位上的工人一律要与企业签订劳动合同。此后，劳动合同制度逐步扩大到企业干部群体，并最终实现企业"全员劳动合同制"。全员劳动合同制度的推行，否定了在国营企业实行 40 多年的"固定工"用工制度。通过以劳动合同为主要内容的企业用工制度改革，企业试图引进"契约"的形式，将企业的用工制度纳入市场的轨道。这一改革使国营企业中的管理者和劳动者，开始向市场经济的"雇佣者"和"被雇佣者"转变。

与此同时，劳动关系出现了双重二元化的问题。一方面，公有制企业可面向社会通过签订劳动合同招工了，但因"新人新办法，老人老办法"，终身制的固定工与合同工并存，依然是用工主流，最活跃的劳动力市场依然没有完全建立，劳动关系处于改良阶段。另一方面，非公有制企业大量出现，由于当时没有劳动合同法、最低工资规定、最高工时限制、社会保险制度等法律法规，用工不用签劳动合同，工资完全由资方确定，每天工作十几小时非常普遍，既无劳保也无社保等，与公有制企业的规范管理相比，非公企业劳动关系极度自由，没有法制化的劳动关系导致大量侵害劳动者权益的现象出现。

3. 优化劳动组合打破固定工制度

优化劳动组合，是指企业按照择优上岗的原则，通过层层招聘而组成新的劳动组织的一种企业内部的劳动制度。它是我国经济体制改革过程中，为了充分发挥企业劳动者和机器设备的效率，使劳动者与生产资料更紧密、更合理地结合起来而产生的一种新型劳动组织形式。

为了进一步消除原劳动用工制度的弊端，从 1982 年开始，结合劳动合同制的实行，不少地区进行了优化劳动组合（或称合理劳动组合）、全员合同化管理等多种形式的改革探索，一些城市还进行了劳动、工资、社会保险综合配套改革的试点。几年来，全国已有 5 万多个企业和 1 500 多万名职工参与了这项改革。这一改革打破了传统的固定工制度，在择优上岗、合同化管理的多种形式下，一部分职工被"优化"为"企业富余人员"。

4. 企业利益结构改变

1986 年 9 月，国务院发布《全民所有制工业企业厂长工作条例》，规定企业的法定代表人是厂长，负责代表法人（企业）行使职权。在这个条例中，企业厂长的中心地位得以确立。1986 年 12 月，国务院发布《关于深化企业改革增强企业活力的若干规定》，要求地方政府和有关部门将中央政府放给企业的权利坚决放给企业，要全面推行厂长（经理）负责制，厂长对企业负有全面责任，处于中心地位，起中心作用。这一系列政策的实施，使国营企业和政府的关系发生了实质性的变化。企业开始成为相对独立、自主经营、自负盈亏的经济实体，企业经营者的地位和责任发生了重大变化，传统劳动关系中国家的"家长"身份不断削弱。

5. 劳动争议处理制度恢复

1980 年 7 月，为适应外商投资企业的发展，协调外商投资企业劳动关系，国务院公布《中外合资经营企业劳动管理规定》，规定合资企业劳动争议的处理程序为协商、仲裁、诉讼。

1986 年，随着实体用工制度的改革，产生了制定与新的用工制度相适应的劳动争议处理制度的要求。1986 年 7 月 31 日，国务院颁布了《国营企业劳动争议处理暂行规定》，恢复了中断多年的劳动争议仲裁和审判制度。伴随着以契约形式确立劳动关系代替依靠行政力量确立劳动关系，各种不同类型的所有制企业之间的劳动争议更加突出，制定统一的劳动争议处理制度势在必行。这一时期的劳动争议主要发生在国营企业，一方面由于劳动争议的法律制度还不完善，另一方面由于人们的法律意识并不强，在遇到争议的时候更多的是采取行政的或者协商的方式加以处理。

6. 职代会是企业民主管理主要形式

1981 年 6 月，中华全国总工会制定并经中共中央、国务院转发了《国营工业企业职工代表大会暂行条例》，强调职工当家做主，民主管理企业，是社会主义企业同资本主义企业的根本区别之一。职工代表大会是办好社会主义企业的基本组织形式。每个企业必须按照该条例的规定，有准备地、切实地把职工代表大会制度建立起来。从此，在"文化大革命"时期被扭曲和中断的企业职工民主管理制度得以恢复。1986 年 9 月，中共中央、国务院颁布了《全民所有制工业企业职工代表大会条例》，将审议建议权、审议通过权、审议决定权、评议监督权和选举推荐权等项权利规定为职代会的基本权利。职代会制度在国营企业改革过程中为劳动关系的稳定和职工权益保障发挥了重要作用。但随着国营企业改革及非公经济的发展，以公有产权为前提设计的职代会权利体系与《中华人民共和国公司法》等法律中产权体系的设置发生一定的冲突，职代会制度的运行亟须在制度上加以规范。

7. 集体合同制度恢复起步、双向共保

改革开放初期实施的集体合同制度主要还是以体现生产和福利两大内容的共保合同为主要形式。1979年10月，中华全国总工会九届二次执委会议发出了在全民所有制企业签订集体合同的倡议。1983年发布的《中华人民共和国中外合资经营企业法实施条例》等对集体合同制度作了规定。这一时期的集体合同也称为共保合同，即行政保证职工的工资福利待遇，工会保证组织动员职工生产。共保合同所揭示的是劳动关系主体各方利益一体化的社会特征，体现了"生产、生活、教育三位一体"的工会模式。

8. 政府干预色彩浓厚

计划经济劳动关系体制下的政府充当着最终雇主的角色，掌握着劳动标准的制度供给。政府在劳动关系中的一般功能是产权利益和劳权利益的共同维护。为实现这一目的，政府在劳动关系体制中通常制定规制并监督规制实施，监控、协调劳动关系的运行，并建立有效的制度，以及时处理劳动关系冲突。1982年国务院专门发布了《企业职工奖惩条例》，这虽然是法制化的表现，但由于当时还是计划经济时期，法律、法规和规章等主要作为国家干预、行政管理的工具，表现出强烈的行政色彩。

1.2.2 1992—1997年：市场经济体制的形成和建立

1. 减员增效和下岗浪潮推动劳动力市场形成

1993年11月，在中央发布的《关于建立社会主义市场经济体制若干问题的决定》中第一次明确地提出了"改革劳动制度，逐步形成劳动力市场"的劳动制度改革思路。1993年12月，劳动部发布的《关于建立社会主义市场经济体制时期劳动体制改革总体设想》中，将"劳动力市场"定义为生产要素市场的重要组成部分。

伴随着1992年现代企业制度的推行，建立劳动力市场成为劳动制度改革的主要目标。而在"减员增效"的目标下，国有企业开始了大规模的"下岗"浪潮。数千万下岗职工的出现，为城市劳动力市场的建设提供了丰富的劳动力资源。但在名义上，下岗职工还保留着与原企业的劳动关系。

在国务院1997年1月上旬召开的国有企业职工再就业工作会议上，中央政府进一步提出，解决国有企业的困难，要在坚持企业改组、改造、改制和加强企业管理的同时，坚持走减员增效、下岗分流、规范破产、鼓励兼并的路子。在这一阶段，企业用工制度改革围绕着裁减企业富余人员的工作进一步深化，计划经济条件下由国家通过企业行政与职工所构成的以"国家利益"为出发点的劳动关系，加速向市场经济条件下以劳动力供求双方的利益关系为基础的社会经济关系转型。

2. 劳动合同制度全面推进

1992 年，劳动部等部委联合发布《关于深化企业劳动人事、工资分配、社会保险制度改革的意见》，明确要求落实企业的权利，逐步打破企业中干部和工人的身份界限，逐步推行全员劳动合同制，打破企业中固定工和新招合同制工人的界限。

1992 年 2 月，劳动部发布《关于扩大试行全员劳动合同制的通知》，要求各省、自治区、直辖市选择市县试行全员劳动合同制。全员劳动合同制度的推行，否定了在国营企业实行 40 余年的"固定工"用工制度，国有企业工人的身份开始发生变化。

我国劳动合同制度的重大发展和转折是在 1994 年《中华人民共和国劳动法》（以下简称《劳动法》）颁布后。《劳动法》以较大篇幅规定了劳动合同制度，规定所有用人单位不分所有制性质一律实行劳动合同制，劳动合同制成为法定的用工制度。劳动者的范围也从新招用的职工扩大到所有的劳动者。《劳动法》将劳动合同制确定为一种强制性而非选择性的法律制度，并具体规定了劳动合同的订立、变更、解除等制度，标志着我国劳动合同制度的正式建立。《劳动法》颁布施行后，为配合劳动合同制度的推行，劳动部制定了一系列劳动合同的规定，主要包括《关于贯彻执行〈中华人民共和国劳动法〉若干问题的意见》、《企业经济型裁减人员规定》、《违反和解除劳动合同经济补偿办法》、《违反〈劳动法〉有关劳动合同规定的赔偿办法》、《实施〈劳动法〉中有关劳动合同问题的解答》、《关于实行劳动合同制度若干问题的通知》等。同时，劳动部还以通知、复函的形式就劳动合同制度实施中的具体问题进行了解释。

劳动合同制度的全面推进，完成了中国劳动力市场的并轨和企业劳动者在劳动关系中身份的确认。

3. 劳动用工关系利益主体分化，劳动关系呈现多样化特征

从 20 世纪 90 年代后期开始，国有企业实施改制。企业改制对于大企业而言是一个股份化的过程，而对于绝大多数中小企业而言，则是一次快速私有化的过程。与此相配套的是国有企业职工的身份置换。所谓职工置换身份，是指按职工的工龄支付给职工一定的补偿，从而一次性地"买断"职工的"国有企业职工"身份，职工以雇佣劳动者的身份进入劳动力市场和社会保障体系。

随着经济体制改革的不断深化，我国逐步建立起了以公有制为主体、多种经济成分并存的所有制经济结构，除国有企业、集体企业外，还出现了中外合资企业、中外合作企业、外商独资企业、私营企业、乡镇企业及股份制企业等多种类型的企业，不同类型企业的劳动关系有着不同的性质、形式和特质。中外合资企业的劳动关系具有国家资本主义性质，外商独资企业和私营企业的劳动关系具有雇佣劳动性质，乡镇企业和各种联合企业中的劳动关系也具有其特殊性。即使同一所有制类型企业的劳动关系也有不同的表现形式，如国有经济中还有承包制、

租赁制以及国有民营等劳动关系。这就改变了在计划经济时期单一的国有企业和集体企业劳动关系的格局。

4. 集体合同厘清认识，积极推行

1992年4月，《中华人民共和国工会法》（以下简称《工会法》）颁布实施，其第十八条规定："工会帮助、指导职工与企业、事业单位行政方面签订劳动合同。工会可以代表职工与企业、事业单位行政方面签订集体合同。集体合同草案应当提交职工代表大会或者全体职工讨论通过。"1994年7月颁布实施的《劳动法》对集体合同的内容、订立程序、法律效力和有关争议的处理等问题作出了比较具体的法律规定。同年12月，劳动部颁发了《集体合同规定》，更加详细地规定了集体合同制度的各项内容，以指导和规范集体协商及签订集体合同，协调处理集体合同争议，加强集体合同管理。《劳动法》颁布后，中华全国总工会提出了工会工作总体思路，把集体合同制度提升到突出工会维护职能，并带动工会工作全面开展的基本制度形式的高度，并要求在全国范围内全面推行。

1995年8月，中华全国总工会颁布《工会参加平等协商和签订集体合同试行办法》，明确各类企业的工会组织代表职工与企业就涉及职工合法权益等事项进行平等协商。

5. 劳动争议持续增长，争议处理制度基本建立

随着改革进程加快，1992年开始，劳动力大量流动，产生新的劳动关系，劳动争议开始进入一个快速增长且复杂多变的时期。1993年劳动争议案件数量比1992年增长51%，1994年比1993年增长54%，1995年是《劳动法》施行的第一年，劳动争议比1994年增长73%。劳动争议总的动向是集体劳动争议数量增多，实行合同制的劳动争议增多，劳动争议日益显著化，劳动争议的处理难度增大。

1993年，国务院颁布《企业劳动争议处理条例》，基本确立了劳动争议处理制度的"一调一裁两审"的处理机制。同年，劳动部颁布了《劳动争议仲裁委员会组织规则》、《劳动争议仲裁委员会办案规则》、《企业劳动争议调解委员会组织及工作规则》等一系列规章，对劳动争议处理制度的框架进行了构建。随后，劳动部《〈中华人民共和国企业劳动争议处理条例〉若干问题解释》、劳动部办公厅《关于企业劳动争议处理条例若干问题解释中时效问题的复函》、劳动部办公厅《关于劳动争议仲裁疑难问题的复函》、劳动部《关于涉外劳动争议管辖权问题的复函》等一系列复函、解释基本上确立了我国劳动争议处理制度。这一制度经过1994年颁布的《劳动法》的确认，以法律形式确定了我国"一调一裁两审"的劳动争议处理制度。

6. 政府职能开始转变

劳动合同制的推行改变了劳动关系主体双方的利益高度重叠的格局，使劳动关系步入契约化运行轨道，政府角色的定位逐渐明朗。一方面，政府制定和执行对下岗职工的补偿扶助政策，为国有企业改革提供稳定的劳动关系环境；另一方面，把劳动关系调解者的角色塑造作为政府改革的目标，尤其见于 1993 年劳动部《关于建立社会主义市场经济体制时期劳动制度改革总体设想》，规定政府在劳动关系中的基本职责为通过建立健全适应社会主义市场经济要求的劳动关系调整制度，形成国家立法、制定劳动基准规范劳动关系，政府指导协调劳动关系，行政监察维护劳动关系，司法仲裁保障劳动关系双方权益的机制。

1.2.3 1998—2007 年：劳动关系市场化、法制化

1. 劳动关系市场化基本形成

在这一阶段，国有企业的转型和结构性调整进入一个关键时期。对国有企业的全面改制主要在两个层面进行：一是通过出售、转让等多种方式将大批国有中小企业改造为私营企业，大量的中小型国有企业转变为私营企业或者股份制企业，不少企业关闭破产；二是对国有大中型企业实行股份制改造，在这些企业建立"现代企业制度"。2003 年 10 月，党的十六届三中全会作出关于完善社会主义市场经济体制若干问题的决定，标志着我国社会主义市场经济体制初步建立。

与此同时，劳动力市场逐步发育成熟，劳动力供求双方日益具有相对独立性，成为对等的利益主体，劳动关系归属企业化，在此基础上形成了真正市场经济意义上的劳动关系。其主要标志为：一是企业自主用人、劳动者自主就业的双向选择机制已经初步形成，劳动力资源的配置已转变为以企业为主体通过市场机制进行调节；二是在企业内部基本建立起由劳动力市场供求关系调节的工资分配制度；三是劳动关系的形成和调节方式，已经主要通过契约的形式来实现，其具体表现为劳动合同和集体合同。劳动者的就业选择与企业的用人选择、劳动工资标准的制定、社会保险标准、劳动力流动等有关劳动关系的各方面内容，都主要通过劳动力市场机制来调节。

2. 劳动关系法制化正逐步加强

市场化的劳动关系呼吁法制化，1999 年的《失业保险条例》，2001 年的《中华人民共和国职业病防治法》、《工会法》修改决定，2002 年的《中华人民共和国安全生产法》，2003 年的《工伤保险条例》，2004 年的《企业最低工资规定》、《集体合同条例》，2007 年的《中华人民共和国就业促进法》、《中华人民共和国劳动合同法》（以下简称《劳动合同法》）、《中华人民共和国劳动争议调解仲裁法》，2010 年的《中华人民共和国社会保险法》（以下简称《社会保险法》）相继出台，劳动关系法制化进入了快车道。

3. 劳动关系全球化初见端倪

在经济全球化的背景下，我国劳动关系在主体结构、劳动标准、调整方式等方面也开始了国际化的去向，即劳动关系的调整已经不仅仅是一个国家内部事务，而且直接受到国际经贸规则和国际劳工标准的制约。国际劳工标准对我国的

劳动立法和企业劳动标准的设置产生直接影响，同时，我国协调劳动关系的手段也在更多地借鉴通行的国际管理方式。

4. 集体合同制度逐步完善

2000 年，原劳动保障部颁布了《工资集体协商试行办法》，工资集体协商作为吸引劳动关系双方参与集体合同制度建设的手段被重点强调。2000 年，中华全国总工会平等协商签订集体合同工作协调领导小组出台的《关于推行平等协商和集体合同制度工作的意见》，要求各级工会在努力提高企业集体合同建制率的同时，进一步扩大职工覆盖面，并特别要求国有改制企业的集体合同工作要本着"企业改制到哪里，集体合同制度就要新建、重建到哪里"的原则，做到企业改制、整建工会组织、签订集体合同"三同时"。

2004 年，原劳动保障部颁布新的《集体合同规定》，就集体协商的原则，集体协商的内容，集体协商代表，集体协商程序，集体合同的订立、变更、解除和中止，集体合同审查，集体协商争议的协调处理等问题，进行了更为详细、具体的规定。2007 年 6 月颁布的《劳动合同法》对集体合同作了专章规定，明确了集体合同中的工会代表原则，并首次以法律的形式对行业集体合同和区域集体合同作了规定。

5. 协调劳动关系三方机制建立

2001 年 8 月，中华全国总工会与原劳动保障部、中国企业联合会和企业家协会召开会议，原则通过了《关于建立国家协调劳动关系三方会议制度的意见》，正式建立了国家协调劳动关系三方会议制度。2001 年《工会法》第三十四条第二款规定："各级人民政府劳动行政部门应当会同同级工会和企业方面代表，建立劳动关系三方协商机制，共同研究解决劳动关系方面的重大问题。"2002 年 8 月 13 日，原劳动保障部、中华全国总工会、中国企业联合会和中国企业家协会联合发布《关于建立健全劳动关系三方协调机制的指导意见》，要求已经建立了三方协调机制的省份，要在总结实践经验的基础上，将这个机制逐步向市、县区一级延伸，形成本地区多层次的三方协调机制。

1.2.4　2008 年至今：劳动用工关系新特点

1. 农民工在数量上已经超过城镇劳动者

从劳动关系的劳动者一方主体来看，农民工在数量上已超过城镇劳动者，成为我国劳动关系的主体因素。如何平等地处理农民工的劳动关系，已经成为劳动关系调整的重心，也是我国经济持续发展和劳动关系和谐发展的关键。

2. 非公企业已经成为最重要的用工主体

从劳动关系的用人单位一方来看，非公企业已经成为最重要的用工主体，尤其是中小企业，不仅已经成为我国经济发展中最具活力的实体，更重要的是，已经成为我国吸纳就业的主要途径。

3. 以劳务派遣等用工形式为代表的非标准化的劳动关系，已经成为我国一种非常重要的用工形式

由于我国没有劳务派遣的正式统计，目前，有关劳务派遣用工规模，众说纷纭。2006 年我国的劳务派遣用工人数约为 2 500 万人，到 2011 年这一人数就上升到了 3 700 万人，约占我国企业职工总数的 13%。[①] 根据各地的调查分析来看，劳务派遣用工人数逐年上升的这种趋势还会持续发展，其重要性对于我国的劳动关系来说是不言而喻的。全国各行各业使用派遣工情况非常普遍，统计分类的 20 个行业和 7 类所有制单位都或多或少使用派遣工。

4. 劳动关系主体双方之间的利益明晰化，双方的冲突和矛盾调和的难度加大

劳动者与用人单位在利益上存在冲突和矛盾，一方追求工资福利最大化，另一方追求利润最大化，两者利益是此消彼长的关系。但是两者的利益取决于劳动力与生产资料的有效结合，脱离此点，两者利益都不存在，因此，两者利益又具有一致性。对抗性表明了劳资冲突的不可避免和政府干预的必要，非对抗性表明了劳资合作的可能性和必要性。自劳动关系产生以来，由于资本自身的特性，劳资双方的利益冲突、劳资对抗不可避免。只是这种对抗的形式在不同历史时期有不同的表现形式。我国虽然是社会主义国家，人民当家做主，但是，我国同时又实行社会主义市场经济，市场经济的资本是具有共性的。非公企业资本所有者与劳动者的关系从来就具有对抗性，就是雇用与被雇用的关系，劳动者与雇主的利益诉求存在很大的差异。

5. 当前我国企业工资收入差别过大，企业工资分配制度及调控方式难以适应市场化的工资分配机制

当前工资差别过大主要表现在三个方面：一是初次分配中工资比重较低；二是行业工资水平差距过大；三是普通职工的工资收入增长偏慢。这三个主要问题反映出，当前我国企业工资分配制度及调控方式还难以适应市场化的工资分配机制，既不利于充分发挥市场分配机制的优点，也不能有效抑制市场分配机制的自身缺陷。当前，抓住企业工资分配中这一主要矛盾，采取相应措施，将有利于完善我国市场经济条件下的企业工资分配制度和宏观调控方式，且有利于调整分配格局，转变经济增长方式，扩大国内消费需求，促进国民经济持续健康增长，积极应对国际金融危机挑战。

6. 劳动标准问题已经成为劳动关系的主要问题

劳动标准是指为了保障劳动者最起码的劳动报酬、劳动条件而规定的最低限度的措施和要求，主要包括工时制度、休假制度、劳动安全卫生制度、工资保障

---

① 佚名. 我国劳务派遣用工的现状分析 [EB/OL]. [2014 - 04 - 24]. http://zhengce. chinabaogao. com/gonggongfuwu/2014/04241Q3U2014. html.

制度、女工及未成年工保护等。劳动标准法律制度是调整劳动关系的最主要法律制度。

7. 劳动争议案件数量大幅增加

一是劳动者的诉求由争取基本劳动条件逐渐向要求分享企业发展成果转变，由以劳动报酬为主向包括劳动报酬、年终绩效分配、社会保险、解除或终止劳动合同的经济补偿、赔偿金、休息休假等多维诉求转变。二是由集体、国有改制企业劳动争议为主向民营企业为主转变，且案件多发于经济发达地区。三是劳动者集体追索历史加班费现象较为普遍。这表明我国的劳资争议正处于历史的高发期。

第 2 章　企业雇佣战略与公司治理结构

2.1　企业战略与组织结构设计

战略是研究企业人力资源和劳动关系管理的出发点。企业的战略决定了企业的经营发展方向，决定了企业的组织结构设计。同样的，企业的战略管理需要与之相匹配的组织结构作为支撑。一套有效的企业战略与合理的组织结构设计，有助于提高企业绩效，推进企业内部和谐劳动关系的构建，实现劳资双赢。

2.1.1　企业战略

1. 战略的定义

战略一词最早源于军事，后拓展到经济学、管理学、社会学等领域。何谓战略？学术界对于战略的描述不尽相同。

明茨伯格提出企业战略 5Ps 理论，将战略定义为五个方面：（1）战略是一种计划；（2）战略是一种计策；（3）战略是一种模式；（4）战略是一种定位；（5）战略是一种观念。

竞争战略之父迈克尔·波特对企业战略的定义包含三个方面：（1）战略就是创造一种独特、有利的定位，涉及各种不同的运营活动；（2）战略就是在竞争中作出取舍，其实质就是选择不做哪些事情；（3）战略就是在企业的各项运营活动之间建立的一种均衡。

罗伯特·巴泽尔将战略定义为"管理中所采取的对财务绩效具有主要影响的策略和关键性决策。这些策略和决策通常包括了有意义的且不易被撤销的资源约定"。

总结来说，战略是指任何一个组织的具有全局性或决定性的谋划，主要强调四个方面的内容：定位、取舍、均衡和绩效。鉴于组织战略的研究始于企业，从狭义上来讲，组织战略与企业战略属于同一范畴。

2. 战略的层次

企业战略类型一般是根据企业内部的组织结构设计而划分的，一般分为三个层次：公司层战略、业务层战略和职能层战略，如图 2-1 所示。公司层战略是企业最高管理层指导和控制企业的最高行动纲领；业务层战略是在公司层战略的指导下，经营管理某一个战略经营单位的战略计划；职能层战略是为贯彻、实施和支持公司层战略与业务层战略而在企业特定的职能管理领域制定的战略。

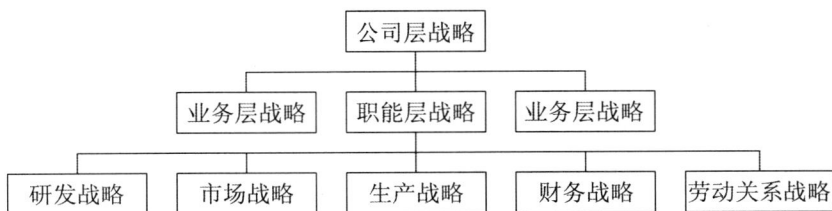

```
                    ┌─────────────┐
                    │  公司层战略   │
                    └─────────────┘
         ┌──────────────┼──────────────┐
  ┌────────────┐ ┌────────────┐ ┌────────────┐
  │  业务层战略  │ │  职能层战略  │ │  业务层战略  │
  └────────────┘ └────────────┘ └────────────┘
    ┌────────┬────────┬────────┬────────┬────────┐
 ┌──────┐ ┌──────┐ ┌──────┐ ┌──────┐ ┌──────────┐
 │研发战略│ │市场战略│ │生产战略│ │财务战略│ │劳动关系战略│
 └──────┘ └──────┘ └──────┘ └──────┘ └──────────┘
```

图 2-1 组织战略层次

（1）公司层战略

公司层战略，又被称为企业整体战略，是覆盖组织整体的战略，处于最广泛的层面，因此一般由企业的最高管理层制定。公司层战略涵盖了组织目标、组织使命、组织宗旨、组织发展计划等，一般侧重于企业所从事经营事业的选择以及资源的配置。

公司层战略主要包含三种类型：①增长型战略，又称扩张型战略，是以扩张经营范围、提升竞争地位、扩大组织规模为导向的战略，包括一体化战略、多元化战略和密集型成长战略，该战略以发展为核心内容。②稳定型战略，又称防御型战略，是以维持经营范围、组织规模为导向的战略，包括暂停战略、无边战略和维持利润战略。③紧缩型战略，又称收缩型战略，是以缩小经营范围和组织规模为导向的战略，包括扭转战略、剥离战略和清算战略。

（2）业务层战略

业务层战略，是为企业的每个业务部门制定的战略，是对公司层战略的第一层分解。业务层战略的制定会根据外部市场状况进行战略规划，包括对特定产品、市场、客户等作出战略抉择。因此，竞争战略一般是在业务层战略（即战略业务单位）这个层次制定的。

业务层战略主要包含三种类型：①成本领先战略，又称低成本战略，是通过各种内部成本控制手段降低生产成本，以价格优势占领市场的战略。②差别化战略，是通过提供不同的产品、服务、企业形象以满足客户的多样化需求，从而形成竞争优势的战略。③集中化战略，又称聚焦战略，是指把经营战略的重点放在一个特定的目标市场上，为特定的地区或特定的购买者或集团提供特殊的产品或服务。

（3）职能层战略

职能层战略是在更细节层面上运行的战略，侧重于企业内部各职能部门的运行效率。各职能部门须制定相应的目标和规划，使各职能部门的战略能够协同起来，从而更好地为公司层战略和业务层战略服务。

职能层战略主要包括：①研发战略，是指组织针对新产品开发目标、达成目标的途径和手段的基层战略，主要包含技术领先和技术跟随两种形式。②市场战略，是指企业在复杂多变的市场环境中，为实现企业经营发展目标，制定的一定时期内的市场营销总体规划，按其内容划分主要包括市场渗透战略、市场开拓战略、市场发展战略、混合市场战略等。③生产战略，是指企业根据所选定的目标市场和产品特点构造其生产系统的基层战略，旨在生产领域内取得某种竞争优势以支持组织的经营战略，而不局限于处理和解决生产领域内部的矛盾和问题。④财务战略，是指为谋求组织资金均衡有效流动的基层战略，主要包含投资战略、融资战略、财务管理战略等。⑤劳动关系战略，是为了获取企业竞争优势，提高企业绩效，实现企业与员工的共同发展，针对企业劳动关系管理所制定的战略。劳动关系战略的目标是实现企业效率、公平和参与权的平衡，为企业战略的实现提供切实有效的支撑，保障企业战略得以顺利落实，进而实现企业的愿景、目标。

3. 战略的规划者

企业战略的制定和落地并非一蹴而就，在其形成过程中，上至董事会成员，下至普通员工，都在不同程度上发挥着作用，贡献着力量。基于在企业战略形成过程中的重要程度，企业发展的战略规划者主要包括董事会、高层管理人员、中低层管理人员。

（1）董事会

董事会掌握着企业战略的最终决策权。董事会作为公司委托-代理关系中的委托人，尽管不涉及企业日常的经营运转事务，对于企业内、外部环境的敏感度弱于企业高级管理层，但是，董事会能够从整体上对企业的未来进行客观的评估和把握，基于股东利益最大化的出发点对企业经营层提出的战略进行测评和选择。

（2）高层管理人员

企业高层管理者是指处于组织结构顶层的、掌握企业经营管理实权的少部分人群，包括企业的 CEO（总裁、总经理）、高层副职以及重要职能和业务部门的负责人，如财务部门负责人。高层管理者熟悉企业的经营发展情况，是企业最为关键的信息交汇点，他们对于企业的经营发展战略最具有发言权，能够较为全面地考虑和评估企业发展的问题。为了避免"内部人控制"，企业高层管理者一旦有了新的战略构思，应该及时与董事会和股东大会进行报备、沟通。此外，为了保证战略的有效性，高层管理者也应该充分尊重企业中低层管理者的意见。

（3）中低层管理人员

相较于企业高层管理者对于企业总体战略的把控，企业中低层管理者主要负责企业的业务层战略和职能层战略，他们在组织机构中所处的位置使他们在企业战略的制定和落实过程中发挥着重要的作用，具体表现为四个方面。其一，企业中低层管理者对于所辖部门有着更深入的认识，对于具体的经营环节有着更多更真实的了解。其二，企业中低层管理者更容易接收来自平级部门负责人或者部门下属的意见，有利于形成新的战略构思。其三，企业中低层管理者所处的位置为他们了解组织内外的多种信息提供了一个特别的视角，他们得以向企业高级管理层提供丰富的资讯，为企业高层制定战略提供科学的依据。其四，企业中低层管理者拥有一定的权力，他们可以在其职权范围内进行改革和创造，为战略雏形的形成创造必要条件。

4. 战略管理的意义

20世纪70年代以来，西方发达国家在环境急剧变化的情况下，为了生存和发展而进行了一次管理上的大变革，越来越多的企业开始实行战略管理，旨在帮助组织的高层管理者作出战略性决策，自此进入了战略管理的时代。美国哈佛大学教授迈克尔·波特认为，战略是一个企业成败的关键，它关系到企业的生死存亡，决定着企业的未来走向。一个缺乏战略引领的企业就如同无源之水、无本之木，战略管理对于企业的成长和发展具有重大意义。

（1）企业战略管理有利于监控企业各层级战略的执行

站在企业管理层的角度来看，企业战略管理可以对高级管理层所制定的公司层战略进行监督，督促高层管理者不断检查和评估战略的合理性。尤其是当公司的外部环境发生较大的变化时，原有战略可能已经无法适应组织未来发展的需要，这时就需要及时构建新的公司层战略。企业的高层管理者需要综合考虑组织所处的内部、外部环境，然后对其原有的公司层战略进行调整、修订，甚至是重新构建。

同样的，站在企业的业务层和职能层角度来看，企业战略管理可以有效、及时地监控业务层战略和职能层战略的实施和执行，有助于公司在操作层面改进决策方法，提高业务层和职能层的效率和管理水平。战略管理也可以看做一个控制和监督的系统过程，它不仅涉及公司层战略管理，而且还牵扯组织的每一项具体业务，能够适时、合理地对业务层战略和职能层战略起到监控作用，从而保证战略的顺利实施。

（2）企业战略管理有利于企业资源的合理配置

企业是商品经济发展、生产社会化的产物，通过合理配置内部有限的资源，追求利润的最大化。战略管理可以促使企业加强资源的合理配置，优化资源结构，最大限度地利用和发挥资源效能，在必要时追加新的资源投入，推进企业整体规模的扩大和效益的提高。从市场竞争的角度来看，战略管理不再是从单一层面和方式上寻求如何打败竞争对手，而是更多地从企业整个系统和战略的高度来配置企业资源，引导企业的经营和成长。

（3）企业战略管理有利于企业和谐劳动关系的构建

尽管企业高级管理层在战略管理中起到了至关重要的作用，但是只有确保企业内部全体成员共同参与战略的酝酿、决策与实施过程，才能最大限度地激发员工的情感与智慧，从而确保企业战略目标的实现。因此，战略管理不仅担负着实现企业使命和愿景以及股东的长期利益的重任，它也是保障企业员工利益的重要机制。企业应该重视员工的民主参与权，为员工提供合适的途径加入企业战略管理的进程，实现员工与管理层的有效沟通，这有利于企业构建和谐劳动关系，实现劳资的双赢。

2.1.2 企业组织结构设计

1. 企业组织结构的基本定义

企业组织结构，是企业全体员工为实现企业目标，在工作中进行专业分工协作，在权力与责任方面形成的结构体系。任何组织都是由作为组成要素的人按照一定的结构建立起来的系统。基于人的主观局限性，企业组织必须具有纵向的上下层次关系和同层次之间的横向或交叉关系。上下层次是一种权力和责任分配的关系，横向层次则是一种专业分工的关系，而它们本质上还是权力与责任的问题，是管理系统中的每一件事都能做好的保证。管理系统中的每一个岗位和部门必须权责一致，权力过小担不起应负的职责，权力过大虽然能保证任务的完成，但也会导致不负责任的权力滥用，甚至影响到整个系统的运行。

企业组织结构设计，是对企业的组织结构进行规划、构建、创新或再造，旨在从组织结构方面确保企业目标的有效实现。企业组织结构设计是一个动态的过程，归纳起来，主要分为 8 个步骤，如图 2-2 所示。

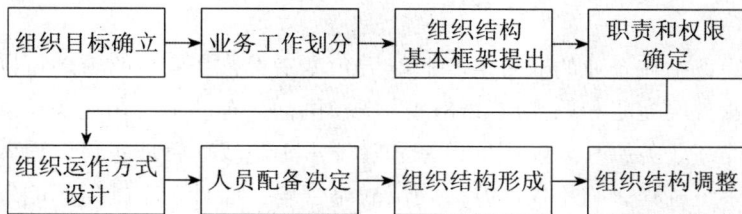

```
组织目标确立 → 业务工作划分 → 组织结构基本框架提出 → 职责和权限确定
                                                              ↓
组织运作方式设计 → 人员配备决定 → 组织结构形成 → 组织结构调整
```

图 2-2　组织结构设计步骤

（1）组织目标确立。通过收集及分析资料，进行设计前的评估，以确定组织目标。

（2）业务工作划分。一个组织是由若干部门组成的，根据组织的工作内容和性质，以及工作之间的联系，将组织活动组合成具体的管理单位，并确定其业务范围和工作量，进行部门的工作划分。

（3）组织结构基本框架提出。按组织设计要求，决定组织的层次及部门结构，形成层次化的组织管理系统。

（4）职责和权限确定。明确规定各层次、各部门以及每一职位的权限、责任。一般用职位说明书或岗位职责等文件形式表达。

（5）组织运作方式设计。它包括：①联系方式的设计，即设计各部门之间的协调方式和控制手段；②管理规范的设计，确定各项管理业务的工作程序、工作标准和管理人员应采用的管理方法等；③各类运行制度的设计。

（6）人员配备决定。按职务、岗位及技能要求，选择配备恰当的管理人员和员工。

（7）组织结构形成。对组织设计进行审查、评价及修改，并确定正式组织结构及组织运作程序，颁布实施。

（8）组织结构调整。根据组织运行情况及内外环境的变化，对组织结构进行调整，使之不断完善。

2. 企业组织结构的基本类型

（1）直线制

直线制是最简单、最古老的一种组织结构形式，又被称为"层次制"或"金字塔式"。在这种组织结构下，职权由上至下进行传递和分解，企业所有者或管理者对下属拥有直接控制权。这种组织结构形式主要适用于小型企业或处于创业阶段的企业。随着企业和组织的发展，这种组织结构形式不能长期维持。直线制组织结构的优点是构架简单、责任明确、形式灵活、层级清晰、命令统一。直线制组织结构的缺点是：①层级过多，容易缺乏横向的沟通和协调；②不适用于发展、成长后的企业；③缺乏专业分工，不利于提高管理水平。

（2）职能制

职能制最早由法国古典管理理论学家亨利·法约尔提出，也被称为 U 型结构（Unity Form）或"法约尔模式"。职能制设计是根据职能来实行部门化，从上至下对各部门进行分工，然后将相似的业务或人员组合在一起，其高度专业化的分工主要适用于单一业务的企业。在这种组织结构下企业的管理权主要集中在最高领导层，如图 2-3 所示。

职能制组织结构的优点是：①通过专业化生产容易实现规模经济，减少人员和资源的重复配置；②组织内各部门的职能界定十分明确，避免重复性任务；③管理权力高度集中，便于企业高层对各个部门实施监控。职能制组织结构的缺点是：①过度细分导致部门间的沟通协调较为困难；②各部门间相互隔离、各自为政，不利于企业整体目标的整合与实现；③集权化的决策制定机制降低了组织的灵活性。

```
                          总经理
        ┌───────────────────┼───────────────────┐
     职能部门A           职能部门B           职能部门C
    ┌────┼────┐        ┌────┼────┐        ┌────┼────┐
  员工  员工  员工    员工  员工  员工    员工  员工  员工
```

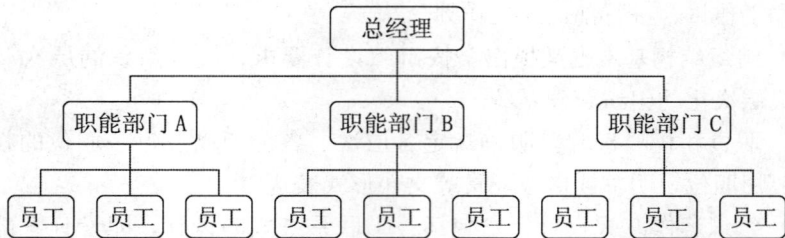

图 2-3　职能制组织结构

（3）事业部制

事业部制最早由美国通用汽车公司的第八任总裁斯隆于 1924 年提出，也被称为 M 型结构（Multidivisional Structure）或"斯隆模式"，是一种高度（层）集权下的分权管理体制，主要适用于规模庞大、品种繁多、技术复杂的联合型或集团型企业。事业部制的组织结构可以根据需要划分为不同的事业部，每个事业部下可按照业务职能划分不同的部门，如图 2-4 所示。

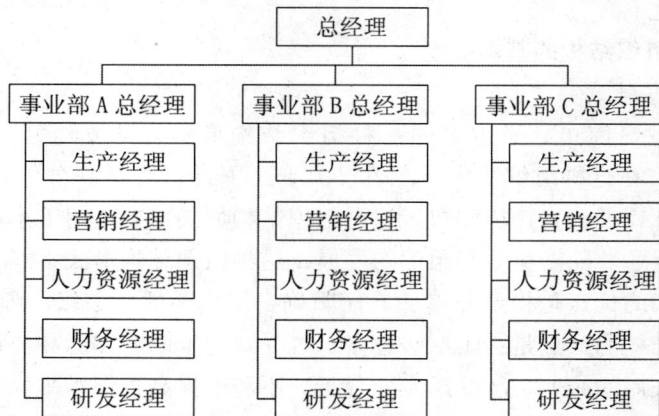

```
                          总经理
        ┌───────────────────┼───────────────────┐
   事业部A总经理         事业部B总经理         事业部C总经理
    ┌─生产经理           ┌─生产经理           ┌─生产经理
    ├─营销经理           ├─营销经理           ├─营销经理
    ├─人力资源经理       ├─人力资源经理       ├─人力资源经理
    ├─财务经理           ├─财务经理           ├─财务经理
    └─研发经理           └─研发经理           └─研发经理
```

图 2-4　事业部制组织结构

事业部制组织结构的优点是：①采用独立核算，能够更好地调动各事业部的生产经营积极性；②有利于各事业部集中精力从全局考虑问题，提高企业快速应对变化的能力。事业部制组织结构的缺点是：①各事业部间采用独立核算，不利于部门间的协作；②各事业部内各职能部门重叠，造成人员浪费，增加企业成本。

（4）矩阵制

矩阵制最早由美国日裔学者威廉·大内于 1981 年提出，是指企业根据项目或者某些专门任务成立跨部门的专门结构，这样所形成的组织结构就是矩阵制。矩阵制是职能制组织结构与项目型组织结构相结合的一种组织结构类型，打破了统一指挥的组织结构设计原则，在具体形态上具有横向与纵向相互交叉的特点，如图 2-5 所示。这种组织结构有利于加强职能和项目之间的联系，常用于从事大量复杂项目管理的企业。

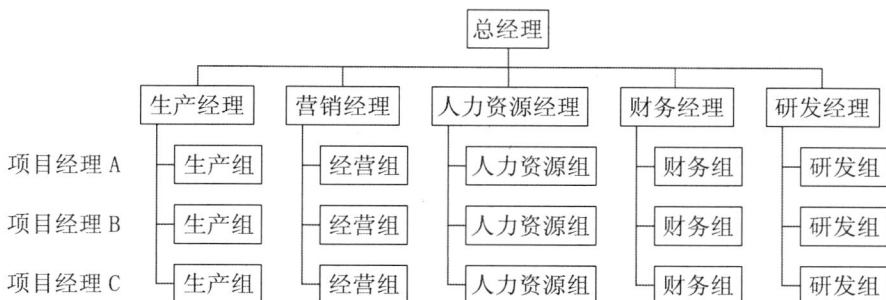

图 2-5　矩阵制组织结构

矩阵制组织结构的优点主要有：①将纵向职能管理与横向项目管理相结合，便于组织协调和资源调配；②组织结构较为灵活，能够较快适应环境的变化，提高决策制定效率。矩阵制组织结构的缺点主要有：①由于组织结构复杂，容易造成权力划分不清晰；②项目负责人的权力和责任容易不对等，缺乏有效的激励和监督。

2.1.3　企业组织结构设计的影响因素

企业组织结构设计的影响因素有很多，绝大多数组织的高层管理者将如何设计一个合适的组织结构归因于四个方面的权变因素：战略、规模、技术和环境的不确定性①。在此基础上，组织文化学派提出"7S"管理模式，对组织结构设计的影响因素进行更为详细和全面的论述。他们认为，企业进行组织结构设计时，既要考虑组织的硬件（例如：战略），还要考虑组织的软件（例如：人员），只有硬件和软件相结合才能使组织真正发挥出最好的效益。鉴于此，我们将组织结构设计的影响因素概括为六个方面：战略、环境、技术、规模、生命周期、员工。

1. 战略的影响

企业处在一个开放的系统中，随时可能受到不断变化的外部环境的影响。相对于企业外部环境变化而言，战略与组织结构作出反应的时间长短是有差别的。战略管理的奠基人艾尔弗雷德·D. 钱德勒认为，当企业所处的外部环境发生变化时，最先作出反应的是战略，而后组织结构才会在战略的推动和影响下对环境变化作出反应，从而形成了战略的前导性和组织结构的滞后性。

（1）战略的前导性：通常是指企业战略变化的速度要快于组织结构变化的速度。这是因为，企业一旦意识到外部环境和内部环境的变化提供了新的机会与需求时，首先是在战略上作出反应，以此谋求经济效益的增长。例如，经济的繁

---

① 罗宾斯，库尔特 . 管理学［M］. 孙健敏，李原，译 .9 版 . 北京：中国人民大学出版社，2008：264.

荣与萧条、技术革新的发展都会对企业现有产品或服务的提供造成影响，即影响企业的产品战略、经营战略等。在这种情况下，企业往往需要制定新的企业战略来适应环境的变化。同时，新的战略需要新的组织结构与之相适应，至少在一定程度上需要调整原有的组织结构。若组织结构不作出相应的变化，新战略也不会使企业获得更大的收益。

（2）组织结构的滞后性：通常是指组织结构的变化慢于战略变化的速度。出现这种情况的原因有两个：一是新旧结构的交替有一定的时间过程。当外部环境发生变化时，企业首先考虑的是战略。新的战略制定出来后，企业才能根据新战略重新设计企业的组织结构。二是旧的组织结构具有一定的惯性。由于管理人员对原有的组织结构已经熟悉、习惯，且运用自如，当新的战略制定出来后，他们常常仍沿用旧有的职权和沟通渠道去管理新的经营活动，尤其是当管理人员感到组织结构的变化会威胁到他们个人的地位、权力和心理的安全感时，他们往往会对新的战略进行抵制，从而造成了组织结构具有滞后性。

企业组织结构的设计受到企业战略的影响，不同的战略要求运用不同的组织结构。以企业产品经营战略为例，艾尔弗雷德·D. 钱德勒基于美国 100 家大公司的案例研究发现，不同的产品经营战略需要不同的组织结构与之相对应，在此过程中，战略起着决定性的作用，如表 2-1 所示。管理学大师亨利·明茨伯格认为，组织结构与企业战略两者之间是相互作用、无法分开的。战略决定企业的组织结构，反过来，一套合理的组织结构设计是保障企业战略实现的前提基础。

表 2-1　　　　　　企业产品经营战略对组织结构设计的影响

经营战略	组织结构
专业化	普通职能制
主、副业多元化	具有单独核算功能的职能制
纵向一体化	混合型
无关多元化	母子公司型
非限制性多元化	事业部制

2. 环境的影响

环境是影响组织结构设计的重要因素。从权变理论的角度来看，在现实中不存在普遍适用的、完美的组织结构，而适合企业的组织结构取决于一定时期内企业所处的环境，而环境具有复杂性和不确定性的特点，只有与企业所处的外部环境相适应的组织结构才可能成为有效的组织结构。此外，企业在进行组织结构设计时，还需要考虑企业所处环境的变化速度以及组织对环境变化的反应速度，这样组织才能更迅速地适应环境的变化并作出及时调整。

3. 技术的影响

技术会对组织结构的设计带来重大的影响。任何一个组织都需要通过技术的力量将投入转化为产出，为达到这一目标，需要将设备、材料、富有知识和经验的人员按照一定形式有机地结合在一起。此外，组织结构的设计需要适应技术的变化，特别是要适应技术应用的重大转变。

4. 规模的影响

组织规模大小是组织结构设计中必须考虑的一个基本因素。不同规模的组织会表现出不同的组织结构特征；同理，不同规模的组织也需要不同的组织结构设计。

美国组织学家彼得·布劳通过对组织规模与组织结构设计相关关系的大量研究认为，组织规模是影响组织结构设计的最重要因素。当组织业务呈现扩张趋势，组织内的员工数量增加、管理跨度增大。管理层次增多，即组织的规模不断扩大，使得组织中劳动分工越多、越细，组织的复杂程度也会相应提高，这必然给组织的管理带来新的困难，进行组织结构调整成为必然。

5. 生命周期的影响

企业组织结构是为了有效实施企业长期目标而设计的，因此在企业的不同成长阶段需要不同的组织结构与之相适应，二者的匹配程度直接影响企业经营效率和企业目标的实现情况。

通常认为，企业的生命周期主要分为四个阶段，即创业阶段、成长阶段、成熟阶段以及衰退阶段。在创业阶段，组织规模较小，组织结构也比较简单，但是随着组织的成长与发展，组织需要及时调整产品的结构，这就必然会产生调整组织结构的压力。在成长阶段，企业进入快速发展通道，组织的发展目标也更加明晰，企业和谐的劳动关系与合理的激励使员工开始与组织的目标保持一致，但该阶段的组织结构可能仍然不够规范合理。在成熟阶段，企业可能会大幅增员，并通过建构清晰的层级制和专业化劳动分工进行规范化、程序化工作。在衰退阶段，企业可能会尝试跨越部门界限组建团队来提高组织的效率。

6. 员工的影响

组织结构的设计必须考虑到组织员工的个体差异。具体来说，企业需要考虑员工对工作专业化、管理层次和跨度等的偏好程度，企业在进行组织结构调整时还要理顺内部员工的劳动关系。

以专业化为例，只有适度的专业化，才能赋予组织内的员工以更高的满意度，过度的专业化会降低员工的满意度，从而导致员工的工作质量降低、缺勤率和流动率提高。以管理层次和跨度为例，随着中间管理层的减少和员工素质的普遍提高，员工也非常渴望对自己从事的工作拥有更多的发言权，因此，较少的管理层次和跨度可以使组织变得更加灵活，激发员工参与计划、管理以及决策的热情，从而提高组织的工作效率。此外，组织结构的调整必然会带来企业员工以及薪酬水平的变动，在短期内会增加企业的不稳定性，因此，企业在进行组织结构调整时，需要高度重视并处理好减员分流、劳动合同、债务债权等一系列涉及企业劳动关系的事宜。

2.2 公司治理结构

公司治理本质上是公司所有者和经营者的一场利益博弈。公司所有者通过实施高管激励机制使经营者的利益与股东利益趋同，通过刚性的高管约束机制对经营者进行监控和限制，最终目的是实现公司所有者对经营者的有效制衡。一套良好的公司治理结构秉承企业的战略思想，能够合理地解决公司内部权力划分与利益分配问题，有助于企业的高效运转，有助于企业战略的落地与执行。

2.2.1 公司治理结构概述

1. 公司治理结构的定义

公司治理结构（corporate governance），又被译为法人治理结构，是一种对公司进行管理和控制的体系。何谓公司治理结构？学术界的定义存在着不同的描述。我国经济学家吴敬琏指出：“所谓公司治理结构，是指由所有者、董事会和高级执行人员（即高级经理人员）三者组成的一种组织结构。在这种结构中，上述三者之间形成一定的制衡关系。所有者将自己的资产交由公司董事会托管；公司董事会是公司的最高决策机构，拥有对高级经理人员的聘用、奖惩以及解雇权；高级经理人员受雇于董事会，组成在董事会领导下的执行机构，在董事会授权范围内经营企业。”美国哈佛大学经济学家施莱佛（Shleifer）和维什尼（Vishny）进一步将公司治理结构归纳为一句话：“公司治理就是要解决出资者应该怎样控制经理，以使他们为自己的利益服务。”

本书对于公司治理结构的定义是：公司治理结构是一种联系并规范股东、董事会、高层管理人员权利和义务分配，以及与此有关的聘选、监督等问题的制度框架，简单而言就是如何在公司内部划分权力。公司治理的核心是在所有权和经营权分离的条件下，由于所有者和经营者的利益不一致而产生的委托-代理关系。公司治理的目标是降低代理成本，使所有者不干预公司的日常经营，同时又保证经理层能以股东的利益和公司的利润最大化为目标。良好的公司治理结构可以解决公司各方利益的分配问题，对公司能否高效运转、是否具有竞争力起到决定性的作用。

2. 公司治理结构的意义

（1）公司治理结构是公司核心竞争力的重要组成部分

纵览《财富》和《福布斯》世界排名 500 强企业的兴衰发展历程，充分证明公司治理结构是公司核心竞争力的重要组成部分。麦肯锡公司 2002 年指出当企业财务状况类似时，在亚洲，投资者愿意为具有良好公司治理结构的亚洲企业多付 20%～30% 的溢价；在美国，投资者愿意为具有良好公司治理结构的美国企业多付 14% 的溢价。换言之，良好的公司治理结构有助于企业吸引投资者，进而增加企业的融资能力，促进企业高绩效地运转。

（2）公司治理结构旨在解决涉及企业成败的两个基本问题

一是如何保证投资者（股东）的投资回报，即协调股东与企业的利益关系。在所有权与经营权分离的情况下，由于股权分散，股东有可能失去控制权，进而使企业被内部人（即高层管理者）所控制。在上述情况下，控制了企业的内部人有可能作出违背股东利益的决策，侵犯股东的利益。这将导致投资者不愿投资或股东"用脚投票"的后果，有损于企业的长期发展。良好的公司治理结构正是要从制度上保证所有者（股东）的控制权与利益。

二是协调企业内部各利益集团的关系。这既包括对经理层与其他员工的有效激励，也包括针对企业高层管理者的约束机制。良好的公司治理结构有助于处理企业各集团的利益关系，尽可能避免因高管决策失误给企业造成的不利影响。

2.2.2 公司治理结构理论

1. 公司治理结构理论的形成

伴随着现代企业的兴起与发展，企业所有权和控制权相分离的趋势引起人们广泛重视。在现代公司制度中，存在着企业所有者（股东）和经营管理者（职业经理人）之间的委托-代理关系。委托-代理制度的效率是以代理人忠诚地为委托人服务为前提的。但是，委托人和代理人是不同的利益主体，二者之间存在着激励不相容。理性的代理人具有机会主义动机，而委托人难以观察、监督涉及代理人自身知识、才能、机遇、努力程度等的私人信息，处于信息劣势，这容易引发代理人的道德风险问题。在上述背景下，形成了公司治理结构理论。

2. 公司治理结构理论研究的三条主线

（1）第一条主线：基于信息的不对称性和企业家能力的专有性，研究道德风险带来的委托-代理问题。委托人和代理人在利益和效用方面存在着差异性，代理人在追求自身效用最大化的过程中可能做出不利于委托人的行为，即产生"道德风险"，主要表现为偷懒行为和机会主义。鉴于此，委托人需要通过适当的激励和拘束机制规范代理人的行为。

（2）第二条主线：不完全契约思想认为公司治理问题源于当代企业具有契约不完全性的特点，公司治理旨在解决那些契约无法明确规定或者是遗留的问题。基于契约不完全性的思想，后续逐步发展形成了信息不对称条件下资本结构的激励理论、信号传递理论和控制权理论，从而将公司的资本结构与公司的治理结构有机地联系起来。

（3）第三条主线：基于上述两条主线发展起来的"利益相关者理论"。该理论认为，随着大型企业的股权普遍分散化，经典意义上的股东所有制企业概念被弱化，股东的资本所有权与企业的法人权益区分日渐明显，公司治理结构开始倾向于注重股东以外的其他利益相关者。第三条主线已经突破了单一的股东主权模式，提出企业的"状态所有权"概念，要求在公司治理结构中实现股东、经营管理者、员工以及商业合作伙伴之间的利益均衡分配。作为公司治理理论的重要组成部分，利益相关者理论强调，公司经营是为公司利益相关者创造财富服务，而不仅仅是为股东利益最大化服务。[①]

2.2.3 公司治理结构的组成要素

现代企业的公司治理结构一般包括四个组成要素：股东会、董事会、高层管理人员和监事会。上述要素在相互依存、相互制衡的过程中发挥着各自的作用。

1. 股东会

现代企业多数是由股东出资建立的，企业财产的所有权属于全体股东。股东会是公司最高的权力机构，是股东实现想法、行使权利的必备机关，公司的重大事项必须经过股东会的审议和批准。遵循股权平等的原则，股东在股东会上通过投票的方式来表达意志，每股一票，而非每人一票。

《中华人民共和国公司法》（以下简称《公司法》）第三十七条规定，股东会行使下列职权：

①决定公司的经营方针和投资计划；

②选举和更换非由职工代表担任的董事、监事，决定有关董事、监事的报酬事项；

③审议批准董事会的报告；

④审议批准监事会或者监事的报告；

⑤审议批准公司的年度财务预算方案、决算方案；

⑥审议批准公司的利润分配方案和弥补亏损方案；

⑦对公司增加或者减少注册资本作出决议；

⑧对发行公司债券作出决议；

⑨对公司合并、分立、解散、清算或者变更公司形式作出决议；

⑩修改公司章程；

⑪公司章程规定的其他职权。

股东不仅可以通过"用手投票"的方式行使权利，也可以对入股资金的所有权以及相应的股份转让处置权，即"用脚投票"。值得注意的是，我国国有独资公司不设股东会，而是授权公司董事会行使股东会的部分职权。

2. 董事会

董事会是由股东会所选举的董事组成的代表所有股东利益的机构，也是股东会闭会期间的公司权力机构。股东会与董事会之间是一种信任托管关系，董事会

---

① 李伟. 我国私营企业公司治理制度问题研究［M］. 武汉：湖北人民出版社，2007：54.

要确保公司的战略和管理实践与股东的利益相一致，保证公司的发展以股东利益的最大化为目标。

（1）董事会的权力

董事会的权力配置是公司治理的核心问题，也是确保董事会有效履行职责的前提。概括而言，董事会的职权涵盖如下五个方面：一是确定公司战略规划、批准经营计划和预算；二是决定重大投资、筹资、撤资、购并、非经常性交易；三是确认执行董事、经营班子的经营业绩；四是任命公司总经理及经营班子成员；五是决定公司总经理及经营班子其他成员的薪酬。从权力性质看，前两项属于战略决策权力，后三项属于监督权力。

具体论及我国法律对于董事会权力的规定，我国《公司法》第四十六条指出，董事会对股东会负责，行使下列职权：

①召集股东会会议，并向股东会报告工作；

②执行股东会的决议；

③决定公司的经营计划和投资方案；

④制订公司的年度财务预算方案、决算方案；

⑤制订公司的利润分配方案和弥补亏损方案；

⑥制订公司增加或者减少注册资本以及发行公司债券的方案；

⑦制订公司合并、分立、解散或者变更公司形式的方案；

⑧决定公司内部管理机构的设置；

⑨决定聘任或者解聘公司经理及其报酬事项，并根据经理的提名决定聘任或者解聘公司副经理、财务负责人及其报酬事项；

⑩制定公司的基本管理制度；

⑪公司章程规定的其他职权。

董事会与以总经理为首的公司高管人员之间的关系是委托-代理关系。董事会权力的合理配置和落实依赖于一套合理、科学、可操作的运行机制，具体包括三个方面：董事会科学的决策机制；董事会对高管人员有效的监督约束机制；董事会对高管人员合理的激励机制。

①决策机制。董事会实行集体决策制度，所作出的决策必须经过全体董事的半数通过。董事对议定事项实行表决、签字，并承担相应的责任。一旦董事会的决议违反法律法规或者公司规章制度、股东大会决议，导致公司蒙受严重经济损失，参与决议的董事应该对公司承担赔偿责任。

②监督约束机制。董事会对董事、高管人员和股东之间的分歧进行监督和管理，并对公司高管人员的经营行为进行监督和管理。董事会的该项机制旨在约束企业经营战略决策，约束企业运作过程，直接监督约束高管人员。

③激励机制。检验董事会治理机制优劣的一个重要标准在于其对经营班子的薪酬安排。为了避免高管人员的"短期行为"与"道德风险"，董事会要实行长

期激励计划。董事会对于高管人员激励手段的有效性、合理性都会影响到董事会治理的效率。

（2）董事会的评估

董事会评估对于完善董事会治理具有重大意义：①通过对董事会团队和董事个体工作的全面评估，可以清晰地反映出整个董事会以及每名董事对公司发展的意义与贡献，这是董事会成员报酬的确定基础；②不论董事会评估程序是定期的还是非定期的，都会有效提高董事会的运作效率；③董事会评估可以改进董事会和公司高管人员之间的工作关系，独立地评价整个董事会、各位董事和执行领导人的工作，有助于建立董事会与执行领导人之间权力分配的平衡；④董事会评价能够增强董事会的团队性；⑤评估程序也起到了一种预警系统的作用。

美国董事联合会的蓝带委员会（NACD Blue Ribbon Commission）在《董事的职业化和专业素质》的报告中详细论述了如何进行董事会评估。[①]

①评估董事会的有效性。划分出什么是董事会有权做的，是如何评估董事会有效性的出发点。第一，区分董事会和经理层的权力，董事会权力得到清楚的理解和表述后，董事会评估应包含对董事会正在做什么和做得怎样的评价；第二，董事会应评估各位董事如何像一个团队一样运作以及是否采用某些结构与程序去强化这一运作；第三，董事会应评估董事个人及董事会整体的发展与教育的成效，评估的结果可以提高董事会业绩。

②评估董事的个人贡献。在考虑一名董事对董事会的贡献时，应评估五个关键要素：个人特征、核心能力、独立性、承诺的程度、团队和公司的考虑。

③评估角色贡献。董事们在董事会中扮演不同的角色，这些角色取决于董事个人是内部董事还是独立董事，是委员会主席还是董事会的主席。对不同的角色有不同的期望值。相应地，董事会应对董事评估进行适当修改以考虑具体的董事会角色。

④结束董事会服务。该委员会公开反对将董事职务终身化的做法，即使是针对非常合格的董事亦是如此。在重新提名董事时，董事会应在考虑符合条件的同时，充分关注环境的变化。

（3）董事会治理的战略意义

董事会治理是连接企业战略与公司治理的桥梁，董事会治理将协助公司提高竞争优势，具体表现为以下四个方面：

①识别外部：董事会能够评估公司管理层是否在最低限度内考虑了各方面的利益平衡，并对经济、文化和行业氛围提供评价意见，特别是面对迅速变化的商业环境，许多行业都在经历剧烈变迁与重组。董事会的经验可以在各方面帮助公司进行外部环境评估，确定公司所处行业的状态。

---

① 梁能. 公司治理结构：中国的实践与美国的经验［M］. 北京：中国人民大学出版社，2000.

②评估内部：董事会的相对独立性能够帮助公司发现管理上的盲点，如资源的流失。

③确定目标：董事会可以使用恰当的手段协助管理层维护公司特定的目标，如关注创新和市场份额，而不是销售收入。此外，董事会亦可以使管理层避免制定不切合实际的过激目标。

④控制压力：董事会能够帮助公司高管人员在长期目标与短期表现、内部要求与外部压力、高层人员的个人意愿与公司整体利益等各种矛盾中设法保持平衡。[①]

3. 高层管理人员

高层管理人员构成了企业日常经营管理事务的执行机构。区别于董事会的集体负责制，执行机构实行首长负责制，即总经理负责制。我国《公司法》第四十九条规定，经理对董事会负责，行使下列职权：

①主持公司的生产经营管理工作，组织实施董事会决议；

②组织实施公司年度经营计划和投资方案；

③拟订公司内部管理机构设置方案；

④拟订公司的基本管理制度；

⑤制定公司的具体规章；

⑥提请聘任或者解聘公司副经理、财务负责人；

⑦决定聘任或者解聘除应由董事会决定聘任或者解聘以外的负责管理人员；

⑧董事会授予的其他职权。

董事会与以总经理为首的公司高管人员之间的关系是委托-代理关系，这种关系具有两个特点。其一，高管人员的权力受到董事会的限制。在董事会的授权范围之内，高管人员有权决策，他人不得随意干涉。一旦超越董事会的授权范围，则必须报请公司董事会审核、决定。其二，公司对于高管人员是一种有偿聘任的雇佣，董事会有权对经营班子的业绩进行监督，并针对高管人员实施激励或惩罚，甚至有权实施解聘。

4. 监事会

监事会是针对公司董事会和高管人员行使监督职能的独立机构，旨在检验董事会和高管层的决策和经营管理活动是否符合企业的利益。监事会不是公司的权力源头，没有管理权，公司的董事、高层管理人员不得兼任监事。我国《公司法》第五十三条规定监事会、不设监事会的公司的监事行使下列职权：

①检查公司财务；

②对董事、高级管理人员执行公司职务的行为进行监督，对违反法律、行政

---

① 拉姆·查然. 顶级董事会运作：如何通过董事会创造公司的竞争优势［M］. 武利中，译. 北京：中国人民大学出版社，2003.

法规、公司章程或者股东会决议的董事、高级管理人员提出罢免的建议；

③当董事、高级管理人员的行为损害公司的利益时，要求董事、高级管理人员予以纠正；

④提议召开临时股东会会议，在董事会不履行本法规定的召集和主持股东会会议职责时召集和主持股东会会议；

⑤向股东会会议提出提案；

⑥依照《公司法》第一百五十二条的规定，对董事、高级管理人员提起诉讼；

⑦公司章程规定的其他职权。

值得强调的是，不同国家对于监事会的规定存在着较大的差异性，公司治理结构的具体模式也有所不同。比如美国和英国，并不设立监事会。

2.2.4 公司治理结构模式比较

1. 英美模式：股权至上

英美公司的治理结构是单层构架，公司不设监事会，由董事会履行监督职责，如图2-6所示。由于美国公司中不存在独立的监督机构，公司的内部监督主要依靠董事会中的独立董事来完成。独立董事制度的功能主要是通过董事会下设的由独立董事组成的专业委员会实现。在美国证券交易委员会的推动下，薪酬委员会、审计委员会和提名委员会作为三个必设的委员会在公众持股的公司中广泛存在。

英美模式又被称为单边治理模式，以股东利益为核心。该模式下，公司治理结构为市场主导型，经济活动的一切运转都是以资本为核心，股东作为资本所有者，其地位是至高无上的，如图2-6所示。该模式主要盛行于英国、美国、加拿大、澳大利亚等国家。英美模式起源于18世纪末，当时两个国家的证券业已非常发达，大量企业以股份公司形式存在，股权高度分散且容易流通。公司股东依托庞大而且发达的自由资本市场，通过股票买卖的方式实现其对公司的影响，促进公司控制权市场的活跃，并以此对代理人形成间接约束。外部发达的资本市场及其作用机制是英美模式得以扎根、发展的力量。近年来，尽管美国公司的机构持股力量不断增长，但银行、保险公司等机构的持股势力却受到了相关法律规制的抑制，它们在公司治理结构中的地位与作用依旧弱小。

2. 日德模式：共同决策

"共同决策"的公司治理结构模式盛行于以德国为代表的西欧国家，并且在东亚的日本得到了极好的发展，日德公司的治理结构是双层构架。"共同决策"模式的典型特征是组织的内部控制。组织控制型公司治理结构模式的特征包括：公司的股权相对集中，持股集团成员对公司行为具有决定作用；银行等金融机构在企业融资和企业监控方面发挥重要作用；监事会对经营管理者的监督、约束作

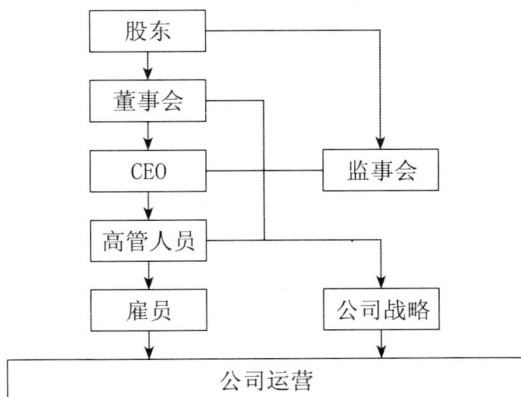

图 2-6　英美模式

用相对直接和突出；公司决策受到公司之间环形持股的法人组织的支配。

　　日本企业的董事会成员由企业法人股东、个人股东、银行或财团三方共同选举产生。日本长期以来推行主银行制度，在企业与特定的银行之间普遍形成了一种长期、稳定的关系，如图 2-7 所示。主银行凭借对于公司的长期贷款与直接持股而实现对公司重大决策的参与，公司之间的相互交叉持股则抑制公司的独立决策，而公司之间与主银行之间相互交叉持股则又挡住了资本市场对其各自的压力。

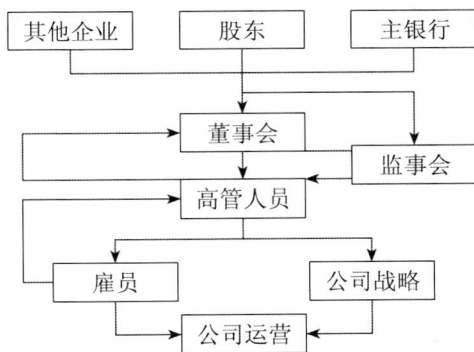

图 2-7　日本公司治理结构

　　德国 1976 年推行的《共同决策法》强调企业必须设置监事会。监事会作为企业的最高监事机构，由企业股东和员工代表组成，强化员工的民主参与，如图2-8 所示。监事会的主要职责有：任命和罢免经理委员会成员；监督企业的营业活动和生产；参与制定企业的重大决策，诸如投资、接受和提供贷款的限额、利润分配和使用、雇佣和解雇企业高级员工等。此外，德国公司治理结构的另一大特色是法人股东特别是银行主导公司融资，在很大程度上掌握着企业的实际控制权。大银行凭借其在公司的巨额持股以及对小股东投票权行使的代理权而主宰公司监事会，并以此对代理人施压或实施激励。此外，大银行常常以其对公司巨额投资的长期化限制公司股票交易的数量。

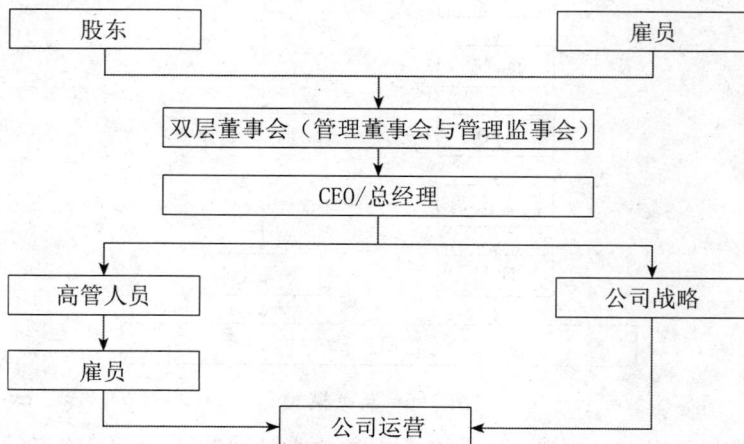

图 2-8 德国公司治理结构

日本的主银行制度、德国的监事会制度，以及公司之间和银行之间的相互交叉持股，作为不同的制度安排，实质上形成了某种形式与程度上的组织控制。另外，日德模式对于公司长期利益与集体主义的信奉，亦使其组织控制机制得到了强化。

2.2.5 公司高管人员的选培、激励与约束机制

公司治理结构的核心是委托-代理问题，企业通过实施有效的选培、激励与约束机制，处理好企业董事会与高管人员之间的委托-代理关系，从而合理地配置内部资源，提升企业的绩效，实现企业股东、董事会、高管人员以及普通员工利益的最大化。

1. 高管人员的选拔和培养

企业应该充分重视高管人员的选拔，要引入与企业制度和文化相一致的高管人员，以避免公司内部的文化制度冲突。论及高管人员的任职资格，可以归纳为10 个维度。

（1）正直和责任心。企业应寻求那些具有高尚道德和正直品质的候选人，即那些有高度职业忠诚和良好职业操守的候选人。这种人工作认真，高度敬业，注重团队精神，能从企业整体利益出发考虑问题，最大限度地规避"道德风险"。

（2）商业判断力。企业应寻求那些拥有某领域专业知识，具备相应工作经验，并能将之运用于制定决策的高管候选人。

（3）财务知识。高管人员必须精通公司的财务管理。企业应寻求懂财务的、能够解读资产负债表、利润表和现金流量表，并能用财务比例和其他指数来评估公司的业绩的高管候选人。

（4）成熟的自信。企业寻求的候选高管应有很强的沟通能力，在与人接触时自信负责，善于与他人配合，同时愿意以公开讨论的方式面对一些尖锐的问题。这样的人选更容易与董事会进行充分沟通与交流，也更容易获得其他高管的信任，形成优秀的经营管理团队。

（5）高业绩标准。企业寻求的高管候选人应作出过突出贡献，将良好的历史成就作为任职的参考条件。

（6）较强处理危机的能力。公司不可避免地会面临着短期或长期危机。公司管理层较强的处理危机能力能够最大限度地降低负面效应，减少危机对企业经营活动的冲击。企业应该选择那些具有较强处理危机能力和较强斡旋能力的高管候选人。

（7）至少精通一种专业知识。公司不断面临着本行业及相关行业新的挑战。每一家公司的经营班子内至少应该有一名或更多具有本行业和相关行业专业知识的技术专家。

（8）国际市场知识。为了在日趋一体化的全球经济中获得成功，公司需要高管人员了解国际市场运行基本规则及全球经济发展趋势，并且掌握第一手国际商务信息。

（9）战略及远见。公司高管人员是参与制定公司发展战略和经营计划的重要主体。企业应该选择那些具有创新、善于分析和把握发展趋势、擅长公司策划和具有战略头脑的高管候选人。

（10）继续学习。随着国际经济一体化的加剧和以信息化、网络化为特征的新经济时代的来临，技术发展日新月异，知识更新愈来愈快，它对企业的经营和管理方式必将产生深远的影响。"学习型组织"理念便是顺应这一潮流提出的，这一理念亦影响对高管人员的甄选。

值得强调的是，企业引入合适的高管人员并非一劳永逸。企业必须针对高管人员进行相关能力的再培训，促使高管人员不断进步，保证企业的经营发展具有持久的、旺盛的生命力。如表2-2所示，企业高管人员有待进一步培养的能力包括：树立职业观念、提高领导者素质、准备领导实施、领导实施、建立权力意识、权利的道德问题、与特权阶层相处、判明冲突诱因、冲突解决办法、管理专业知识。

2. 高管人员的激励机制

公司治理结构的理论背景是企业所有权和控制权的分离。高管人员是企业的经营者，他们决定或参与制定企业的战略决策，直接对企业的经营活动和绩效负责。从委托-代理关系来分析企业股东与高管人员，企业股东是委托人，企业高管是代理人，二者是不同的两个利益群体，他们的利益诉求、行为导向、权利范围存在着差异性。鉴于双方都是理性人，即追求自身利益的最大化，那么企业委托人必须予以代理人适当的激励来缩小二者之间的利益差距。换言之，企业股东

表 2-2 高管人员有待培养的能力类别与内容

能力类别	培养内容
树立职业观念	追求效率、诚信公平、不断学习
提高领导者素质	知识、经验、宽容、果断
准备领导实施	建立群众基础、瓦解敌对势力、寻求外部支持
领导实施	确立权威、指示方向、建立组织文化、协调矛盾、人员培养
建立权力意识	强制性权力、奖赏性权力、法定权力、专家权力、个人魅力
权力的道德问题	辩正看待公平与尊重
与特权阶层相处	惹不起、躲不起
判明冲突诱因	结构、任务界限、文化观念、沟通、依赖
冲突解决办法	淡化、谈判、调解、破裂、消灭
管理专业知识	财务、人力资源、营销等

或董事会应当建立激励机制,最大限度地激发或诱导高管人员的进取心和责任感,从而克服其偷懒行为。

对于企业高管人员的激励机制可以从时间和内容两个维度来划分为四种形式,如图 2-9 所示,包括短期物质激励、短期精神激励、长期物质激励、长期精神激励。不同的激励方式会带来不同的效果。短期物质激励见效快,而长期激励将强化高管人员对于组织的承诺,促进企业与高管人员由简单的委托-代理关系转变为利益共同体、事业共同体、命运共同体、使命共同体,从而实现战略人力资源和劳动关系管理的最高境界。

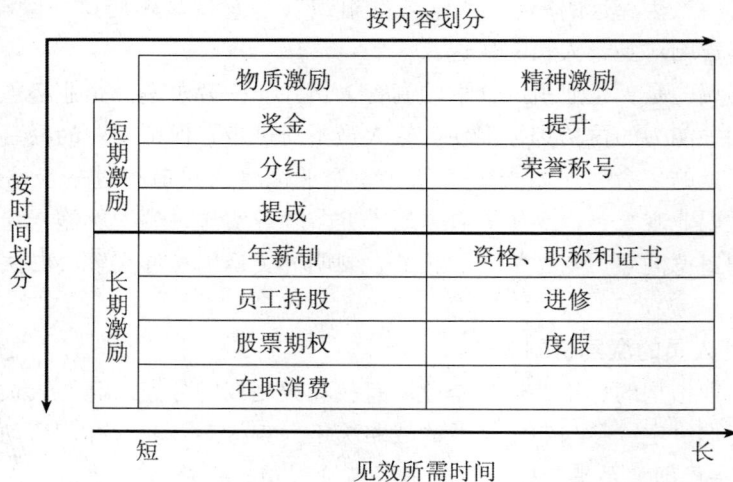

图 2-9 不同的激励机制

具体而言,股票期权等长期物质激励方式使得高管人员与企业利益一体化,尤其股权和股票期权作为一种风险性收入，其价值取决于企业未来的经营业绩，这极大地克服了高管人员的短期行为，使其着眼于企业的长期发展。留学进修等长期精神激励方式关注高管人员的个人发展，有助于提升高管人员的忠诚度，同时强调高管人员能力与素质的提升是保证企业持续发展的重要因素，这增强了高管人员的责任感。

3. 高管人员的约束机制

基于委托–代理理论，作为企业代理人的高管人员与企业所有者是不同的利益群体。企业的董事会、监事会有必要建立适当的约束机制，监督、控制高管人员的经营活动，防范企业高管人员的机会主义行为。企业对于高管人员的约束机制包括两个方面：内部约束机制与外部约束机制，如图2–10所示。

企业内部约束机制	企业外部约束机制
企业规章制度与合同约束	职业经理人市场压力
企业组织机构约束	资本市场压力

图2–10　不同的约束机制

（1）企业内部约束机制

①企业规章制度与合同约束。企业的规章制度是企业内部的法律规定，具有强制性的特征，强调企业内部任何人都不得凌驾于规章制度之上，企业规章制度对于全体成员具有同等的约束效用。一套完善的、明确的企业规章制度必然会涉及企业内部各个利益主体的权责规定，其中包括对于企业高管人员权力、义务、责任的明确限定，这是约束企业高管人员行为的制度保障。

合同约束是指企业在聘用高管人员时与之签订的具有法律效力的任职合同。该份合同不但针对高管人员任职期间的权利、义务、责任作出规定，更从商业保密、竞业限制等方面针对高管人员的离职作出限制，从而形成对于高管人员的不同阶段的有效约束。

②企业组织结构约束。企业内部组织结构的约束，是指依靠公司治理结构中的股东会、董事会以及监事会对企业高管人员形成监督与约束。实施组织结构约束的初衷是充分利用企业内部的制衡力量来监管企业高层，防止高管人员的偷懒和投机行为。

（2）企业外部约束机制

①职业经理人市场压力。随着职业经理人队伍的不断壮大，职业经理人市场的竞争日渐激烈，这为企业内部现任的经理人员带来了压力和潜在威胁。企业股东会根据经理人员的业绩表现和努力程度评判其胜任力，如果现任经理表现糟糕，企业股东完全可以从资源丰富的职业经理人市场选择替代人选。另一方面，发达的职业经理人市场是信息开放的，这意味着如果一名经理因为无能或者徇私

舞弊给企业带来重大经济损失，那么对于这名经理人的差评将会被众多企业获知，这对于一名职业经理人而言，是人力资本的贬值，他将很难获得其他企业的信任。

②资本市场压力。对于上市公司而言，一旦公司经营不善、业绩下滑，股东将会抛售所持有的股票，进而造成公司股价的大幅下跌。为了防止企业被收购，董事会将考虑重新选任企业经营团队，这对于企业高管人员构成了有效的约束。

2.3 企业雇佣战略与用工模式选择

合理的企业雇佣战略是立足于社会经济发展现状和企业内部生产经营状况，从企业和员工长远利益出发，所作出的关于企业人力资源用工规划和雇佣管理等与劳动关系建立相关的战略决策。鉴于雇佣战略决定用工模式，企业应根据所确定的雇佣战略选择适当的用工模式，有效地控制成本和规避风险。在此阶段，企业应遵照战略人力资源和劳动关系管理的要求，将劳资双赢的理念融入雇佣实践。

2.3.1 预测用工需求与供给

由于战略劳动关系管理是从企业整体和长期利益出发，企业在管理实践中首先应及时、全面地对用工需求与供给进行预测、分析，从而制定出符合长远性和经济性需求的雇佣战略。

1. 用工需求预测

企业在进行用工需求预测时，要以实现企业的战略发展目标为指引，综合考虑多方面因素，诸如宏观经济形势、科学技术发展、政策变化、消费者心理、企业的经营发展状况等。其中，与企业直接相关的因素主要包括：

（1）企业的经营规模、经营结构、盈利以及财务资源对企业用工需求数量的约束。

（2）企业未来的生产经营任务和发展计划对用工的职业类别、技能水平的具体要求。

（3）企业的业务量或产量；现有员工的劳动定额和工作负荷情况。

（4）预期的员工流动率，即由晋升、调动、退休、辞职、解雇等原因引起人员变动的规模。

（5）企业有关培训和工作时间等劳动关系管理制度的设计，以及企业劳动关系管理的理念和管理水平对于用工需求的影响。

2. 用工供给预测

企业在进行内部用工供给预测时，同样要结合企业经营发展战略，对涉及企业的相关因素进行考察，主要包括如下方面：

（1）了解企业当前所处的战略发展阶段，掌握企业实际拥有的人员存量。

（2）结合企业所采取的与战略管理相适应的用工策略，对未来的人员供给数量进行测量。

（3）充分考虑企业未来在战略实施的不同阶段可能发生的晋升、调动、退休、辞职、解雇等情形，以及它们对于人力资本变化的影响。

（4）注意从员工个人职业生涯发展的角度，考虑员工的职业目标、接受培训的状况，即企业总体的员工发展潜力。

（5）综合上述各因素，对企业员工的数量、职位类型、素质结构、人工成本等各个方面进行综合反映。

企业在进行外部用工供给预测时，应主要考虑如下因素：劳动力市场状况、政府就业法规和人才政策、企业对人才的吸引力、当地临时劳动力的供给状况、当地教育系统的毕业生数量以及竞争对手的情况等。

2.3.2 选择用工模式

1. 用工模式：标准性、辅助性、关联性

用工模式是企业与员工建立劳动关系时所采用的具体形式，包括对员工进行选择、管理、激励的具体规则和方法。企业用工模式的选择是战略用工规划的重要组成部分，它建立于企业用工需求与供给的预测和分析之上，是企业对于内部实际用工形式的安排与整合。因此，企业合理、规范的用工模式选择对于其内部和谐劳动关系的构建具有重要的影响。

经济全球化加速了我国的经济体制改革和产业结构升级，劳动力市场自由化程度不断提升，企业面临巨大的竞争压力。鉴于长期、稳定、单一的传统雇佣模式无法满足日趋弹性化的用工需求，企业逐步采用多元化的雇佣策略，以适应灵活多变的市场需求。至此，我国的用工模式呈现多元化特征，这是我国经济结构转型与劳动力市场日渐柔性化的必然结果。

当前，我国的用工模式可划分为三种类型，如图2-11所示。第一类是标准性用工模式，也就是传统意义上的直雇全日制用工，即劳动合同用工模式；第二类是辅助性用工模式，包括劳务派遣用工、直雇非全日制用工以及其他分离型用工；第三类是关联性用功模式，主要包括业务外包、劳务型聘用以及诸如在校生勤工俭学、实习等其他形式的用工。

鉴于劳动合同用工、劳务派遣用工、非全日制用工和业务外包是当前劳动力市场最为常见的用工模式，本章将对这四种具体的用工模式进行详细的介绍。

2. 劳动合同用工模式

（1）劳动合同用工模式的基本构成

根据《劳动合同法》第十二条的规定，劳动合同包括三种类型：固定期限劳动合同、无固定期限劳动合同和以完成一定工作任务为期限的劳动合同。

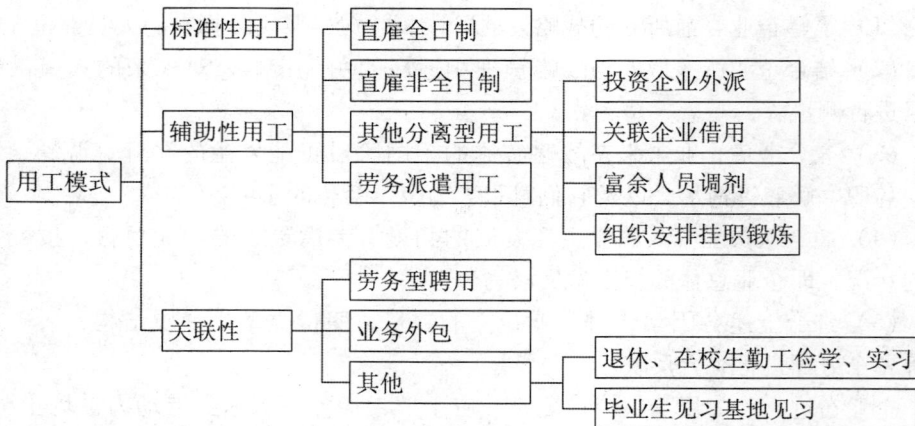

图 2-11　用工模式

固定期限劳动合同用工模式是指用人单位与劳动者所订立的劳动合同规定了明确的起始时间和终止时间，劳动合同期限届满，劳动关系即宣告终止，若经劳资双方协商同意，则可以续订合同。

无固定期限劳动合同用工模式是指用人单位与劳动者在订立劳动合同时，约定无确定终止时间。《劳动合同法》第十四条规定，只要用人单位与劳动者协商一致，就可以签订无固定期限劳动合同。对于一些特殊主体，劳动者提出或同意续订、订立劳动合同的，除非劳动者提出订立固定期限劳动合同之外，用人单位必须与其签订无固定期限劳动合同，具体包括三种情形：劳动者已经在该单位连续工作满十年以上的；用人单位初次实行劳动合同制度或国有企业改制重新签订劳动合同时，劳动者在该用人单位连续工作满十年或者距离法定退休年龄在十年以内的；连续签订两次固定期限劳动合同，且劳动者没有过失性解除情形和医疗期满解除、不能胜任解除情形的。

以完成一定工作任务为期限的劳动合同用工模式是指用人单位与劳动者在劳动合同中约定以某项工作的完成为合同期限，也就是把完成某一项工作或工程确定为劳动合同终止的条件。该种用工模式的特点是劳动合同期限的确定不是以具体的时间，而是以合同中规定的工作任务的完成作为合同期满的有效期限。

（2）劳动合同用工模式的优势分析

劳动合同用工属于传统的用工模式，对企业劳动关系管理战略的落地实施有着基础性的支持作用。具体而言，固定期限的劳动合同用工模式既能保持劳动关系的相对稳定性，又能促进劳动力的合理流动，同时可以减少不必要的劳动纠纷，有着较广的适用范围和较强的灵活性。无固定期限劳动合同的用工模式主要适用于技术性强、保密性强、企业需要与员工保持长期稳定劳动关系的岗位，以及崇尚技术创新和采取差异化战略的企业。以完成一定工作任务为期限的劳动合同用工模式适用于完成单项工作任务、通过项目承包完成任务以及季节性用工等情形，具有一定的灵活性。

（3）劳动合同用工模式的法律风险

①无固定期限劳动合同用工模式。尽管无固定期限劳动合同用工模式所建立的劳动关系在大多数情况下处于稳定的状态，但其法律风险在一定情形下依然存在，主要体现在两个方面：

其一，企业与劳动者解除劳动合同时存在着较多的法律约束。从某种程度而言，企业用工方面的自由裁量权受到了极大的限制。根据《劳动合同法》的规定，企业与劳动者签订劳动合同，必须明确约定劳动报酬、工作岗位、工作地点等内容，企业如果需要调整，必须与劳动者协商一致，并且在没有出现法定情形时，企业不得单方面解除劳动合同。虽然无固定期限劳动合同不等同于"铁饭碗"，但这确实增大了企业解雇员工的风险性，进而导致企业在进行用工调整时受到了极大的限制，企业可能会因为对无固定期限劳动合同的不当解除承受法律后果。

其二，企业预防、控制劳动争议的难度增大。一方面，从劳动者角度来讲，与企业签订无固定期限劳动后，他们倾向于以无固定期限劳动合同不易解除为保障，当其认为企业的管理行为与个人利益相冲突时更容易采用消极的行为与企业进行对抗，这增大了劳动纠纷发生的可能性。另一方面，从企业的角度来讲，在无固定期限劳动合同的用工模式下，企业需要开展时间跨度长、涵盖内容全面的劳动关系管理，这对于企业管理制度的设计和实施提出了更高的要求，企业需要更为准确、深入地理解法律法规对于劳动者权益的具体规定。

②固定期限劳动合同和以完成一定工作任务为期限的劳动合同用工模式。相较于无固定期限劳动合同用工模式，固定期限劳动合同和以完成一定工作任务为期限的劳动合同用工模式更为灵活，企业可以更为灵活地退出不利于企业战略目标实现的劳动关系。但是，根据《劳动合同法》的规定，连续订立两次固定期限劳动合同后，且劳动者没有过失性解除情形和医疗期满解除、不能胜任解除情形的，若劳动者提出或同意续订、订立劳动合同，除非劳动者提出订立固定期限劳动合同之外，企业必须与其签订无固定期限劳动合同。除此之外，在这两种用工模式下，企业需要与劳动者进行频繁的劳动合同订立、续订、解除等程序，这增加了实际工作中界定与确认劳动者权益的工作量。另外，员工的频繁流动也容易产生短工效应，导致企业的员工队伍处于不稳定的状态，增加企业招聘和培训的成本，分散企业开展高效劳动关系管理、预防和处理劳动纠纷的精力。

3. 劳务派遣用工模式

（1）劳务派遣用工模式的概念

劳务派遣用工模式是指劳务派遣单位与被派遣劳动者订立劳动合同，劳务派遣单位根据用工单位的需求与之签订劳务派遣协议，并按照派遣协议将劳动者派遣到用工单位劳动，劳动过程由用工单位进行指挥、监督和管理的用工形式。相较于传统的标准化用工，劳务派遣作为一种灵活的、非正规的用工模式，近年来在我国发展迅猛，备受企业青睐。

（2）劳务派遣用工模式的特点

①劳动力雇佣与使用相分离。劳务派遣用工模式下，传统的"雇佣""使用"一体化的直接雇佣的两方关系转化为劳务派遣单位、用工单位与劳动者之间的三方关系。劳务派遣单位与劳动者之间存在劳动合同关系，派遣单位必须按照法律规定支付劳动者薪资；劳务派遣单位与用工单位之间是劳务派遣协议下的民事法律关系；用工单位与劳动者签订劳务协议，为被派遣劳动者提供工作岗位和其他劳动条件，直接管理和指挥被派遣劳动者从事劳动。

②劳务派遣的用工范围和用工比例存在一定限制。《劳动合同法》第六十六条规定，我国企业的基本用工形式为劳动合同工，劳务派遣作为一种用工的补充形式，"只能"适用于"临时性、辅助性、替代性"的工作岗位：临时性工作岗位是指存续时间不超过六个月的岗位；辅助性工作岗位是指为主营业务岗位提供服务的非主营业务岗位；替代性工作岗位是指用工单位的劳动者因脱产学习、休假等原因无法工作的一定期间内，可以由其他劳动者替代工作的岗位。人力资源和社会保障部2014年颁行的《劳务派遣暂行规定》进一步指出，用工单位决定使用被派遣劳动者的辅助性岗位，应当经职工代表大会或者全体职工讨论，提出方案和意见，与工会或者职工代表平等协商确定，并在用工单位内公示。此外，为了严格控制劳务派遣用工数量，《劳务派遣暂行规定》第四条规定，用工单位使用的被派遣劳动者数量不得超过其用工总量的10%。

③禁止自我派遣。劳务派遣用工模式在降低企业用工成本、规避法律风险方面具有巨大优势，但是严禁企业进行自我派遣。《劳动合同法》第六十七条规定，用人单位不得设立劳务派遣单位向本单位或者所属单位派遣劳动者。

（3）劳务派遣用工模式的优势分析

分析劳务派遣用工模式的优势可以从用工企业和劳动者两个方面进行分析。

对于企业而言，特别是大、中型企业，劳务派遣用工模式有利于企业降低成本、规避风险、增加用工灵活性、打破编制与工资总额的限制，具体分析如下：

①降低用工成本。企业在实行服务于发展战略的人力资源和劳动关系管理时，通常有着控制并降低组织成本的战略动机，劳务派遣用工模式的临时性、辅助性和替代性的用工特征在一定程度上能够满足企业的发展需求。对于国有企业而言，为派遣员工制定薪酬标准时，只需考虑市场价格，不必有"老牌国有职工"以资历论报酬的顾虑。此外，企业无需为被派遣员工额外支付其他计划外的费用，劳务派遣专用发票也可计入企业税前成本开支。因此，综合核算派遣员工的支出比等数量在编员工的支出大大降低。

②规避用工风险。自《劳动合同法》颁行以来，员工流动性和同工同酬等现实用工问题促使企业积极寻求既能满足用工需求，又能够符合法律标准的解决

方案。最大限度地转移解雇风险，在相当长一个时期内仍会成为企业大量使用派遣员工的最大动因。法律对于员工跳槽的限制相对宽松，而对于企业而言，辞退正式员工则涉及举证、协商、赔偿经济损失等一系列繁琐的过程，解聘正式员工产生的高额成本使得企业在找人时顾虑重重。而辞退派遣员工只需将他们遣送回派遣公司，避免了许多麻烦，也降低了损失过重的风险。同时，企业也可以让派遣员工充当正式员工的后备军，经过长时间的考察确定其能够胜任工作后再将其转正成为正式员工。换言之，许多企业已将派遣员工当成企业的人才备用库。

③降低人事管理工作量及管理成本。劳务派遣中存在以劳务派遣机构为中间行为主体的三种关系：派遣机构与派遣员工之间隶属性质的劳动关系、派遣机构与用工单位之间的合作关系，以及派遣员工与用工单位之间的劳务关系。在劳务派遣制度下，企业只需对派遣员工作出相关的管理规定，并按照既定的任务标准对其进行管理与考核。而具体的人事管理工作，如工资薪酬的发放，社会保险的代收代缴，劳动合同的签订、续签和解除等，均由劳务派遣公司负责完成。这种用工模式大幅降低了企业人事管理事务的工作量和管理成本，也减少了人事相关的麻烦，可以使企业经营者更专注于事业的发展和企业的生产经营。

④增加企业用工机制的灵活性。目前在我国市场经济条件下，知识经济正在兴起，员工的流动性大大提高。然而，《劳动合同法》中有关"无固定期限劳动合同"的规定带给企业巨大的压力与冲击。鉴于此，企业劳务派遣用工的另一动机，是想借此甩掉"无固定期限劳动合同"的包袱。企业只需与劳务派遣机构签订一份劳务派遣协议，然后由劳务派遣机构把合适的人员派到企业，企业可根据生产经营需要，随时要求派遣机构增减派遣员工数量。劳务派遣用工模式特别适合技术更新迅速、经营发展变化快、不同发展阶段对人才需求不尽相同的大、中型企业。

⑤打破人员编制与工资总额限制。国有企业受人员编制限制，每年的人工成本都有上限，而每年的利润也都有下限。这就使企业面临"编制员工数目难以满足生产需求"的难题。劳务派遣作为一种灵活的用工模式，其员工不包含在企业人员编制之内，雇佣派遣员工的成本也不包含在人工成本编制之内。因此，国有企业可以通过招收大量劳务派遣员工来达成企业的生产目标，这也是劳务派遣用工模式颇受国有企业青睐的重要原因。

对于劳动者而言，青睐劳务派遣这种新型就业形式的人群主要分为两类：一类是喜欢特定的单位或岗位，不在乎具体就业形式，主要是青年人，高学历、高就业能力的劳动者，他们的人力资本存量较高，在劳动力市场上一般具有较强的竞争力；另一类是希望通过劳务派遣实现暂时就业，以便日后搜寻正式的工作，多是劳动力市场的弱势群体，包括下岗失业人员、农民、高龄劳动者以及妇女，他们的人力资本存量较低，自身就业能力较低，短期内难以找到稳定的工作岗位。此外，随着经济全球化以及社会各阶层多元化的发展，劳动者的就业观念与就业选择日趋多元化。部分劳动者之所以选择劳务派遣是出于对弹性工作的偏好。他们不希望被固定工作岗位束缚，偏好自由度、弹性度相对较高的工作安排，劳务派遣在一定程度上满足了该类人群的需求。

（4）劳务派遣用工模式的局限性

①劳务派遣用工模式的法律风险在一定情形下存在，主要体现在以下三个方面，企业应该进行积极的预防和规避：

第一，企业未认真审查劳务派遣单位的资质，将承担相应的法律责任。《劳动合同法》第五十七条规定，劳务派遣单位的注册资本不得少于人民币200万元，劳务派遣单位不仅要具备与开展派遣业务相配套的固定经营场所和设施，还要拥有符合法律及行政法规规定的劳务派遣管理制度。用工企业在与派遣单位签订劳务派遣协议时，若未进行严格审查，与不具备资质的劳务派遣单位签订派遣协议，则派遣协议将被认定为无效，企业与劳动者之间很可能被认定为劳动关系，企业将承担相应责任。

第二，被派遣劳动者发生工伤、职业病的，用工企业承担相应的法律责任。《劳务派遣暂行规定》第十条规定，被派遣劳动者在用工单位因工作遭受事故伤害的，劳务派遣单位应当依法申请工伤认定，用工单位应当协助工伤认定的调查核实工作。劳务派遣单位承担工伤保险责任，但可以与用工单位约定补偿办法。被派遣劳动者在申请进行职业病诊断、鉴定时，用工单位应当负责处理职业病诊断、鉴定事宜，并如实提供职业病诊断、鉴定所需的劳动者职业史和职业危害接触史、工作场所职业病危害因素检测结果等资料。

第三，被派遣劳动者未与劳务派遣单位签订劳动合同的，用工企业与其形成劳动关系，承担用人单位相应的法律责任。在劳务派遣模式下，企业负责实际用工过程的管理与控制，一旦被派遣劳动者未及时与劳务派遣单位签订劳动合同，用工企业将有可能被认定与劳动者形成劳动关系，即使企业与劳动者并未签订书面的劳动合同。一旦发生上述情况，企业必须履行用人单位的义务，并承担相应的法律责任。

②相对于传统用工模式，劳务派遣用工模式下的劳动者的就业质量偏低，主要体现在三个方面：同工不同酬，集体劳权难以保障，稳定性差、职业发展机会少。

第一，同工不同酬。尽管《劳动合同法》第六十三条赋予被派遣劳动者享有与用工单位的劳动者同工同酬的权利，但实施的效果差强人意。在工资待遇方面，劳务派遣工远低于企业正式员工，且缺乏正常的工资增长机制；在社会保险缴纳方面，多数企业按照不同标准区别对待劳务派遣工与正式工，劳务派遣工所享受的缴费标准低、险种不齐全；在福利待遇，诸如带薪年休假、住房公积金等方面，劳务派遣工与正式工差别明显。实践中为了规避"同工不同酬"，部分企业采取"不混岗"的策略来钻法律的空子，即劳务派遣工事实上从事着与正式工相同或相似的工作且取得了相同的工作业绩，却被企业强加认定为不同的工作。也就是说，企业为了消除"同酬"的基础"同工"，强行将派遣工与正式工分成两类工作组别，"名义"上执行着不同的工作任务，"实际"却是混岗，承担着相同的工作。

第二，集体劳权难以保障。尽管《劳动合同法》第六十四条赋予被派遣劳动者参加工会的选择权，即有权选择加入劳务派遣单位的工会，也有权选择加入用工单位的工会，但作为派遣单位和用工企业之间的"夹心层"，被派遣劳动者加入工会的权利受到限制，集体劳权难以实现。

第三，稳定性差、职业发展机会少。鉴于劳务派遣特殊的三方关系，派遣员工的工作稳定性差。一方面，一旦劳务派遣单位派遣业务量减少，派遣员工被解雇的可能性就会相应提高。另一方面，劳务派遣作为一种临时性、季节性的用工模式，旨在满足用工单位弹性化的用工需求，其工作持续时间同样遵循用工单位的需求，这亦增加了派遣工作的不稳定性。鉴于"同工不同酬不同权"现象的普遍存在，派遣员工自动离职的倾向明显高于正式员工。此外，劳务派遣员工职业发展机会少，鲜有晋升、转正的可能性，派遣员工寻求职业发展而不得。当前，部分企业为了降低用工成本、规避用工风险，将企业内部的正式员工转为派遣工，这对于我国劳动者的就业质量造成不良冲击。

4. 非全日制用工模式

（1）非全日制用工模式的概念

依据《劳动合同法》的规定，非全日制用工模式是指以小时计酬，劳动者在同一用人单位一般平均每日工作时间不超过 4 小时，每周工作时间累计不超过 24 小时的用工形式。非全日制用工模式可以帮助企业降低用工成本，适应战略实施不同阶段的用工调整。对于劳动者，特别是女性劳动者而言，非全日制用工模式是增加收入、提高生活质量的有效途径，这为劳动者提供了更多的选择，能够调动劳动者的积极性。

（2）非全日制用工模式的特点

①允许劳动者建立多重劳动关系。在非全日制用工模式中，劳动者可以与一个或一个以上的用人单位订立劳动合同工。

②非全日制用工的计酬方式。非全日制用工模式一般按小时计酬，小时计酬标准不得低于用人单位所在地人民政府规定的最低小时工资标准。非全日制用工模式劳动报酬的支付方式由用人单位和劳动者双方协商约定。企业可以按小时结算支付劳动报酬，也可以按日或周结算支付，但结算支付周期最长不得超过 15 日。

③非全日制用工的工作时间。劳动者在同一用人单位一般平均每日工作时间不超过 4 小时，每周工作时间累计不超过 24 小时。超过法律限制的时间规定，用人单位应当与劳动者签订书面劳动合同，按照全日制用工制度有关劳动标准执

行。特别强调的是，非全日制用工不能约定试用期。

④劳动合同订立的形式较为灵活。劳动者与用人单位可以订立书面协议，也可以订立口头协议，从而降低企业的管理成本。

⑤劳动合同解除的限制较为宽松。用人单位和劳动者均可以即时解除劳动合同，用人单位不用支付经济补偿。

⑥参加社会保险的方式。用人单位不必为劳动者缴纳养老保险和医疗保险。依据《关于非全日制用工若干问题的意见》的相关规定，从事非全日制用工的劳动者应当参加基本养老保险，原则上参照个体工商户的参保办法执行；从事非全日制用工的劳动者可以以个人身份参加基本医疗保险，并按照待遇水平与缴纳水平相挂钩的原则，享受相应的医疗保险待遇。值得特别强调的是，用人单位应当按照国家有关规定，为建立劳动关系的非全日制劳动者缴纳工伤保险费。

（3）非全日制用工模式的优势分析

①对于企业而言，非全日制用工模式可以简化用工手续，降低用工成本，减轻用工管理难度。非全日制用工模式具有相当宽松的、灵活的退出机制，这避免了其他用工模式中有关解除劳动合同的法律约束，从而方便企业发挥战略劳动关系管理的动态性优势，进行有效的用工调整。

②对于劳动者而言，可以同时与多个用人单位建立非全日制用工的劳动关系，并且能随时解除劳动合同，从而实现就业上的灵活选择。

（4）非全日制用工模式的局限性

①非全日制用工模式在赋予劳资双方更多灵活性的同时，也隐藏着一定程度的法律风险，突出表现在劳动合同的订立方面。依据《劳动合同法》的规定，非全日制用工模式既可以订立口头协议，又可以订立书面劳动合同。但是，口头协议通常难以具体地规范、说明双方的权利与义务，容易导致劳动纠纷。因此，企业在使用非全日制用工时，应尽量采用书面劳动合同的形式，避免不必要的纠纷给企业造成意外损失。除此之外，《劳动合同法》规定从事非全日制用工的劳动者可以与一个或者一个以上的用人单位订立劳动合同，前提是后订立的劳动合同不得影响先订立的劳动合同的履行。因此，非全日制劳动者可以有多重劳动关系，与多个企业签订多个劳动合同。然而，多重劳动关系的存在容易导致企业承担连带赔偿责任。依据《劳动合同法》的规定，企业招用与其他企业尚未解除或者终止劳动合同的劳动者，给其他企业造成损失的，应当承担连带责任。企业如果在用工时未了解劳动者的劳动关系状况，极容易导致劳动争议的发生。

②非全日制用工模式不利于企业文化的建设和传承，不利于企业与员工建立稳定的心理契约关系。员工缺乏归属感和认知度，容易引发劳动权益的纠纷。

③非全日制用工模式无法帮助员工实现持续性的职业发展，导致员工接触不到充足的职业生涯规划指引和相应培训资源。

5. 业务外包用工模式

（1）业务外包用工模式的概念

所谓业务外包用工模式，是指企业根据外包协议，将某一项或几项非核心业务全部或部分地委托给第三方机构管理，从而降低企业运营成本，规避用工风险。业务外包属于经济关系，不属于《劳动合同法》规范下的用工模式。美国《哈佛商业评论》指出，业务外包模式是过去75年来企业最重要的管理理念和经营手段。近年来，业务外包备受我国企业的青睐，逐渐成为许多大、中型企业业务战略的组成部分，企业面临的难题不是考虑是否采用该模式，而是探索哪些业务应该外包与如何实施的问题。

（2）业务外包用工模式的优势分析

①有利于企业降低运营成本。现代企业管理聚焦于支撑企业战略及其核心业务，将非核心业务转嫁由第三方机构处理，这优化了企业办事流程，提高了企业效能，降低了企业的运营成本。

②有利于企业专注核心业务。市场的急速变化与日渐繁琐的运营限制，迫使企业重新评估其经营业务。通过业务外包，企业得以回归、专注于核心业务，保持并提升企业的核心竞争力。

③有利于企业提高生产效率。业务外包模式推动了社会分工的进一步细化，进而促进单个企业的专业化和生产效率的提升。

（3）业务外包用工模式的局限性

①如果企业采用业务外包模式仅仅是为了寻求成本的降低，缺乏系统的规划，这极有可能以失败收场。业务外包不只是一种解决迫切问题的权宜之计，而应该被视为企业整体业务战略的一部分。很多企业在进行业务外包时，缺乏有效的规划和目标，对于哪些业务应该外包出去存在模糊性，最终导致外包的失败，不但无法降低成本，还使企业的整体品质与竞争力严重受损。

②企业在与第三方外包供应商的合作过程中，存在着一定程度的风险。一方面，如果企业与服务供应商签订的协议条款不全或不清晰，则很容易导致企业蒙受经济损失，承担法律责任。另一方面，如果企业和供应商的关系破裂，企业将付出高额的转换成本。因此，企业应该严格筛选外包服务的供应商，综合考虑服务品质和价格等客观因素。

③企业对于外包出去的业务无法进行有效控制，难以保证外包业务的质量，极容易导致企业与第三方外包供应商在外包服务质量和酬劳层面发生纠纷。

上述四种主要的用工模式各有利弊，企业应该在法律允许的范围内，结合自身的特点和用工需求，进行综合的评估，选择符合企业战略发展的用工模式。

第 3 章　劳动标准与企业劳动规章制度

3.1　劳动标准实施管理与完善

3.1.1　劳动标准与劳动基准概述

1. 劳动标准

（1）劳动标准的概念

劳动标准是指对劳动领域内的重复性事物、概念和行为进行规范，以定性形式或者以定量形式所作出的统一规定。所谓"重复性"，是指同一事物、概念和行为反复多次出现的性质。比如，任何劳动者进行同类劳动都需要具备相应劳动能力和技能水平；又如，流水线作业的劳动者千百次从事同一项劳动；再如，所有劳动者与企业建立劳动关系，其程序都是重复出现等。劳动标准就是对这些重复出现的事物、概念和行为，找出其规律性并作出的统一规定。它以涉及劳动领域的自然科学、社会科学和实践经验的综合成果为基础，经有关方面协商一致并决定，或由有关方面批准，以多种形式发布，作为共同遵守的准则和依据。

劳动标准的概念具有以下内涵：

①劳动标准是对劳动者、劳动过程、劳动条件和劳动关系以及相关管理活动等方面的重复性事物、概念和行为作出的统一规定。非重复性事物、概念和行为，即使作出规定，也不是劳动标准。

②劳动标准的制定方式是多种多样的。由于劳动标准对象既有自然属性，又有社会属性，其自然属性又与人体有关，因而不能采用单一方式制定，尤其不能单一地采用技术办法制定劳动标准，必须从劳动标准对象的多样性和复杂性出发，对不同类型的劳动标准对象采取不同的制定标准的方式。有的由立法机关制

定，比如关于劳动者基本权益保障的劳动标准；有的由标准化机构制定，比如劳动安全卫生标准；有的由劳动关系双方协商制定，比如集体合同中的有关劳动标准、企业规章制度中的有关劳动标准等。

③劳动标准的制定以劳动领域的自然科学技术和社会科学及其实践经验为基础。进入 21 世纪，劳动工具自动化程度越来越高，劳动者与劳动资料相结合的程度、程序也越来越科学，劳动力素质也日益提高，劳动关系的建立和调整的经验也越来越丰富，有关劳动科研理论也日益成熟。这些都为劳动标准的制定提供了科学的理论和实践的基础。

④劳动标准的表现形式是多种多样的。由于劳动标准对象和劳动标准制定方式的多样性，使劳动标准的表现形式不同于工业标准所规定的"以特定形式发布"，而必须根据劳动标准对象的不同性质以及制定标准的不同方式，分别确定其不同的表现形式。有的采取劳动法律、法规规范性文件的表现形式，有的采取国家标准规范性文件的表现形式，有的采取劳动关系双方签订契约的表现形式，有的采取企业规章制度的表现形式；而且既可以采用以数据明确劳动标准的定量表现形式，也可以采用以文字描述劳动标准的定性表现形式。

⑤劳动标准的作用方式也是多样化的。劳动标准既有强制性作用，比如劳动法律、法规中规定的劳动标准，国家标准化机构批准的强制性劳动标准都具有法律强制力，有关方面必须遵照执行；劳动标准又具有非强制性作用，比如国家标准化机构推荐的劳动标准就没有强制性，只提倡、鼓励有关方面执行；又比如企业规章制度中规定的劳动标准，虽没有法律强制力，但具有约束力，要求企业内部有关方面和人员执行。

⑥劳动标准实施的目的是明确的。一方面，劳动具有自然属性，要处理好人与自然的关系，劳动标准制定、颁布和实施的目的在于使劳动过程更加科学、合理，劳动力资源得到优化有效配置，劳动效率更高，创造更多的社会财富；另一方面，劳动具有社会属性，要处理好劳动过程中人与人的社会关系。由于劳动力市场上劳动者一般处于弱势地位，因而劳动标准制定、颁布、实施的目的还必须包括维护劳动者的基本权益，协调处理好劳动关系。此外，还要有利于劳动者劳动能力、技能水平的提高，人力资本价值的开发和提升等。只有包括以上几方面内容，才能充分体现制定、颁布、实施劳动标准的目的性，才能使劳动标准的实施取得最好效果。①

（2）劳动标准的分类

①按照内容划分。按照内容划分，可以将劳动标准分为工作时间标准、劳动定员定额标准、职业培训标准、工资标准、职工福利待遇标准、职工休假标准、未成年工保护标准、女工特殊保护标准、社会保险标准（养老保险标准、医疗

---

① 苏海南，等．中国标准体系研究［M］．北京：中国劳动社会保障出版社，2003．

保险标准、失业保险标准、生育保险标准、工伤保险标准）、劳动安全卫生标准等。

②按照适用范围划分。按照适用范围划分，劳动标准可以分为国家级劳动标准、行业级劳动标准、地方级劳动标准和企业级劳动标准。国家级劳动标准是指由国家立法机关、国家劳动行政部门和国家标准化机构通过法定或行政程序制定、发布的在全国范围内适用的劳动标准。行业级劳动标准，是指由国务院有关主管部门制定、发布的在全国某行业范围内适用的劳动标准，但在相应的国家强制性标准实施后自行废止。地方级劳动标准，是指由各级地方立法机构和地方政府以及地方标准化机构制定、发布的在该地区内适用的劳动标准。企业级劳动标准，是指本企业发布在本企业内适用的多种形式的劳动标准。

③按照形式划分。按照形式划分，劳动标准可以分为法规类劳动标准、技术类劳动标准和规范类劳动标准。法规类劳动标准是指劳动法律、法规中有量化规定和具体程序规定的部分，例如《劳动法》中关于支付加班工资不低于工资的150%、休息日工作又不能补休的支付不低于工资的200%、法定休假日工作支付不低于工资300%报酬的规定，即属于量化规定的劳动标准；而《劳动合同法》中关于建立劳动关系应当订立书面劳动合同的规定，则属于具体程序规定的劳动标准。法规类劳动标准也称劳动基准或基本劳动标准。法规类劳动标准因各国集体协商和集体合同制度的覆盖范围和发挥的作用不同，其重要性有所不同。技术类劳动标准是指采用科学技术测定等方式方法而制定的劳动标准，例如劳动强度分级标准、粉尘分级标准、噪声与振动控制标准等，这些标准均由国家或行业标准化机构制定和发布。规范类劳动标准是指劳动关系双方协商达成或由企业方规定的有关劳动领域重复性事物、行为的统一规定，例如岗位工作标准、员工绩效考核标准等。

④按照强制执行效力划分。按照强制执行效力划分，劳动标准可以划分为强制性劳动标准、指导性劳动标准和约束性劳动标准。强制性劳动标准是指国家和地方制定的劳动法律、法规和其他规范性文件中规定的劳动标准，具有强制性和普遍适用性，国家标准化机构批准的要求强制执行的劳动安全卫生标准等也属于此类性质。指导性劳动标准是政府发布的有关劳动标准的政策性文件和标准化机构发布的推荐性标准，没有强制性，只是提倡、鼓励有关方面执行，具有指导性作用。各地方政府劳动行政部门每年定期公布的工资指导线就是最典型的指导性劳动标准。约束性劳动标准是指适用于特定单位及其劳动者的企业内部劳动标准，只在本单位具有约束性作用，如企业规章制度中的有关劳动标准、企业集体合同中的有关劳动标准。

（3）不同层次劳动标准的效力

我国的劳动标准体系分为三个层次。最高层次是国家级劳动标准，据有最高的法律效力；中间层次是地方级劳动标准和行业级劳动标准，起承上启下的作用，对上贯彻国家级劳动标准，对下指导企业级劳动标准；最低层次是企业级劳动标准，属于市场微观范畴。

在我国，国家级劳动标准、行业级劳动标准、地方级劳动标准和企业级劳动标准之间的效力关系表现在以下五个方面：①企业级劳动标准的制定必须以遵守国家、行业和地方劳动标准为前提，否则会产生不利后果，甚至受到处罚。②国家级劳动标准效力高于行业和地方级劳动标准，行业和地方级劳动标准不得与国家级劳动标准冲突，否则无效。③行业和地方级劳动标准可以将国家级劳动标准具体化，即根据本行业或本地的实际情况作出具体规定。④某些地方级劳动标准（地方性法规）与行业级标准之间对同一事项的规定不一致，不能确定如何适用时，由国务院提出意见，国务院认为应当适用地方劳动标准的，应当决定在该地方适用地方劳动标准的规定；认为应当适用行业劳动标准的，应当提请全国人民代表大会常务委员会裁决。⑤行业级劳动标准之间、行业级劳动标准与地方级劳动标准（政府规章）之间对同一事项的规定不一致时，由国务院裁决。

2. 劳动基准

（1）劳动基准的概念

劳动基准指的是国家站在保障劳动者权益和促进劳动关系稳定和谐的立场上，对劳动者在职业劳动中应该享受或获取的利益确立一个最低标准并强行予以推行的劳动法律机制，具有法定性、保底性、强制性等特点。其主要内容包括：最低工资标准、最长工作时间标准、特殊劳动保护标准、基本社会保险标准、劳动报酬和福利标准、劳动安全卫生标准等。

劳动基准是国家干预，表现为国家通过制定强行性的最低劳动标准，限制劳动关系当事人的意思自治。劳动基准具有双向约束力，即劳动基准不仅约束企业的行为，也约束劳动者放弃权利的行为。劳动基准对于企业的约束力体现在企业如果违反了相关劳动基准法律规定，会被劳动行政部门予以处罚或被劳动者要求承担损害赔偿责任。劳动基准对于劳动者的约束力体现在，劳动基准确定的劳动者权利具有不可抛弃性。劳动基准对劳动者劳动权益的保障，其所规定的是劳动者在劳动关系中应享有的基本权利和由企业承担的义务，但是劳动基准赋予劳动者的基本权利与私法上的权利最大的区别在于作为权利享有者的劳动者不得放弃这种权利，即劳动者在劳动合同中所作出的自愿放弃劳动基准法赋予的权利的约定属于无效约定。根据《劳动合同法》的规定，劳动条件基准对劳动合同和集体合同的内容都有"保底"的效力，即劳动合同和集体合同的内容都不得低于劳动条件基准。

（2）劳动基准的功能

劳动基准具有三项基本功能：

第一是准据功能。劳动基准是法律规定的最低劳动标准，当事人间的合意只能在劳动基准之上进行。我国《劳动合同法》第五十四条明确规定，集体合同中劳动条件和劳动报酬等标准应当高于当地人民政府规定的最低标准；企业与劳动者订立的劳动合同中劳动条件和劳动报酬等标准不得低于集体合同规定的标准。因此，劳动基准是劳动合同、集体合同以及企业制定规章制度、行业形成劳动惯例时所必须考虑的依据和标准起点。

第二是替代功能。劳动基准对于劳动合同、集体合同的内容具有替代性和补充性。在集体合同、劳动合同对劳动报酬和劳动条件等标准约定不明的情况下，劳动基准可以直接作为劳动合同内容，弥补当事人约定的不足。《劳动合同法》第十八条规定，劳动合同对劳动报酬和劳动条件等标准约定不明确，引发争议的，企业与劳动者可以重新协商。协商不成的，适用集体合同规定；集体合同未作规定的，适用国家有关规定。而替代性则是指当劳动合同中约定的条款无效时，可以适用集体合同的规定；如果没有集体合同或集体合同没有约定的，则使用劳动基准。但是，劳动基准的这种补充和替代效力是有限的，并不是所有的都有替代效力，比如，工资无约定或约定无效时，实行同工同酬，并不直接适用最低工资，对此《劳动合同法》有明确规定。

第三是整体推动功能。劳动基准对于整个适用范围内的劳动条件有普遍推动作用。这主要是基于劳动基准的普遍适用性而产生的。由于劳动基准是劳动合同中有关工资、工时、休息休假等劳动条件约定的基础，是集体协商订立集体合同的起点，是行业制定相关行业标准或企业制定内部规章制度的法律依据。根据法律的规定，劳动合同、集体合同、劳动规章制度、行业标准等如果与法律规定的劳动基准相抵触，则为无效，因此劳动基准实际上是决定了通过其他方式确定的劳动条件的底线，所谓"水涨船高"，劳动基准的变动对于适用范围内的劳动条件确定具有普遍推动意义。

3. 国际劳动标准

（1）国际劳工标准

国际劳工标准，是指由国际劳工大会通过的国际劳工公约书和建议书，以及其他达成国际协议的具有完备系统的关于处理劳动关系和与之相关联的一些关系的原则、规则。

①国际劳工标准的主要形式。国际劳工标准的主要形式有两种：一种是国际劳工公约，另一种是建议书。国际劳工公约和建议书虽然都属于国际劳动立法文件，但其法律效力是不同的。国际劳工公约经国际劳工大会通过后，提交成员国批准；公约一经批准，成员国必须遵守和执行。而建议书则是提供成员国制定法律和采取其他措施时的参考，不需要成员国批准，因而没有必须遵守和执行的义务。

自1919年至2011年，国际劳工组织已经通过了189个公约和201个建议书，形成了一个完整的国际劳动法体系，其发展的趋势与各国的劳动立法大致相同。国际劳工标准的内容几乎涉及劳动问题的所有方面，随着世界经济发展和社会进步而逐渐丰富与扩展，对世界劳动条件和实践的影响不容忽视。

②国际劳工标准的核心和宗旨。国际劳工标准的核心和宗旨是确立和保障世界范围内的工人权利。工人权利又称劳工权益，是指法律所规定的处于现代劳动关系中的劳动者在履行劳动义务的同时所享有的与劳动有关的社会权益。工人权利是一个历史和发展的概念，在不同历史时期，不同的背景条件下，工人权利的内涵有所不同。

国际劳工立法的目标，在《国际劳工组织章程》中，确定为"只有以社会正义为基础，才能建立世界持久和平"。在《费城宣言》中进一步确立为"全人类不分种族、信仰和性别都有权在自由和尊严、经济保障和机会均等的条件下谋求物质福利和精神发展"。因此，国际劳工组织需要通过制定和实施国际劳工标准的方式，来确立和保障世界范围内的工人权利，改善各国工人的劳动条件，以达到维护社会正义和世界和平的目标。

③国际劳工标准的内容和分类。国际劳工标准的内容涉及劳动和社会保障领域方方面面的问题。2010 年，国际劳工组织对其制定的国际劳工公约和建议书分为 23 大类：结社自由、集体谈判和产业关系；废除强迫劳动；禁止童工劳动和保护未成年人；机会和待遇平等；三方协商；劳动行政管理和劳动监察；就业政策和就业促进；职业指导和培训；就业保障；工资；工作时间；职业安全卫生；社会保障；生育保护；社会政策；移民工人；艾滋病毒/艾滋病；海员；渔船船员；码头工人；土著工人与部落人口；特殊行业劳动者以及最后条款。

④核心劳工标准。核心劳工标准是国际劳工组织整体劳工标准体系中最重要的部分，也是成员国、雇主和工人三方智慧的结晶。国际劳工组织提出，作为国际劳工组织成员国，有义务根据《国际劳工组织章程》的要求，"尊重、促进和实现关于这些公约之主要的基本权利的各项原则"，从而使得这些公约对所有会员国都具有道义上的法律约束力。核心劳工标准的八个公约的主要内容为：

第一，结社与自由谈判权。结社自由是工人的首要权利，又称团结权或组织权。一般是指劳动者为实现维持和改善劳动条件之基本目的而结成暂时的或永久的团体，并使其运作的权利。国际劳工中的结社自由和有效承认集体谈判的权利主要体现在 1948 年《结社自由和保护组织权利公约》（第 87 号）和 1949 年《组织权利和集体谈判权利公约》（第 98 号）中。

《结社自由和保护组织权利公约》（第 87 号）第 2 条规定："凡工人及雇主，无分轩轾，不需经事前批准，均有权建立他们自己愿意建立的组织和在仅仅遵守有关组织的规章的情况下加入他们自己愿意加入的组织。"第 4 条规定："行政当局不得解散工人组织及雇主组织或停止它们的活动。"

《组织权利和集体谈判权利公约》（第 98 号）第 4 条规定："对于雇主或雇主组织同工人组织之间进行自愿谈判的机制，政府应当采取适合本国国情的鼓励措施，并促进其充分地发展与运用，以使双方通过签订集体协议来规定工人的就业条件。"

第二，禁止强迫劳动。1930 年，国际劳工大会通过了《强迫或强制劳工公约》（第 29 号）。1957 年，国际劳工大会通过《废除强迫劳动公约》（第 105 号）。这是国际劳工标准在禁止强迫劳动方面两个重要的公约。

国际劳工组织《强迫或强制劳工公约》（第 29 号）第 2 条对强迫劳动定义为："是指任何人受惩罚、威胁、被迫从事非本人自愿从事的一切工作或劳务，但有些义务不包括在强迫劳动之内。"《废除强迫劳动公约》（第 105 号）要求，批准该公约的会员国应立即和彻底废除用于政治目的的强制劳动或义务劳动，废除以下述任何形式为目的的强迫劳动：把其作为政治压制或政治教育的一种手段，或作为对待持有或表达同已建立的政治、社会或经济制度相对立的政治观点或观点的一种方式；把其作为经济发展而动员和运用劳工的一种措施；把其作为维护劳动纪律的一种手段；把其作为对参加罢工成员的一种惩罚；把其作为实行种族、社会、民族和宗教歧视的一种手段。

第三，平等就业权。在现实社会中，广泛存在着人们在就业机会上的不均等，就业条件上的不公平。为了消除现实社会里就业机会的不均等，消除就业歧视，国际劳工组织在一系列旨在保护特定类别的工人（如女工、移民工人、农村工人、非本土领土上的工人等）的公约基础上，于 1951 年制定了《对男女工人同等价值的工作付予同等报酬公约》（第 100 号）和 1958 年的《（就业和职业）歧视公约》（第 111 号）。

第四，废除童工。各国劳工立法最先重视的问题之一就是对童工和未成年工人给予必要的特殊保护。国际劳工组织 1973 年《最低就业年龄公约》（第 138 号）和 1999 年《禁止和立即行动消除最恶劣形式的童工公约》（第 182 号）是这方面两个主要的公约。

1973 年《最低就业年龄公约》（第 138 号）规定：已经批准公约的国家应承诺实行一项国家政策，旨在保证有效地废除童工，并逐步把准予就业或工作的最低年龄提高到与未成年人体力、智力最充分发展相适应的水平。该公约还规定：根据上述目标具体规定的准许就业的最低年龄，不得低于完成义务教育的年龄，在任何情况下不得低于 15 岁。不过，如果成员国的经济和教育设施不够发达，在与有关的雇主组织和工人组织协商后，初步规定最低年龄为 14 岁。另外，准予从事按其性质或其工作环境很可能有害未成年人健康、安全和道德的任何职业或工作类别，其最低年龄不得低于 18 岁。这些职业类别应由国家法律或条例规定，或由主管当局在与有关的雇主组织和工人组织协商后确定。

1999 年《禁止和立即行动消除最恶劣形式的童工公约》（第 182 号）规定，第 182 号公约对所谓最恶劣形式的童工劳动进行了非常详细的定义，并规定凡批准本公约的成员国，须采取立即有效的措施，以保证将禁止和消除最恶劣形式的童工劳动，作为一项紧迫事务。成员国应将制定和实施行动计划作为优先目标，以消除最恶劣形式的童工劳动。制定和实施此类行动计划，须同有关政府机构以及雇主组织和工人组织进行协商，并考虑其他有关群体的意见。

⑤中国实施核心劳工标准情况。我国共批准了 22 个国际劳工公约。1936—1947 年间，国民党政府先后批准了 14 个国际劳工公约，1949 年后，我国在认真把握国情的基础上，陆续批准了 8 个国际劳工公约。

第一，结社与自由谈判权。我国目前尚未批准第 87 号和 98 号两个公约，虽然自由结社权是我国公民的一项基本权利。《中华人民共和国宪法》第三十五条明确规定："中华人民共和国公民有言论、出版、集会、结社、游行、示威的自由。"依照我国《工会法》，在中国境内的企业、事业单位、机关中以工资收入为主要生活来源的体力劳动者和脑力劳动者，不分民族、种族、性别、职业、宗教信仰、教育程度，都有依法参加和组织工会的权利。可见，《工会法》进一步确认了劳动者有组织工会的宪法权利。但是，在组织形式上，我国现行的工会体制与国际劳工组织第 87 号公约的规定是不一致的。这是因为我国目前实行的是单一工会体制，具体而言，是在机关、企事业单位内部设立基层工会，在县级以上地方建立地方各级总工会，在同一行业或者性质相近的几个行业建立全国的或者地方的产业工会，全国建立统一的中华全国总工会。基层工会、地方各级总工会、全国或者地方产业工会组织的建立，必须报上一级工会批准。中国工会实行民主集中制，上级工会领导下级工会，地方总工会是当地地方工会组织和产业工会地方组织的领导机关，中华全国总工会是各地方总工会和各产业工会全国组织的领导机关。由此可见，在我国设立工会必须要经过事前审批，而且必须要接受中华全国总工会的统一领导，这在形式上并不完全符合第 87 号公约的要求。

第二，禁止强迫劳动。世界上的绝大多数国家都已经批准了第 29 号和 105 号公约。但是由于历史原因，我国目前尚未批准这两项公约。

第三，平等就业权。我国已经批准了第 100 号和 111 号两个核心劳工公约，而且我国《劳动法》第三条明确规定"劳动者享有平等就业和选择职业的权利"，第十二条进一步规定"劳动者就业，不因民族、种族、性别、宗教信仰不同而受歧视"。针对现实中比较常见的性别歧视，《劳动法》第十三条规定："妇女享有与男子平等的就业权利。在录用职工时，除国家规定的不适合妇女的工种或者岗位外，不得以性别为由拒绝录用妇女或者提高对妇女的录用标准。"由此可见，我国《劳动法》明确规定了劳动者的平等就业权，这与我国批准的两个公约的规定是基本一致的。但是，我国《劳动法》第十二条所定义的"就业歧视"，只包括民族、种族、性别和宗教信仰四种情况，范围非常狭窄。而根据第 111 号公约对于"歧视"的定义，"根据种族、肤色、性别、宗教、政治观点、民族血统或社会出身（social origin）所作出的任何区别（distinction）、排斥（exclusion）或优惠（preference），其结果是剥夺（nullify）或损害（impair）在就业或职业上的机会或待遇上的平等"，都应当构成就业歧视。不仅如此，第

111 号公约还允许会员国政府在同有代表性的雇主组织和工人组织以及其他的适当机构协商以后，把其他形式的区别、排斥或优惠也视为歧视，只要这种做法会剥夺或者损害就业或职业上的机会或待遇平等。由此可见，我国《劳动法》所规定的"就业歧视"范围过窄，不符合第 111 号公约的要求。从履行我国的公约义务出发，我国将来应当进一步修订《劳动法》，把基于肤色、政治观点、社会出身等因素而实行的区别对待列为就业歧视，尤其是很有必要抓紧解决目前普遍存在的户籍歧视问题。

第四，废除童工。我国已经批准了第 138 号和 182 号两个核心劳工公约。在我国，儿童受国家的保护，法律明文禁止使用童工，并且通过多方面的立法加以保证。首先，《宪法》第四十九条规定，"婚姻、家庭、母亲和儿童受国家的保护"，"禁止虐待老人、妇女和儿童"。这就确立了我国保护儿童权益的基本原则。1991 年通过的《中华人民共和国未成年人保护法》是我国最早明确提出禁止使用童工的法律。其次，1994 年颁布的《劳动法》第十五条也明确规定："禁止用人单位招用未满 16 周岁的未成年人。"最后，2002 年 10 月，国务院全面修订并重新颁布了 1991 年制定的《禁止使用童工规定》，这是目前仍然生效的保护童工的最全面、最具体的行政法规，对于未成年工的使用范围和违法使用童工的处罚都做了具体的规定。

总的来说，我国并没有批准太多的国际劳动标准，这主要与国际劳工标准的非强制性有关。实际上目前国际性劳动标准的推行更多的是通过世界贸易组织、区域贸易组织或其他机制在国际层面上加以强化。

（2）经济全球化、自由贸易协定与劳动标准

①经济全球化进程中的"探底竞赛"（race to the bottom）与劳动标准。自20 世纪 90 年代以来，全球经济出现了全球化的发展趋势，国际贸易与跨国直接投资持续增长，一些地区还组成了区域性的自由贸易组织，如欧盟、北美自由贸易区等。中国积极参加经济全球化的发展进程，并且于 2001 年 11 月加入世界贸易组织。入世是一个标志性的历史事件，它不仅表明中国政府对经济全球化的积极态度，而且还表明中国经济已经越来越全球化了。

目前对全球化给各国劳动者带来的影响存在着两种截然相反的评价。一种是积极的正面评价，认为全球化促进了各国劳工权利和劳动标准的整体改善和提高。例如，世界银行（WB）的一份发展报告指出，经济一体化及商品、劳务、资本和人员的国际流动给绝大多数劳动者带来新的机会，增加了他们的福利。世界银行与国际货币基金组织往往被视为全球化的主要推动者，因此提出这种观点是毫不奇怪的。然而，还有很多的研究揭示出全球化对劳动标准的负面影响，即全球化正在造成经济发展不平衡的日趋扩大，无论是在各发达国家之间、发达国家与第三世界国家之间，以及发达国家的内部资产者与无产者之间，经济差距都明显拉大。更严重的是，各国为了增强其全球竞争力，都相继放松了劳动标准，

劳动者不仅无法分享经济自由化的果实，甚至连其原有的权益也不断受到侵蚀。这已经引起劳工界、非政府组织、相关国际机构以及一些国家政府的严重关注。国际劳工组织（ILO）最新的一份研究结果表明①，全球化并没有能够带来新的就业岗位和减少贫困。该组织两年的研究发现，GDP 每增长 1 个百分点所带来的就业增长，在 1995 年至 1999 年间为 0.38%，而从 1999 年至 2003 年间，这个比例降到了 0.30%。不仅如此，在过去的 10 年中，全球每日生活费低于 2 美元的劳动者总数也没有下降，仍然有 13.8 亿人，只是这部分劳动者占全部劳动者的比率从 57% 降低到略低于 50%。这些数字有力地证明了一个事实，那就是全球化目前并没有为劳动者带来预期的福利。

具体而言，全球化已经引起了各国在劳动标准方面的"探底竞赛"。在全球化的影响下，各国之间的经济竞争越来越激烈，而劳动标准在某种意义上成为劳动力成本的代名词。一些发达国家如美国、英国、日本等开始修改现行立法，放松劳动标准，以实现提高劳动力市场的弹性（flexibility）、降低本国劳动成本的目的。例如英国撒切尔夫人执政的 1978 年至 1997 年期间，对于国际劳工组织在这段时期通过的 25 项公约仅批准了 1 项，甚至还撤销了过去批准的一些国际劳工公约。在国内法方面，撒切尔政府取消了政府通讯中心工作人员参加工会的权利，取消了教师进行集体谈判的权利，允许雇主解除罢工海员的劳动合同等，这些措施导致了国际劳工组织监督机构对英国的谴责。与此同时，有些发展中国家为吸引外资和扩大出口，也竞相标榜、维持低廉劳动力成本的优势，甚至采取种种措施限制劳动者争取自身权利的正当行为。例如孟加拉国在 2004 年之前禁止出口加工区的工人组织工会，将之作为一种对外资的非财政优惠。"探底竞赛"实际上把劳动标准变成了一种经济比较优势，这显然是对自由贸易政策的一种滥用。无论是发达国家还是发展中国家，在劳动标准问题上都应当尊重国际公认的基本劳动标准，特别是遵守国际劳工组织（ILO）制定的八个基本国际劳工公约。

除此以外，各国以及任何跨国企业在国际竞争中都应当善意地运用自身的竞争优势，切不可对一国市场采取"赢家通吃"的掠夺性竞争行为。对发达国家而言，其比较优势主要在于资金和技术，但是发达国家必须要对本国的资本密集型企业和高技术企业进行适当的限制，不能将其竞争力很强的高附加值产品倾销到发展中国家，从而冲击发展中国家的幼稚产业，并威胁这些领域的劳动就业。另一方面，发展中国家的主要比较优势在于劳动力成本较低，但是发展中国家也必须明白，如果其劳动密集型产品出口增长过快，就会对发达国家的非技术工人的收入和就业产生不良影响，从而引起发达国家的抵制。总之，自由贸易对劳动标准有着重大的影响，劳动标准不能作为比较经济优势而在国际贸易中使用，发

---

① 周长征. 从探底竞赛到全球治理：公司社会责任中的劳动标准问题探析［J］. 中外法学，2006（5）.

达国家和发展中国家在国际贸易中都应当尊重基本劳动标准，从而引导着全球化向着一个更加人性化的方向发展。

②自由贸易与劳动标准。近年来，美国和某些欧洲国家要求在国际贸易中实施国际劳工标准，但发展中国家强烈反对。显而易见，利用贸易制裁来强迫实施国际劳工标准达成国际性协议，目前涉及许多问题。争论所关注的问题有：国际劳工标准是否有必要通过贸易来实施？如果通过贸易来实施国际劳工标准对发达国家和发展中国家来说是双赢还是损人不利己？它们是不是经过伪装的保护主义？双边合作的范围会扩大吗？为什么发展中国家坚决反对把贸易与国际劳工标准联系起来？换句话说，按照国际劳工组织的解释，国际劳工标准是旨在帮助穷国达到一定的最低生活标准的政策措施。但是有意思的是，对这些措施最众口一词的反对却是来自该标准所声称的受益者，即发展中国家。

在新一轮的贸易谈判中，国际劳工标准问题尤为引人注目，国际劳工标准开始作为乌拉圭回合以后贸易谈判议程中的重大问题出现，成为WTO正在争论的新议题之一。因此，是否将国际劳工标准列入谈判议程的问题已成为发达的工业国和发展中国家贸易争端中最新的争论焦点。发展中国家的大国印度政府在2001年WTO多哈会议前发表声明，表示反对任何在WTO会议上将劳工、环境问题与贸易混为一谈的举动，并敦促发展中国家起草共同立场声明。到目前为止，国际范围内并没有就国际劳工标准是否能在贸易过程中实施达成一个国际性的协议。但是争论对立的两方都已认识到，就目前而言，在有些层面是无法达成协议的，但在地区和双边层面的自由贸易协议谈判中已经取得进展，其表现就是在自由贸易协定（FTA）中直接写入了劳工条款，或是以附加劳工协议的方式出现。这相对于全球层次WTO而言是一个重大的突破。这一点在一些区域贸易协定（RTA）中已经表现得愈加明显。

③FTA和RTA中的劳动标准问题。

第一，在RTA中加入劳动标准条款的代表性实践。[①] 以下选取美国–秘鲁RTA中的劳动标准条款、加拿大–秘鲁RTA中的劳动合作协定，以及"P4协定"中的劳动合作备忘录作为三个具有代表性的RTA中的劳动标准条款或劳动合作协定，从劳动标准范围、保护水平、国内实施义务等八个方面加以比较，参见表3–1。

第二，中国既有FTA实践中的劳动标准问题。截止到2013年8月15日，中国对外签订且已生效的FTA有8个，其中只有2个FTA纳入劳动标准，即2005年中国–智利FTA劳动与社会保障谅解备忘录以及2008年中国–新西兰FTA劳动合作谅解备忘录。但是在上述2个FTA中，中国也只是同意纳入较低水平的承诺，因为中国作为第一人口大国的发展中国家还存在很多问题，而且中国在2005年以前从未有任何将劳动标准纳入FTA的经验。

---

① 郑丽珍 . TPP 谈判中的劳动标准问题［J］. 国际经贸探索，2013（9）.

表 3-1　　　　　三大代表性的 RTA 中的劳动标准条款的义务要求对比

		美国-秘鲁 RTA 中的劳动标准条款	加拿大-秘鲁 RTA 中的劳动合作协定	"P4 协定"中的劳动合作备忘录
劳动标准范围		承诺遵守 1998 年 ILO 关于劳动权利和原则的宣言（以下简称"1998 年 ILO 宣言"）；国内劳动法应当规定 ILO 四方面的核心劳动标准以及最低工资、时长、职业安全与卫生方面的可接受的工作条件	承认 1998 年 ILO 宣言的核心劳动标准及体面工作计划；国内劳动法应当确保 ILO 四方面的核心劳动标准，最低工资、时长、职业安全与卫生方面的可接受的工作条件以及为移徙工人提供与其本国国民在国内相同的劳动条件	"共同追求符合 1998 年 ILO 宣言的劳动条件"，"促进对 1998 年 ILO 宣言的更深入理解"，"重申遵守该宣言之义务并努力确保与劳动方面的国际承诺相一致"
保护水平		不降低要求，即缔约国不得为了鼓励贸易或投资而降低国内劳动法的保护水平	不降低要求	不降低要求；禁止贸易保护主义，即不得利用劳动法规、规章、政策和实践做法实施贸易保护主义
国内实施具体要求	强制实施义务	缔约国不得为影响贸易，通过持续或反复的行动或不行动，不对国内劳动法进行有效的实施；允许缔约国拥有确定优先性项目的自由裁量权，只要遵守善意原则就可以；但缔约国不得以强制实施资源的分配为由不遵守本章的条款	缔约国应采取适当的措施积极促进国内劳动法的实施	尊重缔约国在制定国内的劳动政策和优先项目，在制定、管理和实施劳动法和规章方面的主权权利
	私人救济	缔约国应确保利害关系人有权诉诸行政、准司法、司法程序或劳动法庭并有权根据劳动法请求强制执行	同美国-秘鲁 RTA	无相关规定
	程序保障	实施程序必须公平、公正并具有透明度，遵循正当程序，裁决须采用书面形式且说明理由，并尽快送达等	同美国-秘鲁 RTA	无相关规定

续表

		美国–秘鲁 RTA 中的劳动标准条款	加拿大–秘鲁 RTA 中的劳动合作协定	"P4 协定"中的劳动合作备忘录
国内实施具体要求	透明度	无相关规定	要求法律和有关规定公开，给利害关系人发表意见的机会	无相关规定
	信息公开与公众认识	缔约国应确保公众知悉其国内法	同美国–秘鲁 RTA	同美国–秘鲁 RTA
组织机构		要求缔约方设立国内联系点以及国家间劳动理事会	同美国–秘鲁 RTA	只要求缔约方设立国内联系点
争端解决		程序方面，要求经过国家之间不同级别的磋商再到依协议设立的专家组审查；提交专家组解决的劳动争议没有条件要求；争端解决场所的选择方面，允许选择本协议或 WTO 的争端解决机构	程序方面，同美国–秘鲁 RTA；提交专家组解决的劳动争议必须满足四个条件，即与贸易有关、持续地未能有效地实施国内法、未能有效实施的劳动标准是 ILO 1998 年宣言规定的核心劳动标准和体面工作计划、经部长级磋商仍未解决；争端解决场所的选择方面，由于采用并列模式，排除了争端解决场所的选择问题	程序方面，要求缔约方之间的劳动争议必须通过合作、对话和磋商达成一致
制裁		可以采用金钱制裁（即执行货币评估或年度货币评估，相当于罚金）或贸易制裁（即中止贸易减让），若被申诉方未依照裁定支付年度货币评估，则申诉方可以直接适用贸易制裁；金钱制裁数额不设上限；年度货币评估的管理方面，该笔资金主要用来弥补申诉方的利益损失，一般情况下货币评估应支付给申诉方，如有正当理由，也可以支付给劳动	只能采取金钱制裁，不能采取贸易制裁；年度货币评估的数额有上限，不得超过每年度 1 500 万美元；年度货币评估的管理方面，主要考虑被申诉方劳动标准的切实改善，例如协议规定，货币评估应支付到劳动理事会制定的专门账户，由劳动理事会管理并用来改善被申诉方的劳动标准	无相关规定

	美国-秘鲁 RTA 中的劳动标准条款	加拿大-秘鲁 RTA 中的劳动合作协定	"P4 协定" 中的劳动合作备忘录
制裁	委员会指定的专门账户，用以开展促进缔约方之间的贸易动议，如用以消除不合理的贸易壁垒或协助违反的缔约方履行劳动方面的义务等		
合作行动	形式方面，包括技术性援助计划、最佳实践交流、合作科研项目、专题培训会议等；实施方面，要求缔约方必须采取一切其认为适当的手段开展合作行动	形式方面，同美国-秘鲁 RTA；实施方面，只要求缔约方必须制定合作计划，并要求缔约方在开展计划方面进行合作，且在合作实施计划时还应该考虑每一缔约方的优先性目标和需要，并应考虑缔约方的经济、社会、文化和立法的差异	形式方面，同美国-秘鲁 RTA；实施方面，要求合作行动的开展除必须考虑缔约方的优先性目标和资金条件外，还限定合作行动必须有利于双方，同时还要求具体的合作行动应由双方确定，所需资金逐案确定
公众参与	每一缔约方可以召开劳动者和雇主代表以及其他公众组成的咨询委员会，就与劳动有关的事项提供建议；在决定合作行动和能力建设方面，缔约方必须考虑劳动者和雇主代表以及其他公众的意见；必须设立公众通讯制度，公众可以向缔约方的国内行政办公室写信反映缔约国内企业存在的劳动侵权或其他劳动法实施方面的问题，缔约国必须设立专门的国内行政办公室负责审查，并在必要时启动部长级磋商，部长级磋商一般不会引起制裁，而是导向合作行动的开展，如培训、交流等	仅规定可以设立咨询委员会，无必须考虑公众意见的相关规定；必须设立公众通讯制度，具体同美国-秘鲁 RTA	仅规定可以设立咨询委员会，无必须考虑公众意见的相关规定，无必须设立公众通讯制度的要求

资料来源 郑丽珍.TPP 谈判中的劳动标准问题［J］.国际经贸探索，2013（9）.

但是毋庸置疑，中国必将面临更多的世界贸易或区域贸易谈判，如 TPP 谈判，必将会有更多的 FTA 实践，因此现在的中国有必要以一种更具建设性的眼光来看待劳动标准问题的国际合作。从外部的贸易环境来看，多年来一些西方国家频频指责作为贸易大国的中国实施"社会倾销"，因此在劳动保护方面采取合作的态度有助于打消谈判对手的顾虑，可以对外宣示中国对劳动者基本权利的尊重和保护之理念。从内部的发展动力来看，中国逐步进入老龄化社会促使中国改变以往重视挖掘"人口红利"的经济增长模式，转向经济、社会和环境可持续发展战略，其中加强劳动保护是社会可持续发展的内在要求，而国际对国内劳动法实施方面的挑战，若换个角度来看其本身就是下一步中国经济结构改革的需要，是倒逼国内相应结构性改革的重要契机。

3.1.2 企业劳动标准

1. 企业劳动标准概述

（1）企业劳动标准的概念和对象

企业劳动标准是指劳动关系双方共同遵守的劳动方面的办事规程或行为规则。企业劳动标准是国家级、行业级、地方级劳动标准的延伸和细化，是劳动力市场主体——企业和劳动者双方或企业单方以国家、行业、地方级劳动标准为基础，针对本单位实际情况而制定的劳动标准。企业劳动标准仅适用于企业范围内的全体劳动者。

（2）企业劳动标准的分类

根据企业劳动标准所涉及的劳动条件内容不同，企业劳动标准可以分为劳动报酬标准、工作时间标准、休息休假标准、劳动安全卫生标准、保险福利标准、劳动定员定额标准、职业培训标准、女工特殊保护标准等。

（3）企业劳动标准的作用

企业劳动标准的作用在于：①将适用于企业的国家、地方、行业强制性标准具体化，明确企业适用的推荐性标准内容和范围，避免违反法律；②规范各项作业的流程及标准，提高工作效率；③规范劳动关系双方的行为，营造良好而有序的内部工作环境和秩序；④科学管理，提高管理者的管理水平、管理方法及技巧；⑤人性化管理，增强员工的忠诚度，提高员工的工作积极性。

2. 企业制定劳动标准的方式

（1）集体合同

通过集体合同形成的劳动标准是企业内部自发形成劳动标准的一种方式，主要在工会或者职工代表与企业进行协商谈判的基础上，签订集体合同，确定企业内部劳动标准，使得本企业内的劳动者的各方面权益得到更好的保护。企业集体合同的约束范围包括本企业的所有劳动者，以及未来加入本企业的劳动者。集体合同中的劳动标准主要包括工资标准、工时标准（包括休息休假标准）、劳动安全卫生标准、社会保险标准等。

（2）劳动规章制度

企业内部规章制度是企业形成劳动标准的主要形式。企业规章制度中形成的劳动标准是在国家标准、行业标准和地方标准的基础上针对各项劳动条件制定的适合本企业发展的劳动标准，由企业自主建立，并经过职工代表大会或者全体职工讨论，与工会和职工代表平等协商确认。

（3）劳动合同样本

企业也可以通过制定劳动合同样本的方式制定企业劳动标准，即将企业的劳动标准（主要包括工资标准、工时标准（包括休息休假标准）、劳动安全卫生标准、社会保险标准等）通过劳动合同样本的形式表现出来。

3. 企业劳动标准的效力

每个企业由于自身特点不同，制定各自的劳动标准，这种标准只要不违反国家法律的规定，就不受国家强制力的约束。但是一旦制定，其在企业内部就发生当然的约束力，企业方与劳动者都应该主动遵守，否则受损害的一方可以通过法律的方式得到相应的救济。

企业劳动标准的效力取决于企业劳动标准的制定方式。以集体合同确定的劳动标准，遵守关于集体合同效力的规定；以规章制度确定的劳动标准，遵守关于规章制度效力的规定；以劳动合同确定的劳动标准，遵守关于劳动合同效力的规定。

规章制度、集体合同和劳动合同之间的效力等级遵循两个原则：

（1）就高不就低原则

劳动标准散见于不同层次的规范性文件和合同文本中，其效力等级从高到低依次为：集体合同、规章制度、劳动合同。如果集体合同、规章制度与劳动合同规定的事项不一样，三者具有同等的法律效力，因为从法律规定来看，集体合同、规章制度和劳动合同都具有法律效力，三者对不同的事项作出不同规定的，各自在各自的范围内适用。较高等级文件的内容可以成为较低等级文件的补充，即较高等级文件已有规定的，较低等级文件不必重复规定。较低等级文件不得与较高等级文件相抵触。当然，企业集体合同、内部规章制度和劳动合同都必须遵守法律法规的规定。只有这样，才能真正保障它们的约束力。

（2）更有利原则

如果规章制度与劳动合同、集体合同对同一事项作出规定且规定的内容不一致，应以劳动者请求适用且对劳动者最有利的那个等级文件为准。《最高人民法院关于审理劳动争议案件适用法律若干问题的解释（二）》第十六条指出："企业制定的内部规章制度与集体合同或者劳动合同约定的内容不一致，劳动者请求优先适用合同约定的，人民法院应予支持。"最高人民法院对于这个规定给出的解释是，确定劳动合同和集体合同的优先适用效力，主要目的是防止企业特别是企业的经营管理者不正当行使劳动用工管理权，借少数人的民主侵害多数职工依法享有的民主权利，因为如果企业利用其劳动规章制度的单方面制定权，对单位职工作出有悖于劳动合同和集体合同甚至国家法律法规的规定，其内容必将被认定为无效。

4. 影响企业劳动标准的主要因素

（1）外部因素

由于企业劳动标准的制定必须以遵守国家强制性劳动标准为前提，而国家强制性劳动标准主要就是指劳动基准，因此劳动基准的制定和调整会直接影响企业的劳动标准。影响劳动基准制定和调整的因素主要有以下五个方面：

①劳动者基本权益保护的现实需要。兜底保障劳动者的基本权益是劳动基准制度形成的最初动因，也是终身使命。从历史上看，劳动基准内容不断丰富（由最初的工时制度发展到包括最低工资、劳动安全卫生、女职工保护等多方面），最低工资标准不断提高，工作时间不断缩短，劳动安全卫生不断强化，反映出劳动者基本权益保障需求逐渐提升；从现实看，针对当前精神卫生和心理健康等问题日渐严重，荷兰等国加强了对职业心理健康等方面基准的制定和监察工作。遵从这一轨迹，现阶段制定和调整劳动基准，必须立足于当前劳动者权益保护方面存在的突出问题、经济社会发展对劳动者基本权益保障提出的新挑战和劳动者在基本权益保障方面不断提高的需求。

②经济社会发展水平。劳动基准是最低标准，劳动基准必须与经济社会发展水平相适应。劳动基准超出经济社会发展水平，不仅会影响劳动基准的实际执行，而且会阻碍经济社会的持续发展；劳动基准低于经济社会发展水平，不仅起不到保障劳动者基本权益的目标功能，反而会影响经济社会的进一步发展，影响产业的升级和转型。最低工资标准调整要考虑经济增长速度，休息休假时间要兼顾劳动生产率，在很大程度上都与此有关。

③劳动力市场供求关系。劳动基准与就业密切相关。一方面，劳动基准直接影响着就业质量；另一方面，劳动基准也间接地影响着就业的数量，特别是工时制度和最低工资制度。在特定时点，调整工时往往成为解决就业压力的一种手段，中外历史上都有实例。

④公共安全。劳动基准要考虑公共安全的需要，是基于两个层面：宏观层面上，国家通过立法适时强制干预劳动力市场、干预劳资关系，可以减缓劳资冲突，促进社会稳定，美国《公平劳动标准法》的出台背景对此是很好的诠释；微观层面上，劳动基准对公共交通等公共服务行业的限制，可以减缓公共安全个案的发生。

⑤国际竞争的需要。全球化背景下，国际竞争更加激烈。对于以低劳动力成本为主要竞争优势，以劳动密集型外贸产业为重要经济支柱的发展中国家来说，劳动基准的调整事关国际竞争力。调整过快、标准过高，会直接削弱优势；标准过低，则有可能招致贸易壁垒。因此，类似国家劳动基准的横向比较也是劳动基

准变化的重要影响因素。

（2）内部因素

①企业的发展状况。由于劳动标准会显著影响到企业的成本，因此企业制定的劳动标准与企业的发展状况息息相关。在企业发展的初期，企业管理规模小，抵抗风险的能力差，最核心的问题是生存，因此在这一阶段，企业制定的劳动标准水平较低，可能仅仅达到法定的劳动标准水平，而且劳动标准体系也很不完善，可能仅仅包括最基础的劳动标准，但是这会随着企业发展的需要逐步增加和完善。在企业发展的成熟阶段，企业的规模扩大，管理者的管理幅度增大，在这一阶段规范化、制度化管理的要求开始出现并逐渐迫切，企业管理者开始不断制定各类劳动标准，建立起完善的企业劳动标准体系，劳动标准水平也会有所上升。

②企业文化。企业文化对企业劳动标准体系具有很大的影响。具有平等、关爱员工的企业文化的企业制定的劳动标准水平较高，往往会高于法定标准；具有利润至上的企业文化的企业制定的劳动标准水平则会偏低，往往仅仅是达到法定最低劳动标准。

另外，企业的人员素质也会对劳动标准的制定和实施产生很大影响：企业管理层的知识结构、创新意识和领导艺术水平，对推动企业劳动标准建设具有决定性的作用；企业员工对劳动标准的正确认识是实施企业劳动标准的思想基础；经营管理人员的文化素质、思想观念和工作能力等，也会对企业劳动标准建设产生重大影响。

③员工力量。由于企业的劳动标准主要体现在集体合同和规章制度中，而集体合同和规章制度的制定都需要通过与员工平等协商，因此企业的劳动标准与员工的意愿和力量也有很大的关系。如果企业的工会力量比较强大，在平等协商过程中就可以更多更好地为员工争取利益，企业制定的劳动标准水平也会较高，从而更好地维护员工的利益。

5. 企业劳动标准与单位发展战略规划之间的关系

单位发展战略描述了企业的发展目标，是企业行动的向导，引领企业制定劳动标准的方向。

（1）单位发展战略为制定劳动标准确立了核心思想

单位发展战略是随着企业所处的发展阶段的不同而变化的，因此就需要相应的劳动标注予以配合。劳动标准实质上是单位发展战略顺利实施的重要工具。

（2）企业劳动标准是实现单位发展战略的重要保证

企业劳动标准通过规范员工的行为标准，营造良好而有序的内部工作环境和秩序；通过规范各项作业的流程及标准，提高员工的工作效率；通过规范企业的劳动管理活动，创造良好的企业社会形象。这些都有利于企业更好地实现单位发展战略。因此，企业劳动标准是实现单位发展战略的重要保证。

6. 企业社会责任与跨国企业生产守则

（1）企业社会责任与跨国企业生产守则概述

企业社会责任是在一定时期社会赋予企业的经济、法律、伦理以及人道主义的期望，包括遵纪守法、保护环境、保护消费者权益、保护劳工的基本权利和人权、支持慈善事业、捐助社会公益、保护弱势群体等。它使企业在追求自身利益的同时，关注消费者、股东、员工、政府和社区等利益相关者的需要。

企业社会责任运动的兴起直接源于消费者运动的压力。1991年，美国大型牛仔裤制造商 Levi-Strauss 的海外工厂，在监狱般的工作环境使用年轻女工的事实被曝光，引起媒体舆论和消费者运动的极大关注，该工厂立即成为"血汗工厂"的典型。该工厂为挽救其公众形象，制定了世界上第一份公司生产守则。在劳工组织和人权组织等非政府组织（NGO）和消费者的压力下，许多知名品牌公司也都相继建立了自己的生产守则，并设置专门机构、配备专职人员，负责内部生产守则的贯彻实施。这些内部生产守则，从内容上看包括消除童工、禁止歧视、废除强迫劳动、结社自由和集体谈判等劳工权利和工资、工时、职业安全、社会保险和员工福利等生产条件。随着较多的企业制定内部生产守则，这又演变为"企业生产守则运动"。

企业生产守则运动的直接目的是促使企业履行自己的社会责任。由于跨国公司自己制定的生产守则有着明显的商业目的，而且其实施状况也无法得到社会的监督，存在着一定的局限性。在劳工组织、人权组织等非政府组织的推动下，生产守则运动由跨国公司"自我约束"的"内部生产守则"逐步转变为"社会约束"的"外部生产守则"。到2000年，全球共有246个生产守则，除118个是由跨国公司自己制定的外，92个由商贸协会制定，32个由非政府组织制定，4个由国际机构制定。归纳起来主要分为三大类：通过代表制程序制定的政府及政府间组织的标准，包括国际劳工组织的有关公约、联合国人权宣言等；非政府组织制定的民间标准，包括联合国全球契约（GC）、道德贸易行动（ETI）准则、SA8000等；各跨国公司自己制定的供应链行为准则，这些公司有迪斯尼、沃尔玛、耐克、宜家等。这些生产守则主要分布于美国、英国、澳大利亚、加拿大和德国等国家。

（2）跨国企业生产守则的特点

①条款内容。由企业自行制定的生产守则从内容上看是比较丰富的，形式也是比较多样的。一般来说，都含有关于商业道德标准和价值观的内容。除了这些共同点，不同的企业从自身的企业特点出发，针对最关注的问题进行规范。主要内容包括劳工权益保护、环境保护、信息公开、公平竞争、贿赂和腐败行为、科学技术、消费者保护等。但涉及最多的仍是劳工权益保护和环境保护问题。

在劳工权益保护方面，不同生产守则间虽存在一定的差异，但在执行劳工标准的具体做法上基本一致，即以国际劳工组织"基础性条约"为基础，以"核心劳工标准"为核心内容，因此，国际劳工标准成为跨国公司生产守则的国际法依据。但是，并不是说所有的生产守则都涵盖核心劳工标准的四项基本权利。根据调查，76%的生产守则提到要提供合理的劳动条件，25%的生产守则提到要尊重工作场所内的人权，但是提到雇员享有结社自由权利的生产守则就相对较少了。这一点也引起了很多劳权保护者对生产守则的质疑。

②覆盖范围。跨国企业自己制定的生产守则，一般是由公司的高级管理层、CEO、法律部门等负责制定，有时候也会聘请咨询机构制定，但最终的决定权都在于公司自身。这种类型的生产守则覆盖范围比较灵活，有些是针对内部全体雇员，如丰田公司的生产守则；有些针对部分管理层，如美国第二大传统书籍经销商 Borders 公司的管理哲学宣言；大部分生产守则的规范对象都包括其商品链上的供应商、承包商及其他利益相关者，如耐克公司的生产守则就包括其外部的生产商和承包商。

③作用机制。这种类型的生产守则是企业自身的自愿行为，并不具有法律规范的强制力，其对外部商业伙伴的影响主要是通过其在买家主导型的商品链上的买家权力实现的。这一点，由行业制定的生产守则和多边组织制定的生产守则是一致的。这种守则都是建立在自愿的基础上，并不具有法律的强制力。因此"买家主导型的商品链"是企业或其他多边组织推行生产守则的基础。

根据 Hopkins 和 Wallerstein 的定义，商品链就是指"一个由劳动和生产过程构成的网络，其最终结果表现为产品"。在经济全球化背景下，生产体系和国际贸易相互整合，使得整个商品网络包括初级原料供应网络、生产网络、出口网络以及营销零售网络等；除了促成经济活动的国际化之外，整个商品网络也呈现全球性的分工整合。

跨国公司主导的商品链主要是指由跨国公司占主导地位，在发展中国家完成生产的商品网络。这类商品链在服装、制鞋、玩具以及家庭用品等劳动密集型的产业中最为典型。

跨国公司主导的商品链其实是由跨国公司通过层层转包建立起来的全球生产网络。跨国公司处于这个商品链的顶部，它们用订单掌握着处于各国、各地区的供应商，而整个供应链各个连接点上的供应商则直接控制着散布在世界各地的生产工厂的生产线和工人。此外，由具体的生产工厂还会延伸出更为复杂的转包生产关系，如接单工厂在生产旺季时通常会把订单外发到其他工厂或家庭作坊。

显而易见，由于所占的市场机会与资源不同，跨国公司与其供应商在交易中的谈判地位是极不平衡的。跨国公司主要控制产品的营销和品牌，并在谈判中维持甚至提高产品质量、性能和工期的种种要求，并尽量压低产品价格。面对强大的市场竞争，供应商相对其客户（跨国公司）通常处于不利的谈判地位。

这种不平衡的权力结构正是企业生产守则运作过程的基础。

④监督机制。与"外部"生产守则不同的是，企业"内部"生产守则主要

由企业自行监督、实施。只有极少的由企业制定的生产守则接受外部的监督，如图 3-1 所示。

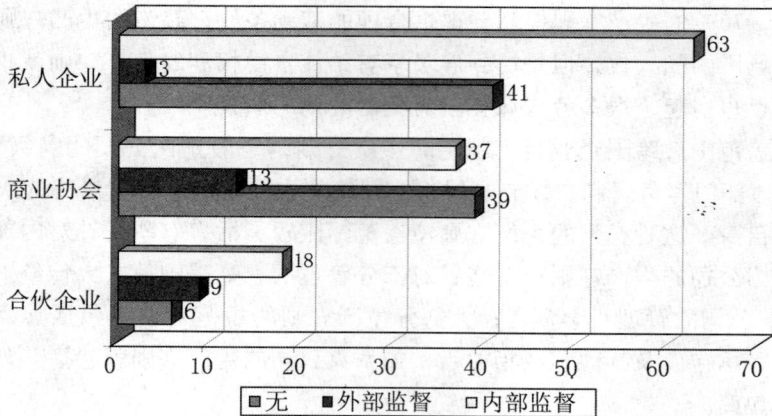

图 3-1　企业内部生产守则监督情况

资料来源　OECD.

企业对生产守则的具体监督方法有：设立专门的社会监察部门，委派专门的监察人员，建立定期报告制度，现场检查，开通投诉热线等。对于违反生产守则的处罚措施一般有：罚款、责令改正、培训或撤销订单合同。对于那些在遵守生产守则方面做得较好的企业，可以通过恢复订单或扩大订单量进行正面强化。监督手段越完善、越制度化、越能落到实处的公司，生产守则的履行情况越好。但是，这些生产守则的制定和监督是需要成本的，这种只通过内部进行监督的生产守则往往被认为存在虚张声势的情况，可能沦为跨国公司对外的公关工具，因此一直受到社会各界的质疑和诟病。

随着内部监督受到越来越多的质疑，一些由企业自行制定的生产守则开始引入外部监督，如通过外部的非政府组织、独立观察者或者咨询机构进行监督。这种做法是为了使监督更具有所谓的公正性。但是要看到这种外部监督与由多边组织制定的生产守则不同的是，是否采用外部监督，或者在多大程度上引入外部监督，其决定权仍在于企业自身。归根结底，这类生产守则从制定到实施、监督都是企业在起决定性的作用。

⑤有效性。企业生产守则的有效性一直是在研究生产守则时讨论最多的问题，也是决定生产守则存在价值的关键性问题。

讨论生产守则的有效性可以从四个方面考虑：

第一，相关性（relevance），即生产守则中所涉及的内容是否就是大众或相关利益人关注的内容，这方面可以通过考察生产守则的内容进行判断。

第二，真诚度（sincerity），即企业在生产守则中所作出的承诺是不是真诚的。一些分析家认为这些生产守则不过是美丽的橱窗，是具有商业行为性质的公关工具。而另一些分析家则认为企业之所以制定这样的生产守则是迫于一定的压力，这种内部或者外部的压力能够使企业遵守生产守则，然而也存在一些压力使企业削弱这种生产守则，如成本压力。同时，政治因素也是使企业提高生产守则标准的原因之一。

第三，能否有效贯彻实施（capacity to implement in a cost effective way），即企业能否使用有效的方式贯彻生产守则。即使生产守则的内容具有相关性，企业制定生产守则的态度也是诚恳的，但是如何操作和贯彻实施生产守则仍是最主要的问题，这需要一整套完善的内部推行机制。

第四，自愿性生产守则的制度有效性（institutional effectiveness of voluntary codes），即同其他规范方式相比，这种自愿性质的生产守则是否更有效。其他的规范方式包括正式的法律法规、税收等。

可以说，无论是对生产守则内容，还是对其作用机制、监督机制的分析，最后都是围绕有效性这个问题展开的。许多学者和社会活动家都对公司"内部"生产守则的有效性提出了质疑：首先从制定过程看，几乎没有工人参与；其次，从监督过程看，也很少有工人的介入。这样缺乏监督的生产守则很容易就沦为跨国公司的公关工具。

生产守则主要是跨国公司迫于社会的压力，为了保持公司的商业声誉而被动实施的。其出发点仍是为了维护公司最大的商业利益，并非由于道义感或是对伦理价值的追求。因此，它究竟能在多大程度上发挥有效作用值得怀疑。

（3）跨国公司自行制定的生产守则在中国的推行

跨国公司生产守则在中国的出现始于跨国公司自行制定的生产守则类型。由于我国改革开放以来采取的出口导向型发展战略，加之相对稳定的投资环境、丰富的劳动力资源和广阔的市场空间，越来越多的跨国公司在中国建立自己的生产链。从技术层次较高的电子芯片到最低的玩具、纺织类，中国成为众多世界名牌商品的生产基地。由于生产商受利润的驱使，以及中国劳动力市场的特殊性，这些出口商品生产工厂的劳动状况很差，劳工权益被侵害的情形非常普遍。这种状况引起了西方社会的关注，中国成为西方社会消费者运动关注的发展中国家之一。从20世纪90年代中期以来，已经制定生产守则的世界主要零售商和贸易公司在中国采购时，陆续按照生产守则的条款对其中国生产商和供货商进行工厂社会责任检查。这些跨国公司生产链上的中国企业越来越多地卷入了与生产守则有关的一系列活动。

目前，中国企业面对最多的仍是由跨国公司自行制定的生产守则。清华大学当代中国研究中心与深圳当代社会观察研究所于2001年至2002年进行的调查显示，调查抽取的80家生产出口商品的中国企业，有55家接受过客户的公司生产守则检查，占69%，接受外部检查的有9家，通过SA8000认证的有3家。

由企业自行制定的生产守则主要依靠订单的力量来推行，因此订单的大小意味着权力的大小。生产商和供应商在实际行动中遵守生产守则，是将生产守则从文字变成具体措施的关键。但实施生产守则需要厂商付出比较大的成本，所以如果订单的压力并不足够强大的话，它们很少愿意真正兑现承诺。一些企业的生产守则并不涉及具体的操作方式，因此对生产商的影响是极其有限的。一些生产守则规定较为详细具体的企业（主要集中在劳动密集型的行业中），虽然拥有操作性较强的实施标准和监督程序，但是这类生产守则的监督主要依靠内部监察人员进行，一些制造商为了应付检查，不惜采用瞒骗的手段。

跨国公司生产守则是企业的"内部约章"，不具有法律法规的强制力。生产守则一般都规定应遵守当地的相关法律规定，而我国劳动法律本身与现实还存在一定的差距，需要完善。例如劳动法的适用范围，没有对农民工这个庞大的劳工群体的权利保障问题作出具体规定。而跨国公司在中国的供应商雇佣的多是农民工，因此，生产守则约束调整的多是农民工和企业间的劳动关系，但生产守则又不具备法律效力，这样，当这些农民工的权益受到侵害时，便难以从法律上找到处理依据。再加上劳动监察力度不够，多数企业仍是敷衍应付为主。因此，跨国公司生产守则作为一种外在制度，在中国由于缺少自上而下的内在制度配合，作用是很微弱的。

然而，这种跨国公司生产守则在中国的推行仍具有一定的积极意义，它不仅可以改变许多欧美人认为中国工厂都是血汗工厂这样一种偏见，又能促进企业担负起社会责任，对劳动者的权益保护是有益的。特别是它具有一定的辐射作用，能够从跨国公司生产链上的企业扩展至其他中国企业对劳工权益保护乃至整个企业社会责任进行思考，从而扩大全社会对企业社会责任问题的关注。我国目前对于企业社会责任的讨论，在一定程度上就是由于受到了跨国公司内部生产守则的直接影响。

3.1.3 企业劳动标准的完善

1. 企业劳动标准实施效果评估

企业劳动标准的实施效果，最终表现为经济效益状况、人力资源管理水平和劳动关系和谐程度三个方面。因此，应该从这三个方面进行评价。

（1）基于经济效益的评价

获取经济效益是企业经营目标的核心，提高经济效益是企业的根本任务。企业的整个生产经营活动都要围绕提高经济效益的目标来进行，否则企业的生存与发展就得不到保证。因此对企业劳动标准的实施效果进行评估，必须对企业经济效益进行综合评价。

①综合经济效益评价的一般方法。综合经济效益评价的方法一般包括打分排队法、综合指数法和功效系数法。

A. 打分排队法。打分排队法是国际货币基金组织用于评价各个国家竞争能力大小的一种方法。在企业经济效益评价时，主要用于多个企业经济效益综合评价的排序。

B. 综合指数法。综合指数法是将每项指标实际值与标准值比较，计算各项指标的个体指数，再加权平均计算综合指数。

C. 功效系数法。功效系数法是利用特定的方法，将每一个指标的实际值转化为百分制表示的分数，再汇总计算进行企业经济效益综合评价的方法。

②经济效益指标体系法。经济效益指标体系法是 1997 年国家统计局、国家计委和国家经贸委与其他有关部门联合提出的方法，这套指标体系包括 7 项指标：总资产贡献率，资产保值率，资产负债率，流动资金周转率，成本费用利润率，全员劳动生产率，产品销售率。

③绩效审计法。绩效审计是经济审计、效率审计和效果审计的合称，也称三 E 审计，是指由独立的审计机构或人员，依据有关法规和标准，运用审计程序和方法，对被审单位或项目的经济活动的合理性、经济性、有效性进行监督、评价和鉴证，提出改进建议，促进其管理、提高效益的一种独立性的监督活动。

（2）基于人力资源管理水平的评价

企业劳动标准实施效果的评价，从人力资源管理角度来看，包括指标性评价和总体性评价。

①指标性评价。指标性评价即基于重要人力资源管理指标的变化评价企业劳动标准的实施效果，一般包括以下几个方面：一是是否增强了最高管理层的决策能力和组织能力；二是是否改进优化了系统绩效功能，提高了组织运行速度；三是员工是否具有了持续改进的动力；四是引导员工调整职业生涯规划和提升职业素质的目标是否实现；五是优胜劣汰的机制是否形成；六是员工的自我管理能力能否提高。

②总体性评价。总体性评价即基于人力资源管理系统的总体效益评价企业劳动标准的实施效果。评价人力资源管理系统的总体效益，一般从人力资源管理系统的适应性、执行性和有效性三个方面进行。适应性是对人力资源管理系统内外部协调的反映。外部协调主要包括人力资源管理政策对劳动力市场的适应性，与法律的符合性，与企业发展战略、经营理念和企业文化的相容性，以及人力资源管理系统和企业其他子系统的协调与配合。内部协调主要是人力资源管理各职能之间的协调，以及人力资源管理专业人员和一线管理人员之间的协调与配合。执行性反映企业人力资源管理系统的内部运作情况。我们把内部运作中的协调划到适应性中评价，因此，这里的执行性主要是从时间、成本和质量角度反映人力资源管理活动的效率。有效性反映企业人力资源管理活动的效果。员工对组织的满意度是人力资源管理系统满足员工个人目标的结果，部分地反映了人力资源管理的成效，而人力资源管理系统对组织目标实现的贡献程度主要通过员工的知识更新能力、年龄结构、专业结构、人力资源筹供能力等来反映，是组织满意度的体

现。因此，对企业人力资源管理有效性的评价包括员工满意度和组织满意度两个方面。

（3）基于劳动关系的评价

企业劳动标准实施效果的评价，从劳动关系的角度来看，主要包括劳动合同的规范性、劳动基准法的遵守情况、劳动关系协调机制的运行状况以及职工职业技能和文化生活情况。

①劳动合同的规范性。劳动合同的规范性包括劳动合同签订率，劳动合同内容是否全面、合法，劳动合同签订、续订、解除和终止等各个环节是否管理完善、程序规范，有无违反劳动合同的现象等。

②劳动基准法的遵守情况。劳动基准法的遵守情况包括是否按月足额发放职工工资，且不低于劳动合同约定的工资和当地政府规定的最低工资标准；是否按规定支付职工超时加班加点工资；企业和职工是否依法参加养老、医疗、工伤、失业、生育等五项社会保险，按时足额缴纳社会保险费；是否严格按照劳动保障法律法规的要求，执行工时和休息休假制度；是否依法建立职工住房公积金制度，按时足额为职工缴纳住房公积金；是否依法维护女职工特殊利益和未成年工合法权益；是否建立健全安全生产和职业卫生台账制度，认真执行安全生产各项规程等。

③劳动关系协调机制的运行状况。劳动关系协调机制的运行状况包括是否建立健全平等协商集体合同制度，且集体合同内容合法、程序规范、续签及时；是否依法开展工资集体协商并签订工资协议，且每年定期进行工资集体协商、职工工资随企业效益增长而同步增长；是否有因职工劳动权益受侵犯而提起劳动争议仲裁、诉讼，以及劳动保障监察部门立案查处的案件等。

④职工职业技能和文化生活情况。职工职业技能和文化生活情况包括是否重视职工培训，并且按规定提取职工教育经费；是否有职工活动场所，经常开展职工文化体育活动，活跃职工业余文化生活；是否重视职工生活保障工作，有无重大食物中毒和群发性传染病疫情发生等。

2. 企业必须修改或调整劳动标准的情形

（1）法律法规修改

企业劳动标准的制定必须以遵守强制性劳动标准为前提。发挥强制性作用的劳动标准根据其表现形式不同，可以分为立法型劳动标准和国家标准化机构批准的强制实行的劳动标准。立法型劳动标准主要包括法律、行政法规、地方性法规、部门规章和地方性规章中的规定。国家标准化机构批准的要求强制执行的劳动标准通常是指劳动安全与卫生方面的技术性标准，主要是涉及劳动领域自然科学属性的劳动标准。

因此，法律法规修改导致立法型劳动标准和国家标准化机构批准的强制实行的劳动标准发生改变时，企业的劳动标准也要随之作出改变。

（2）不符合企业发展需要

由于劳动标准会显著影响企业的成本，因此企业制定的劳动标准与企业的发展状况息息相关。在企业发展的初期，企业管理规模小，抵抗风险的能力差，最核心的问题是生存，因此在这一阶段，企业制定的劳动标准水平较低，可能仅仅达到法定的劳动标准水平，而且劳动标准体系也很不完善，可能仅仅包括最基础的劳动标准。在企业发展成熟阶段，企业的规模扩大，管理者的管理幅度增大。在这一阶段，原先简单、不完善的劳动标准不能满足企业生产发展的需要，此时管理者就需要不断制定各类劳动标准，建立起完善的企业劳动标准体系。由于企业的盈利能力增加，这一阶段企业的劳动标准也需要有所提高，以保持自身的外部竞争力，因此，当劳动标准不符合企业生产发展需要时，企业的劳动标准也需要发生改变。

3.2　企业劳动规章制度

3.2.1　劳动规章制度概述

1. 劳动规章制度的内涵

劳动规章制度，又称为雇佣制度或工作规则。1959 年，国际劳工组织（ILO）将劳动规章制度定义为：企业界对工作规则、企业规程、服务规则、就业规范、职场纪律的统称，供企业的全体从业人员或大部分从业人员使用，专对或主要对就业中从业人员的行动有关的各种规定。

我国目前尚无专门针对企业劳动规章制度的法律，有关劳动规章制度的法律规定散见于《劳动法》、《劳动合同法》、《工会法》和《公司法》等法律法规中。需要指出的是，劳动规章制度并不是由企业单方制定的，而是由企业与劳动者双方平等协商确定（《劳动合同法》第四条），这不仅是构建和谐劳动关系的要求，也是国家法律的要求。我国《公司法》第十八条第三款规定："公司研究决定改制以及经营方面的重大问题、制定重要的劳动规章制度时，应当听取公司工会的意见，并通过职工代表大会或者其他形式听取职工的意见和建议。"我国《劳动合同法》第四条第二款规定："企业在制定、修改或者决定有关劳动报酬、工作时间、休息休假、劳动安全卫生、保险福利、职工培训、劳动纪律以及劳动定额管理等直接涉及劳动者切身利益的劳动规章制度或者重大事项时，应当经职工代表大会或者全体职工讨论，提出方案和意见，与工会或者职工代表平等协商确定。"

目前，我国关于劳动规章制度的理解主要分为三种学说，分别是劳动规章制度的法律规范说、劳动规章制度的契约规范说以及劳动规章制度的集体合意说。

（1）劳动规章制度的法律规范说

劳动规章制度的法律规范说认为，企业制定的劳动规章制度在事实上发挥着行为规范的作用，从法理角度观察，企业劳动规章制度的强制力和约束力的基础是上述规范具有法律规范的性质。该学说在很大程度上将劳动规章制度的制定同立法建立了联系，并承认企业在一定范围内具有制定企业劳动规章制度的权力，员工可以在一定程度上参与，却不是劳动规章制度的制定主体。由于学界对于法律规范权力源泉的不同理解，法律规范说又进一步演化为法律授权说、经营权说以及习惯说三个分支学说。

（2）劳动规章制度的契约规范说

劳动合同是劳动者与企业之间确立劳动关系和双方权利、义务的契约或协议。劳动规章制度的契约规范说认为，劳动制度首先由企业单方制定或变更，经过劳动者同意后才成为劳动者与企业之间的劳动合同内容的一部分，进而具有法律约束力，劳动规章制度不过是劳动合同的雏形，其之所以具有约束力，是因为其经过劳动者的同意成为了劳动合同的内容。

（3）劳动规章制度的集体合意说

劳动规章制度的集体合意说认为，企业制定劳动规章制度是针对全体劳动者统一设定的集体规范，是基于劳动者集体合意才产生相应的法律约束力。该学说基本立场秉持劳动条件应由劳资双方合意之基本原则，认为鉴于劳动规章制度统一规范劳动条件之现实，个别劳动者对劳动规章制度制定、变更之承诺虽然有必要，但可由劳动者集体意思予以同意，未有劳动者集体意见之同意，规范制度不发生法的效力。

2. 劳动规章制度体系

劳动规章制度体系，是指一家企业全部劳动规章制度按照一定标准分类组合所形成的，具有一定纵向结构和横向结构的有机整体，如图3-2所示。自企业诞生之日起，就需要建立健全各项劳动规章制度，以支撑整个制度管理系统的正常运行。因此，企业的劳动规章制度涉及的面很广，需要对其宗旨、职权、职责、议事规则等方面作出具体规定。此外，企业还要结合自身实际情况，增添或修改符合企业自身需要的劳动规章制度条款。通常的，劳动规章制度体系主要包括招聘制度、薪酬福利制度、绩效考核制度、培训制度、考勤与休假制度、劳动争议处理制度、保密制度、人事交接调动制度等。上述列举的各项劳动规章制度，并不是一蹴而就的，是经过不断积累、完善形成的，企业可以根据各阶段发展的实际需要不断对劳动规章制度体系进行完善和调整。

3. 劳动规章制度的特征

企业制定的劳动规章制度是针对本单位的实际情况及现实问题而制定的，也是企业加强管理、进行制度规范的常用手段，它反映着人与人和人与物之间的关系，体现了企业生产过程中领导与被领导之间、干部与群众之间、技术人员与工

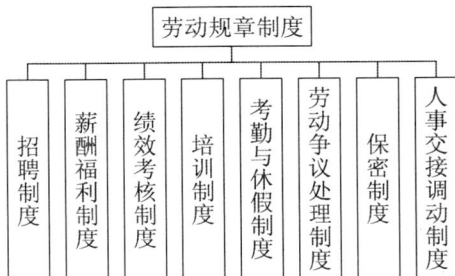

图 3-2　劳动规章制度体系

人之间、工人相互之间的合作和分工协作关系。劳动规章制度的制定不仅仅是企业领导层意志的体现，也是全体员工意志的体现。

（1）目的性

制定劳动规章制度的目的主要是控制生产过程、规范员工在工作中的行为、协调企业与员工以及员工之间的关系。

（2）明确性

劳动规章制度是针对企业的具体工作内容、职责、程序等制定的行为规范，因此，劳动规章制度的各项条款必须明确、具体、逻辑清晰、易于理解，具有很强的可操作性。

（3）强制性

企业劳动规章制度一经颁布，相关人员就必须遵守和执行。组织内的所有成员，不论是管理者还是普通员工都应该遵守企业劳动规章制度的规定。

（4）民主性

虽然企业劳动规章制度具有强制性，但劳动规章制度的制定体现了企业所有成员的意志，代表了企业绝大部分成员的利益，因此具有民主性。

（5）稳定性

稳定性主要是指劳动规章制度一旦形成，将保持在较长的时间内适用，如果朝令夕改，则会削弱劳动规章制度的权威性。

4. 劳动规章制度的重要性

企业劳动规章制度是整个组织机构正常运行的制度保障，没有合理的劳动规章制度就没有一个真正发挥作用的组织和机构，也就没有企业的正常生产和经营活动。只有通过劳动规章制度来规范领导和职工的职责和行为，才能使企业正常运转，充满生机和活力。

（1）劳动规章制度是企业正常运行的保证，组织成员行动的指南

在组织的运行过程中，针对组织内部成员的劳动用工管理主要有四种工具可以运用，分别是劳动法律法规、双方当事人签订的劳动合同、集体合同以及企业劳动规章制度。在劳动关系管理中，由于劳动法律法规的局限性、劳动合同的单一性以及集体合同在劳动关系管理中作用的有限性，企业劳动规章制度较好地弥

补了以上三种劳动关系管理工具的缺陷，与这三种劳动关系管理工具共同构成了劳动关系管理体系。

劳动规章制度虽属调整个别劳动关系的规范，但劳动规章制度规定的是企业共通的权利义务，适用于企业的所有劳动者。劳动规章制度明确了组织的劳动条件和组织成员的行为规范，可以大量减少因劳动条件不统一或对行为规范的解释不一致所带来的劳动争议和劳动纠纷。因此，劳动规章制度保证了组织的正常运行，是组织成员行动的指南。

（2）劳动规章制度是企业奖惩的依据

《劳动法》第四条规定："企业应当依法建立和完善劳动规章制度，保障劳动者享有劳动权利和履行劳动义务。"这里的劳动权利和劳动义务仅仅是一种抽象的法律规范。在具体的劳动条件确定和劳动关系运行中，这些抽象的法律规范很容易产生歧义以至发生劳动争议。企业劳动规章制度就是对以上抽象的法律规范的具体规定与解释，它明确了工作场所的劳动条件与行为规范。

可见，劳动规章制度是企业劳动条件及劳动纪律等方面的具体规定，不论其法律性质如何解释，劳动规章制度都对企业的劳动者具有规范作用。因此，组织的奖惩必须以劳动规章制度为依据，这样才有助于组织对工作场所的正常管理，保障企业的日常运转，预防劳动争议的发生。

（3）劳动规章制度是劳资双方维权的利器

劳动规章制度是用以规范劳动者个人与企业之间的个别劳动关系运行的企业规则，是企业制定劳动合同的主要依据之一。

市场经济中的企业，因为拥有经营自主权，也就拥有了对劳动者进行指挥、命令的管理权，因此，企业通过制定劳动纪律、行为规范等手段来促使劳动者履行劳动义务，对劳动者进行管理。但是，市场经济中的企业毕竟是以追求利润为目标的，企业很容易牺牲劳动者的利益甚至侵犯劳动者的权利。所以，我们强调劳动规章制度要"通过民主程序制定"才能具有法律效力，即"企业在制定、修改或者决定有关劳动报酬、工作时间、休息休假、劳动安全卫生、保险福利、职工培训、劳动纪律以及劳动定额管理等直接涉及劳动者切身利益的劳动规章制度或者重大事项时，应当经职工代表大会或者全体职工讨论，提出方案和意见，与工会或者职工代表平等协商确定"。通过民主程序制定的规章制度应该是劳资双方利益妥协和利益平衡的结果。

因此，劳动规章制度一旦具有法律效力，劳动规章制度就不仅仅是资方维权的工具，也成了劳方维权的利器。

3.2.2 劳动规章制度的制定

1. 劳动规章制度制定的法律依据

目前，我国关于企业劳动规章制度制定的法律依据主要包括《宪法》、《劳动法》、《劳动合同法》、《公司法》以及其他配套法律法规。共同协商制定劳动规章制度不仅是企业和员工的权利，也是企业和员工应尽的义务，是劳资双方享有权利、履行义务的制度保障。因此，企业在与劳动者代表双方共同协商确定劳动规章制度时必须遵守上述法律的规定。

《宪法》第五十三条规定："中华人民共和国公民必须遵守宪法和法律，保守国家秘密，爱护公共财产，遵守劳动纪律，遵守公共秩序，尊重社会公德。"这里提到的劳动纪律就是企业劳动规章制度的重要组成部分。

《劳动法》第三条第二款规定："劳动者应当完成劳动任务，提高职业技能，执行劳动安全卫生规程，遵守劳动纪律和职业道德。"这里的"劳动纪律"就指企业制定的劳动规章制度。《劳动法》第四条规定："企业应当依法建立和完善劳动规章制度，保障劳动者享有劳动权利和履行劳动义务。"这里的"应当"表明制定劳动规章制度，既是企业的法定权利也是企业的法定义务。依据《劳动法》第二十五条的规定，劳动者严重违反劳动纪律或者企业劳动规章制度的，企业可以解除劳动合同。

《劳动合同法》第四条规定："企业应当依法建立和完善劳动规章制度，保障劳动者享有劳动权利、履行劳动义务。企业在制定、修改或者决定有关劳动报酬、工作时间、休息休假、劳动安全卫生、保险福利、职工培训、劳动纪律以及劳动定额管理等直接涉及劳动者切身利益的劳动规章制度或者重大事项时，应当经职工代表大会或者全体职工讨论，提出方案和意见，与工会或者职工代表平等协商确定。在劳动规章制度和重大事项决定实施过程中，工会或者职工认为不适当的，有权向企业提出，通过协商予以修改完善。"该法明确规定了企业必须依法建立和完善劳动规章制度，制定劳动规章制度程序必须合法。

《公司法》第十八条第三款规定："公司研究决定改制以及经营方面的重大问题、制定重要的劳动规章制度时，应当听取公司工会的意见，并通过职工代表大会或者其他形式听取职工的意见和建议。"该法明确规定了企业有制定劳动规章制度的权利。

《最高人民法院关于审理劳动争议案件适用法律若干问题的解释》第十九条规定："企业根据《劳动法》第四条之规定，通过民主程序制定的劳动规章制度，不违反国家法律、行政法规及政策规定，并已向劳动者公示的，可以作为人民法院审理劳动争议案件的依据。"

《最高人民法院关于审理劳动争议案件适用法律若干问题的解释（二）》第十六条规定："企业制定的内部劳动规章制度与集体合同或者劳动合同约定的内容不一致，劳动者请求优先适用合同约定的，人民法院应予支持。"

2. 劳动规章制度制定的原则

企业作为生产经营的组织者和管理者，拥有对劳动者劳动力的管理权和支配权，制定劳动规章制度是履行其管理权的具体方式之一。合法制定的劳动规章制度具有法律效力，可以作为人民法院审理劳动争议案件的依据。因此，在企业劳动规章制度的设计中应该兼具合法性、民主性、真实性、效能性，在具体操作中企业应当遵循合法原则、民主原则以及公正原则。

（1）合法原则

企业劳动规章制度可以被视为国家及地方的劳动法律法规的延伸，因此，合法原则是制定劳动规章制度时首先要遵守的。从广义上讲，劳动规章制度不能与集体合同、劳动合同相矛盾，也可以划归为合法原则的要求。在遵守合法原则的前提下，保证制定的劳动规章制度公平、反映实际情况，这样的劳动规章制度对实际管理才更有针对性。

①劳动规章制度内容不能违法。即便是企业和员工共同协商制定的劳动规章制度，其内容也不能违法，例如，劳动规章制度规定女职工在本企业工作三年以后才能怀孕生子，这就侵犯了女职工的生育权，违反了法律的规定，侵犯了劳动者合法权益。劳动者不仅可以不遵守，而且有权随时解除劳动合同，并要求企业支付经济补偿金。劳动规章制度不得违反法律法规的规定，并不意味着简单地照抄、照搬法律条款，而是要联系企业的具体情况将法律规定具体化、细化，使其具有可操作性。

②劳动规章制度不能与集体合同、劳动合同相冲突。企业劳动规章制度与劳动合同、集体合同以及劳动条件基准一起构成了《劳动法》协调劳动关系的重要工具，这些都是确定劳动关系当事人双方权利和义务的重要依据。厘清三者之间的关系，有助于设计正确合法的劳动规章制度。

关于企业劳动规章制度与集体合同的关系，一般认为，集体合同的效力优先于该企业的劳动规章制度；劳动规章制度违反集体合同时，劳动行政部门有权命令变更其内容。也就是说，集体合同应当成为制定企业劳动规章制度的依据，企业劳动规章制度所规定的劳动者的利益不得低于集体合同所规定的标准。

关于企业劳动规章制度与劳动合同的关系，一般认为，在劳动合同订立过程中，劳动者有权了解企业的劳动规章制度，或者，企业有向求职的劳动者公开企业劳动规章制度的义务。而且，在劳动合同中，一般也有劳动者应当遵守企业劳动规章制度的约定。这就意味着企业应当按照企业劳动规章制度提供劳动条件和劳动待遇，也意味着劳动者承认企业劳动规章制度并愿意受其约束。

从国际惯例来看，三者的效力由大到小分别是集体合同、劳动规章制度和劳动合同，当三者之间发生冲突时，以高效力层级的规定为准。但是我国在"劳动规章制度与劳动合同的规定不一致时应适用哪个"这一问题有着特殊的规定。《最高人民法院关于审理劳动争议案件适用法律若干问题的解释（二）》第十六条给出了明确的答案："企业制定的内部劳动规章制度与集体合同或者劳动合同约定的内容不一致，劳动者请求优先适用合同约定的，人民法院应予支持。"也就是说，劳动规章制度与劳动合同的内容有冲突时，法院采用的判案标准完全是依照"劳动者请求",劳动者可以选择适用对自己最有利的部分。因此,企业在制定劳动规章制度时,应当在内容上做好与劳动合同、集体合同的衔接,避免发生冲突。

（2）民主原则

民主原则反映在制定企业劳动规章制度时要发动群众积极参与,听取群众意见,保证员工在企业劳动管理中实现参与管理的权利,这也是企业劳动关系管理的措施之一。

①劳动规章制度要综合反映劳动者的利益。企业劳动规章制度要从企业全体劳动者的利益出发,反映全体劳动者的意愿。劳动规章制度的目的是规范劳动者行为,只有符合全体劳动者的利益,才能激发和调动他们的积极性。鉴于此,企业要反复调研,广泛听取劳动者的意见,集思广益、综合分析,将全体劳动者的意愿反映出来。因此,我国《劳动合同法》第四条明确规定,劳动规章制度的制定、修改或决定应当经职工代表大会或者全体职工讨论,提出方案和意见,与工会或者职工代表平等协商确定。

②劳动规章制度要以公示的方式向全体劳动者正式公布。企业劳动规章制度要本着公开的精神,使全体劳动者都知道劳动规章制度,这是民主原则的重要体现,是实现民主的有效方式和途径。只有劳动者知晓劳动规章制度,它们才能真正起到监督、规范劳动者行为,保障劳动者合法权益的作用。公开的内容包括劳动规章制度内容的公开、方式和程序的公开。公布是公开的正式程序和方式,在劳动规章制度经过一定的会议讨论通过后,必须采取公示的方式向全体劳动者正式公布。

③制定和执行劳动规章制度要受到民主监督。企业劳动规章制度的实施是企业领导者行政权力的运用,它和其他权力一样要接受民主监督。企业如果不把制定和执行劳动规章制度置于群众民主监督下,它的形成和实施就缺少了群众基础,对后期的执行也不利。群众的监督主要体现在职工有权对劳动规章制度实施过程中企业管理者的行为提出批评、建议和意见,有权进行检举。

（3）公正原则

制定劳动规章制度属于企业内部管理工作,是企业经营自主权的体现。在这个过程中,企业要遵守公正原则,结合企业的实际情况,制定劳动规章制度的内容;正确处理员工与企业之间的关系,涉及奖惩内容时,要做到合情、合理、合法。

企业劳动规章制度是法律法规在企业内部的细化、延伸,但是制定劳动规章制度并非照搬照抄法律条款,也不要抄袭别的企业的劳动规章制度内容,而是要以法律为衡量标准,以企业生产经营以及管理的实际情况为基础进行撰写,如此制定出的劳动规章制度才能真正起到规范管理的作用。

企业与劳动者之间建立劳动关系之后,双方在权责上具有从属关系,企业使用劳动者，安排其生产劳动，劳动者完成生产任务，遵守企业的劳动规章制度。这种权利义务的分配并不意味着企业在制定劳动规章制度时就能为所欲为，应当从维持企业正常管理角度和不侵犯劳动者合法权益角度出发，制定劳动规章制度的内容；否则制定出来的劳动规章制度不仅不能规范管理，企业还将受到法律的制裁。

制定劳动规章制度要做到公平合理、符合实际情况。比如，劳动规章制度规定职工迟到一次就立即解除劳动合同，这就是显失公平的内容。由此引发劳动争议时，企业将处于不利地位。每个企业的情况千差万别，在同一企业内，各个工种和岗位也各有特点，企业在制定劳动规章制度时，必须综合考虑，根据本企业的实际情况和存在问题制定出相应的内部管理制度。

除上述原则外，制定劳动规章制度还要参照上级单位的制度、方针、政策和企业自身其他制度的内容，考虑到其中的协调性、一致性和匹配性，保证劳动规章制度实施的有效性。

3. 劳动规章制度制定的程序

根据《劳动合同法》第四条的规定，劳动规章制度制定的程序一般包括起草、讨论、通过和公示四个步骤。

（1）起草草案

劳动规章制度的起草一般有两种情况：一种是起草新的劳动规章制度；另一种是起草修改旧的劳动规章制度。起草人一般是企业行政人员，也可委托外界顾问或专家代为起草。制定草案的具体过程可依照以下程序进行：

①选定起草人员。拟定劳动规章制度是一项具有一定政策性、知识性和技术性的工作，需要专业的团队才能完成。企业应当选择懂法律政策、熟悉企业实际经营状况、有管理知识以及较高文字写作能力的人员组成起草团队，承担企业劳动规章制度的起草工作。起草团队中既要有企业领导和人事劳资管理业务人员，也要吸收工会干部和职工代表参加，以形成多层次的人员组合。起草团队的人数没有特别的规定，但是要遵循精干有效的原则。如果企业难以组成专业化的起草团队，也可以委托专门的劳动保障政策法律咨询机构代为起草。

②拟定起草大纲。为了保证起草工作有序进行，在确立了起草班子后，要由起草人员拟定劳动规章制度大纲。劳动规章制度大纲，就是确定其基本框架、体系构成、内容梗概，明确起草工作的指导思想、方法步骤、人员分工、起草工作的要求以及完成起草工作的时间等。起草大纲须经企业行政部门讨论审定后即可开始起草工作。起草大纲决定着以后起草工作的成败，一定要反复论证，多征求群众和有关专家的意见，确定成熟后再着手起草。

③形成草案文稿。起草工作人员按照起草大纲确定的框架和内容，在计划时间内进行起草工作，形成劳动规章制度草案的文稿。形成的草案文稿虽然不是正式的劳动规章制度，但也应符合劳动规章制度的外在表现形式，即符合一般的格

式，内容也应全面。

（2）职工讨论

依据《劳动合同法》第四条第二款规定：企业在制定、修改或者决定有关劳动报酬、工作时间、休息休假、劳动安全卫生、保险福利、职工培训、劳动纪律以及劳动定额管理等直接涉及劳动者切身利益的劳动规章制度或者重大事项时，应当经职工代表大会或者全体职工讨论，提出方案和意见，与工会或者职工代表平等协商确定。这里确立了劳动规章制度在制定程序上必备的法律程序，即经由职工代表大会或全体职工讨论、修改。

起草劳动规章制度和起草其他文件一样，需要经过反复的修改才能成熟完善。同时，劳动规章制度草案文稿的修改讨论，不只是简单的起草工作程序，而是企业制定劳动规章制度坚持民主原则和公正原则的具体体现，修改的过程也不只是对文字的简单增删，而是对劳动规章制度内容更进一步的认识和深化，使其更加成熟和完善。

企业劳动规章制度草案的修改，应按照一定的步骤次序进行。通常先由起草工作人员自行修改，然后召开职工代表大会或全体职工大会讨论、修改；之后，由起草人员在征求各方意见的基础上进行综合整理、去粗取精，对文稿进行修改补充。在讨论、听取修改意见时，要让企业员工畅所欲言，把对劳动规章制度草案的各种意见都发表出来，既要听取同意的、赞扬的意见，也要听取批评的、反对的意见。经过反复讨论和征求意见，对文稿做反复的修改后，形成比较成熟的审议文稿。

（3）协商通过

企业的劳动规章制度草案经职工代表大会或全体职工征求意见后，企业应对意见或方案进行梳理、修订和总结，完善劳动规章制度草案，从而形成制度建议稿。然后，企业需要派代表同工会或者企业职工代表共同对企业劳动规章制度建议稿进行协商，最终形成企业劳动规章制度的终稿。在我国，虽然司法解释要求劳动规章制度要"通过民主程序制定"才能具有法律效力，但对何为民主制定并无明确的说明。考察我国相关法规政策，一般认为，民主制定包含工会同意、职代会通过、职工代表投票通过等几种方式。

（4）制度公示

企业制定的劳动规章制度，经法定程序，确认其内容合法、程序有效后，要由企业法定代表人签字并加盖企业行政公章，作为正式文件向全体员工正式公布。公示是指把劳动规章制度告知每一个新加入企业的劳动者，或者是把新制定的劳动规章制度正式公布，告知企业的所有劳动者。关于公示的方式，我国并不存在相关的规定或要求。在实务中，企业公示的目的是使员工知晓企业的劳动规章制度，可以通过网站、电子邮件、公告栏、员工手册、会议、培训和劳动合同附件等手段进行公示，告知员工必须遵守企业制定的劳动规章制度。需要指出的是，企业内部的劳动关系工作者还必须有证据证明员工已经知晓企业的劳动规章制度，否则后果非常严重。

3.3　劳动规章制度的实施、评估和修订

3.3.1　劳动规章制度实施的主体、原则和机制

1. 劳动规章制度实施的主体

劳动规章制度实施的主体是企业行政主体，员工有遵守劳动规章制度的义务。也就是说，劳动规章制度是由企业行政发布的，并且负责在企业范围内贯彻落实。需要指出的是，劳动规章制度所规范的是员工在劳动过程中的行为，劳动规章制度的实施有赖于全体员工的遵守。因此，劳动规章制度的实施是在企业行政主体的监督下，员工对劳动规章制度的遵守和执行。

2. 劳动规章制度实施的原则

企业的劳动规章制度在实施过程中也应当遵循一些基本的原则。为确保劳动规章制度的客观性、准确性和公正性，劳动规章制度实施时应遵守以下原则：

（1）严格执行、依章治企原则

劳动规章制度是维持企业正常运转、快速发展的重要保障，具有不可替代的重要作用。但是劳动规章制度是把双刃剑，只有合法有效并且严格执行的劳动规章制度，才能强有力地支撑企业业务发展。

劳动规章制度是企业的"法律"，只有做到"法律面前人人平等"，自觉地依据完善的劳动规章制度实施管理，管理才会行之有效。企业职工对劳动规章制度的意见经常源于执行过程中的不公正，就是管理者对违反劳动规章制度职工处理的标准并不一致，管理者在实施劳动规章制度时带有非常大的人为因素，从而造成职工对劳动规章制度的反感。鉴于此，在劳动规章制度实施过程中要遵守严格执行、依章治企的原则。

（2）前后统一、全面实施原则

劳动规章制度应有相对的统一性，若在实施过程中发现问题，应及时纠正。劳动规章制度在修改时，首先要遵循劳动规章制度修改的必要程序，如民主参与修改、备案、告知等。其次，还要注意规章间的相互联系，争取做到前后统一。最后，劳动规章制度一旦颁布，就应具有相对的稳定性，不应朝令夕改。

全面实施是指在实施过程中要避免割裂的、片面的执行劳动规章制度。现行有效的劳动规章制度不能有选择的实施，也不能仅对部分员工实施，劳动规章制度应当得到全面的实施。为保障劳动规章制度的实施，企业可以在一项具体的劳动规章制度中规定实施本规章的部门，明确实施该规章的责任。同时，企业可以设置劳动规章制度的监察部门，监督劳动规章制度的实施。

（3）各司其职、协作实施原则

劳动规章制度的实施范围覆盖了企业全体员工和全部部门，需要各部门的协同配合，因此，劳动规章制度在实施过程中，各行政部门和每个员工不但要认真履行劳动规章制度所要求的责任，而且要注重相互之间的配合与团结协作，更好地将企业的劳动规章制度贯彻实施。

（4）及时调整、合理实施原则

企业的劳动规章制度一经公布生效，就应当立即在企业贯彻执行。劳动规章制度中的政策性规定，凡是应执行国家政策法规的，当国家政策法规公布后，企业应立即执行，凡国家规定由企业自主决定调整标准的，也应当在规定的日期内完成。

3. 劳动规章制度实施的重要机制

（1）建立劳动规章制度实施的监督与处罚机制

良好的制度需要强有力的执行者，也需要与之相匹配的监督与处罚机制。没有相应的监督与处罚机制，企业劳动规章制度的实施就没有了保障，进而影响劳动规章制度的作用。因此，企业应当建立相关的监督机制，请监督者或机构进行相关的审查，监督各项制度实施是否到位，并将监督结果直接上报管理机关，从而实现企业劳动规章制度的科学化、规范化。

（2）建立劳动规章制度的信息反馈机制

任何企业的劳动规章制度都不是十全十美的，企业在运行中都有可能出现各种各样的矛盾和冲突，或企业劳动规章制度没有规定的情况，此时管理层就要遵循"先做事，后承担责任"的原则，然后通过信息反馈机制及时反馈至高层领导处。通过建立信息反馈机制将制度实施中存在的问题及时反馈，在反馈的基础上进行相应的调整，或者新设相关的劳动规章制度，以弥补原有制度的不足。

4. 劳动规章制度实施的必要条件

企业劳动规章制度实施的基本特征是企业以行政权力强制全体员工遵守和执行，劳动关系双方按照规定享有权利和承担义务。劳动规章制度一旦实施就会产生相应的结果，不遵守和不执行劳动规章制度的行为将会受到相应的制裁。因此，劳动规章制度的实施应当具备一定的条件。

（1）劳动规章制度的有效性

企业劳动规章制度具有效力是其实施的基本条件，具体来说包含两层意思：一是劳动规章制度的内容必须符合法律法规的规定，即劳动规章制度的内容合法。若劳动规章制度中有与法律、法规相抵触之处，则该条劳动规章制度无效，不具有约束员工行为之效力。二是实施的劳动规章制度必须是程序合法的。劳动规章制度生效必须经过员工参与及正式程序公示，没有按正式程序公示的劳动规章制度不具有效力。同时，劳动规章制度对它公布生效前的劳动行为也不具有约束力。也就是说，尚未生效的劳动规章制度不符合实施的条件，不得付诸实施。

（2）劳动规章制度的可操作性

企业制定的劳动规章制度要有具体的操作性，有一定检验标准的条款。劳动规章制度的一个重要作用是表明劳动政策，规范员工的劳动行为，因此，必须具有实际规范的标准。如果没有实际规范的标准，只是一些空洞的要求或一般原则，员工则无法遵循，企业也难以衡量，劳动规章制度就难以落实。比如，劳动规章制度中有关劳动纪律的规定，员工连续旷工将对其采取处罚措施，但没具体规定连续旷工的次数，员工不知道连续旷工的界定，企业也无法判断旷工员工的行为是否违纪而是否采取处罚措施。因此，关于实际规章制度的内容，应具有可操作性。

（3）实施机构的明确性

企业若要让劳动规章制度的内容适用于生产劳动过程，使其在每一环节上都得以有效落实，那么就必须由相应的组织机构或专门管理人员负责。

（4）范围的适用性

劳动规章制度对企业全体员工都适用，但并不是每一条规定在任何时候、任何岗位，对任何员工都适用，而是针对不同的工作岗位、不同的生产经营条件、不同的行为规范，确立不同的政策内容和标准，这些内容和标准只在规定的范围内具有约束力。

3.3.2 劳动规章制度的评估

1. 概念

评估，通常是指评议估价或评定价值高低[①]，即根据确定的目的来测定评估对象系统的属性，并将这种属性转变为客观定量的计量或主观效用的行为。劳动规章制度评估是指企业通过专门机构和人员，依据国家法律法规规定及企业实际情况，根据特定的目的，遵循适用的标准，按照一定的程序，运用科学的方法，对劳动规章制度进行评定和判断的过程。

一套完整的劳动规章制度体系，除了科学合理地制定和有效地执行外，还需要对劳动规章制度执行以后的效果进行判断，以确定劳动规章制度的价值，这种活动就是劳动规章制度的评估。因而，劳动规章制度评估是劳动规章制度执行过程中的一个重要环节，是调整、持续、修订或终止劳动规章制度的重要依据，是确认劳动规章制度价值的重要手段。

2. 劳动规章制度的评估方式

劳动规章制度对于企业正常的运转起到了不可或缺的作用，但是劳动规章制度的评估也是比较复杂的，因此企业在对劳动规章制度进行评估时，可以从多角度、多层面将劳动规章制度进行分层剖析，逐一进行评估分析。比较常见的劳动

---

① 中国社会科学院语言研究所词典编辑室. 现代汉语词典［M］. 北京：商务印书馆，2005.

规章制度评估方式主要分为三类：第一类是对劳动规章制度方案本身的评估，主要侧重于对劳动规章制度内容的评估；第二类是劳动规章制度制定过程的评估，强调的是过程控制；第三类是对劳动规章制度实施效果的评估，主要是结果导向的评估。

（1）对劳动规章制度方案本身的评估

针对劳动规章制度方案本身进行评估的目的在于分析、比较各种不同的劳动规章制度方案，指出每个方案的可行性以及相对的优缺点。有学者认为："评估是一种过程，这个过程在于确定重要的决策范围，选择适当的资信，搜集与分析资信并将它们做成有用的摘要资料，提供决策者抉择适当的劳动规章制度方案之基础。"

（2）对劳动规章制度制定过程的评估

对劳动规章制度制定过程的评估，主要强调对劳动规章制度在制定过程中的制定方法和流程的评估。持这种观点的学者认为："制度评估是系统地应用各种社会研究程序，搜集有关的资讯，用以判断劳动规章制度的概念化与设计是否周全完整；知悉劳动规章制度实际执行的情形、遭遇的困难，有无偏离既定的劳动规章制度方向，指出社会干预劳动规章制度的效用。"

（3）对劳动规章制度实施效果的评估

对劳动规章制度实施效果的评估着眼点就是劳动规章制度实施时带来的效果，是一种以结果为导向的评估。持这种观点的学者认为，劳动规章制度评估的主要目的在于鉴定人们所执行的劳动规章制度在达到其目标上的效果。确认劳动规章制度对问题的解决程度和影响程度，并运用研究设计的原则，通过对劳动规章制度效果的透视和分析，辨识劳动规章制度效果的成因，分析某种效果是劳动规章制度本身的作用还是其他因素所致，以求通过优化劳动规章制度运行机制的方式来强化和扩大劳动规章制度的效果。评估劳动规章制度的效果当然也要涉及劳动规章制度方案和劳动规章制度执行诸多方面，但是劳动规章制度评估的侧重点应该是劳动规章制度的效果。

3. 劳动规章制度评估要素

有效的劳动规章制度评估体系主要由五个基本要素构成：第一，劳动规章制度的评估主体。劳动规章制度的评估主体，是指由什么机构、部门或人员来实施对企业劳动规章制度的评估。第二，劳动规章制度的评估对象。劳动规章制度的评估对象是评估的客体。根据实际需要，企业可以选取劳动规章制度中某一项、某几项或是整个劳动规章制度进行评估。第三，劳动规章制度的评估目标。劳动规章制度评估体系的目标是整个体系运行的指南和目的，其目的在于鉴定人们所执行的劳动制度在达到其目标上的效果，以期通过优化劳动规章制度运行机制的方式来强化和扩大劳动规章制度的效果。第四，劳动规章制度的评估标准。劳动规章制度的评估标准是判断评估对象优劣的基准，是劳动规章制度实施评估的基础。第五，劳动规章制度的评估方法。这是劳动规章制度评估的具体手段。上述五个基本要素共同组成一个完整的劳动规章制度评估体系，它们之间相互联系、相互影响。

4. 劳动规章制度评估方法

在实务中，常见的劳动规章制度评估方法通常可以分为两类：一类是定性分析，主要包括图表评估法、强制排序法、对比评估法等；另一类是定量分析，主要包括层次分析法、经济计量学方法、成本效益法等。需要指出的是，任何一种分析方法都有各自的特点和局限性，因此，评估主体应该灵活地根据企业实际情况选择相适应的评估方法。通常使用单一方法进行劳动规章制度的评估可能会产生偏差。此外，过分依赖定量评估方法而忽略必要的定性评估分析也是不可取的。应当结合实际情况和适当的评估分析方法综合地作出评估，以下选取若干比较具有代表性的评估方法进行介绍。

（1）图表评估法

图表评估法是在劳动规章制度评估中普遍采用的方法，绩效考核制度评价、职位晋升制度评价等均可以采用这种方法。劳动规章制度依据设定的表格中所提取的要素进行评估，该表是等递尺度的，因此，此种方法又称为评级量表法，常用李克特5点量表。评估人员只需要根据被评估对象填写表格的情况，把各项得分加总，便得出了图表评估的结果，同时，还可以根据每项因素的重要性确定其权重等。

（2）简单排序评估法

简单排序评估法适用于对若干劳动规章制度进行比较和评估，具体做法是将所有需要进行评估的劳动规章制度作为评估对象，通过简单排序对这一系列劳动规章制度进行比较和评估，但是，此方法无法对某一项劳动规章制度进行评估。用这种方法进行劳动规章制度评估的时候，不是把每项劳动规章制度的执行表现与某一具体指标逐一对照，而是在执行的劳动规章制度之间进行相互比较，进行从优到劣的排列（通常是将最优者排在最前，最差者排在最后）。这种方法在实践中运用得比较多，特别是在进行定性分析的时候。但是，这种方法不能够说出被比较的项目之间在数量上的差距具体有多大。

（3）配对比较评估法

配对比较评估法是将每个评估对象的每一项特征作为指标，与其他评估对象两两进行比较，这种比较方法适用于多项劳动规章制度的评估。但是，如果有待比较的若干项劳动规章制度差别过大也不适用于这种评估方法。此外，一旦比较的项目过多，程序就会比较麻烦，因为配比的次数将按照［n（n-1）］/2（其中 n=项数）的公式增长。例如，5 项劳动规章制度的配对比较需要进行 10 次，10 项劳动规章制度的配对比较需要进行 45 次，50 项劳动规章制度的配对比较需要进行 1 225 次。此外，配对比较评估法仅能反映被评估劳动规章制度之间的排序（或名次），而无法反映若干劳动规章制度之间的差距大小。

（4）层次分析法

层次分析法是从经济系统论的思想出发，将评估对象视为一个系统，把这一系列复杂的问题层层分解为若干要素，并将这些要素的支配关系组成逐层递进的层次结构，然后通过成对比较的方法确定各要素之间的权重分配，最后综合评估主体的判断，将评估对象的重要性进行简单排序。通过这种方法，可以分析评估较为复杂的劳动规章制度体系，但对单一劳动规章制度的评估并不适用。层次分析法体现了人的决策、思维判断、综合分析的特征，同时集合了定量分析和定性分析的处理方式。

5. 劳动规章制度评估的步骤

劳动规章制度评估是有计划、按步骤进行的一种活动，需要遵循一定的步骤。一般来说，劳动规章制度评估可以分为三个步骤，即评估的准备、评估的实施与分析、评估结果的输出，如图3-3所示。

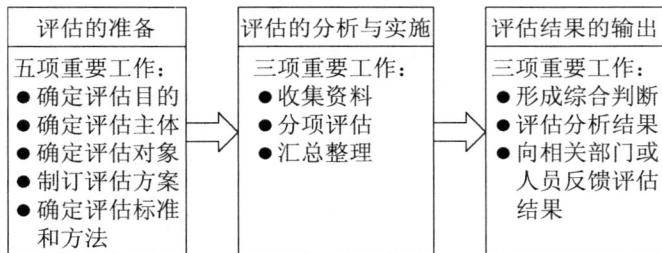

图3-3 劳动规章制度评估步骤

（1）评估的准备

劳动规章制度评估的准备是这项工作的基础和起点。在准备阶段，企业应当明确规章制度评估的目的、中心和重点，避免评估工作的盲目性，以保证评估工作的顺利进行。在评估准备阶段，需要完成的工作主要包括：

第一，确定评估工作的目的。劳动规章制度评估的目的是整个评估工作的基石和起点，为劳动规章制度评估的后续工作指明了方向。明确评估工作的目的有助于整个评估工作做到有的放矢，从而更好地解决、优化、完善现有劳动规章制度。

第二，确定评估工作实施主体。劳动规章制度评估的主体可以由企业内部的某个部门、团队担任，也可以选聘有关专家组成专家咨询组委托社会中介机构实施评估，先同选定的中介机构签订委托书，然后由中介机构成立评估工作组及专家咨询组。但是，无论谁作为评估的主体，在准备阶段都应该对其任务和要求加以明确。此外，还应对评估主体成员进行培训，提高他们的理论水平，构建一支有较高水准的评估队伍，劳动规章制度评估人员的素质和态度会直接影响到评估的信度和效度。

第三，确定评估对象。劳动规章制度的评估对象是评估的客体。在这个阶段，需要明确制度评估的对象，从实务角度来看，虽然评估结论决定了劳动规章制度的持续、修订或终止，但这并不意味着任何一项劳动规章制度在任何时候都可以而且有必要进行评估。在确定评估对象时，必须坚持有效性和可行性相结合的原则。一方面，选择的评估对象必须确有价值，即能够通过评估达到一定的目的；另一方面，所选取的评估对象又必须是可以进行评估的，即从时机、人力、物力、财力上看都能满足评估所需的基本条件。

第四，制订评估方案。制订劳动规章制度评估方案是劳动规章制度评估准备阶段最重要的一项工作，因为评估方案的设计将直接关系到劳动规章制度评估活动的成败。劳动规章制度评估方案一般应囊括以下内容：针对所要评估的劳动规章制度，明确评估的目的、意义和要求；阐述评估对象和评估主体；提出评估的基本设想，根据评估目标确定评估的内容和范围。

第五，确定评估标准和方法。制定劳动规章制度的评估标准是进行制度评估的基准和标杆。在确定了评估标准后，选取合适的评估方法就成为评估的核心问题。在实务中，企业可以根据自身实际需要以及劳动规章制度的类型、侧重点、目的等选择适合的评估方法。关于劳动规章制度的评估方法，前文已有详细阐述，这里不再赘述。

综合来看，评估方案应包括劳动规章制度评估活动的五项要素，即什么人、出于什么目的、根据什么标准、采用什么方法、对什么劳动规章制度进行评估。总之，评估方案包含了劳动规章制度评估的五个要素，即评估者、评估对象、评估目的、评估标准和评估方法。其中，评估者是评估的主体，评估对象是评估的客体，评估目的是评估的出发点，评估标准是评估的准则，而评估方法则是评估赖以实现的手段，它们相互依存，相互作用，构成一个完整的劳动规章制度评估系统。一项具体的劳动规章制度评估，就是由这些要素的有机组合所构成的活动过程。因此，劳动规章制度评估方案就是要对上述五项要素用书面方式作系统、详细的论证与说明。与此同时，还应该对评估活动的组织安排以及评估经费的筹措和使用等情况作出说明。

（2）评估的分析与实施

劳动规章制度的分析与实施是整个劳动规章制度评估活动中最重要的环节之一，实施评估阶段的主要任务包括以下几点：

第一，利用各种调查手段和信息来源，广泛收集有待评估的劳动规章制度信息。信息是对劳动规章制度进行评估分析和实施的基础。与评估相关的有效信息，既可以作为评估者最初判断的依据，也可以作为最后评估的尺度。在实务中，通常可以采用的方法主要包括：观察法、查阅资料法、调研法（其中包括开会调查、访谈、问卷调查等）、案例分析法、实验法、德尔菲法等。这些方法各有其特点和应用范围，最好是交叉使用、相互配合，以确保所获信息具有广泛性、系统性和准确性。

第二，综合分析已获取的劳动规章制度信息，对原始数据、问卷和资料进行系统的整理、分类、统计和分析，为劳动规章制度评估结果的输出提供依据。

第三，综合运用相应的评估方法，进行具体评估。在进行劳动规章制度的评估时，要坚持评估资料的完整性、科学性、针对性，客观、公正地反映出劳动规章制度的实际运作效果，进而作出评估结论。在实施评估阶段，虽然主要工作就是信息收集、信息处理和作出结论三项，但实际操作起来，却是相当复杂和困难，需要劳动规章制度的评估主体具有较强的综合分析能力，整体掌控评估分析的方向、内容、进度和侧重点等。同时，这又是劳动规章制度评估过程的实质性阶段，必须集中发挥评估组织的集体智慧。

（3）评估结果的输出

评估结果输出是劳动规章制度评估活动的最后一个阶段，是劳动规章制度评估的最终目的。这一阶段的主要任务是综合判断、分析诊断、反馈信息。综合判断就是从总体上对被评估对象做出一个关于其执行情况的定性或定量的综合意见，以及优良程度的区分，或对劳动规章制度制定水平是否达到应有标准作出结论。分析诊断就是对被评劳动规章制度的执行优劣得失进行系统的分析、评论，旨在找出存在的问题及问题的症结所在。反馈信息就是将评估活动所获得的信息向有关方面进行报告。这个阶段包括两方面的内容：一是撰写评估报告；二是提出评估工作的总结和建议。

3.3.3　劳动规章制度的修订

1. 概述

企业制定的劳动规章制度并不是一成不变的，应根据国家劳动相关法律法规的变化及企业的实际需要及时作出调整，以更好地发挥劳动规章制度的作用。

企业在对劳动规章制度进行审查时，应结合企业所处的法律环境、外部环境和内部环境等对劳动规章制度的各项条款进行审查把关，重点审查的内容主要包括劳动规章制度的制定主体、内容、程序等是否符合国家法律法规政策的规定，劳动规章制度的表述是否符合规范以及条款是否完备，通过审查找出现有劳动规章制度存在的问题，然后有针对性地对其进行及时的修订和完善。

企业劳动规章制度种类繁多，较为常见的有组织管理制度、招聘制度、薪酬福利制度、绩效管理制度、培训制度、考勤与休假制度、劳动安全卫生与保护制度、奖惩制度等。其修订程序同制定程序基本相同，需要听取工会意见，并通过职工代表大会或其他形式听取职工建议和意见，然后由企业授权的负责人予以签字批准，并公示告知全体职工。劳动规章制度的修订与制定的不同之处在于，工会或者职工认为规章制度制定不适当的，有权向企业提出，通过协商予以修订完善。

2. 劳动规章制度修订的必要性

由于国家劳动相关法律法规的变化、企业自身变化以及其他情况的变化，企业劳动规章制度在实施过程中还需要定期或不定期地进行审查和修订，防止出现违法和过时，以更好地发挥劳动规章制度的作用。

（1）劳动法律法规政策的变化

随着社会经济发展水平的不断提高，整个劳动力市场和劳动关系都发生了巨大变化，这使得相关的劳动法律法规政策的修改和变化也比较频繁。企业劳动规章制度在具体执行和实施过程中，要定期或不定期地进行法律审查，及时对新出台的法律法规政策进行学习和培训，防止因国家法律法规政策变化而导致劳动规章制度违法或不适合企业实际需要。

（2）企业自身情况的变化

在企业劳动规章制度的实施和执行过程中，企业所处的环境在随时变化，企业的外部环境变化、内部环境变化都有可能导致企业劳动规章制度的改变。从这个角度来说，在劳动规章制度的执行过程中也需要进行相应的审查并及时修改、补充相关内容，防止因企业实际情况和环境变化而导致规章制度不适合企业实际需要、产生脱节的现象。

（3）其他情况的变化

除了上述两大类情况，其他情况变化也会导致劳动规章制度的变更。《劳动合同法》第四条第三款规定："在劳动规章制度和重大事项决定实施过程中，工会或者职工认为不适当的，有权向企业提出，通过协商予以修改完善。"此外，部分企业在与客户合作谈判过程中，客户需要审查企业的劳动规章制度，认为企业劳动规章制度不合理的则要求加以修订，使规章制度符合企业与客户的实际需要。

第 4 章 工作分析与岗位管理

4.1 工作研究与劳动定额

4.1.1 工作研究

1. 概念

工作研究是采用科学的方法，以劳动力、劳动手段、劳动对象构成的作业系统为研究对象，从空间和时间上进行分解剖析和研究探讨，改进工作设计的一系列活动。

工作研究是人力资源管理的叫法，工科学界称之为工业工程，即将工作研究看成与建筑工程、机械工程一样具有科学性和可重复性的活动。

2. 历史背景

弗雷德里克·泰勒进行工作研究，1911 年出版《科学管理原理》，形成了劳动定额管理的理论和方法体系，使劳动定额管理成为一门科学。

泰勒从工人、工头、车间主任到总工程师，对 7 个方面进行了研究：

第一，研究人机关系和劳动效率。第一次把时间效率作为科学研究课题，形成制定劳动定额的科学方法。

第二，进行动作研究。

第三，对工艺路线和切削用量进行分析和试验。泰勒进行了 26 年切削试验，切削下的铁屑有 80 万磅。他对设备传动装置、刀具和切削规范提出了科学数据。

第四，对劳动条件、劳动环境和劳动过程的服务工作进行了初步的研究。

第五，实行差别计件工资制。达到定额的用高工资率计算工资，否则用低工资率计算工资。

第六，用新的作业方法标准和作业时间标准培训工人。将标准作业方法和工具都写在作业指导卡上，以此培训工人，使工人之间的效率差别尽可能地缩小。

第七，改直线制为职能制，建立职能管理科室。

总之，就是实行两个标准：标准作业方法和标准作业时间（或标准日工作量）。

3. 主要内容

工作研究分为方法研究和时间研究。

方法研究是指对工作程序和方法进行全面深入的观察、记录和分析，运用特定手段和技术，为寻求经济合理的最佳工作程序和操作方法而进行的一系列科学活动。其研究对象是"怎么干"，属于定性研究。目标是要实现劳动者、劳动工具、劳动场所与劳动对象的最佳结合，以较少的人、财、物消耗，获取较多较好的经济效果。最终成果是形成标准工作方法。

时间研究是指利用测时器或记录装置，在一定生产技术组织条件下，通过观测、搜集、整理和分析所得数据，确定为完成某项工作或操作所需时间量的一种研究方法。其研究对象是工作"用多少时间"，属于定量研究。目标是了解实际消耗时间数量，确定必要时间消耗量，即制定劳动定额。最终成果是形成标准工作时间。

方法研究与时间研究的对比见表4-1。

表4-1　　　　　　　　　　　　方法研究与时间研究

工作研究	定义	研究对象	目标	最终成果
方法研究	对工作程序和方法进行全面深入的观察、记录和分析，运用特定手段和技术，为寻求经济合理的最佳工作程序和操作方法而进行的一系列科学活动	"怎么干"工作属于定性研究，包括干什么、怎么干和用什么人干等	要实现劳动者、劳动工具、劳动场所与劳动对象的最佳结合，以较少的人、财、物消耗，获取较多较好的经济效果	标准工作方法
时间研究	利用测时器或记录装置，在一定生产技术组织条件下，通过观测、搜集、整理和分析所得数据，确定为完成某项工作或操作所需时间量的一种研究方法	工作"用多少时间"，属于定量研究	了解实际消耗时间的数量；确定必要时间消耗量，即制定劳动定额	标准工作时间

二者的关系方面，方法研究是时间研究的前提，时间研究是衡量、评价方法研究成果是否经济合理的依据。

4. 方法研究的一般方法和步骤

方法研究的一般方法和步骤包括：选择研究对象、分解研究对象、现场观测记录、寻求改善的新方法、制定工作方法标准、新标准的贯彻和实施。

（1）选择研究对象：要注意对象选择的全局性、时效性和可能性。

（2）分解研究对象：目的是便于深入细致地进行研究。分解原则是按层次往下一级划分。例如：研究产品的工艺工程则需分解到工序；研究工序则需分解到操作；研究操作则需分解到动作；研究动作则需分解到组成动作的基本要素（动素）。

（3）进行现场观测记录：主要步骤有测时、写实、访问、座谈、统计调查等。

（4）研究并寻找新的方法：事实记录下来后，就要逐项考查，寻求改善的新方法。通常程序为：采用"六何研究"和"四技巧改进"以达到"一目的"。首先是"六何"研究法，对"目的、对象、地点、时间、人员、方法"这"六何"进行四次提问，具体内容见表4-2。

表4-2   "六何"研究法

	第一次提问现状	第二次提问为什么	第三次提问能否改善	第四次提问新方案
目的	为何做	必要性大否	能否不做	新理由
对象	做什么	为何做它	能否做别的	新对象
地点	何地做	为何此地做	能否别处做	新地点
时间	何时做	为何此时做	能否别时做	新时间
人员	何人做	为何此人做	能否别人做	新人员
方法	何法做	为何此法做	能否别法做	新方法

进行工作研究，一定要严格按照六组问题的先后顺序逐一进行，不得随意变更，因为这个顺序是根据快速、省时的原则，按照改进工作的内在逻辑确定的。比如，目的被取消，则其他所有问题都没有意义了，也就没有必要再研究了；先研究方法问题，而后却发现目的、对象、时间、人员中的任何一种有变化，就会导致方法缺乏针对性。

在对上述六个方面的问题逐个考虑后，开始构思新的工作方法，可以运用"取消、合并、重组、简化"这"四技巧改进"，以达到"最佳工作方法"这"一目的"，见图4-1。

（5）制定工作方法标准并写出报告书：提出新的工作方法后，要与旧工作方法作对比，进行新方法的技术经济分析，制定工作方法标准并写出书面报告。书面报告包括：①两种方法的劳动强度、安全和工作条件比；②两种方法的成本、工作时间、效率和质量比；③两种方法所能取得的技术经济效果；④新方法所需的设备等投资费用；⑤主管人员对新方法的实施应采取的技术组织措施等。

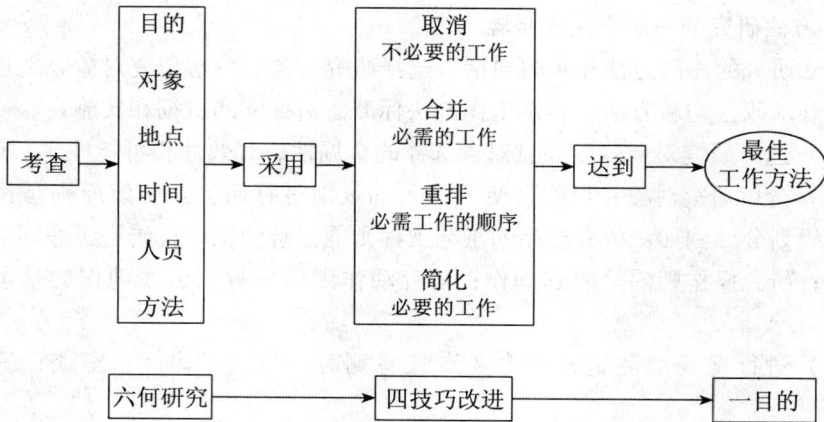

图 4-1 研究并寻找新的方法

（6）新工作方法标准的贯彻和实施：新工作方法应该得到领导、管理人员和操作者的讨论验证、支持和协助。应该根据新方法标准指导劳动分工与劳动操作，给出执行新工作方法标准的时间标准，修订相关考核奖惩办法。对操作人员就新的工作方法标准进行培训，在没取得期望的劳动生产率之前不能认为培训已经完成或成功。取得经验后，应该宣传、推广、现场指导和监督。应该重视班组长、车间、科室领导的作用，成立工作改进小组，在贯彻新方法的同时，检点新方法的得失并进行改善。

4.1.2 劳动定额

1. 概述

（1）概念

劳动定额是指在一定生产技术组织条件下，为生产单位产品或完成一定量工作，事先规定的必要劳动消耗量的标准。

（2）分类

劳动定额按照不同的分类方法有不同的类型，见表4-3。

表 4-3　　　　　　　　　　　　　　　劳动定额的分类

分类方式	内容
按其表现形式	时间定额、产量定额、看管定额、服务定额、销售定额
按其在管理中的作用	现行定额、标准定额、计划定额
按其使用范围	国家定额、地区定额、行业定额、企业定额

其中较为主要和常用的有时间定额、产量定额以及标准定额。

时间定额是指用生产单位产品消耗的时间数量表示的劳动定额。它是劳动定额最基本、最普遍、最主要的表现形式。一般说劳动定额常常是指时间定额。

产量定额是指用单位时间产出的产品数量表示的劳动定额。它与时间定额互为倒数。

标准定额是制定或考核劳动定额所依据的定额。劳动定额本身就是劳动消耗量的标准，标准定额是标准的标准。标准定额是针对典型生产技术组织条件制定的定额，一般相对稳定，较长时间不变。

（3）劳动定额的作用

- 劳动定额是编制计划的重要依据；
- 劳动定额是组织生产劳动的重要依据；
- 劳动定额是经济核算的重要依据；
- 劳动定额是考核绩效和实施分配的重要尺度；
- 劳动定额是提高劳动生产率的重要手段。

（4）劳动定额工作的特性

- 全员性：劳动定额工作涉及企业管理的各个方面，是一项涉及面广、工作量大的日常管理工作，它涉及企业的每一个成员。

- 科学性：劳动定额工作是一项科学性很强的管理工作，企业的科学管理是从劳动定额管理起源和发展的。

- 先行性：劳动定额工作为企业各项专业管理和综合管理提供所需要的资料、条件和手段，是各项管理的前提和基础。

- 经常性：劳动定额工作属于日常性事务工作，必须持之以恒，根据各项专业管理和综合管理职能发展的需要，不断地健全和完善，才能适应企业管理水平不断提高的要求。

- 系统性：现代企业管理是由各项专业管理和综合管理有机组成的综合管理体系，客观上要求各项专业管理必须协调配合，形成整体优化功能。作为现代企业管理基础的劳动定额，也必须按照企业生产经营目标的要求，配套组成一个完整的体系，保证企业生产经营目标的实现。

2. 时间定额

（1）时间消耗分类

时间消耗分类是指，把工作轮班的时间，按照活动的作用与时间消耗的规律、形成的原因与管理的需要划分为不同的类型。

时间消耗可以分为定额时间与非定额时间，组成体系见图4-2。

各种时间消耗类型的不同组合方式，构成了不同的时间定额方式。对各种时间消耗类型的掌握，有助于我们把握时间定额的构成，有助于研究并改进时间消耗结构，提高劳动生产率。

改进时间消耗结构的目标：

一长：作业时间尤其是基本作业时间要长。这里的作业时间不是指绝对数，而是相对数，是基本作业时间占工作轮班时间的相对数。这一时间的比重一定要大，因为只有这一时间才是真正出活儿的时间。

二短：作业宽放时间要短。这只是使工作地正常化的时间，越短越好。

```
                                                           ┌─ 机动时间
                                      ┌─ 基本时间 (Tj) ─────┤   (Tjd)
                  ┌─ 准备结束时间      │                    ├─ 手动时间
                  │   (Tzl)           │                    │   (Tsd)
                  │                   │                    └─ 机手并动时间
    ┌─ 定额时间   ├─ 作业时间 ────────┤─ 辅助时间 (Tf)         (Tjs)
    │   (Td)      │   (Tzl)           
    │             │                   
    │             ├─ 作业宽放时间 ──── 组织性宽放时间
工作班时间        │   (Tzkl)          (Tzk)
(T) ─────────────┤             
    │             └─ 休息宽放时间 ──── 技术性宽放时间
    │                 (Txk)           (Tjk)
    │                                 
    │             ┌─ 非生产时间 ────── 组织原因造成的非生产时间
    │             │   (Tfs)           (Tzf)
    │             │                   个人原因造成的非生产时间
    └─ 非定额时间 ┤                   (Tgf)
        (Tfd)     │
                  └─ 停工时间 ──────── 组织原因造成的停工时间
                      (Ttg)           (Tzt)
                                      个人原因造成的停工时间
                                      (Tgt)
```

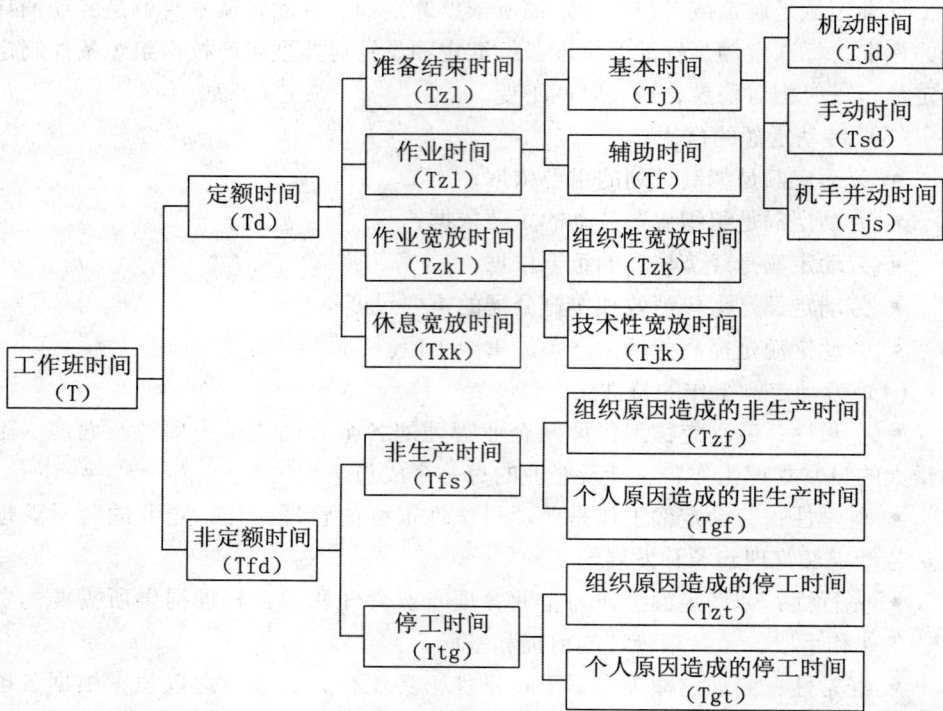

图 4-2 时间消耗分类体系

三适当：休息和个人生理需要的时间必须适当地给予。

四必要：准备与结束时间要足够多，足够长。

五消灭：非定额时间要坚决消灭。这是没有意义的时间。

（2）时间定额构成

时间定额的构成与生产类型密切相关。不同的生产类型，其时间定额的构成完全不同。

①大量生产条件下时间定额的构成

在大量生产条件下，工作地生产专业化程度高，长期固定地执行少数几道工序，产量又比较大，发生的准备与结束时间分摊到每件产品上的数量微不足道，可以略而不计。因此，大量生产条件下只需制定单件产品时间定额和产量定额。

单件产品时间定额（Td）的构成只包括作业时间（Tz）、作业宽放时间（Tzk）和休息宽放时间（Txk）三个部分：

$$Td = Tz + Tzk + Txk = Tz \times (1 + Kzk + Kxk) = Tz \times (1 + K)$$

其中：Kzk 为作业宽放率，是作业宽放时间与作业时间的比率。Kxk 为休息宽放率，是休息宽放时间与作业时间的比率。K 为宽放率，也叫时间规范，是作业宽放时间与休息宽放时间的总和与作业时间的比率。

已知单件产品时间定额（Td）公式即可推导出产量定额的计算公式：

$$Qb = T/Td$$

其中：Qb 为产量定额，即班产定额；T 为工作轮班时间长度；Td 为单件产品时间定额。

该公式即表示单件产品时间定额（Td）确定的条件下，在固定工作时间内的产量。

②成批生产条件下时间定额的构成

在成批生产条件下，由于工作地轮番生产多种产品，每更换一种产品都要消耗一次准备结束时间，因此除了计算单件产品时间定额外，还要单独确定准备结束时间定额，必要时再计算批量产品时间定额。

批量产品时间定额的计算公式为：

$$Tp = Td \times Np + Tzj$$

其中：Tp 为本批产品的时间定额；Td 为单件产品时间定额；Np 为本批产品的批量；Tzj 为准备结束时间定额。

③单件生产条件下时间定额的构成

这是成批生产条件下的特例，Np = 1 时，时间定额计算公式为：

$$Tp = Td + Tzj$$

（2）核算时间定额的构成

进行财务核算，需要计算单件产品的工时成本并分摊各种费用。因为产品是一件一件销售的，销售批量与生产批量不可能完全匹配，因此要将准备结束时间分摊到每一件产品的时间定额中去，形成单件产品核算时间定额。

单件产品核算时间定额（Tdh）公式为：

$$Tdh = Td + Tzj / Np$$

（3）休息与个人需要宽放时间的科学确定

宽放时间包括作业宽放时间和休息与个人需要宽放时间。不同宽放时间的消耗规律不一样。

作业宽放时间分为组织性宽放时间和技术性宽放时间。组织性宽放时间是每个工作轮班首尾交接班活动所消耗的时间，其处理的是上一班与下一班之间的关系，如清点毛坯和成品、观察机器、填写交接班记录、更换工衣、清理工作地等时间消耗。组织性宽放时间相对固定，占整个工作轮班时间的比重基本固定或与作业时间成一定比例。技术性宽放时间是在工作轮班中使工作保持正常活动所消耗的时间，如调整调试设备、刃磨刀具等消耗的时间。由于不同作业活动之间差异较大，因此技术性宽放时间差异较大。

休息与个人需要宽放时间，是在工作轮班中，操作者由于生理需要，为恢复工作精力而停歇工作所消耗的时间，如擦汗、喝水、上厕所和休息时间等。这类时间与作业的劳动强度和作业环境有关，不同作业的休息与个人需要宽放时间同作业时间成一定比例。

一个工作轮班时间中，如果消除了非定额时间，忽略了准备与结束时间，便只剩下作业时间与宽放时间了。而宽放时间大部分与作业时间成正比，不同作业的比例又是相对固定的，因此，如何确定作业时间便至关重要。

如上所述，确定这种作业时间，就是要确定劳动定额。在确定劳动定额时必须要考虑的问题就是：一个生产员工应该保持什么样的劳动强度？应该如何确定合理的工作量？

劳动强度的确定应当从劳动卫生原则出发，确定在一般情况下，一个健康的一般体格的人一天内劳动消耗量的指标。这个指标应该与劳动者一天摄入的能量大体平衡。因各个国家的生活水平、体质条件、机械化自动化程度不同，这个指标也是不同的。

衡量劳动强度，需引入 RMR 指标，表示一天劳动时间中平均作业强度。其计算公式为：RMR =（作业时的能量消耗−安静时的能量消耗）/基础代谢能量消耗。一般情况下，一个健康的一般体格的人，一天劳动时间中平均作业强度指标（RMR）在 2.5 ~ 3.0 为宜。

衡量劳动强度，需引入的另一个指标是劳动日能量消耗标准。中国医学科学院卫生研究所经过研究提出一个劳动日能量消耗的卫生标准：1 300 ~ 1 500 大卡/人（1 大卡 = 1 000 卡路里 = 4 200 焦耳）。

可利用作业强度 RMR 及劳动日能量消耗的标准，确定工作日中的休息与个人需要宽放时间。

作业时间的能量消耗构成如表 4-4 所示。

表 4-4　　　　　　　　　　　　　　作业时间的能量消耗

作业时增加的消耗（劳动代谢）	（5）	纯粹作业时的能量消耗	这是劳动能量消耗的主要部分，它是为了完成作业、达到劳动目的的能量消耗
	（4）	进行作业时伴随身体运动的能量消耗，即"空运动"的能量消耗	如搬运货物时，在没有负荷的情况下，走向物品堆放处的能量消耗
	（3）	为了保持作业姿势、平衡身体的能量消耗	进行各种作业时身体的姿势是不同的，人体为了保持作业姿势，需要消耗一定的能量
安静时的能量代谢	（2）	保持安静姿势（坐着或站着）的能量消耗	这相当于人体休息的时候，坐着或站着时的能量消耗
	（1）	基础代谢（由于身体大小、性别、年龄、体质条件不同而异）的能量消耗	这是维持人体正常新陈代谢必需的最低的能量消耗。测量时人体应该停止体力和脑力劳动，卧床并保持安静

各种综合能量消耗的构成如下：

作业时的能量消耗：C =（1）+（2）+（3）+（4）+（5）

安静时的能量消耗：C1 =（1）+（2）

作业时增加的能量消耗：C−C1 =（3）+（4）+（5）

3．劳动定额水平

（1）概念

①劳动定额水平的内涵。劳动定额水平是指对员工完成规定工作应该消耗劳动量要求的高低与松紧程度。这个高低或松紧程度是个相对数，因此不作特别说明，劳动定额水平常常是指劳动定额的相对水平。劳动定额水平是劳动定额的质量标准。

②劳动定额水平的外延。劳动定额水平的外延就是劳动定额水平的种类，其中，工序劳动定额水平是最基本的劳动定额水平。

（2）考核办法

①传统方法用劳动定额完成率来考核劳动定额水平，这是错误的。传统方法用劳动定额完成率来考核劳动定额水平，认为其数值越大，则定额水平越低。但其实，劳动定额完成率衡量的是劳动定额完成情况，反映的是操作者劳动的质量，而劳动定额水平所指的是劳动定额松紧程度，反映的是劳动定额制定者的工作质量。这二者是两个完全不同的范畴。所以，这种传统的考核方法缺乏客观性和科学性，考核结论错误在所难免。

②劳动定额水平的科学考核方法。所谓科学考核办法，就是指必须剔除操作者在实际生产劳动中的各种不正常因素影响，用操作者在标准努力下的标准时间消耗作为判定劳动定额水平的标准。

科学考核的指标是劳动定额水平指数，计算公式如下：

$$Klsz = Td／（Ts×Klxx）= Td/Tb$$

其中：$Klsz$ 为劳动定额水平指数；Td 为时间定额；Ts 为实际消耗时间；$Klxx$ 为劳动效率系数；Tb 为标准时间。

劳动效率系数（$Klxx$）就是标准时间与实际消耗时间的比率。

标准时间（Tb）就是操作者采用标准工作用量、按照标准工作速率、根据标准宽放时间工作时需要消耗的时间。

根据这种考核方法：

劳动定额水平指数（$Klsz$）>1 时，劳动定额水平较低；

劳动定额水平指数（$Klsz$）= 1 时，劳动定额水平较合理；

劳动定额水平指数（$Klsz$）<1 时，劳动定额水平较高。

（3）种类

①平均先进劳动定额水平。平均先进劳动定额水平是指介于职工普遍能达到的平均水平与先进水平之间的一种劳动定额水平。定量规定为：时间定额等于实际消耗时间的平均数与先进数的平均数，其实质是劳动定额水平指数小于 1。

执行"平均先进"水平的劳动定额的结果就是：在正常努力条件下，大部分达不到劳动定额，更谈不上超过劳动定额了。因此，各种计划——生产计划、劳动计划、成本计划和利润计划等都不可能完成。

②先进合理劳动定额水平。先进合理劳动定额水平是指在正常生产条件下，大多数员工经过努力可以达到，部分员工可以超过，少数员工能够接近的水平。定量规定为：或者是没有，或者是借用平均先进劳动定额水平的定量规定。其实质是劳动定额水平指数大于1。但"先进合理"水平的劳动定额在理论上存在数学错误、统计口径错误，以及逻辑错误。

③平均合理劳动定额水平。平均合理劳动定额水平是指一般操作者应该并且可能达到的劳动定额水平。定量规定为按生产该产品（或完成该工作）实际需要消耗劳动量的平均数来确定的劳动定额。其实质是劳动定额水平指数等于1。

制定平均合理水平劳动定额时的依据——实际需要消耗时间的平均数具有预测性、空间性、实践性和平均性等性质，这也是平均合理劳动定额水平的主要特性。因此，平均合理劳动定额水平是最合理、最适当的劳动定额水平。

4. 劳动定额制定

（1）实际需要消耗时间

①概念。平均合理水平的劳动定额就是实际需要消耗时间，即必要消耗劳动量。实际需要消耗时间是企业在一定时期里的生产技术水平、组织管理水平和职工思想政治工作等条件和因素的综合反映。

②实际需要消耗时间的特性。实际需要消耗时间具有客观性、变动性、综合性、可知性。

③影响实际需要消耗时间的因素包括六个方面和两种类型。第一，按对实际需要消耗时间影响的大小分为三个主要因素，即劳动对象、劳动工具、劳动力；三个辅助因素，即思想政治工作、组织管理活动、作业环境布置。第二，按操作者能动性大小不同分为客观因素，即生产技术组织条件，主要包括生产条件、技术条件、组织条件；主观因素，即劳动者素质，主要包括操作者的文化技术水平和熟练程度、操作者的思想觉悟以及由此决定的劳动态度和劳动积极性、操作者的身体状况。

④实际需要消耗时间预测的原则。第一，标准影响因素是预测的唯一依据；第二，标准影响因素必须技术上可行和经济上合理；第三，预测方法必须技术上可行和经济上合理。

（2）劳动定额的制定方法

①经验估工法：就是凭劳动定额员的经验估计制定劳动定额的方法。

②统计分析法：就是根据过去生产相同产品实际消耗时间的统计资料，经过分析，制定劳动定额的方法。

③类推比较法：就是参照类似产品的劳动定额制定劳动定额的方法。

④技术定额法：在研究生产技术组织条件，总结先进经验，挖掘生产潜力，

设计合理的操作方法的基础上，按时间消耗分类通过现场测定或书面分析制定劳动定额的方法。通过现场测定资料制定劳动定额，是技术测定法；通过分析各类书面资料制定劳动定额，是技术分析法。技术分析法比技术测定法较为客观，但这两种方法对劳动定额制定人员的要求都比较高。

5. 劳动定额管理

劳动定额管理包括劳动定额的制定、贯彻执行、统计分析和修订等环节。

一般而言，在整个劳动定额管理中，劳动定额的制定是核心工作，但劳动定额只有在贯彻执行中才能发挥作用，只有进行统计分析和修订，才能不断完善。因此，劳动定额的制定、贯彻执行、统计分析和修订，是一个有机的整体，只有抓好每个环节，才能充分发挥劳动定额管理在企业管理中的作用。

特别地，在劳动定额管理体制中，要建立健全如下几个方面的规章制度：

● 劳动定额管理主管领导的分管责任制；

● 劳动定额管理机构和人员的管理职责和岗位责任制；

● 劳动定额制定、修改的分工权限、时间、方法、程序的规定以及定额水平管理的制度；

● 处理劳动定额日常管理问题的责任、权限、原则、办法、程序的制度；

● 实际消耗时间记录、统计、分析与信息反馈的做法、要求、程序与信息传递的制度；

● 确定劳动定额管理部门与有关职能科室和车间的正常业务联系的制度。

4.2 工作分析与岗位评估

4.2.1 工作分析

1. 工作研究与工作分析

工作研究的重点是车间工人的作业，主要为生产劳动组织服务（如安排生产、组织劳动、改善工作地布置、改进工艺），更侧重于生产过程的合理、工作方法的科学、劳动时间的节约。工作研究的定量成分多，定性成分少，其结果是方法标准和时间标准。

工作分析的重点是车间工人以外工作的岗位，主要为人力资源管理服务（如定员、招聘、绩效、薪酬），更侧重于职务设置的合理，做到人适其事。工作分析是科学化、数量化、结构化方法在企业中难以量化的管理部门的延伸，其结果是工作说明书和工作规范。

2. 基本概念与相关术语

工作分析，也叫岗位分析、职务分析、职位分析，是对各类职务工作的性质、任务、职责、条件和环境，以及员工承担本岗位工作应该具备的资格、能力进行系统分析，并制定出工作说明书和工作规范等人力资源管理文件的活动。

工作要素，是指工作中不能再继续分解的最小活动单位。如，木工锯木头前从工具箱中拿出一把锯。

任务，是指工作活动中为了达到某一明确目的的工作要素集合，它是对某人做某事的具体描述。如，让秘书起草一份文件。

职责，指为了在某个关键成果领域取得成果而完成的一系列任务的合集，它常常用任职者的行动加上行动的目标来加以表达。如，维护医患关系，以保持和提升医院在社会上的形象。

权限，指为了保证职责的有效履行，任职者必须具备的，对某事项进行决策的范围和程度。如，具有审查权、知情权等。

职位，就是工作岗位，是劳动定员的单位，是承担一系列工作职责的某一任职者所对应的组织位置，它是组织的基本单位。职位与任职者是一一对应的，有多少职位就应该有多少员工。

职务，指组织中承担相同或相似职责或工作内容的若干职位（岗位）的总和。这些职位（岗位）的性质、类别完全相同，完成工作所需要的资格、能力也一样。如，电脑程序员就是一种职务，一个企业需要8名电脑程序员，就是该企业有8个电脑程序员的职位（岗位）。

职级，指工作责任大小、工作复杂性与难度，以及对任职者的能力水平要求近似的一组职位的总和。如，科室主任就是一个职级。

职位簇，指根据工作内容、任职资格或者对组织的贡献的相似性而划分为同一组的职位。它的划分常常建立在职位分类的基础上。如，管理职位簇、研发职位簇、生产职位簇、营销职位簇等。

3. 工作分析的意义和作用

（1）工作分析在人力资源与劳动关系管理系统中的作用

工作分析在人力资源管理系统中发挥着基础性的作用，主要表现在以下几个方面：

①它是人力资源规划的重要基础和依据。工作分析为人力资源需求预测和供给分析提供了必要的详细信息，为有效的人力资源规划提供了可靠的依据。

②为人员招募过程提供基础参照标准。科学的工作分析为用人标准的确定、招聘信息的发布、简历筛选、面试工具的选择和设计，以及人员配置提供了重要的参考与基础信息。

③为客观公正的绩效评估体系提供标准和依据。工作分析明确了工作任务、工作职责、期望的绩效水平，为客观公正的绩效评估体系提供了标准和依据。

④它是确定岗位价值、设计薪酬体系的基础。工作分析所提供的信息是进行岗位价值评估的基础，而科学合理的岗位价值评估有助于设计公平的薪酬体系。

⑤使得培训与开发工作更具针对性。工作分析的结果为确定培训需求提供了

重要信息，也使得培训与开发工作更具针对性。

⑥为个人职业发展规划提供帮助。工作分析所提供的信息有助于员工理解企业需求，分析自身的优势与不足，从而有助于确定职业发展规划。

⑦有助于构建和谐劳动关系。通过工作分析，能明确工作任务、责任和职责，建立规范化的工作程序和结构，确定明确的胜任资格和条件，同时也对员工调动、晋升或降级提供了重要依据。这些为劳动关系管理的合法性提供了支撑，也能够促使管理者作出更为客观的人力资源管理决策，提高员工的认同感和工作满意感，从而促进和谐劳动关系的构建。

（2）工作分析在战略与组织管理中的作用

工作分析对于企业的战略落地与组织的优化具有十分重要的意义，主要表现在以下几个方面：

①实现战略传递。通过工作分析能够明确设置该职位的目的，从而明确工作目标，使得组织战略得以落地。

②明确职位边界。通过工作分析消除不同职位在职责上的重叠，避免扯皮推诿，消除职位之间的职责真空，使得每一项工作都能得以落实。

③提高流程效率。通过工作分析，理顺职位与其流程关系，从而提高效率。

④实现权责对等。通过工作分析，可以根据职位的职责来确定或者调整组织的授权与权力分配体系，从而在职位层面上实现权责一致。

⑤强化职业化管理。通过工作分析，在明确职位的职责、权限、任职资格等的基础上，形成该职位的工作的基本规范，从而为员工职业生涯的发展提供牵引与约束机制。

4. 工作分析的步骤

广义的工作分析包括：工作调查、工作分析和工作设计。这也是完成广义工作分析过程的三大步骤。

（1）第一步：工作调查

工作调查是以工作职务为对象，采用科学的调查方法，搜集各种与职务有关的信息和资料的过程。

工作调查的目的：搜集各种资料和数据，以便对职务进行描述；为工作职务评价和工作职务分类提供必要的依据。

工作调查的内容：①担任本工作职务员工的一般情况，包括职称、职务、年龄、工龄、技术等级；②本职务工作的详细情况，包括本职务工作的名称、工作地点、性质、内容、程序、完成各项任务所需的时间以及占工作日制度时间的比重、本职务的责任、任职资格和条件、本职务工作的危险性、劳动强度、劳动姿势、空间操作的自由度等；③本职务使用设备、工具的复杂程度；④本职务与其他职务之间的关系；⑤本职务的工作条件和劳动环境等。

（2）第二步：工作分析

①工作分析的主要内容：

第一，工作概述，包括工种、职务、职称、等级等项目。

第二，工作任务分析，包括分析岗位的任务性质、内容、形式，执行任务的步骤、方法，使用的设备、器具以及加工对象等。

第三，工作职责分析，包括资金、设备、仪器等的使用、保管，与他人的分工、协作及安全生产，完成工作任务的数量、质量及劳动效率。

第四，工作关系分析，包括与横向职务的协作、与纵向职务的监督指挥。

第五，工作劳动强度和劳动环境，包括劳动强度大小、温度、湿度、照明、通风、噪音。

第六，工作对员工的资格要求，包括知识、技能、经验、性格、体力。

②工作分析的方法：

A. 搜集工作分析信息的方法。这类方法搜集的信息多以定性的为主，叙述较多，带有较强的主观色彩，包括访谈法、观察法、非定量问卷法、工作日志法、关键事件法、工作实践法等。

a. 访谈法。既包括完全非结构化的访谈，也包括高度结构化的访谈。进行访谈要注意做好事前沟通并进行访谈者培训，同时做好文献研究并初步发放问卷，还要注意沟通技巧，访谈结束之后做好信息确认工作。其优点是：面广，可以收集到所有信息。其缺点是：受访谈者和被访者主观意识的影响。

b. 观察法。观察法是由工作分析师在工作现场通过实地观察、交流、操作等方式收集工作信息的过程，适用于由可观察的身体活动而不是脑力活动所构成的工作，如装配线上的工人、司机等。观察法可与访谈法结合。观察法的优点是：较准确，少主观影响，易核查。缺点是：有的工作难以观察到；时间花费较多。需注意的是，应尽量采用结构化的观察，预先确定观察内容。

c. 非定量问卷调查法。这是以书面的形式、通过任职者或其他职位相关人员单方信息传递来实现的职位信息收集方法。优点是：收集信息全面、迅速，适用范围广，方法容易掌握，灵活高效。缺点是：受主观因素影响，精度不够。

d. 工作日志法。这是由任职者本人按时间顺序，实时、准确记录工作活动与任务的工作信息收集方法。优点是：信息完整、全面、较客观。缺点是：适用范围有限，不适用于工作循环周期较长、工作状态不稳定的职位。需注意的是，为防止夸大或弱化某些活动，任职者的上司要定期审核工作日志。

e. 关键事件法。对实际工作中任职者特别有效或者无效的行为进行记录，通过积累、汇总和分类，得到实际工作对员工的要求。优点是：直接描述工作者在工作中的具体活动，可以揭示工作的动态性质。缺点是：需要大量时间，描述的是典型事例，难以对通常的工作形成总体概念。

f. 工作实践法。工作分析人员亲自参加、从事被分析工作来收集工作分析信息。优点是：能够收集到第一手资料。缺点是：不适于某些有危险性的工作。

B. 定量方法。以上定性方法并不适用于所有的情况，尤其是需要对各项工作的价值进行比较来决定薪酬和待遇的高低时，就应该采用定量的方法。常用的定量方法有职位分析问卷法（Position Analysis Questionnaire，PAQ）、功能性工作分析方法（Functional Job Analysis，FJA）。

a. 职位分析问卷法。这是心理学家麦克米克（E. J. McCormick）于1972年提出的一种利用清单的方式来确定工作要素的方法。这份问卷包括194个标准化的项目，代表从不同工作中概括出来的各种工作行为、工作条件以及工作本身的特点。这194个项目可以归为6个方面：一是信息输入。员工从哪里以及如何获得执行工作所需的信息。二是脑力过程。执行工作时需要完成的推理、决策、计划以及信息加工活动。三是体力过程。执行工作时所发生的身体活动以及所使用的工具和设备。四是人际关系。执行工作时与他人发生的关系。五是工作环境。执行工作过程中所处的物理环境和社会环境。六是其他特点。其他与工作有关的内容，如工作时间安排、报酬等。在对某项工作进行分析时，首先要确定问卷中的项目是否适用于评价该工作；其次要就该工作内容对问卷的每一项进行以下五个方面的6分制评分：使用程度、时间长短、重要性、发生的可能性、对各个工作部门以及部门内部的各个单元的适用性。图4-3是一个职位分析问卷法的示例。

---

1 信息输入

1.1 工作信息的来源

请根据任职者在工作中将其作为信息来源使用的程度，对以下各项目进行评分：

1.1.1 工作信息的视觉来源

1. 书面材料（书籍、报告、文章、说明书等）

2. 定量材料（图例、账目、明细表、数字表格等）

3. 图片材料（图形、设计图、X光片、地图等）

4. 模型及相关器具（模板、钢板、模型等）

5. 可视展示物（刻度盘、标准尺、信号灯、雷达示波器、时钟等）

6. 测量器具（尺、天平、温度计、量杯等）

7. 机械器具（工具、机械、设备等）

8. 使用中的物料（工作中、修理中和使用中的零件、材料和物体等）

9. 尚未使用的物料（未经过处理的零件、材料和物体等）

10. 自然特征（风景、田野、植被等）

11. 人造环境特征（建筑物、水库、公路等，经过观察或检查成为工作资料来源）

……

使用程度
N（0）　不使用
1 很少/几乎不用
2 偶尔
3 中等
4 经常
5 非常高

图4-3　职位分析问卷法示例

资料来源　加里·德斯勒. 人力资源管理［M］. 刘昕，译. 12版. 北京：中国人民大学出版社，2012：138.

b. 功能性工作分析方法。它起源于美国培训与职业服务中心的职业分类系统。这种方法所依据的假设是每一种工作的功能都反映在它与信息、人和事三项要素的关系上，故可由此对各项工作进行评估。在各项要素中，各类基本功能都有其重要性的等级，数值越小代表的等级越高；数值越大代表的等级越低。表4–5是功能性工作分析方法的一个示例。如果你分析的是一个办事员的工作，你可能会在在信息、人、事这三个方面得到5，6，7这三个数值。

表 4–5　　　　　　　　　美国劳工部工作分析程序中使用的任职者基本职能

		信息		人		事
基本活动	0	综合	0	指导	0	创立
	1	整理	1	谈判	1	精密加工
	2	分析	2	指示	2	操纵/控制
	3	汇编	3	监督	3	驾驶/操作
	4	计算	4	取悦	4	处理
	5	复制	5	说服	5	照料
	6	比较	6	交谈/示意	6	运料/卸料
			7	服务	7	搬运
			8	接受指令/协助		

资料来源　加里·德斯勒. 人力资源管理［M］. 刘昕，译. 12 版. 北京：中国人民大学出版社，2012：139.

③工作分析的结果：工作说明书，又叫职位说明书或岗位说明书，主要包括工作描述和任职资格两部分。

A. 工作描述。工作描述是对工作本身的内涵和外延加以规范的描述性文件。它以"事"为中心，主要内容包括工作的目的、职责、任务、权限、业绩标准、职位关系、工作的环境条件、工作的负荷等。

B. 任职资格，又叫工作规范或职务资格，是对于任职者或者应聘者应该具有的个人特质的要求。它以"人"为中心进行说明，主要内容包括：特定的技术、能力、知识要求；身体素质要求；教育背景、工作经验、个人品格与行为态度要求等。

（3）第三步：工作设计

在当前情况下，企业的外部环境瞬息万变，内部生产和经营管理技术不断革新，这对工作分析提出了两大挑战：首先，工作分析所处理的是一种"静态"的职位信息，针对的是当下的职位管理问题，但常常遇到的情况是生产经营的变化要求设立新的岗位，或者是某个已经存在的岗位工作内容有了新的变化，这就要求进行全新的工作设计或工作再设计。其次，通常工作分析所进行的是对某个职位的纵向管理。在新的形势下，企业内外部环境处在变化之中，可能导致组织战略随时发生变化，那么组织架构在一段时间内也总是处在变化之中，也会带来运作流程的变化，就会直接导致岗位之间横向关系的变化。单纯的工作分析并不能适应这种横向的各个岗位之间关系的调整，这时便需要强调工作设计的作用。

工作设计是在工作分析、岗位评估的基础上，就某个岗位的工作任务、职责、权限、职位等级、横向职位转换、纵向职位晋升、在组织中与其他岗位地关系，以及内部劳动力市场建设等内容进行规定或修改的过程。

工作设计分为两类：一是对企业中新设置的工作岗位进行设计；二是对已经存在的缺乏激励效应的工作进行重新设计，也称工作再设计。工作设计属于工作改进性分析，包括工作内容设计、工作职能设计、工作关系设计。

没有一个最好的工作设计方法，不同的环境需要对工作特征进行不同的安排。另外，根据希望达到的目标的不同，工作设计的不同方法在绩效、满意度等方面的侧重点也不同。因此，对工作设计的选择需要基于组织最核心的需求进行权衡。常用的工作分析方法有：

①科学管理和机械型工作设计方法。这种方法建立在工业工程学的基础上，寻求用一种最简单的方法来对工作加以组织，从而获得最高的效率。泰勒的《科学管理原理》中有如下建议："按科学的方法研究工作；安排工作使工人变得有效率；挑选符合工作要求的雇员；对从事工作的雇员进行培训；金钱薪酬与绩效直接挂钩等。"管理者在这些建议之下发现科学管理方法有利于工作设计。但是除了这些可能的优点，人们发现重复的高度专业化的工作会引起员工的不满，科学管理在效率上带来的提高可能会被在员工满意度上的损失以及高频率的旷工和员工更替所抵消。因此大部分企业都将这种方法与其他工作设计方法结合使用。

②激励型工作设计方法。这种方法除了考虑工作效率的提高，还将工作满意度、工作投入、内在激励等员工的态度变量视为工作设计的重要结果。"职位特征模型"是一个能够说明怎样才能使工作更富有激励性的模型。它从技能多样性、任务完整性、任务重要性、自主性、反馈性五个维度对某一职位进行描述，该职位在这些特征上的得分越高，则激励性就越强。通常情况下，职位的激励性越强，员工的满意度越高，产出数量越多，工作效果也更好。将"职位特征模型"应用于工作设计的方法包括：工作扩大化（扩大需要完成的工作任务的类型）、工作丰富化（赋予任职者更多的自主决策权）、自我管理工作团队（让一个自我管理工作团队来完成工作，以实现对员工的授权）、灵活的工作时间安排（弹性工作者和职位分析），以及远程工作。

③人体工程学工作设计法。这种方法围绕人体完成工作的方式构建物理工作环境，以减轻任职者的身体疲劳、各种疼痛以及其他与身体健康有关的问题，从而提高工作效率。

④心理能力工作设计法。这种方法通过降低工作对于信息加工的要求来确保

工作不超过人的心理能力和心理局限。例如，限制工作对任职者提出的信息处理以及记忆的数量要求，或者提供充分的照明，易于理解的标尺和标识，易于操作的设备以及清晰的指令。

4.2.2 岗位评估

1. 岗位评估概述

（1）岗位评估的定义

岗位评估，又称工作评价、岗位评价、职位评价，是在工作分析的基础上，对岗位的责任大小、工作强度、所需资格条件等特性进行评价，以确定职位相对价值的过程。它以岗位职责和任务在整个工作中的相对重要程度的评估结果为标准，以某具体岗位在正常情况下对任职者的要求进行的系统分析和对照为依据，而不考虑个人的工作能力或在工作中的表现。这一活动的主要目的是确定岗位价值序列，建立科学、公正、公平的岗位管理机制，进而用于薪酬体系设计。

（2）岗位评估的特点

①岗位评估的中心是"事"不是"人"。评估的对象是岗位而非任职者。

②在岗位评估过程中，必须依据事先规定好的岗位评估指标体系，对岗位的主要影响因素逐一进行测定、评比和估价，由此得出各个岗位的量值。这样，各个岗位之间也就有了对比的基础，最后按评定结果，对岗位划分出不同的等级。

③岗位评估所衡量的是各岗位的相对价值而不是绝对价值。岗位评估根据各岗位的重要性、困难程度等因素来确定它们之间的相对关系，把价值相似的岗位归为一类，然后确定岗位等级层次。岗位评估得到的是该岗位的分数或等级，而不会直接得出各岗位的货币价值或者薪资。

（3）岗位评估的作用

①确定岗位价值序列。岗位价值序列是企业划分工资级别、福利标准、出差待遇、行政权限等的依据，甚至被作为内部股权分配的依据，而岗位评估则是确定岗位价值序列的最佳手段。如果仅仅依靠岗位头衔称谓来划分岗位等级，不依据科学合理的岗位评价，就会有失准确和公平。

②设计薪酬体系。通过科学的岗位评估得出的岗位价值体系，能够方便确定岗位工资，更是确定薪酬体系的基础。

③为员工确定职业发展和晋升路径提供参照系。员工在企业内部跨部门流动或晋升，也需要参考各职位等级。透明化的岗位评价标准，便于员工理解企业的价值标准，也为员工确定职业发展和晋升路径提供了参照系。

④为建立和谐劳动关系提供科学基础。岗位评估为薪酬的确定提供了客观依据，使得薪酬体系更加科学，这样就能够减少与薪酬有关的劳动争议，有助于构建和谐劳动关系。

⑤为人力资源管理的其他活动提供基础。岗位评估还可以为招募甄选、绩效

考评等人力资源决策提供参考；有利于健康的组织文化建设；有利于组织管理的优化升级；有利于人力资源的优化配置。

2. 岗位评估的具体方法

常见的岗位评估方法有岗位排序法、岗位分类法、要素计点法、因素比较法。

（1）岗位排序法

岗位排序法是在不对工作内容进行分解的情况下，凭借管理人员的经验和判断，将各工作岗位的相对价值按高低次序进行排序，从而确定某个工作岗位与其他工作岗位的关系。

岗位排序法的工作步骤包括：

①岗位分析。由有关人员组成评价小组，做好相应的各项准备工作，然后，对工作岗位情况进行全面调查，收集有关岗位方面的资料、数据，并写出调查报告。

②选择标准工作岗位。所选岗位必须广泛分布于现有的岗位结构中，同时彼此间的关系需要得到广泛的认同；必须能代表岗位所包括的职能特性和要求；标准岗位的数量通常选取总岗位的 10% ~ 15%；需建立一个用以排序其他岗位的结构框架。

③岗位排序。评定人员必须对有关工作进行全面了解。在实际排序过程中，岗位不仅要与标准岗位相比，也要同已排序好的岗位相比。此时，可以采用直接排序法，也可以采用交替排序法。排序后岗位等级通常呈金字塔形结构。

④岗位定级。按评判标准对各岗位的重要性作出评判。由于排序是由一组评价人员相对独立地完成的，所以需要将各人对各岗位的评定结果汇总，用序号和除以评定人数得到每一岗位的平均序数，按平均序数的大小，由小到大评定出岗位相对价值的次序。

岗位排序法的主要优点是简单、容易操作、省时省力。它适用于规模较小、岗位数量较少、新设立岗位较多的情况。

岗位排序法的不足之处是：第一，主观性较强，依赖评价者的经验和判断对各个岗位进行排序；第二，无法确定不同岗位之间价值的具体差异；第三，评价者必须对每个岗位都比较熟悉；第四，在岗位数量较多时，采用比较的方法进行排序会产生较大误差，并带来较大的工作量。因此，该方法在岗位相对较少的小型组织中适用。

（2）岗位分类法

岗位分类法是对排序法的改进。它是在岗位分析基础上制定一套岗位级别标准，然后将某岗位与标准进行比较，将它们归到各个级别中去。

岗位分类法的工作步骤为：

①收集岗位资料。收集关于每一岗位的工作任务、职责说明等的详细资料，

以便划分等级。

②岗位分类。第一步，先将各个职位划分为职业群，例如工程、医务、管理等职业群；第二步，将职业群划分为不同的职位系列，例如建筑工程师、护士、医生、出纳员等；第三步，将各个职位系列划分为职位等级。位于同一个职位等级中的各职位应该具有一些相同的特征：工作任务、要求、责任大体相当；被纳入同样的人力资源管理目标之中，例如薪资大体相等。

③建立等级结构和标准。这一阶段的任务是确定不同职位系列和不同职业群中的职位等级，以最终平衡并确定整个组织所有职位总体分类的等级。这时需要准备一套总体职位等级说明或职位等级概要，说明各职位等级应包括工作的任务、类型和特点。

④岗位测评排列。把需要评估的所有岗位划入适当的等级之中。具体做法是把工作职位概要与职位等级的说明进行比较，以判断每个岗位归入哪个等级最为合适。

岗位分类法的优点是：①比较简单，所需经费、人员和时间相对较少，在工作内容不太复杂的部门，能在较短时间内得到满意结果；②因等级标准的制定遵循一定依据，其结果比排列法准确、客观；③出现新工作或工作变动时，容易按照等级标准迅速确定其等级；④应用灵活，适应性强，为劳资双方谈判及争端解决留有余地。

岗位分类法的缺点是：①岗位等级的划分和界定存在一定难度，带有一定主观性；②较粗糙，只能将岗位归级，但无法衡量岗位间价值的量化关系，难以直接运用到薪酬体系中。

因此，可以认为，岗位分类法适用于大型组织，对大量的岗位进行评价，但同时也有一定局限性，即适合岗位性质大致类似，可以进行明确的分组，并且改变工作内容的可能性不大的岗位。

（3）要素计点法

要素计点法又称点数加权法，是目前世界上最常用的方法。这种方法是先选定若干关键性评价要素，并确定各要素的权重，对每个要素分成若干不同的等级，然后给各要素的各等级赋予一定分值（这个分值也称为点数），最后按照要素对岗位进行评估，算出每个岗位的加权总点数，便可得到岗位的相对价值。

要素计点法的具体步骤为：

①确定评价要素及其权重。选择哪些要素指标由岗位评估人员根据需要决定，但应遵循以下原则：评价要素必须能够区别不同职位之间的价值；评价要素必须是有价值的且与所有职位有关；各评价要素有不同价值的特征且意义上不重复；要素指标的确定必须同时满足组织和员工的要求。各要素指标的权重由评估者根据要素的相对重要性设定。

②定义评价要素，划定要素等级。对于要素指标及其等级要给予清晰界定。

③各评价要素等级的点数配给。根据工作描述资料和要素等级说明，进行某一岗位的要素记点，并记录评估结果。

④岗位评估，计算点数，确定岗位相对价值。

要素计点法的优点是：主观随意性较少，可靠性强；相对客观的标准使评价结果易于为人们接受；通俗，易于推广。

要素计点法的缺点是：时间和人力成本较高；要素定义和权重存在技术难度；要素选择、定义和权重的确定会受到主观因素干扰。

（4）因素比较法

因素比较法是一种量化的岗位评估方法，首先选择多种报酬因素，然后按照各种因素分别进行工作排序，最后根据岗位在各个评价因素上排序的结果综合评定薪资水平。

因素比较法的具体步骤为：

①选择比较因素。通常选择 3～5 个比较要素，比较常用的 5 个要素是：体力要求、脑力要求、技能要求、职责和工作环境。

②确定基准职位。这些职位是比较的基础。一般来说需要确定 15～25 个基准职位，尽量涵盖组织内部的各薪酬水平层级。这些岗位的工作内容需稳定且为人所熟知，报酬水平基本合理。

③编制因素比较尺度表。确定各基准职位在各因素上所应得的支付额，如表4-6 所示。工资率是根据基准职位在比较因素上的相对位置以及在劳动力市场上的报酬确定的。在因素比较尺度表中，应根据基准职位的特征赋予其在表中的位置，作为非关键职位进行比较的依据。

表4-6　　　　　　　　　　　因素比较尺度表

比较要素 工资率	体力要求	脑力要求	技能要求	职责	工作环境
0.50			工作 1		
1.00	工作 1			工作 1	工作 3
1.50		工作 2			
2.00		工作 1			工作 X
2.50	工作 2		工作 X		
3.00	工作 X		工作 2	工作 X	
3.50		工作 X			工作 2
4.00	工作 3		工作 3	工作 2	
4.50					
5.00		工作 3		工作 3	工作 1

资料来源　彭剑锋．战略人力资源管理：理论、实践与前沿［M］．北京：中国人民大学出版社，2014：176.

④进行职位比较。根据因素比较尺度表，将非关键职位纳入因素比较体系，确定其报酬数量。

因素比较法的优点是：减少了主观性，较为公正；所选定因素较少，缩短了评价时间；减少了工作量。

因素比较法的缺点是：各影响因素在岗位价值中所占的百分比由主观判断，不够准确；操作起来较为复杂。

对于企业来讲，进行岗位评估有两种思路：一是利用现有的岗位评估方案；二是开发适合组织特点的个性化的岗位评估方法。在上述四种岗位评估的基本方法中，要素计点法最为常用，企业可以开发适合自身特色的要素计点法，也可以采用已成型的系统评估方法，最为典型的有：海氏（Hay Group）评价法、美世国际职位评价法（International Position Evaluation，IPE）。

4.3 劳动定员管理

劳动定员同劳动定额一样，也是加强企业管理的一项基础工作，是编制劳动计划、合理组织生产、实行经济核算、调配与节约使用劳动力、提高劳动生产率不可缺少的条件。劳动定员是企业的劳动力库存标准，劳动定额是企业的劳动力消耗指标。两者共同形成了企业用人的数量指标。劳动定员是企业配备人员的依据和标准，是企业的劳动力消耗标准，可以促进改善劳动组织，有利于建立岗位责任制。

4.3.1 劳动定员的范围及人员分类

企业劳动定员的范围包括生产经营活动各个环节的所有工作人员，即基本生产人员、辅助生产人员、服务人员、技术人员和管理人员等。

企业各类人员关系见表4-7。

表4-7　　　　　　　　　　**企业各类人员关系**

	员工分类	习惯归类	职能身份
工人	基本生产人员	一线人员（工人）	执行者
	辅助生产人员	二线人员（工人）	
	服务人员	三线人员	
干部	技术人员		管理者
	管理人员		

4.3.2 劳动定员的原则

劳动定员的依据是企业既定的生产经营方针与生产经营战略、工艺流程与设备性能、管理体制与组织结构、生产规模与产品方案、企业环境与地理条件等。

劳动定员应该建立在工作分析的基础上，并遵循以下原则：

（1）劳动定员水平要合理。需要注意的是，过去平均先进和先进合理的提法都是不科学的。

（2）组织机构设置要科学。从企业生产实际出发，综合考虑生产规模、专业化程度和产品的技术复杂程度。

（3）劳动定员标准要适用。企业在确定劳动定员时，一是要考虑根据劳动定额和生产任务确定企业的劳动定员构成；二是要考虑上级主管部门规定的标准和人员比例。

4.3.3　劳动定员的方法

劳动定员就是要合理地规定企业各类人员的数量。由于各个企业的生产技术组织条件不同，而且一个企业内部各类人员的工作性质和影响他们数量的因素也不相同，因此，计算人员数量的具体办法也就不相同。劳动定员的方法一般来说有以下几种：

1. 效率定员法

效率定员法就是根据生产任务和劳动效率（平均合理水平劳动定额），以及出勤率计算定员人数的方法。凡是实行劳动定额的员工都可以采用本方法计算定员人数。

（1）实行时间定额定员人数的计算公式

定员人数 $M_1 = \sum Q_i Td_i/TPc$

其中：M_1 为定员人数；Q_i 为计划期产品产量；Td_i 为计划期单位产品时间定额（平均合理水平劳动定额）；T 为每人计划期制度工作时间数；Pc 为计划期预计平均出勤率。

（2）实行产量定额定员人数的计算公式

定员人数 $M_2 = \sum Q_i/TQh_iPc$

其中：M_2 为定员人数；Q_i 为计划期某种产品产量；T 为每人计划期制度工作时间数；Qh_i 为某产品小时产量定额（平均合理水平劳动定额）；Pc 为计划期预计平均出勤率。

实例：某车间生产 A 零件，年生产任务 11 600 件；该零件时间定额为 2h，每人年制度工时为 1 960h，出勤率为 95%；作业率为 90%；废品率为 1%。

不考虑作业率和废品率时定员人数为：

$M_1 = 11\ 600 \times 2 \div 1\ 960 \times 95\% = 12.460 = 12$ （人）

考虑作业率和废品率时的定员人数为：

$M_1 = 12.460 \times (1+1\%) \div 90\% = 13.98 = 14$ （人）

2. 设备定员法

设备定员法就是根据需要开动的设备台数、班次和员工看管定额以及出勤率计算定员人数的方法。本方法主要适用于以机械操作为主，使用自动化程度较高的设备，实行多机台看管（一人多机）或数人共同看管（多人一机）的工种定员。

计算公式为：

$$M = \sum S_i C_i / A_i Pc$$

其中：M 为定员人数；S_i 为计划期某种设备开动台数（台）；C_i 为计划期该种设备开动班次；A_i 为计划期该种设备看管定额（台/人）；Pc 为计划期预计平均出勤率。

实例：某车间有自动车床 20 台，每台的开动班次为 2 班；看管定额为 3 台，出勤率为 95%。该工种的定员人数为：

$$M = 20 \times 2 \div 3 \times 95\% = 14.035 = 14 \text{（人）}$$

3. 岗位定员法

岗位定员法就是根据工作岗位的多少以及岗位工作负荷量大小来计算定员人数的方法。本方法适用于除设备岗位以外的所有岗位，包括生产岗位、服务岗位以及某些管理工作岗位。

岗位定员法与单人操作设备的岗位定员类似，主要根据岗位职责、工作任务量、工作区域，并考虑实行兼职作业的可能性等因素来确定劳动定员。岗位定员法分为设备岗位定员和工作岗位定员，应考虑以下因素：

- 设备在运行时，看管或操作设备的岗位数；
- 岗位负荷量不足 50%，要考虑兼岗，兼职；
- 根据岗位的工作责任大小、安全危险程度，看管装置或操纵设备巡回走动的距离，考虑是否可以交叉作业；
- 生产班次、倒班及替休；
- 对于单人操纵设备的工种，也要根据设备性能、工作区域、工作负荷量以及兼职和交叉作业的可能性来确定劳动定员。

4. 比例定员法

比例定员法就是以服务对象的人数为基础，按定员标准规定的比例计算定员人数的方法。本方法适用于计算企业中的服务人员定员。计算公式为：

$$M = F/B$$

其中：M 为某类人员定员人数；F 为服务对象人数；B 为定员标准规定的比例。

实例：某企业食堂月平均就餐人数为 390 人，每日早中晚夜四餐，定员标准规定食堂工作人员按 1 : 30 配备，则该食堂人员定员人数为：

$$M = F/B = 390 \div 30 = 13 \text{（人）}$$

比例定员法的实质就是效率定员法，一个人为多少人服务，就是看管定额。

5. 职责定员法

职责定员法就是按既定的组织机构和职责范围，以及内部的业务分工、岗位工作量来确定企业管理人员和工程技术人员的方法。

由于管理工作和技术工作的复杂性，这部分人员很难用定量的方法直接计算，一般是根据职责范围和工作任务量，参照效率定员和岗位定员等方法估定。

为提高本方法的准确性和可靠性，在核定定员之前，应采用写实、抽样等方法，对主要影响因素逐一进行调查，经过分析研究后确定。

4.3.4　劳动定员管理

劳动定员管理的主要任务是，经常研究企业环境和企业目标，分析动态，预测未来，本着节约、高效和促进企业发展的原则，及时提出定员的调整方案并组织实施。

企业劳动定员管理，主要应该做以下工作：

- 努力采取技术组织措施，如进行技术改造，引进先进技术设备，建立自动生产线，改善劳动组织等。这些是实现劳动定员的重要保证，也是劳动定员管理的重要内容。
- 稳定各岗位人员。保证各岗位人员的相对稳定，不要随意抽调。要建立劳动用工管理制度，如调入、调出、考勤、请假、奖惩等制度建设和制度执行。
- 及时调余补缺。
- 做好劳动力的日常平衡调剂工作。
- 适时修订劳动定员。

4.4　企业岗位管理

4.4.1　岗位管理的含义

岗位管理是以岗位为管理对象，通过岗位分析来明确不同岗位在组织中的角色和职责以及相应的任职资格，然后通过岗位评估等分析工具来确定岗位在组织中的相对价值大小，按其价值大小对其权利和义务实施分配、控制和管理。

作为企业人力资源管理工作的基础，岗位管理能够清晰地告知员工职责、工作范围以及任务特点，帮助员工了解其岗位在公司组织中的具体位置和价值，同时指导员工选择适合自身职业生涯发展的道路和确立其在企业中的奋斗目标。

4.4.2　岗位管理的内容

随着《劳动合同法》的颁布，企业的用工环境发生了很大变化，也对企业的岗位管理提出了更高的要求。岗位管理的指导思想在于，企业能够根据长期业务战略确定与岗位价值相对应的岗位等级以及岗位工作内容；员工个人的上升通道和企业本身的发展通道能够有机结合起来，在企业的岗位管理中体现对员工的人文关怀，实现劳资双赢。岗位管理的内容包括四个方面：组织设计、岗位设计、基于能力的岗位管理、职业发展通道设计与管理。

4.4.3　组织设计

组织设计是对公司总体组织架构的规划。不是所有的岗位管理工作都必须进行组织结构重组，但岗位管理工作流程却必须从组织设计开始。

企业的组织架构是经年累月演化而来的，通常是企业内长期管理变革的结果。是否需要进行组织设计，我们可以从四个方面来审视：第一是从业务角度看，现有组织设计是否覆盖了公司全部业务要求？负责部门是否都具备了相应的行动权力，确保符合公司业务战略要求？如果战略业务组合没有相应的组织予以支持，或者支持力量过于分散，那么组织在业务层面需要做相应整合。第二是从客户角度看，是否各类客户信息都能够得到正常传递并获得处理？如果因为组织原因使客户信息不能够得到及时处理，企业就要在流程重组基础上对组织结构或组织功能做适当调整。第三是从内部管理角度看，各个管理部门是否发挥了它应有的作用？比如，由于历史原因，有些业务相关的组织分散在不同部门，随着新的业务环境的产生，需要对原有组织进行整合，以便发挥更大的作用。第四是从员工角度看，公司内的人才优势是否得到了恰当的发挥？企业内的人才滥用，不仅表现在高能低就，更多的是面临人才缺乏问题，企业在不同程度上都存在"小马拉大车"的现象，改变这种现象的有效办法就是通过拆分公司组织，形成多个组织单元，削减中级经理职责权限，使一个组织单元专注一项或两项业务，以保证最大限度发挥企业的人才优势，有效利用员工之所长。

4.4.4　岗位设计

此处的岗位设计不同于4.2部分工作分析中所讲的狭义的"工作设计"，而是相对于组织设计而言的，是包括工作分析、岗位评估、工作设计三个环节的完整的工作流程。

工作分析是指确定组织中各个岗位的定位、目标、职责、工作关系、人员标准等因素的分析过程。通过工作分析，可以使组织清晰地了解各个岗位的内容和特性，更清楚地认识不同岗位在整个组织中的地位和作用。工作分析所得到的信息可以为企业的岗位管理提供客观、科学的依据。

岗位评估是在工作分析的基础上，对岗位的责任大小、工作强度、所需资格条件等特性进行评价，以确定岗位相对价值的过程。其主要目的是形成组织内部的岗位价值序列。

工作设计是在工作分析、岗位评估的基础上，就某个岗位的工作任务、职责、权限、职位等级、横向职位转换、纵向职位晋升、在组织中与其他岗位关系，以及内部劳动力市场建设等内容进行规定或修改的过程。

1. 员工素质模型——基于能力的岗位管理

（1）概念

1973年美国心理学家麦克利兰在Testing Competence rather than Intelligence一文中首次提出素质模型的概念，并提出用它取代智力测验作为预测未来工作绩效的方法。这便引起了关于素质研究的高潮。

素质是指工作情景中，能够预测高绩效个体的稳定的潜在特征。素质模型就是为完成某项工作，达成某一绩效目标，要求任职者具备的一系列不同素质要素的组合，包括不同的动机表现、个性与品质要求、自我形象与社会角色特征以及知识与技能水平。

对于企业来讲，通过员工素质模型的构建，可以准确反映企业对从事不同工作性质与内容的任职者的素质要求以及工作绩效目标的差异；基于素质开展员工的选拔、任用、培训以及绩效改进等人力资源管理实践活动，能够实现企业中人与岗的真正匹配。对于员工个人来讲，素质分级能够为员工选择合适的工作提供依据与参考，对其职业生涯规划具有现实指导意义。也就是说，员工可以根据自身所具备的素质坐标选择自己在企业中的进入起点乃至未来职业发展的路径。

（2）经典素质模型

①素质冰山模型。美国学者斯潘塞（Signed M. Spencer）提出了素质冰山模型，即素质存在于五个领域——知识与技能、社会角色、自我形象、个性与动机。其中，在"水面上"的知识与技能相对容易观察与评价，而在"水面下"的其他特征是看不到的，必须通过具体的行动才能推测出来。

美国人力资源管理顾问公司Hay Group在斯潘塞研究的基础上对冰山模型的概念进行了发展。该公司提出，冰山"水面上"显露的部分，即知识与技能，很难解释绩优者的成功，而冰山"水面下"潜在的部分，即社会角色、自我形象、品质与动机等，才是决定一个人成功的关键，见图4-4。

素质冰山模型说明了素质是如何潜在地作用于人的行为，并最终影响与预示着人的绩效。

②素质洋葱模型。美国学者理查德·博亚特兹（Richard Boyatzis）构建了素质洋葱模型，由内至外说明了素质的各个构成要素逐渐可被观察、衡量的特点，见图4-5。这些要素由外至内，由最易观察到最不易观察，分别是知识、技能，态度、价值观、自我形象、社会角色，个性和动机。

③麦克利兰素质词典。美国心理学家麦克利兰对200多项工作所涉及的素质进行研究，提炼并形成了21项通用素质要项，构成了素质词典（Competency Dictionary）的基本内容。他将21项素质要项划分为6个具体的素质族，同时依据每个素质族中对行为与绩效差异产生影响的显著程度将其划分为2～5项具体

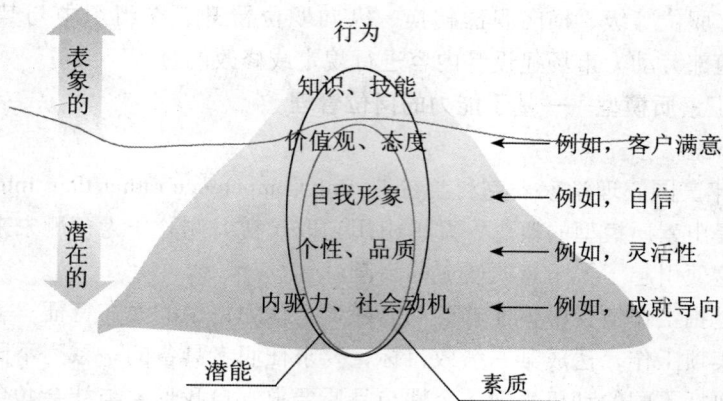

图 4-4 素质冰山模型

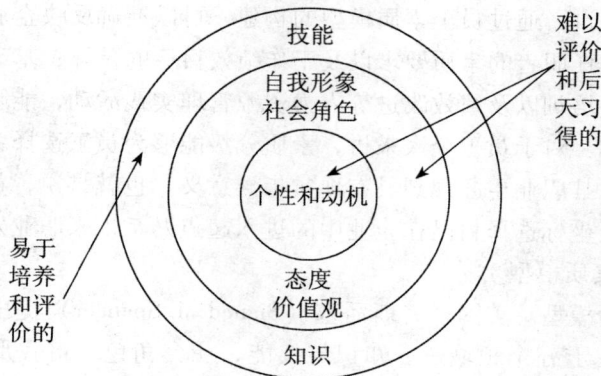

图 4-5 素质洋葱模型

的素质。6 个素质族及其包含的具体素质如下：

- 管理族，包括团队合作、培养人才、监控能力、领导能力等；
- 认知族，包括演绎思维、归纳思维、专业知识与技能等；
- 自我概念族，包括自信等；
- 影响力族，包括影响力、关系建立等；
- 目标与行动族，包括成就导向、主动性、信息收集等；
- 帮助与服务族，包括人际理解力、客户服务等。

继麦克利兰之后，企业界与学术界都在各自实践与研究的基础上，纷纷丰富、细化或发展了新的素质词典。

（3）员工素质模型的建立

素质模型建立方案的选择因企业的实际条件不同而有所不同，一般而言，建模的主要流程为：

①明确当前企业高层领导关注的焦点及企业战略，确定目标岗位。

②明确绩优标准，细化任务要项，分别从高绩效和绩效普通的员工中抽样。

③通过行为事件访谈法或其他方法进行数据收集。最常用的是行为事件访谈（BEIs），它是指采用结构化的问卷对优秀和一般的任职者分两组进行访谈，通过对比分析访谈结论，发现那些能够导致两组人员绩效差异的关键行为特征，继而演绎成为特定职位任职者所必须具备的素质特征。

④数据处理。将收集到的资料进行整理与归类编码，并进行数据处理，根据分析结果建立素质模型。

⑤对素质模型进行评估与验证，通过面对面评估确认，再到多个评估人试用，最后进行完整的心理测试，完成评估和确认素质模型。

2. 职业发展通道设计与管理

职业发展通道，是指个体在一个组织中所经历或即将经历的一系列结构化的职位。职业发展通道的建立，有助于调动员工的积极性、主动性和创造性，同时还可以有效提升他们对企业的忠诚度和归属感，从而促进企业的成长和发展，实现劳资双赢。

在企业管理实践中，常见的职业发展通道主要有：纵向晋升；横向转岗。

（1）纵向通道设计与管理：晋升

纵向发展是传统的晋升通道，即行政级别的晋升，它是指员工在同一个职类中的不同职级或不同职等之间的变动。纵向发展通道通常适用于管理层次、层级较多，同时管理幅度较小的企业。

实施员工晋升可以从员工与组织两个层面来看。对员工而言，晋升是其职业生涯规划一种逐步实现的方式，是对员工晋升前工作成绩的肯定与奖励，表明员工的素质与能力已经发展到可以升职的阶段。对组织而言，实施员工晋升发挥着激励与挑选的作用。在激励方面，首先，晋升作为员工在组织内部相对地位的提升，能产生心理激励，满足员工成就的心理需要；其次，与晋升匹配的工资增长能对员工产生物质激励。因此，晋升能从心理与物质两方面激励员工进一步提高自身能力，促进个人发展，并推动组织发展。在挑选方面，晋升可以在内部劳动力市场上对员工进行挑选，激励更具相应能力与职业偏好的员工向该职位流动。

①纵向通道设计。纵向通道设计，是指在划分员工所从事工作类别的职种、职类基础上，以设计员工职业发展的双重通道①为主，并设计晋升的类别、标准、周期与之匹配。在晋升类别的设计上，根据组织的业务功能模块与分工，将双通道细分为八类：领导类、管理类、技术类、工程类、操作类、业务类、行政类、文秘类。晋升标准设计一般涉及任职资格标准、能力素质标准与绩效标准三个方面。晋升周期可采取固定周期与特殊情况相结合的方式来设计。

---

① 职业发展的双重通道，既包括管理类的通道，又包括技术类的通道。

纵向通道设计要考虑能力要求、升降可能、持续改进三个维度。能力要求，是指纵向通道设计要求员工必须在目前岗位上成绩突出，并达到晋升后的岗位所要求的胜任能力水平。能力要求是员工晋升的首要标准，是组织核心竞争力所在，体现了组织对岗位价值、员工价值的重视。升降可能，是指纵向通道设计应采取在人岗匹配的上下流动方向中的动态化设计。具体而言，组织应对员工能力与工作绩效进行实时评估，并对该晋升或降级的员工分别实施晋升或降级，使员工在纵向通道的岗位中能升能降，以保持人力资源的持续活力。持续改进，是指随着组织与员工的发展，组织业务出现调整，员工能力素质不断提高，员工的职业发展晋升通道的晋升标准、资格评价与岗位考核标准需要及时调整和优化，确保员工与岗位的持续匹配。要注意的是，考核标准的设计必须有员工参与，且符合法律规定。

②纵向通道管理。纵向通道管理，是指完成纵向通道设计之后，综合考虑员工职业生涯规划、员工晋升标准达标情况与纵向通道设计，对员工职位晋升进行评定、控制与调整的一系列管理活动。

晋升评定包括四个环节：第一，评价小组对晋升候选员工的任职资格、能力素质与绩效指标进行评估与测试，通过情景模拟或工作试用来考察候选员工的实际工作能力；第二，根据员工的测试结果和综合评价来确定是否给予员工晋升；第三，将员工的定级与升级结果填表，并上交领导核准；第四，审核无误且员工本人无异议，由人力资源部负责公布晋升评定结果。

晋升控制，指为保证晋升通道管理的效果，人力资源部不定时地对各部门、各岗位的晋升状况进行评估，评估内容集中于对晋升的可行性、适用性与有效性的考察。

晋升调整，是指组织根据组织战略与管理方式的调整而对员工职业晋升体系进行的修订活动。

③内部劳动力市场——基于岗位还是基于能力？随着新经济时代的来临，现代企业组织与人之间的关系变得比以往任何时候更不确定，更加复杂。很多企业在实践中都面临着同样的困惑：人力资源与劳动关系管理应该以员工的能力为核心，还是像以前一样以岗位为核心？

如何解决这一问题？人力资源与劳动关系管理确实要从传统的岗位格局中分离出来，这并不是要抛弃岗位，岗位仍然是基础，但能力变得越来越重要。整个劳动关系管理必须构建在对人本身的认识上，岗位不再是简单的单一的问题。组织要做到从业务结构体系到组织结构体系到职类职种再到岗位评估，从核心能力到核心人才到核心技能再到素质模型，必须完成系统整合与系统构建。也就是说，建立岗位与能力复合的人力资源与劳动关系管理模式是必然选择。

那么在内部劳动力市场的晋升行为中，究竟是该基于岗位还是基于能力呢？

麦格雷戈认为，有关人的性质和人的行为的假设在某种程度上决定着管理人员的工作方式。不同的管理人员之所以会采用不同的方式来组织、控制和激励人们，原因就在于他们对人的性质的假设是不同的。经过长期研究后，他提出了人性假设的"X理论"和"Y理论"。X理论（Theory X）的主要观点是：人类本性懒惰，厌恶工作；绝大多数想要逃避责任；多数人必须用强制办法乃至惩罚、威胁，使他们为达到组织目标而努力；激励只在生理和安全需要层次上起作用。根据这种理论，在内部劳动力市场中应该形成严格控制的管理方式，以权力或控制体系来保护组织本身和引导员工。Y理论（Theory Y）与X理论完全相反，主要观点是：个人目标可以与组织目标融合；一般人本性不是厌恶工作；多数人愿意对工作负责；能力的限制和惩罚不是使人去为组织目标而努力的唯一办法；激励在需要的各个层次上都起作用。根据这一理论，管理者的重要任务不再是监督控制，而是创造一个使人得以发挥才能的工作环境，发挥出员工的潜力，使员工在实现组织目标的同时也达到自己的个人目标。

根据这种理论，在内部劳动力市场中，X理论强调按照岗位级别、工作资历等外在标准严格控制员工的晋升；Y理论强调创造条件激发员工的能力，进而按照能力标准施行晋升。麦格雷戈认为Y理论比X理论更优越，因此管理者应当按照Y理论来行事。也就是说，应该普遍按照能力标准进行晋升管理。

后来莫尔斯（John J. Morse）和洛尔施（Jay W. Lorsch）两位学者经过实验证明了麦格雷戈这一观点并不正确，他们提出了"超Y理论"（Super Theory Y）。其主要观点是：第一，组织形式和管理方法要与工作性质和人们的需要相适应，对不同的人要采取不同的管理方式。第二，人们加入企业组织的愿望和需要有不同类型，有的人愿意在正规化、有严格规章制度的组织中工作；有的人却需要更多的自治和更多的责任，需要有更多发挥创造性的机会。对于前一种人应按照X理论来进行管理，对于第二种人应当按照Y理论来管理。第三，没有什么一成不变的、普遍适用的最佳管理方式，必须根据组织内外各种因素，灵活采取相应的管理措施。

根据这种理论，在内部劳动力市场中，对待不同的员工要施行不同的晋升管理方式。

接下来要考虑的问题是如何区分不同类别的员工。根据帕累托的"二八原理"，在一个企业组织中20%的员工创造了约80%的财富和利润，那么这20%的员工就是企业的核心员工，其余80%则是非核心员工。对于核心员工，有学者经研究发现，核心员工的特征排名前10的是：专业技能、专业知识、核心业务；人力资源稀缺性；独立自主性、高度流动性、难以监控性；自我实现、自我追求、自我价值；创造性、合作精神；担任关键职务、较高的领导能力；掌握核心资源、关键资源；外部关系、客户关系广泛；较高人格魅力、经验丰富；熟悉企业文化、高度认同企业文化[①]。根据这一结果，核心员工已具备了按照"Y理论"施行晋升管理的条件。

综上，我们认为在企业组织内部劳动力市场的晋升行为中，对于核心员工要基于能力标准进行管理，对于非核心员工要基于岗位标准进行管理。

（2）横向通道设计与管理：转岗

横向通道是员工在同一职级或职能的不同职类之间的变动，主要涉及员工的转岗问题。横向通道是对纵向通道的辅助与补充，与后者共同构成了立体交叉的员工职业发展通道系统。

对组织而言，实施员工转岗存在主动与被动两方面的驱动因素。主动因素包括员工素质与能力的多样化发展的要求，以及职业发展的要求；被动因素包括提高适岗率和防止腐败与官僚主义。对员工而言，转岗使工作内容、工作任务多样化，丰富员工的知识与能力，满足员工心理需求，使人性得到全面发展与满足。

①横向通道设计。横向通道设计以转岗通道设计为主要方式，将平行部门或单位的同等层次的工作岗位以制度化方式连通起来。

横向通道设计要注意三个"选择"：第一，时间选择，应选择员工从事某职位的早期阶段，避免员工过久地处于原岗位而形成惯性与惰性；第二，岗位选择，应选择相关联的岗位，以减少员工在岗位间流动的专业壁垒与转岗不适；第三，周期与范围选择，组织要进行适度控制，避免频繁或规模过大的员工轮岗对组织带来成本冲击。

②横向通道管理。对横向通道的管理，就是对员工轮岗过程的管理。其具体实施过程包括：第一，组织安排人力资源部负责宏观管理，在已设计轮岗操作制度与实施细则的基础上，对可轮换岗位与可轮换对象进行调研与论证；第二，结合组织战略与内外环境、员工队伍的构成、组织发展的阶段性要求，来具体实施员工轮岗；第三，实施轮岗知识性培训与适应性训练，并对轮岗过程进行监督、评估与反馈；第四，调整并完善与之相匹配的考核体系、职位管理与培训体系等。

组织实施转岗也是组织进行人岗匹配的调查，解决组织内部"人岗不匹配"的问题，有利于寻找员工最适合的岗位，从而进一步促成员工与组织的匹配。同时，转岗通过调整、打破组织内部原有的员工配置结构，减少了组织内部人员僵化带来的工作惰性，有效避免了组织形成内部腐败、官僚主义的习气。

③转岗的合法性问题。在员工的职业生涯道路上，很可能遇到由于不适应现在的工作岗位，需要转岗或转换职业，以寻求新的职业发展方向的问题。同时，由于企业在发展过程中遇到的种种客观问题，也需要对员工的岗位进行调整。可

---

① 肖云，朱治菊. 我国企业核心员工激励研究的文献评述［J］. 科技管理研究，2011（3）：145–149.

以说，岗位调整是企业在岗位管理过程中发生频率最高的活动。

岗位调整是在岗位管理过程中发生法律风险最多的环节。用人单位经常以经营自主权、用人自主权或客观情况发生重大变化为由调整劳动者的岗位，而劳动者往往对这种调整不服，或认为用人单位调整不符合公正公平的原则，或认为新的岗位与所学专业不符而不能发挥专长，或认为用人单位撤销合并部门没有必要，或认为用人单位对自己打击报复等，由此产生大量的劳动纠纷。

企业在处理转岗问题时，应当一方面尽可能地规避法律风险，另一方面作出能够实现劳资双赢的岗位调整方案。

④企业自主权的合理使用。对于企业来说，根据生产经营需要和劳动者各方面情况，通过调整劳动者的岗位与工资来实现自己管理的权利，确实是必要的。但是，用人单位必须依法调整劳动者的工作岗位。在企业调整劳动者工作岗位的实际操作中，企业的自主权和员工的劳动权可能会发生冲突。

用人单位的用人自主权和工资分配权主要体现在招聘之前，企业可以设置岗位及其相应的工资待遇。在招用了劳动者后，虽然可以通过行使用工自主权进行岗位调整，但会受到很大限制，这时只能依法进行劳动合同的变更来调整劳动者岗位和工资待遇。

《劳动合同法》第二十九条对于劳动合同的履行作出了规定。企业不能随意变更劳动者的工作岗位，更不能任意凭借劳动者不能胜任工作或机构调整等原因，将其调到其他工作岗位并降低工资待遇。对于那些确实不胜任某一岗位的劳动者，企业才有权调整其岗位。但企业对此应当提供证明，证明岗位调整是具有充分合理性的，是在合理的范围内调整其到适当的岗位。如果企业不能证明劳动者工作能力不能胜任该岗位，则不能擅自调整劳动岗位。

一般而言，在岗位调整后，用人单位不能随意减少劳动者的工资待遇，如要调整工资则须就此与劳动者达成一致，并及时变更合同。当劳动者确实不胜任工作且无法与劳动者协商一致时，企业可以按照《劳动合同法》的规定，提前30日通知，以劳动者不胜任工作为由解除劳动合同，并按国家规定支付经济补偿金。必须指出，企业如果想以调整岗位降低工资的方式来迫使劳动者无法接受新的岗位或工资而辞职，这是法律所不容许的。

企业在不违反法律的前提下，可以通过以下途径尽可能地实现自主权利：

第一，通过建立有效的绩效考核、劳动管理以及薪酬管理等制度来对员工进行依法考核，并根据考核结论来决定该劳动者岗位是否需要调整。特别需要注意的是：相关绩效考核制度要公示给员工，并保留公示记录；员工绩效考核过程也要保留，以此来证明员工是因不符合岗位胜任力才进行调岗或降薪的。

第二，在签订劳动合同时，也可以对劳动者薪酬升降与岗位调整进行约定，如合同履行的客观情况发生变化，企业可以调整工作岗位和工资。

第三，在给员工调岗调薪后，要相应地变更劳动合同，确保员工和企业双方的利益，避免可能的劳资纠纷。

⑤岗位变更的五种情形。企业在进行岗位调整时，主要涉及的法律问题是劳动合同的变更。劳动合同的变更是指劳动合同生效以后，未履行完毕之前，劳动关系双方当事人就已订立的劳动合同的部分条款达成修改、补充或者废止协定的法律行为。劳动合同的变更是对原合同内容的修改或者补充，而不是签订新的合同。经双方协商同意依法变更后的劳动合同继续有效，对双方当事人都有约束力。

进行岗位调整必须明确两个问题：一是什么情形下企业可以与劳动者变更劳动合同内容；二是企业与劳动者变更劳动合同内容的过程中应该注意哪些问题。

《劳动合同法》共涉及五种变更劳动合同的情形，分别是协商变更、依约定变更、因伤病变更、因胜任力变更和因客观情况变更。

第一种情形：协商变更。协商变更是在没有任何客观事件发生情况下的劳动合同的变更。根据《劳动合同法》第三十五条的规定，劳动合同双方必须经过协商达成一致意见，如果没有经过协商或者经过协商没有达成一致意见，都不得变更劳动合同内容。此外，协商变更还需满足另外两个程序性条件：一是必须采取书面形式；二是变更后的劳动合同文本由双方各执一份。

第二种情形：依约定变更；依约定变更主要有两种情况：一种是依劳动合同中的约定变更；另一种是依规章制度约定变更。如果劳动合同明确约定了变更条件及相应的变更条款，当约定的变更条件成立时，双方可以依据约定对劳动合同内容进行变更。依规章制度约定变更，则是指用人单位的规章制度规定了劳动合同内容变更的条件及条款，当变更条件成熟时，双方按照规章制度规定实施的劳动合同内容变更。依规章制度约定变更需要前提，即该规章制度不能违反《劳动合同法》第四条的规定，且必须已经作为附件写入劳动合同。因此从本质上来说，依规章制度约定变更也是依劳动合同约定变更的一种表现形式。

需要注意的是，依约定变更的"约定"有时比较具体明确，有时则比较模糊，这时企业要区别不同情况以采取不同的变更措施。劳动合同中明确约定了变更或者调整工作内容、劳动报酬、工作地点等的有关内容的，双方按约定变更或者调整即可；劳动合同中虽有工作内容、劳动报酬、工作地点等变更或者调整的约定，但变更或者调整的条件和指向不明确的，用人单位一方应当提供充分证据证明其变更或者调整的合理性。

第三种情形：因伤病变更。因伤病变更是指劳动者患病或者非因工负伤、医疗期满后不能从事原工作，用人单位依法对其进行调岗调薪。主要依据是《劳动合同法》第四十条的规定。

和其他情形不同，当适用因伤病变更这一条件时，常常是由劳动者向企业提出更换岗位的申请，这时企业需要做好如下的工作：

• 患病或者非因工负伤的劳动者在医疗期满后，向用人单位提交不能从事原工作、另行安排工作即变更劳动合同内容的书面请求。

● 用人单位对劳动者的变更请求进行审查，并根据审查结果对劳动者的变更请求作出两种处理意见：一是予以认可；二是不予认可。

● 企业需要对劳动者的劳动能力进行鉴定再作出是否"同意变更"的决定。

● 企业签署"不同意变更"意见的，变更请求直接返回给劳动者。企业应当维持劳动者原岗位及工资水平。

● 如果企业同意劳动者的变更请求，双方各执一份变更请求作为劳动合同附件备查。企业应当本着合理原则变更劳动者岗位，同时调整劳动者工资。

第四种情形：因胜任能力变更。用人单位在劳动者不能胜任工作的情形下，可以依法对劳动者进行调岗调薪。依据是《劳动合同法》第四十条的规定。

当企业需要适用这一情形来调整岗位时，必须遵循以下具体步骤：

第一，按照规范的考核标准和程序对劳动者的胜任度进行考核。

第二，向不胜任岗位工作的劳动者发出调整岗位和调整工资的通知。

第三，在有关调岗调薪的通知后附下列证据证明劳动者不能胜任工作：劳动者所在岗位职责和要求，劳动者的日常工作业绩、考核标准、考核流程等。

第四，劳动者对用人单位的调岗调薪通知表示认可，或者表示异议。如果表示异议，则需要将异议理由以书面形式提交用人单位。

第五，双方如果协商一致，则由企业向劳动者发出调岗调薪通知。经劳动者签署"同意变更"意见后，由用人单位和劳动者各执一份作为劳动合同附件备查。

第五种情形：因客观情况变更。当订立劳动合同时所依据的客观情况发生重大变化，致使原劳动合同无法履行时，企业可以要求变更相关内容。依据是《劳动合同法》第四十条的规定。

采取这一措施必须遵循以下具体步骤：

第一，由企业将劳动合同内容变更请求送达劳动者。

第二，如果劳动者存在异议，则双方就异议进行协商。

第三，双方对劳动合同的变更达成一致后，由劳动者在劳动合同内容变更请求上签署"同意变更"意见。签署"同意变更"意见后，企业和劳动者各执一份留存备查。

需要注意的是，当企业将变更请求以书面形式送达另一方以后，另一方应当在15日内或者一个合理的时间内予以答复，逾期不答复的，视为不同意变更劳动合同。

⑥岗位调整的技巧。《劳动合同法》对变更劳动合同作了更为严厉的规定，如何在符合《劳动合同法》规定的前提下调整劳动者的工作岗位，值得我们探索。

当然，用人单位和劳动者协商一致可以解除劳动合同，协商一致一般发生在同等岗位之间调整或调整到更好岗位的情况下。但很多时候用人单位是因为对劳动者在原岗位表现不够满意才将其调整到相对较差的岗位，而员工往往是不情愿的，这样最容易激发矛盾。我们认为用人单位在调整劳动者工作岗位时要坚持相对合理性标准，符合《劳动合同法》等法律法规的规定，充分总结、学习管理实践中的经验和教训，避免那些不必要的争议和纠纷。

在实际工作中，企业可以通过以下方法来对劳动者的岗位进行调整：

方法一：实行岗位工资制。用人单位可以在劳动合同中约定实行岗位工资制，或者固定工资加岗位津贴的薪酬模式，这样就可以避免调岗无法调薪现象的发生，以免给企业带来不必要的成本负担，也避免给员工造成伤害。

方法二：约定考核标准或不胜任条件。用人单位可以和劳动者在劳动合同中约定，如劳动者在一定考核机制下连续若干个考核周期不达标，可以调整其工作岗位。这种方法需要注意以下几点：一是要结合岗位一般的社会劳动生产率确定每个工作岗位的考核指标，这个指标既不可太高，也不可太低。如果太高则使得劳动者心理长期处于紧张状态，不利于工作的开展；如果太低，则每个员工都能够达到，就不能利用这种方法实现调整效率低下员工工作岗位的目的。二是用人单位要结合自身特点和行业特点确定一个合理的考核周期，如半年考核一次或一个季度考核一次。三是要在劳动合同中约定几个考核周期未达标方可调整工作岗位，一般以两个以上为宜。员工偶尔一次不达标可能是客观原因造成，如果屡次不达标，方可说明该员工的能力不适合目前的工作岗位。该制度的实施要与单位内部的规章制度结合起来，比如单位要制定详细的考核标准，对考核的内容进行具体量化，进而在劳动合同中对此予以约定，这样，一旦用人单位与劳动者因岗位调整而产生纠纷，用人单位才不会处于被动地位。

用人单位还可以和劳动者在劳动合同中约定，如劳动者不能胜任其工作岗位的工作，则可调整工作岗位。如何认定劳动者不胜任工作是关键问题，因此，用人单位可以建立一个考评机制。该机制下可以建立一个包括工会委员在内的广泛参与的委员会，一旦用人单位提出某劳动者不胜任工作时，可以启动该委员会来进行确认。该委员会依据事前制定好的，并予以公示的考评机制来对该劳动者是否胜任工作进行认定，以认定结论为准。

约定考核标准与不胜任工作条件有所类似，但二者又有所区别。前者是依据劳动者的业绩来进行岗位调整，劳动者业绩的好坏有可能与其能力有关，但更多地与其工作熟练程度、工作投入等因素相关，而职工能否胜任工作主要是与劳动者自身的能力相关联，并且在短期内无法改变。

方法三：约定轮岗制度。用人单位可以和劳动者在劳动合同中约定，劳动者应当在一定岗位范围内轮换。一个单位内有时会存在相近的工作岗位，在相近的工作岗位之间轮换，一是有利于员工对工作全局或工作流程有整体把握，二是有利于各岗位之间的协调和配合。因此，这种岗位之间的轮换既是可行的，也是对用人单位有利的。

针对上面阐述的第二种情况，虽然岗位相近，但是每个岗位的劳动强度可能不同，另外，职工在某一个岗位做熟之后更愿意留下来而不愿意接受轮岗的要求，因此，用人单位可以和劳动者之间约定实行轮岗，这样就可以避免劳动者以岗位在劳动合同中已经固定化为由而拒绝轮岗。

在以上情况下，对用人单位需要明确多长时间轮岗一次，是必须轮岗还是用人单位在劳动者工作一定期限后有权决定轮岗，以及可以在哪些岗位之间轮换等事项有个明确的约定，方可避免纠纷。

方法四：约定竞争上岗或末位制度。用人单位可以和劳动者在劳动合同中约定，采取末位制或竞争上岗的方式来调整工作岗位。这里所说的末位制并非末位淘汰制，而是如果排名末位的话，将实行相应的岗位调整而非直接解聘。由于末位淘汰制在法律上的模糊性，企业最好实行末位调岗而不要直接实施解聘。用人单位在劳动合同中约定采取末位制或竞争上岗的方式，则可以规避法律的禁止性规定。

如采取末位制调整工作岗位，则要订立一个考核机制和考核周期，并且要明确是最后一位还是最后几位要调整工作岗位。如采取竞争上岗的方式，则也需要明确竞争上岗的周期，并且竞争之前要确定一个竞争的标准。

需要注意的是，无论采取哪一种方式，用人单位都不能与末位者或竞争失利者解除劳动合同，只能依据约定调整岗位。

方法五：约定兜底条款。用人单位可以在劳动合同中约定一个兜底条款，以避免出现一些新的需要调整劳动者岗位而劳动者不接受的情况。

在现实生活中，用人单位与劳动者之间履行劳动合同的情形千差万别，另外，实践过程中不可避免会出现一些新情况和新问题，因此，建议用人单位和劳动者在劳动合同中约定一个兜底条款，为以后可能出现的工作岗位调整留下回旋余地。

对员工个人来讲，纵向通道与横向通道的设计与管理，使得员工能够看到明确的组织内职业发展路径，有助于个人的职业生涯规划和职业发展；对组织来讲，结合职业素质测评、职业生涯规划，有利于组织在人岗的纵、横向的重复匹配中，发现正确的人，使其与正确的职位相匹配，并通过职位纵横发展的机会激励员工寻找正确的做事方法，从而形成组织正确的执行文化，使组织决策落到实处，执行有力，进而推动组织发展，实现劳资双赢。

第 5 章　工作场所企业用工管理

5.1　雇佣模式与雇佣标准

5.1.1　雇佣模式

　　企业进行工作场所用工管理时，需要保证企业劳动关系的建立与经营战略相一致，与员工发展需求相协调。从企业整体和长期利益出发，企业在管理实践中首先应及时、全面地对用工需求与供给进行预测、分析，从而作出符合长远性和经济性需求的用工规划。企业在工作场所进行用工管理时，需要考虑到的一个重要问题是，企业要雇佣什么样的员工，尤其是各种工作所需要的技术工人的数量是多少。

1. 确定用工需求

　　要进行工作场所的用工管理，首先需要确定管理对象。在确定企业的用工规模前，我们首先需要明确一个问题：企业为什么需要招人？

　　企业并不是为了雇佣而雇佣，而是出于产品市场上对劳动力的需求，企业要通过产品市场的交换满足利益需求，就需要进行生产经营活动，这些生产经营活动离不开对劳动力要素和资本要素的使用。所以，用工需求实际上是一种派生需求。

　　企业雇佣员工，不是为了雇佣个体的"劳动者"，而是为了雇佣个体的"劳动力"，是凝结在劳动者身上的脑力和体力的统称，但是劳动力又必须以人为载体。

　　所以说，确定企业的用工规模，实际上就是确定企业生产经营所需要的劳动力。劳动力包括劳动力的数量、工作时间以及个体的努力程度三方面的内容。而企业的用工需求则等于雇佣规模、工作时间和劳动努力程度的乘积。

（1）雇佣规模

我们首先考虑经济学上的劳动力需求决策原则。

假设企业的生产只有劳动力这一种投入要素，在企业的产品在产品市场完全出清的情况下，即产品的供给量等于产品的需求量，企业的劳动力需求决策原则可以用以下公式表示：

$$\max \pi = P \times f(L) - W \times L$$

$$MRL = MCL$$

其中：π 为产品利润，P 为产品价格，L 为企业劳动力的投入，$f(L)$ 为生产函数，W 为企业支付给劳动者的工资；MRL 为边际利润，MCL 为边际成本。

此时，劳动需求曲线与劳动的边际产品价值曲线（VMP）重合为一条线，如图 5-1 所示。

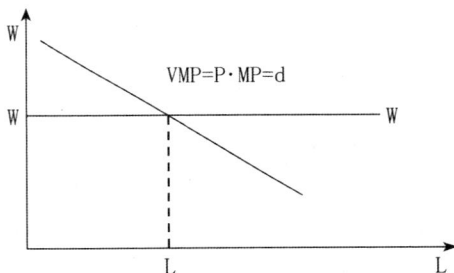

图 5-1　劳动需求曲线

确定雇佣规模时首先需要对雇佣人数的总量进行控制，再运用劳动定额的方法将雇佣人数分配到各个部门中。在确定总的雇佣人数时，需要把握的原则是：只要增加一名新员工的边际收益大于边际成本，能够为企业带来正的利润增量，那么企业就应当继续增加雇佣的数量。而随着边际生产率的递减，必将出现一个雇佣量使得新增加员工的边际收益等于边际成本，这时就应该停止继续招用新的员工，而这个特定的雇佣员工数量就是企业雇佣的最佳规模。

（2）工作时间

我们首先借鉴经济学中的雇佣量与工时权衡的静态决策模型：

$$\frac{ME_M}{MP_M} = \frac{ME_H}{MP_H}$$

在该模型中，ME_M 表示雇佣最后一名工人的边际成本，ME_H 表示将现有雇员平均周工作时间延长一小时面临的边际成本。ME_M 等于周准固定劳动成本、周工资、随时间变动的小额优惠成本之和，ME_H 等于小时工资和变动的小额优惠成本之和再乘以雇员人数。ME_M/MP_M 为只考虑投入 M 时最后一个单位产量所花费的成本；ME_H/MP_H 为只考虑投入 H 时最后一个单位产量所花费的成本。该模型表明，企业的最佳雇佣量满足的条件是只考虑投入 M 时最后一个单位产量所花费的成本与只考虑投入 H 时最后一个单位产量所花费的成本相等。

为了提高企业的投入－产出比，企业需要仔细计划雇佣的人数和工作时间。我们发现，按照标准工时制度规定的每天工作 8 小时、每年 52 周计算，全年的工作时间大概为 2 080 小时。在实际工作中，要计算工作时间还需要去除无效率的工作时间。另外，工作时间还受到物理限制，因为每一天的时间是有限的。

有时还需要考虑到加班选择。在加班决策中，要满足的条件为加班的边际成本等于边际产出。但同时，个体加班的数量和时间也是有限的，而且加班选择需要严格遵守用工时限。《劳动合同法》第六十九条明确规定，非全日制用工劳动者在同一用人单位一般平均每日工作时间应不超过 4 小时，每周工作时间累计不超过 24 小时。

扩大劳动者数量和增加劳动者的工作时间，采取的都是人海战术（或时间战术），这种方法比较适合于产业化和流水线作业，其前提假设是劳动者是同质的，因此可以在数量和时间上替代。

我国目前有三种工时制度：标准工时制、综合计算工时制、不定时工作制。一般劳动者大多采用标准工时制，在这种情况下，工作时间超过标准时间就是加班，而休息日、法定节假日工作也是加班。综合计算工时制和不定时工作制都需要劳动部门批准。综合计算工时制一个周期内平均每天工作 8 小时，每周工作40 小时，一个周期内超过总标准工作时间就属于加班，原则上加班不超过 1 小时，最多不超过 3 小时，节假日安排工作也是加班。而不定时工作制则一般没有固定的工作时间要求，一般也不存在加班，只有法定节假日安排工作才算加班。

在实际用工管理中，企业一方面需要灵活运用不同的工时制度，另一方面也要注意对不同工时制的加班认定。

（3）劳动者的努力程度

在实际情况中，要想提高企业的效率，往往并不是简单地通过增加员工数量和增加工作时间就能达到的，这是因为在实际情况中，劳动者基本上不可能是同质的。

即使工作时间相同，不同劳动者的劳动产出也可能不同，这是因为劳动者是异质的。个体的劳动努力程度不同，劳动生产率也会不同，所以当企业的劳动者人数和劳动时间都是固定的情况下，如果能够运用激励手段提高个体努力程度，就会促使劳动产出得到较大提升。此外，提高企业劳动生产率的方法还包括技术革新。

运用管理手段提高劳动者的努力程度，不仅可以提高企业劳动生产率，还可以提高企业竞争优势，实现组织的可持续发展。

提高劳动者的努力程度可以采用薪酬激励技术。在战略导向下，将员工的薪酬与绩效水平相联系，能对员工产生激励和推动作用。常见的方法有一次性奖励和绩效加薪计划。一次性奖励是指考核结束后，针对考核结果高于标准的程度支付一次性奖金，一般在年底进行兑现；绩效加薪是在基本薪酬部分予以体现，即提高员工下一年度的基本薪酬水平，这一水平将持续至下一次绩效考核举行时，并且作为下一次加薪的基础。采用薪酬激励计划可以提高员工的劳动生产率，提高企业的经营效益，也在一定程度上有利于减少企业用工量，从而减少企业成本。

2. 影响雇主用工决策的因素

在考虑影响雇主用工决策的因素时，我们首先借鉴劳动经济学中的雇主劳动力的动态需求理论来分析劳动关系建立的过程。

如图5-2中右下方的点所示，求职者刚进入劳动力市场时，最初的保留工资要比雇主提供的工资高，随着他进行工作搜寻，他的保留工资呈现下降的趋势，图5-2中右下方的点有向左边移动的倾向。最终他会遇到一个可接受的工作，但是所花费的时间长短包含了很大的随机因素。企业最初会试图以低工资率雇佣具有高生产力的员工，如图5-2中左上方的点所示。但如果企业没能如愿以偿，它也会逐渐放宽技能要求或者提供更高水平的工资，因此图5-2中左上方的点有向下和向右移动的趋势。两块阴影部分没有交点表明求职者提出的报酬要求在这一时点上没能得到满足，双方不可能达成雇佣协议。如果两部分阴影相交，就意味着求职者和雇主具有了建立劳动关系的区间，这样的一个动态分析实际上就是合同建立的过程。

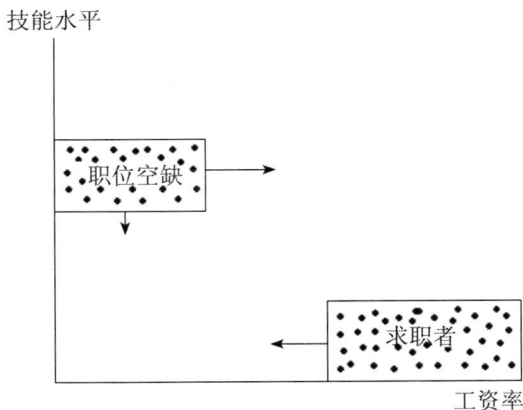

图 5-2　雇主劳动力的动态需求理论

上述理论只探讨了工资在雇佣决策中的作用。在实际情况中，边际劳动生产率、技术水平和资本存量的变化都会对雇主劳动力需求产生直接的影响；而实际工资给劳动力需求带来间接影响，实际工资还受到名义工资和物价水平的制约。短期内，CPI（通货膨胀率）的变化会影响到企业的劳动力需求，长期来看，由于理性预期，名义工资会与物价水平同步上升，这时通货膨胀对就业和劳动力需求的影响基本上就不存在了。

产品需求对企业劳动力需求的影响也是间接的。宏观经济变动、居民收入变化、未来预期变化都会引起产品市场上的需求变化，从而导致企业劳动力需求变化。新古典经济学只能告诉我们均衡工资和均衡就业量取决于企业和工会的谈判议价能力，而谈判议价能力则取决于一些比较模糊的因素：工会组织的参加率、政府介入的程度和法律法规的约束、垄断企业垄断利润的高低、企业所在行业的地位、组织规模、技术结构等。

雇佣是进行工作场所劳动关系管理的第一步，企业需要确立科学的用工模式，为开展劳动关系管理提供基础。

5.1.2　工作场所用工管理流程与雇佣标准

在高绩效的工作场所，企业用工管理的着眼点在组织绩效的提升上，最终实现组织绩效目标和个人发展的共赢。在每一个环节上都要以此为导向，着力提高绩效。组织高绩效的实现离不开劳动者的付出，这就需要企业在作出雇佣决策时选好合适的员工。确定用工规模、制定合理的雇佣标准是进行科学招募的基础，在工作场所用工管理中占据着非常重要的地位。

雇佣标准，也就是招聘、录用员工的条件，是企业完成人岗匹配过程所依据的基准。雇佣标准的制定应避免主观化和过于原则化，以对任职资格的准确分析为基础，尽量使用客观、中性、可量化的判断指标描述岗位对应聘者的要求。这既有利于企业招到适合岗位需求的人选，又可促进招聘过程的公开、透明，帮助应聘者了解企业的实际需求，同时预防法律风险，避免日后劳动关系上的争议与纠纷。在确定雇佣标准的过程中，要尽量使用专业、科学的技术步骤，获得空缺职位的相关信息，并以此来决定新录用人员的类型、数量、层次。企业可以组织和聘请内外部相关专家编写岗位职位说明书，研究确定人员编制，明确岗位任职资格。通过这一系列科学的工作分析流程，企业可对空缺职位的雇佣标准进行更加清晰的界定，招聘对象也更加明确，同时也方便应聘者作出更为有效的求职选择。

雇佣标准主要包括用工模式和用工方式的确定。用工模式，包括雇工人数、员工的工作时间和员工的劳动努力程度。用工方式则主要体现在劳动合同的不同类型上。此外，雇佣标准的确定还需要考虑企业的财务状况以及技能变量。

1. 用工方式选择

在确定用工规模的基础上，企业需要考虑用工方式。在实践中，我们经常会听到"正式雇佣"和"非正式雇佣"的提法，这种提法其实是不标准的。企业的用工方式可以主要分为标准的全日制用工和辅助性用工两大类。其中，全日制用工根据劳动合同的不同可以分为签订固定期限劳动合同的用工、签订无固定期限劳动合同的用工和签订以完成一定任务为期限的劳动合同的用工。

而辅助性用工则包括非全日制用工、劳务派遣用工和其他分离型用工等。其中，分离型用工又包括投资企业外派、关联企业借用、富余人员调剂和组织安排挂职锻炼等。

企业除了上述两种用工方式外，还可以采用劳务型聘用、业务外包等形式的关联性用工。企业需要根据自身的实际情况确定用工模式，在实践中企业往往不止使用一种用工形式，而是采用混合形式的用工。近年来，《劳动合同法》规定的用工类型主要包括直接雇佣的全日制用工、直接雇佣的非全日制用工和劳务派遣用工，企业在使用这几类用工类型时需要注意合法的原则。

2. 雇佣标准确定

在确定劳动力需求的基础上，科学的工作场所用工管理需要确定招聘标准。在实际的人力资源管理中，至关重要的两个指标：一是成本薪酬，即工资率，这体现了员工的绩效；二是劳动生产率，即人均效率，体现了老板的绩效。这两个指标体现了工作场所两大利益主体的利益诉求，而我们研究工作场所用工管理的目的就是为了实现员工和组织的对等承诺，把蛋糕做大，实现双方共赢。企业通过科学的招聘可以促进劳资共赢目标的实现。

招聘标准需要通过工作分析来确定。最早的工作分析来自于泰勒的《科学管理原理》，其中的动作研究属于劳动定额。工作研究包括方法研究和时间研究，前者属于定性研究，后者属于定量研究。在管理实践中，企业可以通过对目的、对象、地点、时间、人员和方法的"六何研究"与取消、合并、重排、简化的"四技巧改进"来达到寻找最佳工作方法的目的。工作分析可以使管理者对岗位进行职责分解，确定任职资格，进而为企业的招聘工作开展提供依据。可以说，企业招聘标准的制定主要来源于工作分析。

岗位价值评估基于岗位分析，根据一系列科学、客观的标准，对每个岗位的相对价值、满足个人需求的能力等进行分析，其评估对象是企业劳动者的生产岗位。岗位评估是对岗位价值的评价，它是在岗位分析的基础上对岗位本身所具有的特性确定其相对价值的过程。评估过程要考虑该岗位的职责大小、职责范围以及工作的复杂程度。雇佣标准的确定需要基于此来确定。

此外，在确定招聘标准时，我们还需要考虑的因素包括：①企业的财务状况。劳动力质量的选择不取决于企业的财务状况，但企业的财务状况会直接影响到经营者是否继续经营下去的决策，进而对雇佣决策产生影响，例如财务状况差的企业可能会进行裁员。②技能变量的选择。不同技能的员工可能会对企业的劳动生产率产生不同的影响，但同时企业还需要考虑到用工成本因素的影响。所以，在确定招聘标准的时候，企业需要考虑具体招录具有何种技能的员工。

在现实情况中，这种技能变量往往体现为不同的教育水平。那么，是不是招录受教育水平高的员工就会使企业受益更多呢？实际上，在考虑这个问题时，我们引入"员工的平均工资与其平均产量的比率"这个变量来进行比较。企业往往会选择平均工资和平均产量的比率更高的那类人进入公司，这是因为在这样的情况下，企业在绩效与成本之间进行了最优的平衡，企业选择了最高的"性价比",这也是组织绩效与员工报酬之间的对等承诺实现的过程。

我们用高中生和大学生的例子来说明。如图 5-3 所示,假设 Q_C 是大学毕业生的平均产量,Q_H 是高中毕业生在同一时期的平均产量,W_C 是大学毕业生的平均工资,W_H 是高中毕业生在同一时期的平均工资,那么企业是选择雇佣大学毕业生还是高中毕业生的情况如下:当大学毕业生的平均工资与其平均产量的比率大于高中毕业生时,应该雇佣高中毕业生;当大学毕业生的平均工资与其平均产量的比率小于高中毕业生时,应该雇佣大学毕业生;当两者的比率相同时,雇佣高中毕业生和雇佣大学毕业生对企业而言是一样的。

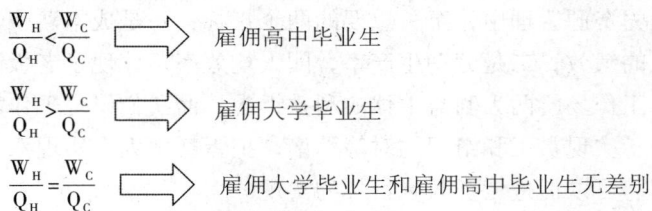

$$\frac{W_H}{Q_H} < \frac{W_C}{Q_C} \implies \text{雇佣高中毕业生}$$

$$\frac{W_H}{Q_H} > \frac{W_C}{Q_C} \implies \text{雇佣大学毕业生}$$

$$\frac{W_H}{Q_H} = \frac{W_C}{Q_C} \implies \text{雇佣大学毕业生和雇佣高中毕业生无差别}$$

图 5-3　雇佣标准的确定

因此,企业在确定招聘标准时,需要考虑到不同类型员工的平均工资与平均产量的比率,从而确保招聘的合理性和科学性。

在确定企业雇佣标准的时候,需要把握合法、合情、合理的原则。

在招聘过程中,企业要特别注意性别歧视、民族歧视、身体残障歧视、传染病歧视、城乡户籍歧视等都是《劳动法》、《中华人民共和国就业促进法》(以下简称《就业促进法》)等明令禁止的内容。

(1)性别歧视。我国在消灭性别歧视、促进男女就业平等、保障女职工权益方面,出台了一系列的法律法规,《劳动法》、《中华人民共和国妇女权益保障法》、《就业促进法》、《女职工劳动保护特别规定》、《就业服务与就业管理规定》等都对此有所规定。

(2)民族歧视和身体残障歧视。禁止对这些特殊人员歧视的法律法规主要来自《就业促进法》、《中华人民共和国残疾人保障法》等。

(3)传染病歧视。在以往的招聘管理实践中,一些企业以区别性态度对待乙肝病原携带者,使其遭受不公正的求职待遇。对此,我国通过法律法规的制定进一步明确了这些人员以及其他传染病病原携带者相应的合法权益,并予以保护。相关规定可以参考《就业促进法》和《就业服务与就业管理规定》。

(4)城乡户籍歧视。《就业促进法》首次将城乡户籍歧视纳入了法律禁止的就业歧视条款中,企业不得再以劳动者的城乡户籍差异作为雇佣标准的内容。

同时,企业还应该避免虚假用工信息。《劳动合同法》第八条规定,用人单位招用劳动者时,应当如实告知劳动者工作内容、工作条件、工作地点、职业危害、安全生产状况、劳动报酬,以及劳动者要求了解的其他情况;用人单位有权了解劳动者与劳动合同直接相关的基本情况,劳动者应当如实说明。在实际招聘过程中，企业需要防止招聘过程中出现虚假用工信息。为了减少员工招聘阶段用人单位和劳动者双方的信息不对称，双方当事人应严格履行告知义务，对于人力资源管理的招聘工作而言，为了避免日后纠纷，必须在签订劳动合同前对员工履行上述内容的告知义务。

在实践中，可以将相关内容作为劳动合同的条款，也可以单独制作成书面文件，要求员工签字认可已被告知。当然，也可以口头告知，但一定要留有员工签名，承认企业已向其披露相关信息；否则，发生劳动争议时往往难以举证，致使企业被动。同样，企业在录用员工之前，对员工的情况也要十分清楚，尤其是其就业现状。

3. 劳动规章制度

企业在工作场所进行用工管理时，需要注意加强对劳动规章制度的建设与管理。

规章制度看似"冷冰冰"的，实际上却是企业文化的体现，对于提高团队凝聚力有很重要的作用。规章制度建设是工作分析的有力补充，有利于企业结合实际情况选择适合自身的雇佣模式，也为解雇提供了依据。规章制度也是确保工作场所工作有序开展的重要保障。

企业的规章制度对员工而言，是维权的利器，对企业而言，是进行奖惩和日常管理的依据，好的规章制度的设计可以提升企业效率。规章制度不需要适应期，一经颁布立即生效。规章制度的设计也要遵循合法、合情、合理的原则。

首先，规章制度的内容不能违法，这是对规章制度设计的最基本的要求。规章制度的设计也不应该与集体合同和劳动合同相冲突。企业应该结合自身具体情况将法律规定具体化，使其具有可操作性。如果企业的规章制度因与法律抵触而导致无效往往会有很严重的后果。员工可以不遵守，而且有权随时解除劳动合同，并要求企业支付经济补偿金。所以，企业在制定规章制度时一定要注意程序合法和内容合法。

其次，规章制度的制定程序要公平、合情、合理。企业在制定规章制度的过程中，必须严格履行必要的法定程序。《劳动合同法》第四条规定，企业制定规章制度的程序是：讨论—提出方案和意见—平等协商—确定方案—公示。其中，"讨论"、"提出方案和意见"的主体是职工代表大会或者全体职工；"平等协商"的主体是工会或者职工代表。这些规定体现了职工民主参与的原则，也是制定规章制度的重要原则。在实际操作中企业应当尤其注意公示的程序。而规章制度的修改和变更要履行《劳动合同法》第四十九条规定的民主协商的程序。

企业设计科学合理的规章制度，充分行使自主经营权，有利于开展科学的工作场所用工管理。例如，在确定哪些岗位是劳务派遣岗位以及控制劳务派遣用工比例时，需要符合"临时性、辅助性、替代性"等性质。关于"辅助性"如何界定的问题，企业可以在规章制度中进行规定，并依法及时履行公示、周知等程序。

5.2 员工的招募程序与配置管理

在确定企业的用工需求和雇佣标准后，企业就可以开始进行人员招募了。招聘是用人单位和劳动者建立劳动关系、签订劳动合同的关键环节，因此，招聘过程首先要受到《劳动合同法》的约束。其次，研究、学习科学合理的招聘与雇佣管理，从经济学角度分析企业招聘和雇佣决策过程，可以为企业科学地开展工作场所用工管理提供一定的借鉴和指导。

5.2.1 招聘原则

招聘需要遵循的基本原则是不能招来最差的员工。根据管理学的说法，最好的员工应该能够立刻上岗。招聘的新员工水平应该高于企业现有团队平均水平，才能提高团队的平均水平；相反，如果新招聘的员工水平低于企业现有团队平均水平，就会拉低团队的平均水平，造成组织萎缩。

工作场所用工管理的目的之一是提高组织绩效。根据人力资源管理的高绩效管理系统，一个组织的高绩效不是来自于考核，也不是来自于绩效管理或绩效领导，而是来自于员工的素质，所以在人力资源管理的每个环节找到高素质的人才是至关重要的。那么，招聘作为员工进入公司的第一关，对于选拔高素质的人才具有举足轻重的作用，而最基本的要求就是个体素质高于平均水平，从而提高企业内部整体的人力资本存量。

但是需要我们注意的是，招聘并不一定能招来最优秀的员工，最优秀的人才需要通过职位的纵向管理和晋升来进行培养和选拔。

企业在进行招聘管理时，需要把握合法、合情、合理的原则。

在招聘选拔阶段，企业开始与求职者进行直接的接触。这一阶段各环节实施的合法性与规范性，以及求职者对此的反应与回馈会直接影响到劳动关系的建立、履行和终止，也直接决定企业能否招到符合企业战略发展需要的员工。因此，为了更好地保障企业和劳动者双方利益的共同实现，减少日后劳动关系管理中的争议与纠纷，需要采取科学、规范的招聘行为和招聘流程。

5.2.2 招聘流程

招聘的主要流程包括六个部分：进行人力资源规划，制定职位说明书；制订招聘计划；招募；选拔；录用；评价。这六个部分不断循环，共同构成工作场所用工管理的重要内容。

在招聘开展之前，企业首先要确定招聘需求。在企业实践中，常常是各个部门将空缺职位信息上报人力资源部，人力资源部根据企业战略和规划，运用专业知识和技能对空缺职位信息进行分析，确认最终的招聘需求。

然后，根据招聘需求，人力资源部结合空缺岗位的岗位说明书及任职资格，制订具体的招聘计划。招聘计划应该包括时间、岗位、人数以及任职资格四项主要内容。

在正式的招募阶段，企业需要在充分了解市场的基础上，发布用工信息，然后接收求职者的申请。企业在发布招聘广告时，应该注意尽量将岗位所需技能表述清晰、准确。

在接收求职者的申请之后，就进入了选拔阶段。在这一阶段企业首先要针对简历进行初步筛选，再进行相关的笔试、面试和其他测试。

随后，在录用阶段，企业作出决策，发出通知。

在上述阶段都完成后，企业还需要对招聘进行评价，主要从程序、技能和效率三方面进行评价。

1. 确认招聘需求与制订招聘计划

招聘的第一步是确定招聘周期（一般为一年）内的招聘需求。最终的招聘需求一般需要经过用人部门上报和人力资源部门确认两个步骤。人力资源部结合企业的长期战略、短期目标，参照年度人力资源规划，运用人力资源管理的专业工具进行分析和判断之后才能确认最终的人员需求。

如果部门确实存在人手不够的情况而经过分析发现此部门不需要增加新人员，那么人力资源部可以结合部门的工作内容为部门提供建议，采用其他形式来缓解短期人员紧张的情况，例如工作再设计、人员调配、业务外包等。

确认招聘需求之后，负责招聘工作的人员或者小组，即所谓的招聘者，要系统地了解空缺岗位的工作内容及职责、任职资格信息。这些信息是企业发布招聘信息、筛选求职者的重要依据。

招聘计划要根据招聘需求、任职资格等信息制订。招聘计划包括招聘时间安排、拟招聘岗位及其任职资格要求、招聘人数、招聘对象等。招聘时间安排包括发布招聘信息时间、收取简历期限、甄选时间等。招聘对象是拟招聘岗位所面向的求职者群体，例如高校毕业生、社会人员，也包括企业内部在岗员工、本单位离退休人员。其中，高校毕业生是劳动力市场的主力军，退休人员以及其他特殊人员是招聘中容易带来法律风险的人群，企业招聘此类人员时应遵守相应的法律，降低违法风险。

2. 人力资源规划与职位说明书

企业在开展具体的招募工作之前，需要有针对性地进行组织人力资源规划，主要方法为工作分析，主要成果体现为职位说明书。工作分析一般包括两个步骤，首先将岗位分解为岗位职责，然后进行职责描述。职责是指一项或多项相互联系的任务集合。一般来说，将一个职位分解为 3 ~ 8 个岗位职责较为适宜。如果一个岗位的岗位职责数量太多或者太少，则可以采用"取消、合并、重排、简化"的"四技巧改进"方法来进行调整。工作分析直接影响到招聘广告的好坏，也是招聘是否能够取得成效的关键。

一个好的职位说明书应当对以下内容进行清晰的界定：

（1）职责范围

职责范围体现了该职位需要负责的工作内容，通俗地讲，就是"上什么岗位就干什么活"。

（2）任职资格条件

任职资格条件体现了该职位所要求的知识和能力。通俗地讲，就是"有什么能力上什么岗"。任职资格条件是招聘广告的主要来源和渠道。

（3）考核标准

考核标准是绩效考核说明书的主要来源，它是对该岗位如何进行考核作出说明。

（4）薪酬

这部分体现了该职位根据考核结果支付薪酬的信息。

3. 招聘途径

招聘的主要途径包括内部招聘和外部招聘。

（1）内部招聘

内部招聘的优点包括：员工和企业互相了解，招聘的准确性高；可鼓舞士气，激励员工；内部员工可更快适应工作；使组织的培训投资得到回报；选择费用较低。但内部招聘也具有一定的缺陷：来源局限、水平有限；"近亲繁殖"；可能造成内部矛盾等。

内部招聘的主要来源包括内部提拔、横向调动、轮岗和重新雇佣或召回以前的雇员。

（2）外部招聘

外部招聘的优点有：人才来源广，可以选择的余地大，企业可以招到一流人才；外来人员可以为企业带来新思想、新方法；可以平息或缓和内部竞争者的矛盾；使用的是现成的人才，可以节省培训投资。外部招聘的缺陷为：一般外部招聘人员进入角色需要一定的时间；员工对企业的了解少；可能影响内部员工的积极性。

外部招聘的主要来源有推荐、未经预约而来的人、就业机构、行业协会和联合会、学校、其他公司等。

外部招聘的方法包括发布广告（媒体选择与设计）、借助中介机构、上门招聘（校园招聘）、网络招聘等。其中，广告一般容易吸引注意、激发兴趣、创造愿望以及促使行动。

4. 招聘金字塔与面试

招聘的金字塔主要包括履历分析、纸笔考试、面试、心理测验、管理评价中心和二次面试等内容。

企业停止收取简历意味着招募阶段结束，将要进入甄选环节。在此环节中，企业要运用多种劳动关系管理的专业工具对求职者进行甄选鉴别，寻找到能力、素质与空缺岗位的要求相匹配的求职者。为了保证甄选的效率，企业可以首先依据一定的标准对求职者的简历或者登记表进行初步的筛选，通过筛选的求职者进入到具体的甄选环节。企业通过运用心理测试、面试、评价中心等工具完成甄选工作。这些工具可以单独使用，也可以综合运用，以达到鉴别人才的目的。企业作出招聘决策的依据主要是应聘者的信息，包括知识、技能和能力以及人格、兴趣和偏好。在此过程中可以采取的信息收集技术主要包括申请表、书面考试、工作模拟、评价中心、面试以及体格检查等。

（1）履历分析

履历分析是一种初始阶段筛选工具。随着网络技术的发达，现在很多企业在履历分析这一环节都采用网络筛选的技术，方便企业使用统计上的平均水平来鉴别个别水平，但是需要注意的是网络筛选可能产生统计性歧视。

常用履历分析工具包括申请表和简历。申请表的内容包括过去和现在的工作经历、教育水平、教育内容、培训等。申请表一般只要求申请人填写与工作内容有关的情况，因而申请表在精确性上存在不足。另外，在使用过程中需要注意避免非法的或不适宜的问题。标准的求职简历主要由四个基本内容组成：一是基本情况，包括姓名、性别、出生日期、民族、婚姻状况和联系方式等；二是教育背景，按时间顺序列出初中至最高学历的学校、专业和主要课程，所参加的各种专业知识和技能培训；三是工作经历，按时间顺序列出参加工作至今所有的就业记录，包括公司/单位名称、职务、就任及离任时间，应该突出所任每个职位的职责、工作性质等，此为求职简历的精髓部分；四是其他内容，如个人特长及爱好、其他技能、专业团体、著述和证明人等。

申请表和个人简历各有优缺点。一般来说，申请表直截了当、结构完整、限制了不必要的内容，也易于评估。但申请表是一种封闭式的表格，限制了求职者的创造性，另外，申请表制定和分发的费用较贵。个人简历的优点体现在：个人简历是一种开放式的表格，有助于创新；允许申请人强调他认为重要的东西；允许申请人点缀自己；费用较少，容易做到。但个人简历同样也存在缺点：允许申请人略去某些东西；内容可能被添加，难以确定真实性；存在难以评估的问题。

（2）纸笔考试

纸笔考试主要以认知能力测试的方式进行信息收集，主要考察应聘者的语言理解能力、数字才能、逻辑推理能力、理解速度、记忆能力等，具体包括一般能力测验和特殊能力测验两种类型。一般能力测验包括以测试常识、理解、推理、记忆跨度、字意等为主要内容的语文测验和以完成图画、图片排列、实物拼接、方块设计、形数交替等为主要内容的操作测验。特殊能力测验主要侧重于语文推理、数学能力、推理能力、空间关系、机械推理、文书速度等。

（3）面试

面试是最常见的甄选工具之一。面试官与求职者直接见面，并通过对话、提问等方式，结合求职者所表现出来的非语言特征，对求职者的智力和性格作出判断。面试一般考察应聘者的仪态仪表、求职动机、灵活应变能力和工作经验等。面试的方式存在多样性，包括结构化面试和非结构化面试、情景面试和以行为为基础的面试、压力面试等。在具体操作中，招聘人员可以结合不同面试方式的特点综合使用。

面试真正的目的在于：评估应试者干好工作的能力；评估应试者是否适合担任这项工作；实事求是地预先介绍工作情况；完成对应试者的剖析等。

①面试的分类。根据不同的标准，面试分为不同的类型。根据面试的结构化程度，面试可以分为非结构化面试和结构化面试。根据面试的目的，面试可以分为选择性面谈（或压力式面谈）、评估性面谈和离职面谈。根据面试的内容，面试可以分为情景面谈和与工作相关的面谈。根据对面试的控制，面试可以分为一对一面试（单独面试）、多对一面试（集体面试）、连续性面试、一次性面试、计算机面试、人工面试等。

结构化面试是在面试前，主考官准备好各种针对拟招聘职位的问题和提问的顺序，严格按照设计好的程序对每个求职者进行相同内容的面试。

与此相对，非结构化面试没有事前准备好的问题，而是由主考官在面试中随机提问。相比之下，在非结构化面试中面试官会通过提出探索性、无限制的问题鼓励求职者多谈，挖掘更多的信息。因此，结构化面试降低了非结构化面试带来的不一致性和主观性，增加了面试的可靠性和准确性，但是非结构化面试的随意性给予求职者很大的自由，更容易使之将自己的态度、情感等隐性信息暴露出来，利于主考官判断。企业多是将这两种面试方式综合使用，尤其是将非结构化面试作为其他甄选方式的前奏或是补充，发挥"补漏"的作用。

②面试的过程技巧。面试在刚开始时一般采用导入性问题，用时不超过 1 分半钟。随后，在正式提问中往往会涉及有关工作经验、工作能力、求职动机、个人背景和团队合作的问题。

面试的过程包括以下五个阶段：

• 预备：1~2 分钟，社交话题引入。

• 引入：对简历中的问题展开提问，征询不清楚的地方，面试官要注意不要重复简历中的内容。

• 正题：实质阶段，重点放在了解应聘者的其他资格问题上。

• 变化阶段：向应聘者提供信号，面试快结束了，应聘者也可以把握机会向面试官提问。

• 结束阶段。

在面试中，考官需要注意三方面的技巧：过程控制技巧、提问技巧和行为观察技巧。

- 过程控制技巧。面试需要自然状态引入；考官只提问需证实的问题；不问已知的问题；引申提问，让对方有限发挥；回答对方关心的问题；轻松结束面试。

- 提问技巧。提问可以包括封闭性问题、开放性问题、假设性问题，提问方式有连串的压迫性提问和引导性提问等。

- 行为观察技巧。一般认为，印象的35%来自声音，65%来自非语言信息，如无声手语、掌语、指语、眨眼、点头等。所以，在面试时要多注意应聘者的身体语言。

③面试对考官的要求。面试对考官也有一定的要求，包括：考官需要了解岗位任职资格；考官要问与工作要求相关的问题；考官应当避免提出歧视性问题，如家庭情况、结婚与否等；考官采用面试的方法和内容要保证公平，保证适用于每一个应聘者，如不因出场顺序改变标准等；考官要使应聘者周知面试信息，包括通知应聘者面试流程、时间、程序、政策等。

（4）心理测验

心理测验包括标准化测验和非标准化测验两大类。标准化测验又可以分为认知测验、人格测验、个人与职业素质测验。认知测验主要测量的是成就、智力、能力等；人格测验主要测量的是情绪、兴趣、态度、价值观、动机、性格等。

非标准化测验主要是投射测验，主要用于对人格、动机等内容的测验。

（5）管理评价中心

管理评价中心（Assessment Center）是一套针对中高级管理人才的组合技术。

在管理评价中心的实施过程中，招聘人员是主试或主考官，求职者是被试或应试者。主试在了解岗位工作内容与任职资格要求的基础上，创设一系列与工作高度相关的模拟情景，然后将被试纳入到该情景中，要求其完成该情景下多种典型的管理工作，如主持会议、处理公文、商务谈判、处理突发事件等。在被试按照情景角色要求处理或解决问题的过程中，主试按照各种方法或技术的要求，观察被试在各种模拟情境压力下的行为表现，分析被试的心理活动，测量和评价被试的能力、性格等素质特征。评价中心一般安排在 2～3 天、10～20 个人的范围内进行，主要的内容有：公开演讲、文件筐测验、无领导小组讨论、管理游戏以及角色扮演。不同的考察对象，这些方式的组合频率和分值权重是不一样的，测评结果是在对多个测试者系统观察的基础上综合得到的。

管理评价中心的最大特点是注重情景模拟，一次评价包含多个情景模拟测验，可以说评价中心既源于情景模拟，又不同于简单的情景模拟，是多种测评方法的有机结合。

管理评价中心的优点包括：信息多元；手段多样；互动性；评价指标与工作联系紧密；测评效果准确等。管理评价中心也存在一定的缺点，如开发成本高、操作成本高等。

一般来说，如果企业在发布招聘广告后收到大概 4 000 名求职者的申请，经过履历分析大概会筛选出 1 000 名求职者，经过纸笔考试大概会筛选出 200 名求职者，经过面试后可能会有 100 名求职者进入心理测验，而通过心理测验进入管理评价中心的人数则大概为 25 人，而最终通过管理评价中心进入二次面试的可能只有 5 名面试者。

5.2.3　录用与评估

企业在完成信息收集后，需要作出合理的录用决策。作出录用决策的步骤包括：第一，回顾预期业绩。第二，详述并审核应聘者的行为和能力特征。第三，把行为和能力特征与预期业绩进行比较。第四，在行为上预测应聘者将来在相关的工作环境和在预期业绩中的表现，从而最终作出录用决策。

需要注意的是，企业在作出录用决策后，应当适时给应聘者信息反馈，寄送录用通知或辞谢信。

1. 招聘评估准则

在招聘完成后，我们需要对招聘情况进行评估。招聘评估是一个全方位的评估体系。评估的主要准则包括以下四项内容：

（1）速度。招聘速度，企业为空缺岗位招聘到合适人员的时间是有快有慢的，一般企业主要考虑的是需要的新员工何时能够上岗。

（2）成本。不同招聘方式所花费的成本不一样，从管理的角度来说，企业需要在降低招聘成本的同时保证招聘的质量。

（3）效率。利用成功率可对不同招聘方式的招聘效率进行简单而有效的比较。成功率的计算方法为：通过方法 A 招聘的"可雇佣的"申请者人数除以通过方法 A 招聘的申请者人数。当然企业也可以通过员工流失率等指标来衡量招聘的效率。

（4）多样性。企业在实践过程中往往需要在同一时间招募到不同特质的员工，因为招聘多元化的员工能给组织带来新的想法，但不同的招聘方法对应聘者的多元化有重要影响。

2. 招聘评估流程

一般来说，招聘评估的流程如下：

第一步，确定要评估的岗位，组织要选择那些经过评估后能带来最大潜在回报的岗位进行评估；

第二步，确定组织现行的甄选方法，确定组织现行的评估道具；

第三步，确定用现行的甄选方式计算每个候选者得分的策略；

第四步，评估招募阶段吸引求职者的效果，用第三步中的方法来评估每一位求职者；

第五步，将招聘行为与每个招聘阶段相匹配，并且要估计招聘的成本；

第六步，估计投入值，完成效用分析，这个效用分析要进行成本和收益的计算；

第七步，评估现行的甄选方式的适当性。

3. 招聘结果评估指标

招聘结果的评估可以用表5-1中的指标来观测。

表5-1 招聘结果评估指标

名称	释义	说明
应聘比	应聘人数/计划招聘人数×100%	该值越大，说明招聘信息发布的效果越好，也说明应聘人员的素质可能较高
招聘完成比	聘用人数/计划招聘人数×100%	等于或大于1，说明全面或超额完成了招聘计划
招聘完成时间	职位开始空缺到填补所用的时间	一般来说，时间越短，招聘效果越好
录用比	录用人数/应聘人数×100%	该值越小，相对来说，录用者的素质越高，反之，则可能录用者的素质越低；更低的录用比意味着吸引到更多数量的候选者
录用成功比	录用成功人数/录用人数×100%	该值越大，说明录用人员的质量越高，组织用于招聘的时间、精力与金钱获得了较为理想的回报；反之，说明录用人员的质量越低，组织在招聘过程中所消耗的人力、物力、财力很多都被浪费掉了
聘用合格比	聘用人员胜任工作人数/实际聘用人数×100%	聘用合格比是反映当前招聘有效性的绝对指标，其大小反映了聘用的正确程度
基础比	原有人员胜任工作人数/原有总人数×100%	反映以前招聘有效性的绝对指标
聘用合格比和基础比之差	聘用合格比-基础比	反映当前招聘的有效性是否高于以前招聘有效性的平均水平，即可以反映招聘的有效性是否在逐步提高

另外，招聘的最终成果是为空缺职位找到合适的人员来填补，那么，员工被录用后的表现可以作为衡量招聘效果的重要指标之一。员工入职表现的指标体系包括出勤率、工作参与度、工作态度、工作绩效、工作满意度、上级监督满意度、流动率等。此外，学者Wanous还根据员工入职后的表现的测量结果提出，通过非正式招聘方式（如员工推荐）录用的员工的流失率要略微低于通过正式

招聘方式录用的员工的流失率。

高绩效的工作场所用工管理的每个环节都要立足于提升组织绩效，而组织的绩效来自于用工管理的每一个环节，包括从招聘到绩效考核等，企业要从招聘开始就注意提升绩效，最终实现组织和员工个人的共同发展。

5.2.4　劳动关系的建立和劳动合同的订立

在招聘结束，作出录用决策之后，企业需要与劳动者建立劳动关系，订立劳动合同。

《劳动合同法》规定，用人单位自用工之日起即与劳动者建立劳动关系。这就是说，劳动关系的建立时间应当以实际用工之日为准，企业应该同时建立职工名册备查。在实际用工之前，企业也可以与劳动者签订劳动合同，但是劳动关系也是自用工之日起建立。

企业与劳动者建立劳动关系，应当订立书面劳动合同。企业订立劳动合同的时间，一般最晚不超过企业自用工之日起一个月内。如果用人单位自用工之日起超过一个月不满一年未与劳动者订立书面劳动合同的，应当依照《劳动合同法》第八十二条的规定向劳动者每月支付两倍的工资，并与劳动者补订书面劳动合同。这里规定的双倍赔偿的起算时间为用工之日起满一个月的次日，截止时间为补订书面劳动合同的前一日。如果用人单位自用工之日起满一年未与劳动者订立书面劳动合同，则视为自用工之日起满一年的当日已经与劳动者订立无固定期限劳动合同，应当立即与劳动者补订书面劳动合同。

企业往往会在用工管理实践中与劳动者约定试用期，这既是企业了解员工劳动生产率的机会，也是劳动者了解企业环境和企业文化的过程。企业在约定试用期时要注意双方权利义务的约定，如果企业需要在试用期解除劳动合同则必须提供依据。与试用期技术有关的具体内容我们在5.3部分有所介绍。

劳动关系的建立与劳动合同的订立的相关内容，可参见图5-4。

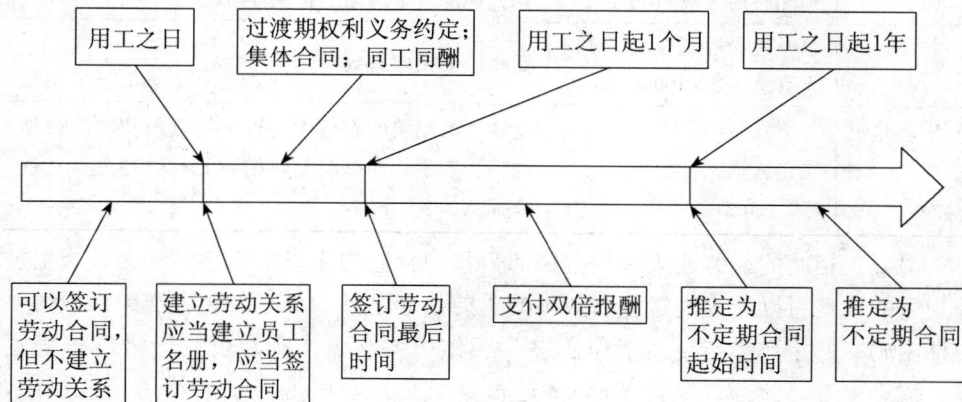

图5-4　劳动关系的建立与劳动合同的订立

我们需要注意的是，在劳动关系确立之前双方具有平等性，而一旦建立劳动关系，进入用工流程，劳动关系就具有了隶属性，劳动者需要听从组织协调。

5.3 试用期技术与晋升激励

5.3.1 试用期技术

试用期是企业与员工双方进行考察和熟悉的时间缓冲区，是初步检验招聘成果，评估用工决策与企业战略发展的实际适应情况的最初阶段。它是指包括在劳动合同期限内，劳动关系还处于非正式状态，企业对员工是否合格进行考核，员工对企业是否适合自己的要求进行了解的期限，是企业和员工建立劳动关系后为相互了解、选择而约定的考察期。

《劳动合同法》第十七条规定，劳动合同除包括必备条款外，用人单位与劳动者可以约定试用期。试用期和适当设计的报酬计划可以为企业带来一个合格的求职者群体。

1. 试用期的适用条件

试用期一般对初次就业或再次就业时改变劳动岗位和工种的职工可以约定。在企业转制过程中，用人单位与原有职工签订劳动合同时，不再约定试用期，即《劳动合同法》第十九条第二款所明确的"同一用人单位与同一劳动者只能约定一次试用期"。

劳动合同本身的期限必须达到一定长度才能约定试用期。《劳动合同法》第十九条第三款规定：无固定期限劳动合同约定试用期，对合同本身的期限没有要求；固定期限劳动合同约定试用期，则合同本身期限不能少于三个月；以完成一定工作任务为期限的劳动合同，不得约定试用期。

另外，需要注意的是，试用期包含在劳动合同期限内，最长不得超过六个月。

2. 试用期与劳动合同期限的关系

《劳动合同法》对企业中不同期限的劳动合同类型规定了不同的试用期。试用期与劳动合同期限的关系表现为：试用期必须与劳动合同期限并存，不得仅约定试用期；试用期与劳动合同期限必须同时开始；劳动合同期限必须长于试用期；试用期长度与劳动合同期限对应。根据《劳动合同法》第十九条第一、四款，不同劳动合同期限下试用期的长度可以概括为表5-2中所列的几种情况。

表 5-2 不同劳动合同期限下的试用期长度

劳动合同期限	试用期
三个月以上不满一年	不得超过一个月
一年以上三年以下	不得超过两个月
三年以上固定期限和无固定期限的劳动合同	不得超过六个月（即试用期的最长期限）
劳动合同仅约定试用期或者劳动合同期限与试用期相同的	试用期不成立，该期限为劳动合同期限

对公务员而言，按照《国家公务员暂行条例》的规定，机关新录用的国家公务员实行一年试用期，试用期间实行试用期工资标准。期满合格正式录用，期满不合格的取消录用资格。

对于使用聘用合同的事业单位而言，国家对聘用合同另有规定：试用期限的规定一般不超过三个月，特殊情况可以延长，但最长不超过六个月；被聘人员为大、中专应届毕业生的，可延长至十二个月，该试用期包括在聘用合同期内。

3. 试用期内劳动者待遇

通常来说，员工在试用期的薪酬水平比正式员工要低一些，所以一些新员工希望尽量缩短或取消试用期。但是，《劳动合同法》第二十条对"低一些"作出了明确的规定，试用期工资首先不能低于当地最低工资标准，其次不能低于同岗位最低档工资或者劳动合同约定工资的80%，其中"劳动合同约定工资"是指该劳动者与用人单位订立的劳动合同中约定的劳动者试用期满后的工资。双方约定的试用期工资高于试用期期满后的工资，或与该工资相等的，法律并不阻挠或干涉。

此外，工时和劳动安全卫生条件等方面不能因试用期而有差别，而具体的福利待遇可否有差距则可约定。

4. 试用期的考核与解除规定

企业推行的试用期考核管理对于考察新员工的工作成绩、工作态度、工作能力等潜质比较有效，然而，试用期考核需要注意几个问题。首先，试用期考核只能针对试用期内的表现；其次，试用期考核举行的时间应该是在试用期结束之前；最后，试用期考核结果的应用是决定企业是否录用该人员的依据，而不是作为解除劳动合同的依据。

试用期是企业和劳动者双方相互考察了解的阶段，法律允许在一定条件下双方在试用期期间解除劳动合同。试用期内劳动合同的解除可以分为用人单位主张解除和劳动者主张解除两种。

如果是劳动者主张在试用期解除劳动合同，根据《劳动合同法》第三十七条的规定，劳动者在试用期内提前三日通知用人单位，可以解除劳动合同，但劳动者没有向单位说明理由的法定义务。

如果是用人单位主张在试用期解除劳动合同，根据《劳动合同法》第二十一条的规定，用人单位应当向劳动者说明理由。法律规定的情形主要包括：①在试用期间被证明不符合录用条件的；②严重违反企业的规章制度的；③严重失职，营私舞弊，给企业造成重大损害的；④劳动者同时与其他用人单位建立劳动关系，对完成本企业的工作任务造成严重影响，或者经企业提出，拒不改正的；⑤以欺诈、胁迫的手段或者乘人之危，使对方在违背真实意思的情况下订立或者变更劳动合同致使劳动合同无效的；⑥被依法追究刑事责任的；⑦劳动者患病或者非因工负伤，在规定的医疗期满后不能从事原工作，也不能从事由企业另行安排的工作的；⑧劳动者不能胜任工作，经过培训或者调整工作岗位，仍不能胜任工作的。需要注意的是，对试用期内不符合录用条件的劳动者，企业可以解除劳动合同；但若超过试用期，则企业不得以试用期内不符合录用条件为由解除劳动合同。规定这些可以解除劳动合同的情形，大大降低了企业在试用期期间解除合同的随意性，有利于保护双方的合法权益。

5.3.2　晋升激励

最优秀的员工不是招聘来的，而是需要依靠职位的纵向管理。只有晋升才能解决最优秀员工的培养和选拔，晋升是人才管理中十分重要的环节。

内部晋升方法是指在组织内公布空缺职位，发布招聘启事，在职位所需技能和现有员工的技能库中进行搜索，从内部寻找聘用者并从内部招聘员工。实施员工晋升对员工而言，是其职业生涯规划的一种逐步实现的方式，是对员工晋升前工作成绩的肯定与奖励，表明员工的素质和能力已经发展到了可以升职的阶段。对组织而言，实施员工晋升发挥着激励与挑选的作用。

1. 晋升激励的薪酬设计

根据锦标赛理论，企业内部的职位都是事先固定好的，每一个职位都对应一个基于职位的薪酬水平。企业可以充分利用这种薪酬设计来激励员工和设计晋升通道，这时就需要考虑到两方面的内容：薪酬水平和薪酬差距。

首先，就薪酬水平而言，企业内部的平均工资必须达到一定的水平，才能吸引员工进入到企业或者留在企业。

其次，就薪酬差距而言，一般企业内部晋升前后的职位工资差异越大，晋升对员工就越有价值，员工争取获得晋升的动力就越强，也就是说工资差距需要足够大，才能促使企业中的员工付出必要的努力水平。

薪酬差距的设计一方面要考虑晋升决定因素中的不确定因素，当晋升的决定因素中存在一些像运气等的不确定因素时，扩大晋升前后的工资差距也有利于激发员工更高水平的努力程度。例如日本企业在选定总裁时，往往需要对候选人进行较长时间的考察，直到充分了解候选人的生产率等情况，而美国企业的总裁选定则存在更多的随机因素，事实上美国企业内部的工资差距也比日本企业大很多，这可以解释为美国企业希望以此来保持住或提高员工的努力程度。另一方面，薪酬差距的设计还要考虑企业内部员工的异质性程度，如果企业内部员工的能力水平参差不齐，能力高的人可能会因为胜算很大而消极怠工，这就需要在设计薪酬差距时增加工资等级类型，换言之，每一次晋升的工资增长幅度都不太大。

在企业作出晋升决策时，需要考察员工的绩效。需要注意的是，对员工的晋升起到决定作用的是相对绩效，而不是绝对绩效。也就是说，一个人得到晋升不是因为他自己工作得好，而是因为他比处于同一层次的人绩效水平更高。基于相对绩效的晋升可以提供较好的激励，一方面，相对绩效衡量起来比绝对绩效更容易，另一方面，绝对绩效可能受干扰项的影响较大，而相对绩效的衡量可以减少共同的干扰项，更为公平合理。

内部晋升有积极的激励特征，在确定的工资差距下，内部晋升会促使企业总体努力水平提高，而只有当最好的内部候选人与外部候选人的能力差距非常大时，才应该对高层选择外部雇佣。

2. 纵向通道设计与管理

纵向通道设计，指在划分员工所从事工作类别的职种、职类的基础上，以设计员工职业发展的双重通道为主，并设计晋升的类别、标准、周期与之匹配。根据组织的业务功能模块与分工，可以将晋升类别设计为领导类、文秘类、行政类、业务类、操作类、工程类、技术类、管理类八种类型。晋升标准设计一般涉及任职资格标准、能力素质标准与绩效标准三个方面。

纵向通道设计是构建组织人才队伍梯队的前提，为组织人事决策提供客观依据，对薪酬制度激励作用的局限性进行弥补。

纵向通道管理是在完成纵向通道设计之后，综合考虑员工职业生涯规划、员工晋升标准达标情况与纵向通道设计，对员工职位晋升进行评定、控制和调整的一系列管理活动。

纵向通道管理涉及考核程序与考核结果，是合情、合理问题；在实施员工晋升时，要谨慎处理原岗位工作人员的安排问题，必须符合劳动法律要求。纵向通道最初、最广的用途是调整员工职位的晋升与薪资。纵向通道管理在员工激励等方面发挥了重要的作用，也是工作场所企业用工管理的重要内容。

3. 转岗与人岗匹配

在试用期结束，企业作出对员工的录用决策后，需要根据员工的表现确定适合员工的岗位，从而达到人岗匹配、提高组织绩效的目的。每一位工人都具有其个人的比较优势，要发现工人的才能则需要对他们进行观察和监督，需要企业支付一定的费用。

实施转岗管理是组织进行人岗匹配的调整，是解决组织内部"人岗不匹配问题"的方法，有利于寻找员工最适合的岗位，从而进一步促成员工与岗位的匹配。同时，转岗也会对组织原有的内部人员结构进行变革，有利于为组织发展增强活力。

此外，组织对员工实施转岗，有利于全面提高员工的素质与能力，增进员工对组织战略、组织结果和组织文化的理解，树立员工的全局观念，帮助员工进一步认识自我、实现自我，提高员工工作新鲜感与积极性，提高员工满足度，在和谐劳动关系的氛围中，促进员工多样化发展，以及员工与组织的共同发展。

转岗是横向通道管理中的重要内容，与晋升的纵向通道管理一起构成了企业内部的员工职业生涯管理，有利于组织在人员与岗位的纵向、横向的重复匹配中，发现正确的人，实现人岗匹配，同时通过晋升激励员工提高绩效，形成正确的企业文化，推动企业健康发展。

需要注意的是，在《劳动合同法》实施后，企业调整劳动者工作岗位将受到严格限制。岗位的调整涉及劳动合同的变更，变更劳动合同要具备的首要条件就是当事人双方的协商一致，所以任何一方当事人不与对方协商、单方面变更劳动合同的行为都是不合法的。现实中，劳动合同的变更大多由企业提出，企业应当纠正"企业掌握合同变更的自主权"这一错误的理念，不能单方面强制地变更劳动合同。

另外，《劳动合同法》只允许在劳动者不能胜任工作时，用人单位可以变更劳动合同，重新给劳动者安排工作岗位。这就要求企业的绩效考核评价系统必须有充足的证据说明员工"不能胜任工作"。

5.4 劳动关系解除与终止技术

5.4.1 劳动合同管理

劳动合同的解除与终止是劳动合同管理的重要内容，也是劳动关系终止与结束的关键环节。它是企业经营自主权和劳动者自主择业权的保证。在劳动合同的解除过程中容易出现纠纷，因此，在实际管理中，劳动合同的双方当事人都要严格遵守相关规定，有效地减少因解除劳动合同而引发的劳动争议。

1. 劳动合同的终止

劳动合同的终止是指劳动合同期限届满或当事人约定的合同终止条件出现时，一方或双方当事人消灭劳动关系的法律行为。终止劳动合同的情形有两种：一种是劳动合同期满，双方当事人均有权终止劳动合同；另一种是当合同中约定的终止合同的条件出现时，劳动合同也可以终止。

《劳动合同法》第四十四条对劳动合同终止的事由做了详细规定，具体如下：

①劳动合同期满的。除劳动合同依法续订或依法延期外，定期劳动合同所约

定的期限届满或以完成一定任务为期限的劳动合同所约定的工作任务完成，即宣告劳动合同终止。

②劳动者开始依法享受基本养老保险待遇的。劳动者因达到退休年龄或丧失劳动能力而办理退休手续，开始依法享受基本养老保险待遇，劳动合同即行终止。但是，劳动者已经具备退休条件，但未开始依法享受基本养老保险待遇的，劳动合同终止与否的问题，《劳动合同法》并未作出规定。

③劳动者死亡，或者被人民法院宣告死亡或者宣告失踪的。劳动关系具有人身从属性，作为劳动力载体的劳动者死亡或者宣告失踪，劳动合同自然终止。

④用人单位被依法宣告破产的。企业破产是指企业因不能偿付到期债务而依法经一定程序由法院消灭其主体资格。用人单位被依法宣告破产，劳动合同即行终止。

⑤用人单位被吊销营业执照、责令关闭、撤销或者用人单位决定提前解散的。用人单位资格是以经营主体资格为基础的，在这种情形下，用人单位的经营主体资格被消灭，劳动合同即行终止。

⑥法律、行政法规规定的其他情形。这是法律常用的兜底条款，一般在遇到特殊情况时用来判断是否符合劳动合同终止的条件。

《中华人民共和国劳动合同法实施条例》第五条规定："自用工之日起一个月内，经用人单位书面通知后，劳动者不与用人单位订立书面劳动合同的，用人单位应当书面通知劳动者终止劳动关系，无需向劳动者支付经济补偿。"这体现了签订书面劳动合同在劳动合同解除时的重要性。《劳动合同法》强调签订书面劳动合同，主要是为了更好地规制实践中大量存在并经常引发纠纷的事实劳动关系。

人力资源部门应当规范操作，录用员工后及时与其订立书面合同，如果因故不能签约的话，一定要有书面字据说明理由，以避免陷入纠纷。

2. 劳动合同的解除

劳动合同的解除是指劳动合同依法订立之后，全部履行之前，因一定法律事实的出现，合同双方当事人或一方当事人提前终止劳动合同的法律效力的行为。[①] 用人单位一方解除劳动合同的，一般称为"解雇"。

企业应该高度重视规章制度的建设，对每一条规定都进行量化，保证其具有可操作性，并且规章制度的制定要满足程序民主、内容合法、公示告知的要求，这样在依据规章制度解除劳动合同时才能有理有据。

（1）劳动合同解除的原则

劳动合同解除，从企业管理的角度来看，既要考虑整个过程不能违背相关的法律法规，又要考虑人力资源的可持续利用问题，还要考虑因解除劳动合同带来

---

① 王昌硕. 劳动合同法［M］. 北京：中国政法大学出版社，1999.

的成本和收益。因此，劳动合同的解除，必须坚持以下三个原则：

①合法原则。合法原则是指企业在劳动合同解除过程中要遵守相关的法律法规，既包括以规定当事人权利义务为内容的实体性规范，又包括规定如何保障当事人权利义务实现的程序性规范。前者如《劳动合同法》中的绝大部分条款，后者如《中华人民共和国劳动争议调解仲裁法》（以下简称《劳动争议调解仲裁法》）。企业违法解除劳动合同，极易引发劳资纠纷，造成损失。

②合情原则。合情原则主要是指企业在解除劳动合同的过程中，要坚持以人为本。企业对劳动关系的建立、变更、延续和终止要进行动态的人性化管理，其目的是确保企业用工过程的平滑性和可预见性，实现劳动关系的健康和谐，化解劳动争议，避免劳动冲突。①

③合理原则。合理原则主要是指企业在解除劳动合同过程中要考虑成本收益。作为一种管理行为，解除劳动合同是经济的。但是，不当解除会增加企业的人力资源成本，导致企业利润流失，引发经营风险。企业作为一个经济性组织，要追求利润最大化，所以，解除劳动合同要保证收益大于成本。

（2）劳动合同解除的类型

劳动合同解除的情形比较复杂，按照不同的分类标准，可以将劳动合同解除划分为不同的类型。

①协商解除和单方解除。按照解除方式的不同，可以分为协商解除和单方解除。协商解除是指双方通过协商一致来解除劳动合同。法律上对这种解除方式一般不规定条件，只要是解除合同的合意双方真实意思的表达即可。单方解除，是指当事人一方基于一定事由而解除劳动合同。根据单方解除的主体不同又可以细分为劳动者单方解除和用人单位单方解除。法律上对单方解除劳动合同有着内容和程序上的严格要求，不能随意单方解除劳动合同。

②法定解除和约定解除。按照解除依据的不同，可以分为法定解除和约定解除。法定解除是指出现国家法律、法规或合同规定的可以解除劳动合同的情况时，不需双方当事人一致同意，合同效力可以自然或单方提前终止。约定解除是指合同双方当事人因某种原因，在完全自愿的情况下相互协商，在彼此达成一致的基础上提前终止劳动合同的效力。

③有过错解除和无过错解除。按照导致合同解除的原因中是否含有对方当事人过错的不同，可以分为有过错解除和无过错解除。有过错解除是指由于对方当事人的过错行为而导致的劳动合同解除，它包括劳动者因用人单位有过错而辞职和用人单位因劳动者有过错而辞退。无过错解除，即在对方当事人无过错行为或者其过错行为轻微的情况下单方解除劳动合同。

④单方预告解除和单方即时解除。按照行使单方解除权是否需要预告，可以

---

① 唐鑛. 企业社会责任视角下的战略劳动关系管理［J］. 中国人民大学学报，2011（2）.

分为单方预告解除和单方即时解除。单方预告解除是指劳动合同的解除必须事先履行通知对方当事人的法定程序，且符合法律法规关于预告期的规定。单方即时解除是指无需事先通知对方当事人，当时就可单方解除劳动合同。

（3）劳动合同解除的条件与程序

劳动合同依法成立后，即具有法律约束力，任何一方不得擅自解除。但是，在具备一定条件的情况下，法律也允许当事人解除合同，以满足自己的利益需求。我国的《劳动合同法》和《劳动法》都对劳动合同的解除条件作了专门的规定，根据解除方式的不同，可分为协商解除的条件和单方解除的条件，其中单方解除的条件又可以细分为劳动者单方解除的条件和用人单位单方解除的条件。

①协商解除的条件。

关于协商解除劳动合同的法律规定，体现在《劳动合同法》第三十六条，"用人单位与劳动者协商一致，可以解除劳动合同"。

协商解除的程序较为简单，当事人一方提出要约，另一方响应，然后双方进行协商，达成解除劳动合同的协议，并进行善后工作。具体而言包括以下六个步骤：

A. 提出意向。用人单位和员工均有权提出解除劳动合同。如果是员工一方先提出的，企业应当了解员工辞职的具体原因；如果是用人单位一方先提出的，最好通过书面形式告知员工，并阐明解约的具体理由。

B. 双方协商。在正式协商前，双方应进行相关的准备，包括确定协商的时间、地点，搜集相关法律法规信息，了解后续事宜等。然后双方在自愿、平等的基础上进行协商，达成一致意见后，双方签订《解除劳动关系协议书》。

C. 办理交接。具体用人的部门安排员工依照相关规定办理工作交接。交接的内容包括两方面：一是要将工作任务移交；二是要将相关工作证件、账号注销，相关的办公用品、与工作相关的其他物品移交。在交接的过程中，用人部门要填写《员工离职移交手续清单》，并要求离职的员工和相关的部门主管人员在上面签字。

D. 财务结算。在员工办理完工作交接后，财务部门应当按规定结算并支付员工工资。如果是企业提出解除合同的，还应当结算并支付员工的经济补偿金。离职员工应缴未缴的其他费用应该在结算时扣除。

E. 完善手续。劳动合同正式解除后，用人单位的人事部门应当出具《解除劳动合同证明书》，并在 15 日内为该员工办理档案、户口、党团组织关系的转移手续，以及养老、医疗、失业、工伤等保险和公积金的转移手续。

F. 备案。对《解除劳动关系协议书》、《员工离职移交手续清单》以及与解除劳动关系相关的其他材料的原件、复印件及电子档案进行备案。由于《劳动争议调解仲裁法》规定的劳动争议仲裁的时效为 1 年，且中间可能存在时效中止的情形，所以相关的文书应至少保存 2 年备查。一旦因为解除劳动合同发生争议，上述材料可以作为有力的证据。

②单方解除的条件。

我国《劳动合同法》根据劳动者是否因用人单位的过错而行使单方解除权，对劳动者可以单方解除劳动合同的条件作了两个类型的规定。

A. 劳动者单方解除。

a. 非因用人单位过错解除，又称无条件解除。《劳动合同法》第三十七条规定，"劳动者提前三十日以书面形式通知用人单位，可以解除劳动合同。劳动者在试用期内提前三日通知用人单位，可以解除劳动合同"。

b. 因用人单位过错解除。劳动者在用人单位存在过错的情况下，可随时通知用人单位解除劳动合同。具体的情况可以参见《劳动合同法》第三十八条。

B. 用人单位单方解除。

用人单位单方行使劳动合同解除权，可以分为因劳动者过错解除的过失性辞退、非因劳动者过错解除的非过失性辞退和经济性裁员三种情形。

a. 过失性辞退。过失性辞退，又称即时辞退、即时解雇，指用人单位因劳动者的过错而单方提出解除劳动合同，且无须向劳动者预告。具体来说，《劳动合同法》第三十九条对企业提出过失性辞退的条件作了如下限定：劳动者在试用期间被证明不符合录用条件；劳动者严重违反用人单位的规章制度，严重失职，营私舞弊，给用人单位造成重大损害的；劳动者同时与其他用人单位建立劳动关系，对完成本单位的工作任务造成严重影响，或者经用人单位提出，拒不改正的；因本法第二十六条第一款定的情形致使劳动合同无效的；被依法追究刑事责任的。其中，《劳动合同法》第二十六条第一款规定，"以欺诈、胁迫的手段或者乘人之危，使对方在违背真实意思的情况下订立或者变更的劳动合同"属于无效或部分无效劳动合同。劳动合同应当是当事人双方真实意思的表达，以上的做法均是某一方当事人在违背自身真实意思的情况下订立劳动合同。对于企业而言，假如劳动者提供假的身份证明等方式与用人单位签订劳动合同的，用人单位可以按照这条规定与劳动者解除劳动合同。

b. 非过失性辞退。非过失性辞退也称预告辞退，是指由于与劳动合同履行相关的一些特殊情况的发生，双方的劳动合同目的已经无法实现，虽然劳动者并没有过失，但用人单位仍可以解除劳动合同。① 这些特殊情况包括劳动者本人的健康情况、工作能力以及订立劳动合同时的情势变更情况等。根据《劳动合同法》的规定，用人单位在进行非过失性辞退时，应履行告知义务，即提前三十日以书面形式通知劳动者本人，或通过"额外支付劳动者一个月的工资"来免除预告义务。

根据《劳动合同法》第四十条的规定，非过失性辞退必须满足下列条件之

---

① 周长征. 劳动法原理［M］. 北京：科学出版社，2004.

一：劳动者患病或者非因工负伤，在规定的医疗期满后不能从事原工作，也不能从事由用人单位另行安排的工作的；劳动者不能胜任工作，经过培训或者调整工作岗位，仍不能胜任工作的；劳动合同订立时所依据的客观情况发生重大变化，致使劳动合同无法履行，经用人单位与劳动者协商，未能就变更劳动合同内容达成协议的。

c. 经济性裁员。《劳动合同法》第四十一条规定，有下列情形之一，需要裁减人员二十人以上或者裁减不足二十人但占企业职工总数百分之十以上的，用人单位提前三十日向工会或者全体职工说明情况，听取工会或者职工的意见后，裁减人员方案经向劳动行政部门报告，可以裁减人员：依照《企业破产法》规定进行重整的；生产经营发生严重困难的；企业转产、重大技术革新或者经营方式调整，经变更劳动合同后，仍需裁减人员的；其他因劳动合同订立时所依据的客观经济情况发生重大变化，致使劳动合同无法履行的。

由于在经济性裁员中，劳动者本身并没有过错也不是无法胜任工作，企业只是出于摆脱困境或是应对重大经营变化而采取裁员行动，为了保障劳动者的合法权益，法律对经济性裁员的对象进行了规定，并保证被裁减的人员在重新招用人员时拥有同等条件下的优先录用权。具体规定如下：裁减人员时，应当优先留用下列人员：与本单位订立较长期限的固定期限劳动合同的；与本单位订立无固定期限劳动合同的；家庭无其他就业人员，有需要扶养的老人或者未成年人的。用人单位在六个月内重新招用人员的，应当通知被裁减的人员，并在同等条件下优先招用被裁减的人员。

5.4.2　裁员管理

当企业经营效益不好时，为了降低损失，往往会选择裁员。从合理的角度来看，企业裁员是为了降低损失，所以裁员需要慎重选择裁员的对象，以改善企业经营状况，实现可持续发展。从合情的角度来看，员工是企业重要的利益相关者，企业裁员需要尽可能地弥补对员工造成的伤害和损失。从合法的角度来看，企业裁员必须遵循相关的法律法规要求，而不能以裁员为名随意侵害劳动者的权益。

1. 裁员的对象选择

实际情况中，企业会选择哪些员工作为裁员的对象呢？一般来说，企业偏好选择解雇年纪大的员工和最年轻的员工，因为这样往往可以使企业的损失降到最低。年纪最大的员工马上面临退休，未来对增加企业收益的贡献是十分有限的，而年轻的员工往往刚进入公司，接受企业的培训较少，获得企业特殊人力资本的投资也较少，所以解雇导致的损失也很小。

从合理的角度来看，企业解雇老员工和年轻员工确实有利于降低企业损失，但从合情的角度来看，老员工往往再就业很困难，解雇对他们而言可能会造成较大的损失，而从合法的角度来看，在实际情况中，老员工往往是受到法律保护的。在我国，《劳动合同法》规定，"在本单位连续工作满十五年，且距法定退休年龄不足五年的"劳动者是受到解雇保护的；美国的就业法也规定 40 岁以上的工人受到保护，企业不得以年龄为由解雇员工。所以，企业不能简单地以年龄为由解雇老员工。在实际操作中企业很有可能会采取买断工龄的措施。

2. 裁员管理的方式

裁员是企业单方解除劳动关系的一种方式。在实际操作中，为了避免劳动争议，裁员必须经过一系列法定程序。

用人单位单方面解除劳动合同，又被称为解雇或者辞退。辞退包括过失性辞退、非过失性辞退以及经济性裁员。其中，过失性辞退与非过失性辞退的程序基本一致，而经济性裁员由于涉及的范围较大，办理的程序有所不同。

（1）过失性辞退和非过失性辞退的程序

过失性辞退和非过失性辞退管理应当由用人单位的人事部门来负责，并由具体的用人单位和财务部门来协助，后勤及其他涉及相关事务的部门配合办理。

①作出辞退决定。当过失性辞退或非过失性辞退的条件具备时，具体用人部门应协助人力资源部门提出辞退申请，填写《辞退申请表》，并附上辞退的理由及相关证明材料，报总经理或分管副总审批，决定是否辞退，并签署《员工辞退审批表》。

②告知员工与工会。用人单位在作出辞退决定后，应当按照法律的要求履行相应的告知义务，并按照法定的形式向员工发出《辞退通知书》。在符合过失性辞退的条件下，用人单位无需履行预告义务，而在符合非过失性辞退的条件下，用人单位应当提前 30 天发出通知或者以多支付一个月工资的方式免除预告义务。同时，用人单位应当将辞退的决定和理由告知工会，由工会提出意见，在研究工会的意见后作出处理，并将处理结果书面通知工会。

③后续程序。这部分的程序与协商解除的程序相同，包括办理交接、财务结算、完善手续以及备案。

（2）经济性裁员程序

经济性裁员是指企业因为生产经营状况发生变化或其他客观经济情况发生重大变化等经济原因而与劳动者解除劳动合同。允许企业在一定条件下进行经济性裁员是对企业经营自主权的保证。

法律对经济性裁员做了非常严格的限制。裁员工作应由用人单位的高层出面，由人事部门来具体负责，用人部门和财务部门协助，后勤及其他涉及相关事务的部门配合办理。其中，要注意与工会保持良好的沟通。按现行法律法规的规定，经济性裁员应当履行下列程序：

①作出裁员决定。用人单位根据生产经营状况，在内部意见一致的情况下作出裁员决定，提前 30 日向工会或全体职工说明情况，并提供有关生产经营状况

的资料。

②拟订裁员方案。用人单位制订裁减人员的初步方案，内容包括被裁减人员名单、裁减时间及实施步骤，符合法律、法规规定和集体合同约定的被裁减人员的经济性补偿办法。将初步方案向全体员工和工会公布，征求意见，在此基础上对方案进行修改和完善。

③上报方案。将修改后的裁员方案上报劳动行政部门，并听取其意见。

④确定方案。待劳动部门审核通过后，确定最终的裁员方案。

⑤后续程序。这部分的程序与协商解除的程序相同，包括办理交接、财务结算、完善手续以及备案。

需要注意的是，法律对于用人单位的非过失性辞退和经济性裁员做了禁止性的规定。《劳动合同法》第四十二条规定，劳动者有下列情形之一的，用人单位不得解除劳动合同：第一，从事接触职业病危害作业的劳动者未进行离岗前职业健康检查，或者疑似职业病病人在诊断或者医学观察期间的；第二，在本单位患职业病或者因工负伤并被确认丧失或者部分丧失劳动能力的；第三，患病或者非因工负伤，在规定的医疗期内的；第四，女职工在孕期、产期、哺乳期的；第五，在本单位连续工作满十五年，且距法定退休年龄不足五年的；第六，法律、行政法规规定的其他情形。

（3）以不能胜任为由解除劳动关系

根据《劳动合同法》第四十条的规定，"劳动者不能胜任工作的，经过培训或者调整工作岗位，仍不能胜任工作的，企业可以解除劳动合同"。企业需要注意以不能胜任为由解除劳动合同需要满足三个条件：劳动者被证明不能胜任工作、经过培训或者调整工作岗位、仍然不能胜任工作。

《劳动合同法》对企业变更合同予以严格的限制，要求企业与劳动者协商一致，才可以变更合同，并且必须采用书面形式，对合同解除也严格限制，只有在法定情形下才能终止合同。这种规定有利于保护劳动者免受企业随意调岗调薪，保证劳动合同的平稳履行，保持劳动关系的稳定。但另一方面，这种规定对企业的绩效管理（尤其体现在考核结果的应用环节）也有一定的限制。

《劳动合同法》严格限制企业变更合同的规定中存在唯一一个例外，即在劳动者被证明不能胜任工作的情况下，企业享有单方变更劳动合同乃至解除劳动合同的权利，这实际上对企业的绩效管理提出了更高的要求——必须提供充足的证据证明员工"不能胜任工作"。

5.4.3 买断工龄

买断工龄一般是指解除劳动合同后，企业根据劳动者工龄长短一次性给予劳动者补偿，为今后劳动者再就业或医疗、生活、养老提供一定的保障，也是解除劳动者劳动合同并支付经济补偿金的一个通俗说法。买断工龄曾经作为国有企业改制和减员增效的方式，在 20 世纪 90 年代中期被广泛使用。在国有企业的体制改革、产业结构调整中，买断工龄的做法确实在一定程度上起到了提高核心竞争力、开拓新的产业、减少冗员的作用。

从经济学的角度分析，企业选择买断工龄的原因，主要是出于法律制约，企业不能简单地解雇为企业效益提升带来贡献较少的员工，另外也有对企业声誉的考量。

企业通常都是如何作出买断决策的呢？员工在进入企业之后，为了适应特定的工作需要，往往会对自身进行特殊人力资本投资，他们也会因此希望企业能够履行向他们支付比其他企业更高的工资水平的承诺，从而获得收益，所以如果企业在员工达到退休年龄之前就解雇员工，显然没有充分履行向员工支付全部投资收益的诺言，不仅会遭到员工的反对，而且也会造成不好的声誉，不利于企业日后吸纳新的员工，所以企业会慎重考虑买断决策。一般来说，如果一些员工需要企业为他们支付的直到退休的工资额（所有剩余工资现值）比他们未来能够为企业带来的贡献（剩余生产率现值）还要高，显然企业继续雇佣他们是不合算的，这部分人就是企业需要考虑进行买断工龄的员工。但是并不是所有员工都愿意接受企业的买断决策，一般来说只有那些解雇后能够在劳动力市场上重新获得较好的工作，也就是那些从事其他工作可能得到的报酬的现值超过生产率现值的员工才有可能被买断工龄。换言之，当员工失去工作仍有很多其他选择机会时，实施买断计划是较为容易的。另外，员工在企业中的产量越低，企业越希望实施买断计划。

从经济学的模型来看，买断工龄计划需要满足以下条件：

买断计划企业的出价必须超过员工愿意接受的最低价值，而员工愿意接受的最低价值 B 则需要满足：

- B + 从事其他工作可能的报酬的现值>剩余工资的现值；或者
- B >剩余工资的现值−从事其他工作可能的报酬的现值。

也就是说，买断出价必须超过剩余工资的现值和从事其他工作可能的报酬现值之间的差额，这是员工能够接受的企业的最低出价。从企业合理经营的角度来看，只要是剩余工资的现值超过产量现值的员工，企业为了提高劳动生产率和经济效益都可以进行解雇，然而，如果企业的出价低于这些员工所能接受的范围，企业由于害怕法律追究和出于声誉的考虑，就不能简单地解雇他们，企业不得不继续为他们保留岗位。

《劳动合同法》规定，劳动者在满足"已在用人单位连续工作满 10 年"的条件后，"除劳动者提出订立固定期限劳动合同外，应当订立无固定期限劳动合同"。由于无固定期限劳动合同给企业解雇员工带来巨大的成本，一些企业采用了"买断工龄"的方法来规避无固定期限劳动合同。

华为公司曾在《劳动合同法》实施之前安排 7 000 多名工作满 8 年的员工向

公司提交请辞报告，自愿离职。辞职员工随后可竞聘上岗，工龄重新计算，他们成为了重签 1～3 年劳动合同的新员工。华为将为不再参加竞聘的员工支付赔偿费，总金额约 10 亿元。

这种方式实际上属于双方协商解除劳动合同，企业为员工支付经济补偿。企业可以采取一些方法来缓解买断工龄带来的不利后果。企业在选择这种方式的时候，往往都体现了企业合理经营的原则，一方面要遵守合法的原则，另一方面也要符合合情和合理的要求，在解雇员工时，需要提供适当的经济补偿，保障员工的生活水平，还可以帮助员工寻找合适的工作，实现再就业等。

在劳动关系终止和结束的过程中，往往容易产生劳资纠纷。企业应该依照合法、合情、合理的原则谨慎处理工作场所用工管理过程中各个环节容易产生劳资纠纷的地方，提高个人薪酬与组织绩效的对等承诺，实现企业发展和劳资共赢。

第6章 管理沟通与团队建设

6.1 管理沟通

6.1.1 管理沟通与执行力

1. 沟通概述

现代管理由计划、组织、指挥、协调、控制五大职能构成，而在管理，尤其是人力资源与劳动关系管理的进程中，沟通是必不可少的一个环节与工具。沟通是为了实现所设定的目标，让信息、思想和情感在个人或群体之间传递，并达成共同协议的一种过程。要让管理沟通有效，必须具备目标明确、达成结论、传递信息三大要素。

现代管理中的沟通实际上是执行力的沟通。执行力有两个基本概念，其一是制定目标并实现目标，其二是完成某种困难的事情或变革。在前者中，沟通尤其是对目标进行沟通是有效完成的前提，需要对目标制定及完成过程中的定位、取舍、平衡、绩效等方面进行沟通；而在后者中，非认知技能尤其是沟通能力在执行中起着关键的作用。由此可见，执行力的关键在于沟通，强化执行力要从有效沟通开始，因此也有学者将管理沟通称为执行力沟通。

沟通有七个环节：想—说—听—懂—信—做—对。同时也有七个度：参与度（积极）—聆听度（纳见）—归纳度（整合）—关键度（信息的主次）—清晰度（系统）—全局度（抽离）—细节度（换位）。在具体沟通过程中，要注意把握此"七环"与"七度"，方能做到有效沟通与执行。

2. 沟通的层次及对象

在具体的工作场所中，人们面临着多个沟通层次及对象。总体来说，工作场所中的沟通层次包括一对一、一对多、多对多三种（见表6-1），而沟通对象则分为向上、向下，以及左右沟通（见图6-1）。

表6-1 职场沟通的层次和类型

沟通层次	沟通类型
一对一	招聘面试，绩效面谈，工作指导，电话沟通，信函往来
交叉协调	会议，座谈，多方通话
团体沟通	报告，授课

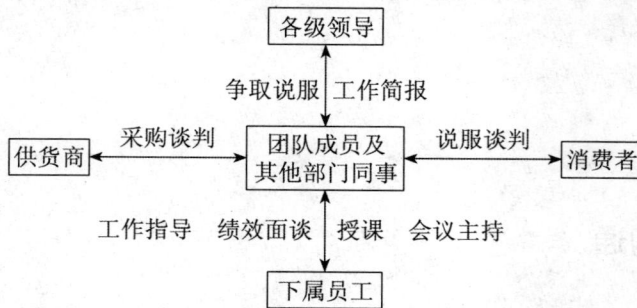

图6-1 职场沟通的对象

3. 沟通的基本模型

沟通专家玛丽·蒙特认为，管理沟通与其他沟通不同，因为在商务与管理场合，如果不能帮助我们获得想要的结果，即使是世界上最绝妙的信息也是没有用的。因此，我们不能把沟通视为一条从发送者至接收者的直线，而是要把沟通想象为如图6-2所示的循环，我们的成功取决于我们得到了我们期望的反应。

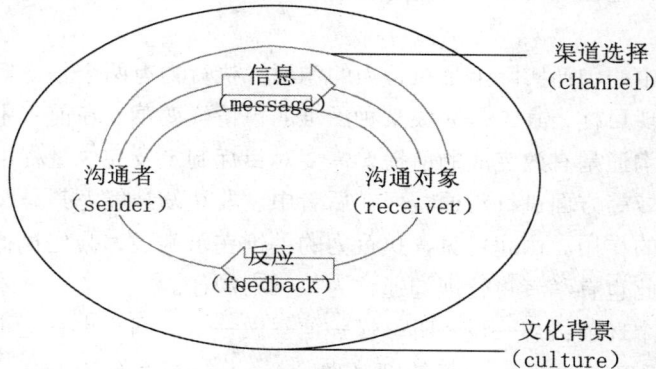

图6-2 沟通的基本模型

为了获得期望的听众反应，需要在书写或讲话之前对沟通进行策略性思考。策略性沟通基于五大相互影响的构成要素：沟通者（写作者或讲话者）策略；沟通对象策略；信息策略；渠道选择策略；文化背景策略。这些策略之间可能会相互影响。比如，对沟通对象的分析会影响沟通者的沟通方式，沟通渠道的选择会影响沟通的信息组织，文化背景也可能对渠道的选择产生影响。

4. 沟通策略

（1）沟通者策略

作为信息的发送者，沟通者是沟通策略的一个重要的影响因素。不论是写还是说，沟通者的沟通策略都包括沟通目标、沟通方式、可信度三个方面。

①沟通目标。与沟通对象进行沟通之后很可能从他们那里得到各种不同的反应——因为他们的反应可能是不理睬或者误解或者反对。然而，高效和讲究策略的沟通者是那些能够得到他们想要得到的反应或者能够实现想要实现的目标的人。为了明确自己的沟通目标，应当对它们从总体到具体仔细琢磨。

总体目标：你的综合和概括的目标，每一次沟通都是针对这个目标进行的。

行动目标：将总体目标分解为一系列认真计划过的行动目标，这些行动目标是指导你走向总体目标的、具体的、可度量的、有时限的步骤。可以用下列方式陈述行动目标："到某一具体时间取得某一具体的结果。"

沟通目标：沟通目标要更加具体，是指你希望通过一次沟通努力（或沟通过程）——如一次演讲、一封电子邮件等——要取得的结果。

②沟通方式。一旦确定了沟通目标，就需要选择合适的方式来实现这一目标。对于沟通方式应该铭记的一点是：不要指望能够找到一个"正确"的方式，实际上，应该在适当的场合使用适当的方式，同时不要一直使用同一种方式。

在沟通中，不同的沟通方式体现着不同的控制程度与参与程度，如图 6-3 所示。在使用叙述或说服方式的时候，你应该有足够的信息，不需要他人的意见、想法或补充，想要自己控制信息内容；在使用征询或参与方式的时候，一般没有足够的信息，需要倾听他人的意见、想法或补充，想要沟通对象参与并获得他们的认同。同时，在一个沟通项目进行的过程中，或许需要组合运用多种沟通方式。

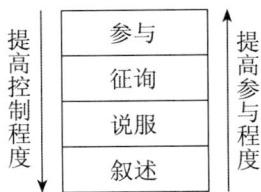

图 6-3　不同的沟通方式

③可信度。沟通策略还涉及你的沟通对象对你的看法。他们的看法会在很大程度上影响你与他们的沟通方式。

五大因素可能会影响你的可信度：身份地位、良好意愿、专业知识、形象信誉、共同基础。了解了这些因素，就能通过强调自己的初始可信度和增加后天可信度来增强你的可信度。

初始可信度是指在开始沟通之前，即沟通对象在阅读或倾听你要表达的内容之前对你的看法。你的初始可信度与你是谁、你代表什么以及你过去与他们的关系有关。后天可信度是指在你与沟通对象沟通之后，以及沟通对象阅读或倾听了你要表达的内容之后对你的看法。获得可信度的最明显的办法，便是在整个沟通过程中表现出色。

（2）沟通对象策略

我们不仅需要知道自己与沟通对象沟通之后希望他们达到的状态，而且需要了解他们目前所处的情形，包括他们是谁，他们了解并期待什么，他们感觉如何，以及如何说服他们。

他们是谁：你需要思考你的所有沟通对象可能由哪些人组成，甚至包括哪些隐蔽的沟通对象。谁是主要沟通对象、关键影响人、次要沟通对象，谁是关键决策者，以及你还希望哪些人成为沟通对象的一部分。

他们了解并期待什么：在决定向他们传递什么内容之前，你需要从沟通对象的年龄、职业、种族、文化背景等方面出发，考虑他们已经知道并期待什么。需要分析下列问题：他们已经知道哪些内容以及他们还需要哪些背景信息？他们需要知道多少？在沟通方式方面他们有什么期望？等等。

他们感觉如何：沟通对象的情感状况与他们的知识状况同等重要。你要掌握沟通对象的情感态度、对你的信息感兴趣的程度，他们可能的意见倾向是正面的还是负面的，你所要求的行动对沟通对象来说是否容易做到等。

如何说服他们：可以考虑采用以下方法提高自己的说服力：强调沟通对象的利益；利用自己的可信度；利用信息组织结构。

（3）信息策略

信息策略是沟通策略的第三个内容。低效沟通者随心所欲地提出脑子里出现的各种想法，这被称为"信息倾倒"。而高效的沟通者则会认真考虑沟通对象希望能够得到什么，并通过强调和组织信息实现沟通目标。

强调：要突出强调结论。只要情况允许都采用直接法。

组织信息：对于信息性信息，可以采用关键论点法、关键问题法、过程步骤法、选择比较法来进行组织。对于说服性信息，可以采用列示建议、列示好处、列示问题和可能的解决方案等方法。同时，还要注意选择层级设计结构。

（4）渠道选择策略

渠道选择是指对传播信息的媒介进行选择。策略性的渠道选择意味着有意识地、深思熟虑地和小心谨慎地根据沟通目标、沟通对象和信息选择沟通渠道，而不是一成不变地选择自己喜欢、感觉舒适的渠道。常用的沟通渠道主要有文字渠道、口头渠道以及混合渠道，见表6-2。

表 6-2   **沟通渠道选择**

	高度互动：即时沟通	中等互动	低度互动：非即时互动
文字渠道	短信（手机） 即时通信（电脑） 智能手机	电子邮件（个人的） 博客（在线日志和回应） 维客（合作性网页）	纸质文档 网页 电子邮件
口头渠道	电话 电话会议		语音邮件 播客（互联网广播）
混合渠道	面对面 征询或参与性会议 视频会议	叙述与说服性演讲 网络直播 （都可以问答互动）	

（5）文化背景策略

沟通活动所处的文化环境对沟通策略有着全方位的影响。"不同文化"的含义包括不同国家、地区、行业、组织、性别、种族或工作团体。文化背景分析中最容易犯成见方面的错误。在沟通过程中，我们要考虑文化背景对我们的沟通所产生的影响。

5. 执行力沟通的四个步骤

由上可知，管理沟通归根到底就是执行力的沟通。执行力的沟通过程一般要经过注意、了解、接受、行动这四个步骤。

（1）注意

注意的最基本概念是引起对方对自身及自身谈话内容的关注。在进行执行力沟通的时候，如果谈话者没有引起倾听者本身的注意，或倾听者的心思没有放在谈话内容上，沟通效果必不会理想。

注意的最主要目的是引起对方的兴趣。采用设问句、以故事引入沟通等都是很好的引起注意的办法。要考察对方是否注意倾听，观察对方的非语言行为是一个简便又有效的办法，通过听其言、观其行、察其色可了解对方对沟通或谈话本身是否注意，进而采取相对应的沟通策略。

（2）了解

了解即使用对方理解的语言，即两者的共同语言，进行沟通。也就是，在引起对方的注意之外，更要保证对方能够听懂。

在沟通中，有的人为了显示自己的专业性，经常采用专业术语，殊不知听者对此毫无概念，这对沟通的顺畅进行有弊无利。

（3）接受

了解之后，更要让对方接受。如果不接受，就不会产生行动，更不可能看到执行力并达成目的。

（4）行动

管理沟通的最终目的是执行力，执行力的关键在于沟通。行动，是执行力沟通的最终目标。在行动这一最终环节，有三个因素对行动最终能否成功起到举足轻重的影响：目标，影响，氛围，可称为行动三要素。

目标：沟通中有四个层次的目标，分别是：希望对方记住某些信息；让对方了解这件事情的真相；希望大家接受并相信；希望对方能够采取行动。

影响：在沟通中可以发挥自己的影响力以达成有效沟通，通过信誉、信用、专业经验等发挥自己的影响。

氛围：建立良好的沟通气氛。气氛也是一种关系的维持。

6. 沟通障碍的影响与克服

在沟通过程中，常会遇到三种状况的障碍：环境障碍、语义障碍、心理障碍。针对不同的障碍有不同的克服方式，具体见表6-3。

表6-3 沟通障碍及克服方式

障碍类型	例子	应对方式
环境障碍	周围非常嘈杂的环境，进行展示时突然坏掉的设备	尽量避免，如沟通前进行设备的例行检查
语义障碍	无共同语言，言语表达本身的天然障碍	尽量找到共同语言，采用多种沟通方式来弥补言语的不足
心理障碍	情绪上的障碍，如主观偏见	尽力克服，如采用舒缓放松方式等

6.1.2 管理沟通的能力建设

沟通实际上是一种能力，在人力资源与劳动关系管理中，管理沟通的能力主要包括倾听能力、谈判能力、写作能力以及演讲能力。

1. 倾听能力

倾听并不是人们平常所说的听或者听见。事实上，倾听是一种通过感觉（视觉、听觉、触觉等）媒介，接受、吸收并理解对方思想、信息和情感的过程。在人力资源与劳动关系管理沟通过程中，学会有效倾听非常重要，很多时候双方都因为急欲表达自己的观点，而忽视甚至误解对方的意图，从而导致矛盾的激化。

（1）倾听的重要性

一个人在成长的过程中，有很多的机会去练习如何去说，却很少有时间学习如何倾听。古谚云："智者善听，愚者善说。"实际上，在每天的沟通过程中，倾听占有重要的地位，我们花在倾听上的时间要超出其他沟通方式（如读、写、说）许多。美国明尼苏达大学的 Nichols 教授和 Stevens 教授认为，一般人每天有70%的时间用于某种形式的沟通。在他们的报告中，还特别提到，我们每天用于沟通的所有时间中，45%用于倾听，30%用于交谈，16%用于阅读，只有9%用于书写。倾听是一种极为重要的沟通技巧，具体来说，倾听的重要性主要体现在以下几个方面：

①倾听可获取重要的信息。我们正处于一个信息膨胀的时代，而一个善于倾听的人正是最容易获取有价值信息的人。正所谓"说者无心听者有意"，通过倾听，人们可以了解对方要传达的消息，同时感受到对方的感情，还可据此推断对方的性格、目的和诚恳程度。倾听可以让我们把握重要信息，同时训练我们推己及人的心态，锻炼思考力、想象力、客观分析能力。

②倾听可以获取友谊和信任。人们大都喜欢发表自己的意见，如果你愿意给他们一个机会，他们会立即觉得你和蔼可亲，值得信赖。作为一名管理者，无论是倾听顾客、上司还是下属的想法，都可消除他们的不满和愤懑，获取他们的友谊和信任。

③倾听是说服对方的关键。如果倾听的目的是为了说服别人，那么多听对方的意见会更加有效。因为通过倾听，你能从中发现他的出发点和弱点，了解是什么让他坚持己见，这就为你说服对方提供了契机。同时你又向他传递了一种信息，即你的意见已充分考虑了他的需要和见解，这样说服会更加容易。

（2）有效倾听的原则

①专心原则。专心原则要求你以积极的态度，真诚坦率地倾听。好的倾听者希望了解到一些东西，他们愿意尽力去听，因为有可能从中受益。有效地倾听，不是被动、照单全收，它应该是积极主动地倾听，这样才会更了解对方的说话内容，认识到倾听是有价值的信息搜集活动，进而专心去听。

②移情原则。移情原则要求你去理解说话者的意图而不是你想理解的意思。好的倾听者知道自己内在的情感、观念和偏见可能会阻碍新思想。在与不同文化背景的人进行沟通时，好的倾听者会努力超越自己狭隘的文化观念。有效的倾听要求对新思想敞开心胸。

③客观原则。在倾听时，应该客观倾听对方的说话内容而不要迅速加以价值评判，而且不要以自我为中心。你是妨碍自己成为有效倾听者的最大障碍，因为你会不自觉地被自己的想法缠住，而漏掉别人透露的语言和非语言信息。有效的倾听者应该保持客观的态度。

④完整原则。完整原则要求倾听者对信息发送者传递的信息有一个完整的了解。完整倾听信息也有四项原则：

• 掌握说话者的意向。说话者为什么要说这番话，他想传递什么样的信息？

• 不时地摘要。边听边记一方面可以让对方觉得你很重视他所讲的话，很尊重他；另一方面记下关键词句可能对今后回忆有价值的东西起提醒作用。

• 听出话外音。很多人讲话会有弦外之音。倾听者此时要拨开表面的迷雾，发现说话者真正想传达的意思。此时需要将说话的内容与对方的非语言内容如肢体语言、眼神等结合起来。

● 分辨事实与意见。倾听的内容中可能有客观的事实，也可能有说话者主观的意见，要判断出两者的区别，分辨出自己想要的信息，否则只会越沟通越模糊。

（3）有效倾听的技巧

①问开放式问题。倾听是一个积极主动搜寻信息的过程。开放式的问题是不能用"是"或"不是"来回答的。例如"你满意公司的出勤规定吗？"就不是一个开放式的问题，而是一个封闭式的问题，回答者只能回答"满意"或"不满意"，提出问题的人无法由发问获得想要得到的信息。如果改成"你为什么满意我们公司的出勤规定？"便成为开放式的问题，提问者所得到的信息也会相应地增多。因此，劳资双方进行沟通协调的时候可以运用这个技巧，不断地通过提问开放式问题来收集对方的相关信息。

②重复对方的话。在沟通的过程当中，当对方表达的语句较长、不甚清晰或是在强调某一个重点的时候，倾听者可以重复对方语句中的内容，让对方能够确定你已经听懂或是已经掌握了他想要表达的观点的核心。例如深圳某位民营企业的老板因业务急速扩展，想要调派公司内部的员工到北京去成立办事处，无奈员工是这样响应他的："老板，因为家庭的因素，我暂时还不想被公司调派到北京去"。"不想被公司调派到北京去"就是员工响应的重点，这时你可以重复"你不想被公司调派到北京去吗？"这个语句，此时员工就会针对你重复的话语加以说明。劳资双方在沟通的过程中，可以利用重复对方的语句，来挖掘对方在语句背后所隐藏的意义。

③表达出自己的理解。沟通过程中，对方所发出的话语可能包含了相当多的内容，但究竟哪些才是对方真正想要表达的重点，哪些话语还存有疑问，倾听者应当适时地表达出自己对对方话语的理解，以得到表达者的赞同或纠正，降低理解的偏差。雇主与员工进行沟通时，如果双方能将自己对对方所表达的观点的理解表达出来，不仅能简要梳理双方的语句，同时亦能确认双方对问题的理解，不致因见解的不同而产生争执。

④适时保持沉默。当劳资双方谈论到一些比较严肃的话题，或是正遭遇到冲突与矛盾的时候，通常需要适度地保持沉默，用些时间思考。这种做法虽然会让双方感到不自在，但可以冷却彼此激动的情绪，整理双方混乱的思维，对最终达成协议是有所帮助的。但是，沉默要在适当的时机使用，而且沉默持续的时间不能太长、次数不能太频繁，当然也不能太短而不能保证思考的时间，以免得到相反的效果。

2. 谈判能力

谈判是解决人类纠纷的文明手段，对于管理者来说，谈判就是一种生活方式。在日常生活中，无论是从其他部门谋求稀缺资源，抑或是劳资双方对于利益的纷争，随时随地都需要跟别人去沟通，去谈判。通过谈判可以实现某种合作，从而达成对于每个人来说都更理想的结果。

（1）谈判的基本原则

参加谈判的任何一方都想赢，但在现实生活中，谈判破裂的案例层出不穷。研究表明，这与谈判者没有真正领悟什么是谈判的基本原则有很大关系。

①轻立场，重利益①。谈判中往往会涉及双方对相关的人、事、物、理等作出价值判断。理想的谈判结果是双方在任何一点都实现共识，取得一致，但做到这一点往往很难。如果谈判各方陷入立场的政治漩涡，那么谈判很可能变成一场战争。这样的谈判不仅没有效率可言，而且还可能严重威胁到各方的合作关系。

谈判中要把利益放在比立场更重要的位置上，这也是谈判的本质所要求的。只有牢记这一点，才不至于在纷繁复杂的谈判中迷失方向，也只有这样，才可能增加谈判成功的概率。

②对事不对人。任何谈判都是由人来完成的，而谈判中的人不是抽象的，他有自己的文化传统、价值观念、喜怒哀乐等。在国际谈判中，对方有时更是难以捉摸，但同时对对方来说，你也是不可捉摸的。因此，在谈判中应把人与事分开，要学会客观冷静地分析事实及其相互关系，学会设身处地地为对方考虑，不要指责对方，要理解对方的情绪等。

③努力寻找各得其所的解决之道。谈判各方的利益有多重性，各方的需求有差异，因此谈判双方大可不必在一个方案上僵持不下。也就是说，在处理争议、纠纷、分歧和矛盾时总是存在着使双方都能获益的解决办法，就看你能否找到它。

如果不理解双方需求存在差异性，而自缚于双方不能接受的一种解决方案，那么只能使谈判破裂。掌握本原则的宗旨在于努力追求"双赢"的谈判结局，从而避免"赢输"或"输输"这样的结果。

（2）有效谈判的策略

在谈判中，每一方都想为维护自己方面的利益作出努力，都想在谈判中赢得成功。可是最后究竟谁能如愿以偿？业绩谈判的结果及其产生，不仅取决于各方实力的强弱，而且取决于谈判者对谈判技能的选择和运用，即哪一方能够技高一筹。

①有效谈判的开场策略。

• 闻之色变。在听到第一个价格之后感到不能接受的时候，用大胆、夸张的脸部表情使对方明白，我方不能接受这个价格。

• 使用"感觉……感受……发觉"。展现自己的冷静倾听技能，表现对对方的尊重与理解。

---

① 康青. 管理沟通教程［M］. 上海：立信会计出版社，2005.

- 不甘不愿。担任"不甘不愿"的一方，能够有效压低对方的议价范围。

②有效谈判的中场策略。

- 挤压法。在得知对方的建议或报价后立刻说："你的条件还不够好。"

- 绝不主动要求分摊差异。将分摊差异的任务交给对方，甚至当对方提出分摊差异的时候，要假装扮演不甘不愿的买方，创造对方是赢家的感觉。

- 甩掉烫手山芋。不要让别人把问题丢给你，在有问题的时候要测试问题真伪，假的直接指出，真的就帮助解决。同时在被对方提问时，要问回对方相同的问题。

- 直接简单地交换条件。谨记服务价值递减规律，保持"如果我帮你的忙，那你愿意帮我什么忙"的态度，不要轻易答应对方要求。

- 蚕食鲸吞。提出对方让步的要求，而且最好是在第一次协定之后马上提出，不要拖太久。

- 善用时间压力。谈判双方都有时间压力，而且八成以上的让步都是在最后的两成时间里作出来的。自己也要谨慎，不要作出不应该作出的让步。

- 组合搭配，促进谈判。预留请示上级的空间，同时尽量不让对方请示上级，在发现对方使用黑脸白脸策略时采用反对策略。

- 化解谈判中的障碍、胶着与僵局。通过迂回法反制障碍，让对方先吐为快反制胶着，引进第三者反制僵局。

- 识破不当谈判，避免各种圈套。谈判中可能有"声东击西圈套"、"掩人耳目圈套"、"以甲攻乙圈套"，要注意识别并加以应对。

③有效谈判的结束策略。

- 探明对方底线。通过多种方式探明对方底线。

- 白纸黑字拟订协议。拟订协议，完成谈判。

- 实现双赢谈判。谈判是双向的，是双方互动、互助达成一致目标的过程，在结束时要注意创造双赢的感觉。

3. 写作能力

写作，即书面沟通，是管理沟通的一个重要组成部分，在一定程度上决定了管理的有效性。而在实际工作中书面沟通往往被大家所忽视。与其他领域的进步一样，管理的发展也离不开职业化，书面沟通的能力即写作技能就是其中的一项基本技能，是现代管理者必须掌握的一项技能。

根据玛丽·蒙特的观点，顺利完成写作可以划分为研究、组织、提炼、起草、修改五个阶段。不管花多长时间或写作的难易程度如何，都会经历这些阶段，只不过不同的沟通者在每个阶段上花费的时间和精力不同而已，有时不同的活动阶段也会有一定的重叠，但总体过程如此。

（1）研究

研究指的是采用多种方式对资料进行收集，并根据沟通对象的需要和沟通目标决定需要收集多少信息。资料来源主要有两大类：一类是文献资料；另一类是调查材料。文献资料如以前的信件、文档、文章、数据、财务报告、万维网上下载的资料、各种学术期刊文章等；调查材料包括与各类人员的面谈、电话访谈、个人自己的笔记或采用头脑风暴法得到的信息等。在收集资料时，要训练自己的两个基本功：一是勤做笔记的基本功，尤其是当有新的想法和灵感出来时，要尽快记录下来；二是以带着问题的方式与人沟通的基本功。

（2）组织

在收集好资料之后，需要对自身的观点进行组织，这是最重要也是最困难的任务之一。组织观点一般有两个步骤：

①将类似想法分组。根据一定的逻辑顺序，将类似的想法或资料进行分组，如问题和原因，时间和步骤，主要观点和次要观点等。确保自己在之前收集的所有信息都得到了妥善的安置。将分组后的内容按照顺序排列好，并对结论和标题做一个简单的归纳。

②构造"信息组织蓝图"。"信息组织蓝图"即信息将要被展示出来的方式。针对不同的报告、沟通对象，以及自己的思维方式，要策划相应的编排次序。常用的有线性大纲、思维导图以及组织架构图的形式。

（3）提炼

对信息进行组织之后，我们要进一步试着通过沟通对象分析和沟通目标探讨信息的核心内容。在材料提炼上，首先要概括文章的主要观点，要善于用一两句话来概括整篇文章的主要观点，同时分清主要和次要观点；其次要根据不同的对象选择论证材料，有的喜欢理论性的材料，有的喜欢实证性的材料，要根据对象的特点组织提炼材料以提高说服力；再次，要以尽可能快的速度来表达观点说服对方；最后，用最精炼的词句说明观点，做到惜字如金。

前面三个阶段都属于写作的准备阶段，一般来说是每个人写作之前要思考的问题。有专家认为，对于高效的写作者来说，在文章正式起草之前的这三个阶段所花的时间是全部过程所花时间的一半。这三个阶段是一定要经历的，但可能会是一个交叉的过程。

（4）起草

准备工作完成之后就要正式开始文章的起草工作。与组织和提炼阶段不同，有效地起草文章的关键在于持续发挥创造力。在起草过程中，有几个需要注意的点：

①不要在乎写作顺序。不要强迫自己从文章的开头一直写到结尾，可以先写自己最有把握的部分，也不必先写序言。

②不要边写边改。写文章有时并不完全靠逻辑，还需要创造力。在起草初稿时，不要担心具体的细节问题，不要边写边改。重要的是先写下来，内容可以留待以后再改。

③使用打印件。如果想好好地看下自己所起草的稿子，最好使用打印件；因为这样速度更快而且能够看到文章的全部。

（5）修改

起草完成之后需要对文章进行修改，修改应该与起草之间有一定的时间间隔，此时效果会更好，观点也将得到更清楚地反映。不要立即为标点符号和措辞而折磨自己。修改一般要遵循以下几个步骤：

①从策略上进行修改。从策略上进行修改是文章修改的第一步，要从渠道选择策略、沟通者策略、沟通对象策略、信息策略、文化背景策略上重新审读文稿。

②从宏观上进行修改。在对文章进行逐字逐句修改之前，应从整体上把握全文。具体来讲，应该按照"高浏览价值"的要求来设计文章，采用明显的标志显示连接，并有效地划分段落和章节。

③从微观上进行修改。从策略和宏观上修改了文章之后，就应该开始修改词句，避免过分啰唆和冗长的词句，同时使用适当的文体。

④就正确性进行修改。最后，对文章的正确性进行修改编辑。高效的写作者一般在最后做这项工作，而效率低的作者一般一开始就做这项工作。此时主要是修改一些语法及标点符号之类的错误。

4. 演讲能力

演讲的基本含义是演讲者运用姿态、声音来劝说、鼓动受众的有组织的陈述。现代组织日益倾向一种交互式的演讲方式。演讲是演讲者与受众双方积极交流、互动的过程，受众通过演讲者的语言和非语言表达来获得必要信息，同时演讲者也可以根据受众的反馈，例如眼神、身体姿态等信号判断出他与受众交流的效果。

在现在这个信息交流不断增加、知识含量呈指数增长的时代，人们更需要通过听及交流来获取自己所需要的知识和信息。同时，组织越来越意识到对每个人的演讲技能进行培养的重要性。玛丽·蒙特在其著作中将演讲所涉及的场合分为叙述型与说服型演讲、问答过程、征询型和参与型会议三种：

（1）叙述型与说服型演讲

根据演讲的目的，可以将演讲分为叙述型演讲和说服型演讲。叙述型演讲主要用来传递信息，而不是为某个特定的观点辩护；说服型演讲是为说服受众赞成或反对某些主张。此时演讲者是在这一过程中讲得比较多的人，可以采用下面一些技巧对内容进行一些结构化的设计：

①利用有效开场白。做口头演讲时，开场白比书面沟通更为关键。很多演讲专家建议用演讲的头一分钟做开场白，他们称之为"掠心术"或"诱饵"，此时需要：

● 告诉听众为什么是你来做演讲。

- 抓住他们的注意力。
- 说明"与他们相关的内容"。
- 必要时建立自己的可信度。
- 小心运用幽默。

②预览主要的论点。演讲时给出主要论点的预览能够有助于听众理解和记忆你所讲的内容。听众事先是无法知道你要讲些什么的，此时需要：

- 明确阐述主要论点。
- 限制主要论点的个数。
- 使用清晰的连接词。
- 使用承上启下式过渡。

③保持听众的兴趣。沟通对象的记忆曲线表明，在演讲过程的中间部分，听众的注意力将大大降低。因此要采用一些技巧来保持听众的兴趣，让他们参与、增加多样性和帮助他们清醒。如邀请听众举手示意、使用故事而不是统计数据等。

④使用有效的结束语。沟通对象记忆曲线还显示，听众很可能记得你最后说的话，所以结束语不能仅是一句"谢谢大家"，应当用语气比较强的、明显的过渡性短语做个总结，或以行动方案结尾等。

（2）问答过程

许多演讲场合都有演讲者和听众之间提问与解答形式的相互交流过程。有效的问答过程包括：决定什么时候接受提问，怎么样接受提问，不知道答案时应当说什么。

①何时接受提问。在正式开讲之前，就应该想好在什么时候接受提问，并在演讲一开始就明确地告诉听众。一般来讲，有如下两种选择：

- 演讲后提问。此时你能够控制时间，掌握进度，但可能会失去听众的注意力。为了减轻它的影响，在问答过程中应该让总结幻灯片保持放映状态，并在问答过程之后，留出两三分钟时间做个总结。
- 演讲过程中提问。此时这些问题会更有针对性，但有可能影响进度。对此应该预留20%的时间以便听众提问并有效控制会场，防止跑题。

②如何接受提问。决定了何时接受提问后，要为如何接受提问做好准备，包括：

- 做好事先准备。
- 表示对听众的理解。
- 按照自己的目标和计划行事。
- 让每个人都参与。

③不知道答案时该说什么。

- 如果对答案一无所知，就说"我不知道"。千万不要冒险去猜测，除非明确地告诉听众你的回答只是个猜测。如果能够告诉提问人，在哪儿或许可以找到答案的话会比较好。如果能够建议提问者自己亲自查找答案的话会更好。

● 如果需要时间思考。如果一时不知道如何回答是好，则可以采用以下几个技巧帮助自己赢得一些时间：复述问题，反问，问大家，评论，以及写下问题的要点。

（3）征询型和参与型会议

与演讲及问答不同，在征询型和参与型会议上，需要作为一个集体进行讨论或者决策，需要大量的与会者互动。在会前、会中及会后都有一些问题需要处理。

①会前准备。

● 明确会议目的。

● 确定会议议程。会议议程应该说明会议的目的，并明确告知参会者他们应当如何做好会前准备以及在会上作出什么贡献。

● 分工。要决定主持人、掌握时间的人、记录员等的角色及分工状况。

②会上参与。

● 会议的开始。会议应当按时开始，会议主持人应当解释议程，并使大家对会议的一般规定达成共识。

● 会议进行过程中。主持人要擅用开放性问题，复述并记录意见，同时表达不同意见时要小心，讲话也不要太多。

③决策与后续工作。

● 决策。对于会议议程中需要做决策的议题，在会前就要让每一个与会人员清楚地了解打算采用的决策方法：是一人做主，少数服从多数，还是一致意见。

● 后续工作。会议结束时，要花点时间考虑一下如何准备会议备案和行动方案。

6.1.3 管理沟通的制度建设

1. 概述

管理沟通实际就是执行力的沟通。锻炼沟通能力可以在很大程度上改善沟通效果，但在大多数情况下，仅仅提升沟通能力是不够的，还必须要有一套配套的沟通制度的建设。

制度建设和组织建设是组织高绩效、高执行力的基础。在沟通制度建设的基础上，才能够形成有效的信息流动与意见表达。在企业人力资源与劳动关系管理中，劳资沟通制度的建设在很大程度上起到了这个作用。劳资沟通是为了实现一定的组织目标，雇主和雇员之间相互传递信息、思想和情感，并达成共同协议的过程。它的主体和客体可以是雇主和雇员个人，也可以是雇主组织和雇员组织。

在沟通制度的建设中，要遵循合法、合情、合理三原则。"合法"指的是沟通制度的建设中要遵循现行的以《劳动法》、《劳动合同法》等为代表的各种劳动法律法规，在管理实践中确保和维护员工的知情权、参与权和发言权。"合情"指的是沟通制度建设尤其是劳资沟通制度建设要在劳资双方相互依存和相互尊重的基础上，以人为本，把员工视为企业的相关利益者，进行动态的建设与管理，才能实现劳动关系的和谐发展。"合理"指的是企业通过科学的沟通制度设计及劳动关系管理，提高企业的经济运行效率，获取竞争优势，实现企业的可持续发展。这实际上是对效率目标的落实和追求。

2. 几种劳资沟通制度

在具体执行过程中，劳资的沟通制度主要包括劳资会议制度、员工申诉制度、员工提案制度、员工问卷调查、集体协商制度等。集体协商制度在后面的章节将重点介绍，此处不再赘述。

（1）劳资会议制度

劳资会议是指劳方与资方按照一定比例组成劳资联席会议，相互沟通，共同决定企业运行决策的过程。在劳资会议制度中，员工的参与事项及方式主要有：

①听取报告。雇主应当履行向员工报告企业营运状况的义务，员工也享有听取报告的权利，此为员工参与企业决策的基础。通过劳资会议，员工能够听取与其权益有关的信息，并将之传达出去，可以形成一定程度的权利移转，对将来实施报告中的决议有一定的积极影响。

②参与审酌。员工获得信息之后，随之而来的是相关问题的产生与决定。让员工参与到企业经营决策事项的讨论中，雇主和员工彼此交换意见，经常可以形成可行的建议，但此种建议对于决策者而言并无约束力，最终的决定权仍由企业及其管理人员掌握。

③共同决定。共同决定必须在员工拥有充分的信息，且能参与审酌的情形下才会发生。当劳资双方的意见不一致时，通过诸如劳资会议等方式和循诱劝解的途径，达到解决问题的目的，通常都会有良好的结果。即使所达成的决议并不是最佳的解决方案，但由于劳资双方已经选择真诚合作，在执行时顺畅程度也会大大增加。

④自我管理。员工自我管理比共同决定更进一步，员工可以依据既定的目标，自我管理其劳动，可以说这是参与程度较高的一种方式。

（2）员工申诉制度

员工申诉是指员工认为自己在工作中遭到不平等对待或发现企业内的不法行为时，提出要求解决的行为。当前劳资纠纷大都源于劳资双方在理念与行为上的沟通不畅，在企业内部建立员工申诉制度，能给员工提供一个表达不满的渠道，对于消除误会、减少劳资纠纷有着重要意义。

①员工申诉部门的设立。为解决劳资间因沟通不良导致的争议，企业有必要

设立一个专门受理员工申诉的部门担任沟通的渠道来处理相关问题。这个部门可以是一个伴随企业业务存在的机构，也可以是一个有别于一般正常作业的部门设置。无论这个部门的设立模式为何，它必须是一个经常存在的部门，而且为避免"球员兼裁判"所带来的劳资双方各说各话的负面影响，保证申诉部门的公平公正性，最好引进第三人，例如劳资关系顾问等。此外，企业内部最终处理员工申诉的机构应是企业的最高决策层，其组成人员中除了劳资关系顾问之外，还应有员工代表，以减少员工的疑虑。

②员工申诉的内容。申诉的内容涵盖企业管理、企业决议以及关乎员工切身利益的事项，具体包括：关于集体协议、工作规则及其他企业内部规则的制定及内容；关于企业依内部有关规定，对员工的命令、禁止、许可、免除、认可、受理、通知、确认等各方面的意思表示；关于企业所提出的各项发展计划、生产计划、营销计划、业务计划等的构想与行动；关于资方依有关的内部规定而采取的劝告、诱导等非强制性的事实行为；关于企业给予员工的奖励、实施的惩罚等行为；上述五项内容的形成方式与过程等内容。

③员工申诉结果的救济。对员工申诉结果的处理视两种情形而定：一种是申诉被认定是无理由的，那么雇主或申诉最终处理机构应该以书面形式详细说明理由，回复申诉人；另一种是申诉被认定是合理的，那么雇主应有所作为。如果因为企业一方违法而导致员工利益受损，企业应对员工进行赔偿。

员工申诉制度与申诉渠道功能的发挥虽然与企业一方的认可度相关，但即使雇主对申诉渠道有所肯定，而对申诉部门的运作状况缺乏进一步的监督，一定程度上也会导致申诉部门仍然是一个虚设的机构。因此，员工申诉制度的机构设置、制度安排（包括救济制度、监督制度等）都会影响员工申诉的效果，企业、工会以及员工三方都应从上述方面入手各自采取行动完善申诉体系，使员工申诉发挥真正的作用。

（3）员工提案制度

员工提案制度的设计主要是希望通过那些熟悉企业内部工作场所、工作流程的员工，就员工普遍认定的工作上的问题提出解决方案，此过程中企业会依据员工对该建议的贡献程度给予等价值的奖酬。通过此项制度安排，企业充分授权予员工，员工在解决问题的过程中体现责任感，这样员工对自己的工作更具自主性。

员工提案制度的流程主要包括提案、受理或退回、审查和核定成果以及实施奖励方案。

①提案阶段。员工就某事项撰写提案，注明提案的主题、背景、实施办法、预期收益。提案提交的渠道包括企业内部设立的提案箱或电子邮箱。

②受理或退回阶段。提案审查委员会对提案的内容、合理性、可执行性、价值和奖励程度进行评估，留下具有可建设性的提案，对一些不符合标准的提案予

以退回，并注明被退回的原因。

③审查和核定成果阶段。对上一阶段保留的提案进行进一步的审查，制定处理意见及具体的执行计划。

④实施奖励方案阶段。根据提案的主体对于企业经营的贡献程度实施奖励。

（4）员工问卷调查

问卷调查是一种常用于搜集满意程度的工具。对企业来说，对顾客进行问卷调查可以了解他们的消费行为与满意程度；对内部员工进行问卷调查可以了解员工对主管、企业管理制度与企业本身的满意程度。如果劳资双方能正确、合适地使用员工问卷调查，那么它将成为劳资之间有效的沟通工具之一。

①员工问卷调查的基本内容。员工问卷调查有效地弥补企业推动制度改革时客观资料的不足。问卷调查的资料可以从以下指标入手进行收集：职业生涯规划实行率、工作轮调情况、培训率、工作满意度、工资福利满意度、离职率、迟到率/旷工率、诉怨率、空职率、加班率等。

②员工问卷调查的类型。企业实施的员工问卷调查根据调查目的的不同可以分为企业效能调查问卷和员工满意度调查问卷。顾名思义，企业效能调查问卷的功能在于将员工满意度调查的结果转换成为员工对于企业目标的回馈，也能衡量企业目标的达成程度。通过此问卷，一方面可以帮助员工了解企业的策略展开程度及其结果，另一方面可以提供改善作业流程的相关信息。员工满意度调查是员工对企业满意与否的表达渠道，员工意见可以被转化为企业改善管理的行动方向。

③员工问卷调查的流程。有效地开展员工问卷调查工作需要从调查前的准备、实施调查以及调查结果处理方面入手。

6.2 团队建设

6.2.1 团队概述

1. 团队的概念

"团队"一词，英文为"team"，直译的最常用的词汇是"小组"，但该词往往也称工作团队，即"work team"，其含义是通过其成员的共同努力能够产生积极协同作用的最低层次的组织。在管理科学和管理实践中，人们有着基本一致的看法，即团队一词的概念是：一个组织在特定的可操作范围内，为实现特定目标而建立起的相互合作、一致努力的由若干成员组成的共同体。作为一个共同体，其成员们努力的结果，能够使该组织的目标较好地达到，且可能使得绩效水平远远大于个体成员绩效的综合。

可以说，"团队"一词脱胎于工作群体，又高于工作群体。所谓群体，是指为了实现某个特定目标，有两个或两个以上相互作用、相互依赖的个体的组合。它可以是正式的，也可以是非正式的。在优秀的工作群体中，成员之间有着一种相互作用的机制，他们共享信息，作出决策，帮助在其中的其他成员更好地承担责任、完成任务。这其实已经蕴含着一些"团队"的精神。而团队就属于正式群体，它是一种为了实现某一目标而由相互协作的个体组成的正式群体。但是，在工作群体中的成员，不存在成员之间的积极的协同机制，因而群体是不能够使群体的总绩效水平大于个人绩效之和的。

所有的团队都是群体，因为团队包括有统一联系的人，但群体不一定是团队。一些工作群体仅仅是人们聚在一起，他们并没有必需的相互依赖性或组织性的目标，它们拥有强干的、权利明确而集中的领导者，群体的目的是创造个人劳动产品。而真正的工作团队有由团队本身制定的具体而详细的团队宗旨或目的，群体成员共同担当领导者角色，团队的目的是创造集体劳动产品。

图 6-4 列示了工作群体与工作团队之间的区别：

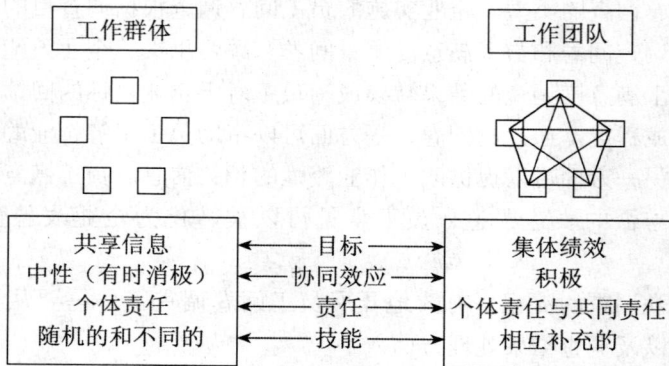

图 6-4　工作群体与工作团队

2. 团队的类型

根据团队存在的目的和拥有自主权的大小可将团队分成四种类型：问题解决团队，自我管理团队，交叉功能团队和虚拟团队（见图 6-5）。

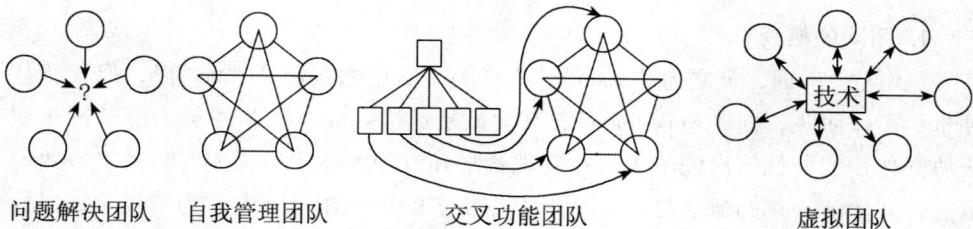

图 6-5　团队类型

（1）问题解决团队

20 世纪 80 年代，工作团队刚刚盛行时，大多数团队由来自同一部门的 5 ～ 12 名计时工组成，他们每周用几个小时的时间会面，讨论如何促进产品质量、提高生产效率、改善工作环境等问题（Shonk，1997），这种团队即为问题解决团队。

问题解决团队的立足点在于解决问题，在这样的团队中，成员就如何改变工作程序和工作方法相互交流，提出建议，但团队成员几乎没有什么实际权力来根据这些建议单方面采取行动。

（2）自我管理团队

问题解决团队对于提高企业产品的质量行之有效，但团队成员在参与决策方面尚显不足，这种欠缺导致企业努力建立新型团队，这种新型团队是真正独立自主、自我管理的团队，称为自我管理团队。

自我管理团队通常由 10~15 人组成，队员之间或者是工作业绩息息相关，或者是从事相互依赖的工作。他们承担着以前自己的上司所承担的一些责任（Cohen 等，1996）。一般来说，他们的责任范围包括计划和安排工作日程、决定工作任务的分配、把握工作的步调；作出操作层面的决策；对出现的问题采取措施以及与供货商和顾客打交道。彻底的自我管理团队甚至可以挑选自己的成员，并让成员相互进行绩效评估。

（3）交叉功能团队

这种团队由来自同一个等级、不同工作领域的员工组成，他们来到一起的目的是完成一项任务。例如 IBM 的任务攻坚队（tasks force）其实就是一个临时性的多功能团队。多功能团队是一种有效的方式，它能使组织内（甚至组织间）不同领域员工之间交换信息，激发新的观点，解决面临的问题，协调复杂的项目。但这种团队在形成的初期往往要消耗大量的时间，以使团队成员学会处理复杂性和多样性的工作任务，并建立信任，真正合作共事。

（4）虚拟团队

虚拟团队是随着通信技术的普遍应用而出现的一种新兴工作组织形式，是一些具有共同理想、共同目标或共同利益的人结合在一起所组成的团队。从狭义上说，虚拟团队仅仅存在于虚拟的网络世界中；广义来说，虚拟团队早已应用在真实的团队建设世界里。虚拟团队只要通过电话、网络、传真或可视图文来沟通、协调，甚至共同讨论、交换文档，便可以分工完成一份事先拟定好的工作。换句话说，虚拟团队是在虚拟的工作环境下，由进行实际工作的真实的团队人员所组成的，并能够在虚拟组织各成员的相互协作下提供更好的产品和服务。

虚拟团队作为一种新型的组织形态，具有以下优于传统的实体性团队的特征：

①组织资源的最优整合。虚拟团队大多是跨企业（或者是某企业的子公司），甚至是跨地区、跨国界的组织形式。虚拟团队以信息技术为支撑，进行跨空间的交流，从而完成特定任务，因而组织边界非常宽泛。虚拟团队在整合团队的各种资源时，要同时在组织内部和跨越组织边界来进行，其资源的选择余地和

优化程度就可能非常高。

不仅如此，虚拟团队的资源整合深度还能够达到很高的程度。这种资源整合可以是垂直的，即供应商、自身和顾客的整合，也可以是跨越职能部门的横向整合，使虚拟团队成为寻求资源组合优势、实现资源价值、完善资源边界的最佳选择之一。

②多元文化的最优整合。虚拟团队的成员，虽然分散于不同的时间、空间和组织，但他们却是一起完成工作任务。很多虚拟团队是由不同国籍、不同文化背景、承担不同经营管理职能的个人组成的跨国界团队。虚拟团队的这种多元文化特征，可以帮助企业员工，特别是组织的经营管理人员和技术人员培养全球化的视野和意识，提高国际知识水平和跨文化交流的能力，并使其具备多元文化意识，从而避免公开的和潜在的文化冲突与障碍。

③低成本、高效率。虚拟团队成员的大部分信息交流活动都是借助于互联网和通信技术等来完成的，因此也就减少了公务差旅费、办公与会议场地的租用等一系列费用。例如，IBM采用虚拟团队模式减少了世界各地的办公室数量，大幅度节省了费用开销，同时也极大地提高了生产率。惠普公司的统计数据表明，以虚拟团队方式工作的销售人员，其创利水平是传统销售人员的两倍。

④满足成员工作和生活的需求。虚拟团队的成员可以实现"在家办公"，这有利于帮助成员调整工作和线下的时间分配，满足组织员工追求高效益工作和高品质生活的双重需要，从而达到提高生产率和提高员工满意度的双重功效。

3. 团队的发展阶段

一个团队虽然行动时是一个整体，但需要记住的是，团队是由一个个不断变化、成长的个体组成的。这些成员的变化会影响团队在士气、效率、凝聚力、参与的水平和方式以及结构等方面的动态。不同团队的经历可能略有不同但大体一致，这些阶段的到来也许时而突飞猛进，时而绕着圆周转，时而螺旋式前进。根据布鲁斯·塔克曼的理论（1965），从团队的创建和发展过程角度来看，团队一般会经历成立、震荡、规范、执行四个阶段，如图6-6所示。

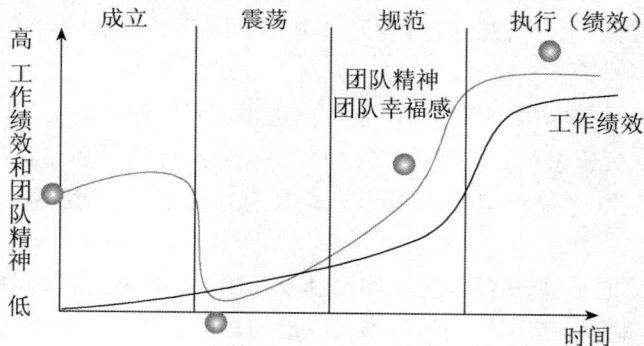

图 6-6　团队发展各个阶段的功能水平

（1）成立阶段（forming）

成立阶段，也称组建期、形成期。建立团队的最初阶段是将团队的结构建立起来，成员怀着模棱两可的感受和态度加入进来。因为要加入团队，所以此阶段的成员都全力避免发生冲突。团队成员不仅要仔细考虑手头的任务，而且还要考虑相互之间的关系。表6-4列出了成立阶段的团队特征及领导工作注意事项。

表6-4　　　　　　　　**成立阶段团队特征及领导工作注意事项**

成立阶段团队特征	领导工作注意事项
<ul><li>成员具有相当大的独立性</li><li>成员缺乏团队目的、活动的相关信息</li><li>成员持戒备与观望心态，还可能表现出不稳定及忧虑特征</li><li>团队定位尚不明晰</li></ul>	<ul><li>明确团队目标</li><li>采用指挥或告知式领导</li><li>与团队成员分享团队发展阶段的概念，达成共识</li><li>带领团队，确保团队成员之间建立一种互信的工作关系</li><li>鼓舞成员士气</li></ul>

（2）震荡阶段（storming）

震荡阶段，也称风暴阶段，以团队成员间的竞争和冲突为特点。在安排任务的过程中，人与人之间的矛盾开始显现，而领导能力、团队结构及权力问题在这一阶段占主导地位。团队必须经受这种考验，找到解决问题的方法，使自己在成长的道路上不断前进。表6-5列出了震荡阶段的团队特征及领导工作注意事项。

表6-5　　　　　　　　**震荡阶段团队特征及领导工作注意事项**

震荡阶段团队特征	领导工作注意事项
<ul><li>成员们的期望与现实脱节，隐藏的问题逐渐暴露</li><li>成员有挫折感和焦虑感，对目标能否完成丧失信心</li><li>团队中人际关系紧张，冲突加剧</li><li>对领导权不满，尤其是当出现问题时，个别成员甚至会挑战领导者</li><li>组织的生产力持续遭受打击</li></ul>	<ul><li>安抚人心，相互包容</li><li>认识并处理冲突，不以权压人</li><li>鼓励团队对问题发表自己看法，积极进行有效沟通</li><li>建立工作规范，以身作则</li><li>适时授权，鼓励成员参与决策</li></ul>

（3）规范阶段（norming）

规范阶段，也称制定准则阶段。此时，团队开始逐步走向稳定和成熟，团队成员脱离了先入为主的思想和观念，沟通之门打开，信任加强，团队内部成员的人际关系由分散、矛盾逐步走向凝聚、合作。随着团队凝聚力的增强，领导权被分享，团队成员之间互相信任，人与人之间的冲突渐渐被互相分享感受和创造性的思维所代替。团队在团结一致的氛围中运行，成员为自己是团队的一员而高兴。表6-6列出了规范阶段的团队特征及领导工作注意事项。

表 6-6　　　　　　　　　规范阶段团队特征及领导工作注意事项

规范阶段团队特征	领导工作注意事项
• 团队效能提高，团队开始形成自己的身份识别 • 团队成员归属感和主人翁感极强 • 团队成员有意识地解决问题，实现组织和谐 • 建设团队文化的最有利时期 • 团队成员有可能怕得罪他人而不提问题，不正面提出建议	• 允许团队有更大的自治性 • 决策时最大限度地减少自己的影响力 • 鼓励承诺、参与、倾听与协作 • 要求下属作出贡献 • 鼓励讨论

（4）执行阶段（performing）

执行阶段，也称高产期。真正的相互依赖是团队发展到这一阶段的主要支柱。由于个人调整自己以符合团队当前的需要，对于任务层面的工作职责有清晰的理解，所以团队可塑性很强，在完成任务和人际关系上很容易出成果。在这种模式下运作的团队有其自身的特点，组织也增加了其自身的价值。这时的团队是真正的团结合作的集体。表 6-7 列出了执行阶段的团队特征及领导工作注意事项。

表 6-7　　　　　　　　　执行阶段团队特征及领导工作注意事项

执行阶段团队特征	领导工作注意事项
• 团队成员具有一定的决策权，自由分享组织的信息 • 团队成员信心强，具备多种技巧，能协力解决各种问题 • 组织和团队用民主的方式进行平等沟通，化解冲突，分配资源 • 团队成员有完成任务的使命感和荣誉感	• 思考和推动变革，更新业务流程与工作方法 • 给团队成员下达具有挑战性的目标，鼓励和推动员工的成长 • 监控工作的进展，通过承诺而非管制达到更佳的效果 • 肯定团队的整体成就，并承认个人的贡献

1977 年，布鲁斯·塔克曼在之前提出的四阶段中加入第五阶段——休整期（adjourning），有些书中也称为"回归期"或"调整阶段"。这个阶段是伴随着工作任务的完成而开始的，故也有学者并不认为其属于团队发展的一个阶段。

对于一些团队来说，这种调整有时就意味着终止。大部分的任务型团队会解散。有的团队会继续工作，但往往会休整一段时间，或许会发展新成员。在这一阶段，团队精神日益松散，成员反应往往差异很大，有的沉浸于团队的成就中，有的则很伤感，惋惜团队中融洽的合作关系不能继续。此时团队成员的动机水平下降，关于团队未来的不确定性开始回升。

在这个时期，应对之前的团队活动进行分析总结，或为了形成新的发展阶段，有必要介绍关于新项目的好点子。

6.2.2　高效团队建设

1. 高效团队的特征

"幸福的家庭都是相似的，不幸的家庭各有各的不幸"。此话对于团队建设来说也同样适用。在"团队"在理论界与实践界大行其道的今天，团队的效能也有差异。但对于高效团队来讲，有一些相类似的基本特征。

（1）目标统一

相较于单打独斗，团队的一个重要特点是集合了众多人的智慧与力量，能达到"1+1＞2"的效果。团队是通过塑造一个有意义的团队宗旨或目的（例如"把我们企业再度变成一个我们为之骄傲的企业"）来制定其工作方向、激发其内在动力、鼓舞成员为之奋斗的敬业精神的。统一的目标是高效团队的基础。

（2）角色合理

在团队中成员必定要承担一定的角色，贝尔宾的团队角色理论对其做了明确的定义。没有完美的个人，但有完美的团队。高效的团队也是建立在团队成员的角色合理的基础上，每位成员都扮演着自己适合且认同的角色，会对团队的效能提升有很大的帮助。

（3）成员认同

在现实里带动团队的是人的行动，人才是团队中的基础资源，而人会因为其内在的意愿，大大影响到外在能力的发挥度。通过观察及一系列的研究发现，高效的团队都是能够唤起成员对于团队及团队目标的认同感的团队，如此才能充分调动团队成员的积极性、主动性和创造性，有活力并积极运作。

（4）沟通顺畅

不论什么样的团体，为了维持整个团体的活动，其成员之间，尤其是领导和成员之间相互取得沟通是很必要的。团队中的每个人都有自己的立场，在各式各样的场合中，每个人都会选择自己的行动，这些个人的行动对于团队的发展及成果均有很大的影响。高效的团队必是沟通顺畅的团队，成员的意愿得以良好表达，有着适应的沟通机制等，极大地提高了团队的执行力。事实上沟通顺畅并不代表没有矛盾，而是出现矛盾后团队有能力及相应制度化解矛盾，成员乐意交流，并减少和淡化难以相处的人的作用和影响。

（5）领导以身作则

在可信赖度高的领导者手下工作，部属的士气也会跟着提高，所谓可信赖就是有自信、可靠、凡事不拖泥带水、有乐观进取的精神，相反的就是神经质、碌碌无为、懦弱等。有效团队中的领导者能够以身作则，为团队成员树立良好榜样，但又绝不越俎代庖。

（6）环境开放

工作场所如果没有形成一个自由活泼、有朝气的氛围，就无法期待提高生产力。大部分高效团队都有着自由自在、简洁利落以及随时充满欢乐的气氛。这种气氛，可以通过团队领导的开朗、没有顾虑、乐观、对团队成员的努力给予温暖的奖励及由衷的感谢创造出来。

2. 如何建设高绩效团队

（1）制定团队目标

建立高效团队，首要任务就是确立团队的目标。目标是团队存在的理由，也是团队运作的核心动力。团队目标是团队决策的前提。没有目标的团队只能走一步看一步，处于投机和侥幸的不确定状态中，风险系数大，就像汪洋中的一条船，不仅会迷失方向，也难免触礁。

①确立团队目标的几个原则。在确立团队目标时，有几个原则是需要遵守的：

第一，了解由谁确定团队的目标。团队目标的确定需要几方面的成员：领导者必须参加；团队的核心成员，也可能是团队的全体成员都参加。

第二，团队的目标必须与团队的愿景相连接，两者的方向相一致。

第三，必须发展一套目标运行的程序以随时纠正偏差或修正目标。目标确定后不一定是准确的，还需要根据监督、检查的情况随时向正确的方向引导。

第四，实施有效目标的分解。目标来自于愿景，愿景又来自于组织的大目标，而个人的目标来自于团队的目标，它对团队目标起支持性的作用。

第五，必须有效地把目标传达给所有的成员和相关的人员。相关的人员可能是团队外部的成员，如相关的团队、有业务关系的团队，也可能是团队的领导者。

②目标的 SMART 原则。同个人目标不同，团队目标的一个重要特征是"共享"，即团队目标要经由团队所有成员接受。同时制定目标有一个"黄金准则"——SMART 原则。SMART 是 5 个英文单词的第一个字母的汇总，具体内容如下：

S（specific）：明确的。明确，指的是能够用具体的语言清晰地说明要达到的行为标准。明确的目标几乎是所有成功团队的一致特点，有很多团队不成功的重要原因之一往往就是目标模棱两可，或没有将该目标有效地传达给相关成员。故在目标设置中，要有项目、衡量标准、达成措施、完成期限以及资源要求，使考核人能够很清晰地看到团队要做哪些事情，计划完成到什么样的程度。

M（measurable）：可衡量的。可衡量就是指目标应该是明确的，而不是模糊的；能够有一组明确的数据，作为衡量目标是否达成的依据。如果制定的目标没有办法衡量，就无法判断这个目标是否实现。故在目标制定过程中，要遵循"能量化的量化，不能量化的质化"的原则，使制定人与考核人有一个统一的、标准的、清晰的、可度量的标尺，杜绝在目标设置中使用形容词等概念模糊、无法衡量的描述。对于目标的可衡量性应该首先从数量、质量、成本、时间、上级或客户的满意程度五个方面来进行，如果仍不能进行衡量，其次可考虑将目标细化，细化成分目标后再从以上五个方面衡量，如果仍不能衡量，还可以将实现目标的工作进行流程化，通过流程化使目标可衡量。

A（attainable）：可实现的。制定目标时，人们总是希望越高越好，但目标应该是可以让执行人实现、达到的，如果上级一厢情愿地将难以达成的目标强压给下属，下属典型的反应则是一种心理和行为上的抗拒。故在设置目标时，要秉承"跳一跳，够得到"的原则，制定员工通过积极努力可以达到，但又不过于简单或过于困难的目标，方是明智之举。要坚持员工参与、上下左右沟通，使拟定的工作目标在组织及个人之间达成一致。既要使工作内容饱满，也要具有可达性。

R（relevant）：相关的。目标应当与团队愿景、团队最终目标及其他目标相关联。如果实现的这个目标与团队目标及其他目标完全不相关或相关度很低，则这个目标的意义也不是很大，反而是做了很多的无用功。故在目标设置中，要根据团队愿景设立目标，避免事倍功半。

T（time-based）：有时限的。目标必须有严格的时间限制，没有时间限制的目标是没有办法考核的，也不利于团队整体目的的达成。在实施过程中，目标设置要具有时间限制，根据工作任务的权重、事情的轻重缓急，拟定出实现目标的时间要求，定期检查项目的完成进度，及时掌握项目进展的变化情况，以方便对下属进行及时的工作指导，以及根据工作计划的异常情况变化及时地调整工作计划。

（2）诊断团队角色

没有完美的个人，但有完美的团队。一个完整的团队是由众多的角色构成的，而有效团队的优势之一就在于它融合了不同的才华和能力，令团队成员扬长避短，扮演最适合自己的角色，从而有效提升团队绩效。英国的贝尔宾博士在大量实践及研究的基础上，提出了自己的团队角色理论，我们将在下一节详细讨论，此处不再赘述。

需要注意的是团队角色与组织角色不同。组织角色强调的是个人在组织中的岗位，一般由组织说明书来确定，而团队角色则基于团队成员的互相认知，这也是团队角色理论的基础。团队角色与组织角色的差异具体见表6-8。

表6-8　　　　　　　　　　**组织角色和团队角色的差异点**

差异点	组织角色	团队角色
角色描述	职位说明书	互相认知
产生方式	任命、聘任	自觉、自愿、自然
强制性	组织强制	自觉约束和规范
做得好时	表扬、奖励、晋级、加薪	绩效提高，奖励个人
做得不好时	惩戒	绩效下降，惩戒个人
管理方式	履行职位职责	充当合适的角色

（3）培育团队精神

团队精神是高效团队中的灵魂，是指团队的成员为了实现团队的利益和目标而相互协作、尽心尽力的意愿和作风，它包括团队的凝聚力、互信合作气氛及士气。

①凝聚力。团队的凝聚力是针对团队和成员之间的关系而言的。此时团队精神表现为团队强烈的归属感和一致性，每个团队成员都能强烈感受到自己是团队中的一分子，为团队贡献自己的力量，为团队的成就而骄傲，具体表现为归属意识、亲和意识、责任意识及自豪意识。而来自外部的威胁，以及团队内部的规模、目标、激励方式及成功经历等都会对团队的凝聚力产生影响。

②互信合作气氛。团队的精髓就在于"合作"二字，团队成员一起合作，发挥"1+1>2"的效用。而合作起源于相互的信任，信任是合作的基础和前提。在团队中要遵守诚实、公开、一致、尊重的原则来培养互信合作的氛围。同时，团队领导要首先带头鼓励合作而不是竞争，要制定规则以及合作的规范，建立长久的互动关系以及强调长远的利益。

③团队士气。团队士气可被认为是团队全体成员的工作热情与工作行为的总和。拿破仑说过："一支团队的胜利，四分之三靠的是团队士气。"这一论点充分说明了团队士气对团队的重要性。对团队目标的认同、奖酬体系、信息沟通的良好程度、团队内部的和谐程度及领导者的特质等都会影响到团队士气。

团队精神的存在有一定的前提。首先，团队成员有自己追求的目标，并相信团队的目标可以实现；其次团队成员要对领导人抱有信心，并相信领导和其他团队成员会为自己考虑；最后，团队成员还要相信自己受到了公平待遇。对此，在团队建设中，要把每个人看做团队的成员，鼓励团队成员相互支持，一起培养团队，同时要让不同的人负责不同的项目，并给团队成员足够的信息，营造良好的团队精神。

（4）化解团队冲突

冲突是指个人或团队对于同一事物持有不同的态度与处理方法而产生的矛盾，常表现为由于观点不一致而引起的激烈争斗。在团队中，由于人与人之间在价值观、态度、行为上的差异等，必定会导致分歧，发展到一定程度就会导致冲突。所以，冲突是客观存在、不可避免的。

①团队冲突的表现。相较于个人，团队冲突的表现形式也各种各样，如以下几种：

- 个人、团队及其组成部分之间很少交流；
- 团队中个人或群体感到不公平；
- 个人或群体感到被排斥在团队之外；
- 各种秘密和传闻不胫而走，小问题成为大危机；

- 团队成员之间关系恶化，产生直接冲突等。

②团队冲突的解决策略。团队冲突是团队运行过程中的一种普遍现象。当发生团队冲突时，一般遵循如下步骤进行解决：

- 澄清问题。对冲突的性质进行全面细致的分析，确定冲突是什么。
- 关注目标。冲突双方有没有共同目标？有的话，是什么？
- 可供选择的方案。在对问题及目标进行分析的基础上，为双方提供可供选择的解决冲突的方案。
- 排除障碍。解决冲突的过程中有没有存在的障碍，要找出存在的障碍并考虑如何排除。
- 选择。选择最优的解决方案。
- 认同。确定最终的解决方案。

6.2.3 团队成员配置

1. 贝尔宾团队角色理论

有关团队成员配置及团队角色，最早且最有权威的著作是 R. 梅瑞狄斯·贝尔宾（R. Meredith Belbin）1981 年出版的《管理团队：成功或失败的原因》（Management Teams：Why They Succeed or Fail），书中公布了几年来对团队取得成功的原因进行研究而得出的结果。他在后来的著作《团队的工作职责》（Team Roles at Work，1993）和《改变我们的工作方法》（Changing the Way We Work，1997）中进一步阐述了前期作品中的观点。贝尔宾报道了两个进行了 9 年的重要研究实验，这两个实验是在英国剑桥大学 Henley 管理学院人员的指导下完成的。实验结果显示，研究者们所认为的每个期望成功的团队都必须拥有 9 种角色，这 9 种角色可分为行动类、社交类、思考类，每类 3 种。这 9 种角色与团队规模无关，在很多情况下一个团队成员要承担多种角色。贝尔宾也因此被称为"团队角色理论之父"。

这九种角色如下：

（1）鞭策者（shaper，SH）

鞭策者有高度自发性，承受紧张的压力并对取得成功有强烈的渴望。通常他们是主动进攻的外向的人，冲劲十足。鞭策者喜欢挑战别人，他们想的只是要赢。他们喜欢领导别人及促使别人采取行动。如果遇到障碍，他们会四处寻找解决的方法。他们很有主见且很果敢，常对任何形式的失望和挫折表现出极大的情绪波动。鞭策者常常比较执着并喜好争论，也许不能充分理解他人。他们是团队中最有竞争倾向的一个角色。

鞭策者通常是经理的合适人选，因为他们促进别人采取行动，并施加压力使之进一步发展。就像名字所表现的，他们把一些方式或形式强加于集体的活动或讨论之上。他们可能是团队中最能保证采取积极行动的成员。

（2）执行者（implementers，IMP）

执行者，也称实干家。他们有符合实际的观念和极大的自制力和自律性。他们以非常系统化的方式在努力工作并解决问题。在一个更广泛的层面上来说，实干家是典型的忠于公司、和公司共患难的人，他们不太重视自己的利益。不过，实干家可能缺少灵活性，表现刻板。

实干家对一个组织来说很有益处，因为他们在实际工作中表现可靠且有能力。他们取得成功是因为他们效率高，并且他们对什么事是可行的、什么事是相关的有清醒的认识。据说很多的经理只做他们想做的工作，忽略那些他们认为没有意思的工作。相对来说，一个实干家会做任何需要做的事。出色的实干家经常可通过出色的组织管理技巧和完成重要工作的能力而达到高层管理的位置。

（3）完成者（completer finishers，CF）

完成者，也叫完美主义者、善后者等，擅长处理善后工作和注意细节。他们不太可能去做他们不能完成的事。他们的动力来源于内在的愿望，但表面上他们显得很稳重。最典型的善后者是内向的人，基本上不要求有外界的刺激。善后者可能不能容忍懒散的性格。他们通常不喜欢指派别人做事，而更愿意自己完成工作。

在处理要求高度投入精力和准确性的工作时，善后者显得尤其宝贵。他们在团队中培养了紧急性的观念，而且他们总能够在最后期限前完成工作。在管理工作中，他们通过制定高标准，通过他们对精确度的关心，对细节的关注和对这些标准的贯彻来出色地完成工作。

（4）协调者（coordinators，CO）

协调者与众不同的地方就是他们有让大家朝着共同的目标努力前进的能力。他们充分表现出成熟、信任和信心。在人事关系中他们能很快发现个人的才华并将之运用于对集体目标的追求中去。协调者不见得是团队中最聪明的人，但他们拥有开阔的眼界，通常也获得尊敬。

当协调者在团队中负责协调多样的技巧和个人特点时，他们可发挥最大的作用。他们在处理亲近的或同级的同事关系时比处理直接下属关系时要表现得好。他们的座右铭可能是"掌控下的咨询"，他们通常秉承冷静的原则来解决问题。在有些公司协调者会与鞭策者产生冲突，因为他们的管理方式有明显的不同。

（5）凝聚者（team worker，TW）

凝聚者，也称合作者，是团队中的中流砥柱。他们温和，好社交并关心他人。他们很有灵活性，对人处事都很灵活。合作者善于观察、与人交际。他们是很好的倾诉对象，在一个集体中也往往很受欢迎。他们在工作中游刃有余，但可能在紧急情况下优柔寡断。

合作者的角色是用来预防在团队中发生个人之间的矛盾，因此有助于所有的团队成员更好地做贡献。他们不喜欢摩擦，因此他们会尽力避免冲突。合作者成为高级经理并不奇怪，尤其是当所有的基层经理都由鞭策者担任时。合作者型的经理对任何人都不是一种威胁，所以最能为下属接受和喜爱。此时气氛更好，合作更愉快。

（6）外交家（resource investigator，RI）

外交家也被称为"资源调查员"，他们往往充满热情，雷厉风行。无论在公司内外，他们都善于和别人沟通。他们是天生的谈判者，善于发掘新的机会，建立新的联系。尽管他们对于全新的想法没有特别多的贡献，但他们很会发现别人的主意并进一步完善它们。就像名字所表现的那样，他们懂得如何确定有什么条件及能做到什么。通常来说，他们会因开朗的性格而受到别人热烈欢迎。资源调查员有随意的性格，强烈的求知欲，以及随时探查新的可能性的愿望。不过，如果他们没有得到别人的鼓励或促进，他们的热情会很快消退。

资源调查员善于挖掘和反馈构想、发展状况或组织之外的信息来源。他们是建立外部联系并负责之后的磋商的最佳人选。他们有急中生智和刺探情报的能力。

（7）智多星（plant，PL）

智多星类的人是革新者和发明家，而且往往非常富有创造性。他们提出的想法和创意常发展成为重要的项目。通常他们愿意和其他团队成员保持一段距离而单独操作，在工作中他们喜欢充分运用他们的想象力并常以有别于常规的方式来完成。他们多为内向的人，对批评或表扬有激烈的反应。他们的想法通常是非常基本的，缺乏实际考虑的。他们很独立，聪明并有创造性，可能会跟自己不一样的人在沟通方面有障碍。

智多星的主要作用是提出新的建议，解决复杂的问题。在一个项目的最初或停滞不前的阶段，智多星常是很必要的。智多星常以一个公司的创建人或一个新产品的发明人而著称。不过，当一个组织内部有太多的智多星类型的人时，可能会有副作用，因为他们都希望花时间来丰富他们的想法，可能会因此导致冲突。

（8）审议员（monitor evaluator，ME）

审议员，也被称作监督评估员。监督评估员行动认真、谨慎，不会过于热情。他们愿意反复思考而非匆忙地作出决定。通常他们的思路严谨而苛刻。他们有能力在通盘考虑之后作出明智的决定。一个出色的监督评估员是很少出错的。

监督评估员最适宜来分析问题，评价构想和建议。他们善于权衡利弊。在很多外人的印象中，监督评估员可能是很枯燥无味的，甚至是苛刻的。有些人看到他们当了经理感到十分吃惊。无论怎样，很多监督评估员占据了决策性的位置而频频获得高层的提升。有些工作的成与败就取决于一些很少的艰难决定。这是监督评估员的工作的最佳领域：一个很少出错也是最后取得成功的人。

（9）专业师（specialist，SP）

在贝尔宾最初的团队角色理论中，团队只需包含 8 种角色。"专业师"的角色是在 1988 年的改进中增加的。针对专业师来讲，团队需要某些方面的专家，这种角色的人会给团队带来特殊的宝贵技能，他们的所有目的就是把他们的专业知识贡献出来。一般来说，这些人不会担任团队的其他角色。

2. 团队成员配置原则及注意事项

一个有效的团队的优势之一就在于它融合了不同的才华和能力。只有拥有正确组合的团队才能够运用不同的特点和方式来适应不同的形势。贝尔宾团队角色的确定是基于个人的选择或个人感到最适合自己扮演的角色，而并非其实际的职务、教育程度或能力。一个人通常由于其本身的性格、处事方式以及所处的工作岗位不同，而倾向于扮演以上 9 种角色中的一种或几种。一个优秀的团队并不是说要具备 9 个人，而是团队所有的成员组合在一起时，总体上看要齐备上述 9 种角色倾向。团队成员配置有以下几点原则：

（1）角色齐全

唯有角色齐全，才能实现功能齐全。正如贝尔宾博士所说的那样，"用我的理论不能断言某个群体一定会成功，但可以预测某个群体一定会失败"。所以，一个成功的团队应当是 9 种团队角色的平衡。

（2）容人短处，用人所长

知人善任是每一个管理者都应具备的基本素质。管理者在组建团队时，应该充分认识到各个角色的基本特征，容人短处，用人所长。在实践中，真正成功的管理者，对下属人员的秉性特征的了解都是很透彻的，而且只有在此基础上组建的团队，才能真正实现气质结构上的优化，成为高绩效的团队。

（3）尊重差异，实现互补

对于一份给定的工作，完全合乎标准的理想人选几乎不存在——没有一个人能满足我们所有的要求。但是一个由个人组成的团队却可以做到完美无缺——它并非单个人的简单罗列组合，而是在团队角色上亦即团队的气质结构上实现了互补。也正是这种在系统上的异质性、多样性，才使整个团队生机勃勃，充满活力。

（4）增强弹性，主动补位

从一般意义上而言，要组建一支成功的团队，必须在团队成员中形成集体决策、相互负责、民主管理、自我督导的氛围，这是团队区别于传统组织及一般群体的关键所在。除此之外，从团队角色理论的角度出发，还应特别注重培养团队成员的主动补位意识——当一个团队的上述 9 种团队角色出现欠缺时，其成员应在条件许可的情况下，能够增强弹性，主动实现团队角色的转换，使团队的气质结构从整体上趋于合理，以便更好地达成团队共同的绩效目标。事实上，由于多数人在个性、禀赋上存在着双重甚至多重性，也使这种团队角色的转换成为可能。基本思想是：没有完美的个人，只有完美的团队。人无完人，但团队却可以是完美的团队，只要适当地拥有各种角色。

同时针对上述 9 种角色，成员配置过程中有以下几点注意事项：

- 那些在鞭策者一项上获得最高分的团队成员应当成为团队中的领导。
- 智多星应被安排在富有创造性的或决策性的位置上（如果团队里有两个人在这一项上得分最高可能会引起麻烦。）
- 应分配给实干家很多需要他直接负责的工作。应让实干家担负执行团队决定的主要行动角色。
- 协调员应被委以重任。他或她应被赋予带领实施集体决定的任务。
- 监督评估员应评价所有新的计划。除非得到了他们的准许，否则任何计划不得进一步实施。
- 合作者应该是团队中的后援。团队中有多个合作者是可接受的，也是有益的。
- 善后者应由鞭策者引进来详细检查已由团队实施了的计划。他或她可能偶尔也会担当应急角色。
- 资源调查员应从外界提供更多的构想和信息，并首先告诉监督评估员，让他或她来评估。

第7章 绩效认可与绩效管理技术

7.1 绩效考核与绩效管理

7.1.1 绩效考核

1. 基本概念

（1）绩效

绩效（performance），既指员工实施和完成某项工作任务或计划的过程以及在这个过程中的行为表现，也指员工在实施计划或者执行任务之后实际达成的结果或取得的成效。绩效概念之所以在关注行为的同时关注结果，是由于以下两个方面的原因：首先，员工的很多行为无法进行监督，或者尽管能够进行监督，但是监督成本过高，而结果往往是由特定行为所引起的，所以对结果的衡量在某种意义上也是对行为的监管。其次，由于经营环境日益复杂化，组织变得越来越以结果为导向。虽然组织重视目标达成的过程或行为，但是它们对出现良好的结果更为关注，这主要是因为这些结果决定了组织的未来发展，甚至也决定了组织在当前能否生存。

绩效会因时间、空间、工作环境等相关因素的变化而不同，从而呈现出多样性、多维性与动态性的特点，因此现代企业绩效一般从组织、部门（团队）、个体三个层次来考虑，但无论是组织层次还是部门层次，绩效的根基都来源于员工的绩效。因此，本节主要阐述员工个体层面的绩效考核与绩效管理。

（2）绩效考核

绩效考核是指一套正式的结构化的制度，用来衡量、评价并影响与员工工作有关的特性、行为和结果，考察员工的实际绩效。

基于影响绩效的因素的多样性、多维性和动态性，绩效考核必须是多角度、多层次的，可以从三个角度理解绩效考核。

①绩效考核是从企业经营目标出发，对员工工作进行考核，并使绩效考核结果与其他人力资源与劳动关系管理职能相结合，推动企业经营目标的实现。

②绩效考核是人力资源与劳动关系管理系统的组成部分，它运用一套系统的和一贯的制度性规范、程序和方法进行考核。

③绩效考核是对组织成员在日常工作中所表现的能力、态度和业绩进行以事实为依据的评价。

综上所述，绩效考核是指考核主体对照工作目标和绩效标准，采用科学的考核方法，评定员工的工作任务完成情况、员工的工作职责履行程度和员工的发展情况，并且将评定结果反馈给员工的过程。

在人力资源与劳动关系管理中实现劳资双赢的关键在于实现绩效与薪酬的对等承诺。对于员工而言，确保绩效是员工进入组织的前提条件，同时绩效也是员工对组织的承诺，而组织实施的绩效考核就是对这一承诺的检验。

2. 绩效考核的目的及内容

（1）绩效考核的目的

作为人力资源与劳动关系管理核心职能之一的绩效考核承担着将企业战略目标与整体绩效期望落实到员工个人的任务，并且对每个员工和部门的绩效进行管理、改进和提高，从而实现和提升企业整体绩效，进而推动企业的整体实力和竞争优势的增长。从员工的角度来看，绩效考核也是让员工获得更正确的自我认知的手段，使员工知道自己存在的优点与不足，并针对不足接受企业培训进行改进，最终实现与企业的共同进步。

从整个组织的角度来看，组织的目标被分解为各个业务单元的目标以及各个职位上的每个工作者的目标，而个人目标的达成构成了业务单元目标的达成，组织的整体目标是由各个业务单元的绩效来支持的，也就是由每个员工的绩效来支持的。因而，组织就不可避免地关心以下这些问题：

①组织需要将目标有效地分解给各个业务单元和各个员工，并使各个业务单元和员工都积极向着共同的组织目标努力。

②组织需要监控目标达成过程中各个环节上的工作情况，了解各个环节上的工作产出，及时发现阻碍目标有效达成的问题并予以解决。

③绩效评估的结果可以为人员的调配和人员的培训与发展提供有效信息。一方面，通过人员的调配，使人员充分发挥作用；另一方面，加强对现有人员的培训和发展，增强组织的整体实力。

④绩效评估结果作为组织的反馈，用于规划奖惩、职位升降等人力资源的有关活动，并作为员工个人的反馈，以调整或激励员工的工作态度和行为。

因此，绩效考核的过程既是了解员工个人发展意愿，制订企业培训计划和为人力资源开发做准备的过程，也是让员工有更正确的自我认知，获得更大进步的过程。

（2）绩效考核的内容

绩效考核主要考核三大内容——工作业绩、能力素质和行为态度。

①工作业绩。工作业绩，指员工履行当期工作职责和计划目标的效率及效果，也就是员工完成绩效目标计划的情况，主要包括员工完成工作的数量、质量、成本费用、效率等。业绩是公司对员工的工作期望，直接体现出员工在企业中的价值大小，是绩效评估中最重要的组成部分和核心内容。员工的工作目标计划主要来源于组织的发展战略和经营计划。

②能力素质。工作能力在本质上是指一个人顺利完成本职工作所必备的并影响工作效率的稳定的个性特征，包括员工从事工作的各种能力，例如体能、知识、智能、技能等。体能取决于年龄、性别和健康状况等因素；知识包括文化水平、专业知识水平、工作经验等，与员工的受教育程度、工作经历有关；智能是人们认识客观事物获得知识并运用知识解决问题的能力，包括记忆、分析、综合、判断、创新等能力；技能包括操作、表达、组织等能力。

③行为态度。行为态度是指员工对工作的投入程度，员工对待工作的态度、思想意识和工作作风，主要指纪律性、协作性、积极性、主动性、服从性、执行性、责任性、归属性、敬业精神、团队精神、钻研精神、贡献意识、进取精神、开拓精神、使命感、荣誉感、事业心、信誉、忠诚、健康心态、良知与良心等。工作态度是工作能力向工作业绩转换的桥梁，在很大程度上决定了能力向业绩的转化效果。

（3）不同考核内容在考核中的应用

因为工作业绩、行为态度、能力素质具有不同的属性，因此对不同内容的考核应该有不同的应用。一般来说，在实际工作中，对工作业绩的考核主要决定员工的薪酬，对行为态度的考核主要决定员工的去留，对能力素质的考核主要决定员工的晋升。以上只是一般的做法，在实际考核过程中，这三者的权重要根据企业的战略和实际情况进行动态调整。

另外，对于不同的岗位这三项考核的权重也可不同。对于管理岗位，工作业绩可能是最重要的。对于技术性岗位，则需将业绩和能力结合考核。对于底层办事人员，工作态度可能就是评价工作的比较便利的方式。一般岗位的权重如表7-1所示。

表7-1　　　　　　　　不同考核内容在考核中的权重

要素	业绩	能力	态度
一般权重	70%	20%	10%

7.1.2   绩效管理

1. 绩效管理的认知

对于绩效管理的认知，我们可以按照演绎推理的逻辑来把握绩效管理的本质。

第一步，绩效管理是以绩效考评制度为基础的组织人力资源与劳动关系管理的子系统，它表现为一个有序的复杂的管理活动过程。

第二步，绩效管理是把组织目标和员工个人目标联系起来获得组织效率的过程。

第三步，组织目标表现为企业绩效，员工个人目标就是员工的总报酬要求，包括薪金、福利、工作与生活的平衡、绩效考核与绩效认可、个人发展与工作机会获得五个方面的内容。因此，绩效管理就是对组织绩效与员工报酬的对等承诺与对等实现过程的管理，企业绩效管理包括三个方面：

第一，绩效管理是对目标建立共同理解的过程；

第二，绩效管理是管理和开发员工能力的过程；

第三，绩效管理是增加实现组织短期目标和长期目标可能性的过程。

2. 绩效管理是一个管理控制系统

传统的考核中，组织往往单纯的依赖定期的、既成的绩效评估方法，考核更多的只是关注结果和形式，忽略了对各种过程的控制和督导，是一种只问结果不问过程的考核管理方式。随着绩效管理的发展，我们不仅要重视绩效考核的结果，也要对绩效形成的过程进行严格的控制。在绩效控制中注意进行持续有效的沟通，记录真实有效的绩效信息，及时进行双向反馈，对员工提供必要的指导，以及根据需要调整绩效目标，避免为了考核而考核，最终只得到一些数字和表格。

完整的绩效管理其实是一个管理控制系统，是一个封闭循环的环，包括预先控制、过程控制、事后控制三个关键环节①。

（1）预先（前馈）控制

企业在进行绩效考核之前需要做诸多的准备工作。预先控制首先是对目标的确认，包括对环境的调查、对可行性的预测、对预算的评估等。其次，预先控制还是过程控制的前提，因此要制定规则、程序、流程、指导书等。预先控制主要包括以下四个部分：

①目标与计划控制。首先在绩效管理中要制定目标与计划。古典管理思想中的目标管理是以职责为基础的计划管理，强调计划、控制、评估中的控制和规范

---

① 付亚和、许玉林.绩效考核与绩效管理［M］.北京：电子工业出版社，2009.

化管理。行为科学的目标管理是以战略目标为导向，强调激励和共享。在绩效管理中具体来说就是把部门职责细化到岗位职责，给出职责权限分配表。

②职责与权限控制。职责与权限控制属于对责任主体进行的必要控制，它包括部门职责、岗位职责，以及每一项工作活动职责权限的明确界定。只有一切责任有人承担，并且当工作过程和结果产生问题，责任可以明确地被追究的时候，员工才会具有工作的主动性。因此，工作谁牵头、谁协作，结果通报给谁等都要明确。

③制度控制。制度控制属于例行性事务和活动的前馈控制条件，也是进行过程控制的前提条件。它规定着员工做事的原则、程序、方法。只要有规则，低工资、低素质的员工也能提供高质服务。因此，为了规范工作和加强控制，可以制定工作规范和作业指导书，以强调管理精细化和可操作性。

④人员控制。人员控制主要是考虑员工任职资格与行为态度的可控性问题，包括完成工作的能力、关注质量的意识（责任心）、改善绩效的能力、服从意识、诚信和正直的品格等。为了实现对员工的控制，首先要有关键控制点的控制标准，如行为准则，以强调行为的一致化，另外还需要有控制手段，如纠偏的手段与奖惩。

（2）过程控制

过程控制主要是通过指导控制（同步控制）及时发现问题，并纠正偏差，使目标活动控制在规定范围内，并回答是否继续的问题，即通过对流程中的关键点进行控制，决定项目是否该继续进行下去。过程控制主要包括以下两个部分：

①常规性控制（制度控制）。常规性控制是一种规则控制，即法治，包括进度控制——质量、成本、交货期等，费用控制，质量控制，流程控制，行为控制，它依赖于前馈控制条件的可靠性、管理者执行制度和规则的有效性。

②非常规性控制。非常规性控制主要依靠管理者的能力，即人治，包括对制度不能覆盖的非例行事务的控制，对工作过程中所产生偏差的控制，运用奖惩维护现场的纪律和现场的纠正与改善。

（3）事后控制（反馈控制）

事后控制是建立在结果及其评估基础之上的。通过评估、分析结果与目标之间的差距，找出差距产生的原因，看到底是制度的原因，还是个人的原因（行为、态度）。如果是制度的原因，就要调整目标与计划体系，改变职责与权限的分配方式，对工作流程进行改造等。如果是个人的原因，就要对缺乏工作能力的员工进行培训，或者进行人员变更等。

3. 绩效管理中的法律风险

随着《劳动合同法》的出台，组织在绩效管理中应当更加注意合法性，在对由考核结果认定不能胜任本职工作的员工进行惩罚、调岗、辞退时，要保证合法性。在绩效管理中最常见的是三个方面的法律风险：

（1）证明不胜任工作

《劳动合同法》对企业变更合同有严格限制，要求双方协商一致且以书面形式才能变更合同，对绩效不佳的员工只有在法定情况下才能解除合同。虽然企业在能证明劳动者不能胜任工作的情况下享有单方解除劳动合同的权利但必须提供不胜任的充分证明（证明不胜任、经过培训调岗、仍然不胜任，负三次举证责任）。

（2）考核指标

主观考评的因素很难找到证据，在举证时一般不被接受，且劳动争议中企业负有举证责任，同时在年末考核时以员工没有完成绩效目标作为惩处理由前须证明已经告知劳动者考核指标。

因此，在实操中企业应当注意：

①制定详尽清晰的职位说明书，借助其来制定考核指标，提高绩效管理的科学性和针对性。

②明确告知劳动者相应的绩效考核标准与目标，并留下书面证据。

③设计绩效指标应避免运用含糊其辞的语言，辅之以更详尽的语言或可观察的行为法去定义。

（3）考评方式

①主观评价风险。用于评估的基本资料应包括一些确切的事实，如业绩记录、客户反馈等，对工作态度的主观评价要经过员工的确认。

②末位淘汰风险。"末位淘汰"在《劳动合同法》下已得不到法律支持，要使末位淘汰合法化，目前唯一可行的替代措施就是对考核中处于末位的劳动者进行调岗。

7.2　绩效管理系统的设计原则与目的

7.2.1　绩效管理系统的设计原则

绩效管理不是简单的任务管理，它特别强调沟通、辅导及员工能力的提高。绩效管理不仅强调结果导向，而且重视达成目标，是促进员工实现工作目标和个人和谐发展的过程。因此，"员工的支持与认可"是绩效管理系统设计的底线原则，"绩效管理是组织送给员工的礼物"则是绩效管理系统设计的最高境界。

（1）通过绩效管理，员工能准确地自我定位；

（2）通过绩效管理，员工对公司和工作有了认同感、价值感；

（3）通过绩效管理，员工的技能及行为能得到充分反馈；

（4）通过绩效管理，员工能感受到激励的公平与公正；

（5）通过绩效管理，员工行为有了导向，明确下一步的工作方向；

（6）通过绩效管理，员工有了参与工作目标设定的机会；

（7）通过绩效管理，员工有了阐述自己观点和抱怨的机会；

（8）通过绩效管理，员工有了讨论自身发展和职业规划的机会；

（9）通过绩效管理，员工得以理解其工作的重要性及其衡量的指标。

7.2.2 绩效管理系统的设计目的

绩效管理是为了实现组织发展战略和生产经营的目标，采用科学的方法，通过对员工的行为表现、劳动态度和工作业绩，以及综合素质（能力）的全面检测、分析和考核评估，充分调动员工的积极性、主动性和创造性，不断改善组织与员工行为，提高员工素质和挖掘其潜力的活动过程。绩效管理的目标是不断改善组织氛围，提高组织与员工的效率。绩效管理过程的每一次循环都将使企业、组织或个人迈上一个新的台阶，有所提高，有所创新，有所前进，同时也使得员工更加明确自己的目标，正确地认识自己的能力与不足，实现与企业的共同进步。

设计绩效管理系统的目的主要有三个：战略目的、管理目的、开发目的。

（1）绩效管理系统的战略目的在于帮助高层管理者实现战略性经营目标，其有效方法为，首先界定了为了达成某种战略所必需的结果、行为以及员工个人特征，然后再设计出相应的绩效衡量和反馈系统，以此来确保员工能够最大限度地表现出这样一些行为和特征，并努力达成这样的结果。

（2）绩效管理系统的管理目的是为组织作出各种员工管理决策提供有效的和有价值的信息。组织在作出很多员工管理决策时，都需要获得员工绩效方面的信息，这些决策包括薪酬管理、晋升或调动等。如果组织不能获得有关员工的实际工作能力和工作结果、工作行为和工作态度等方面的信息，不仅很难作出对组织发展和经营有利的决策，而且无法确保员工的公平待遇，更有甚者会在组织中滋生平均主义的恶劣局面。

（3）绩效管理系统的开发目的是对员工进行进一步开发，从而确保他们能够胜任本职工作。当一位员工完成工作的情况没有达到应有的水平时，可以通过绩效管理体系寻求其改善绩效。绩效反馈是实施良好的绩效管理体系的一个重要组成部分，通过它可以识别出员工的优势和劣势以及导致员工绩效不佳的原因，针对已有的问题采取措施进行补救。

绩效管理系统的战略目的和管理目的主要服务于组织的长远发展，而开发目的则是服务于员工，有效的绩效管理体系可以帮助员工认识到自己绩效的优劣，有更加准确的自我认知，同时帮助绩效不良者找到问题所在，从而提高绩效水平。因此，绩效管理是组织送给员工的礼物，有助于实现员工与组织共同发展。

7.3　绩效管理的程序和技术

　　绩效管理程序主要包括八个步骤，依次为：确定绩效评价的目的、建立工作期望与考核指标、设计评价体系、绩效形成过程督导、工作绩效评价实施、绩效评价面谈、制订绩效改进计划、绩效改进指导。结合管理控制系统，绩效管理程序具体如图 7-1 所示。

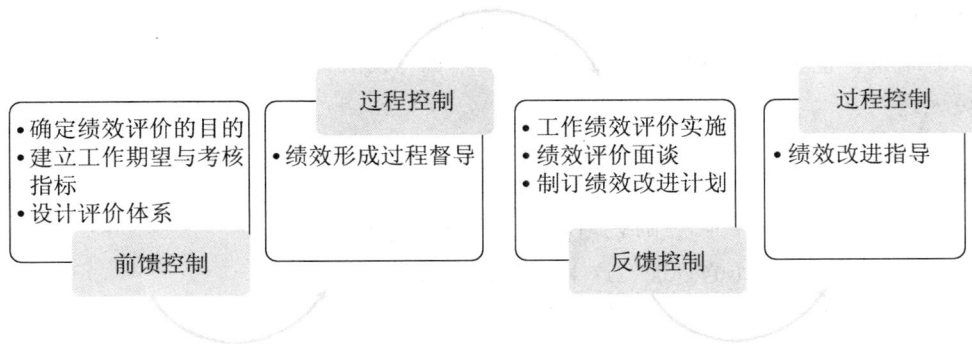

图 7-1　绩效管理程序

7.3.1　确定绩效评价的目的

　　在绩效管理之初首先需要明确进行绩效评价的目的，简单来说，绩效考核就是要什么考什么。例如在本书开头已提到，业绩考核一般用于奖金发放，工作态度和职业忠诚考核用于薪资调整，能力和素质考核用于晋升。因此，如果为了发奖金进行绩效考核，那么就应该对员工的业绩进行考核；如果为了加强员工的忠诚度，那么就应该考核员工的工作行为和工作努力程度；如果为了选拔出晋升的人，那么就应该对员工的能力和素质进行考核。

　　即使是单一的对业绩的考核，针对企业不同的追求和关注点，考核指标或者权重也会存在很大差异。例如，如果对区域经理进行考核，考核指标可以有 16个：销售额、回款率、利润指标、市场预测、合同管理、市场策划、业务风险管理、费用控制、新产品推广、财务制度执行、人员管理、重点客户管理、信息反馈、发送及货物管理、大客户拜访、退货率。具体选择哪些指标就要根据企业目标来定，如果企业追求的是市场占有率，那么就考核三个指标：销售额指标，50% 权重；利润指标，30% 权重；回款率，20% 权重。

7.3.2　建立工作期望与考核指标

1. 建立工作期望

工作期望主要是指企业要求员工应该达成怎样的工作绩效指标和如何达成工

作绩效指标。这主要包括四个方面：第一，应该做什么；第二，应该遵循哪些规章制度、工作程序和操作规范；第三，应该达成什么工作结果，包括工作的质量和数量；第四，完成预定绩效应具备哪些知识、经验和技能。

2. 建立考核指标

建立工作期望后就需要根据工作期望建立具体的绩效考核指标。绩效考核指标是进行绩效考核的基本要素，制定有效的绩效考核指标是绩效考核取得成功的保证，在建立绩效考核指标时一定要注意及时充分与员工进行沟通，保证绩效考核指标获得员工的认可，这既保证了绩效考核指标的科学性，使员工认可绩效考核的结果，也可以为绩效考核后期的员工培训与发展规划奠定基础，令员工获得更大进步。

（1）绩效考核指标的来源

绩效考核指标主要来源于四个方面：

第一是主要工作职责领域，这主要来自工作分析；

第二是日常工作的管理，这主要来自直线经理人；

第三是上一个考核周期未完成和需要改进的目标，这也主要来自直线经理人；

第四是企业经营与管理目标的分解，这主要来自企业的战略和目标。

能够用于评价某一岗位绩效的指标往往很多，但绩效评价不可能面面俱到，否则会降低可操作性，导致考核结果失真，因此必须根据一定的依据、选择方法来确定考核指标。

（2）绩效指标的选择依据

绩效评价的目的和被评价人员所承担的工作内容与绩效标准是绩效考核指标的选择依据。另外，从评价的可操作性角度考虑，绩效指标的选择还应该考虑所需信息获取的难易程度，这样设计的绩效考核指标才能够真正得到科学、准确的评价。因此，绩效考核指标的选择依据包括以下几个方面：

①绩效考评的目的。由于反映绩效的指标具有多样性，因此，基于绩效考核目的，对可能的绩效评价指标进行选择，可以剔除无用指标，选择关键指标，提高绩效指标的代表性。

②被考核者所承担的工作内容和绩效标准。每名被考核的员工的工作内容和绩效标准都是通过将企业的总目标分解成分目标落实到各部门，再进行进一步的分工而确定的。绩效指标应该体现这些工作内容和标准，从时间、数量、质量上赋予评价指标一定的内涵，使绩效评价指标的名称和定义与工作内容相符，使指标的标度和绩效标准相符。这样的绩效考核指标才能准确地引导员工的行为，使员工的行为和组织的目标相一致。

③获取考核所需信息的难易程度。在绩效考核中获取的与考核指标相关的统计资料或其他信息，必须保证其来源的可靠性、数据的真实性以及获取信息的便

利性。

基于以上选择依据形成的绩效考核指标体系才是切实可行的，在实施考核时才是有据可依的，从而避免主观随意性，使绩效考核的结果更容易被考核对象接受。

（3）提取绩效考核指标的方法

提取考核指标的方法主要有工作分析法、个案研究法、业务流程分析法、专题访谈法、经验总结法和问卷调查法六种。

①工作分析法。在以提取绩效考核指标为目的的工作分析中，首先需要分析某一职位的任职者需要具备哪些能力，以及该任职者的工作职责；然后，确定以什么指标来衡量任职者的能力和工作职责，并指出这些能力的相对重要性，这样就可以明确各个职位的绩效考核指标。

②个案研究法。根据考核目的与对象，选择若干个具有代表性的任务或事件为调研对象，通过系统的观察访谈分析确定评价要素。

③业务流程分析法。该方法指的是通过分析被考核人员在业务流程中承担的角色、责任及同上下级之间的关系来确定衡量其工作绩效的指标。

④专题访谈法。该方法是研究者通过面对面的谈话，用口头沟通的途径直接获取有关信息的研究方法。

⑤经验总结法。它是指众多专家通过总结经验，提炼出规律性的研究方法。

⑥问卷调查法。它是指设计者根据需要将调查内容设计到一张调查问卷中，然后分发给相关人员填写，收集和征求不同人员意见的一种方法。

（4）提取绩效考核指标的步骤

第一，工作分析。根据考核目的，对被考核对象的岗位的工作内容、性质以及完成这些工作所具备的条件等进行研究和分析，从而了解被考核者在该岗位工作所应达到的目标、采取的工作方式等，初步确定绩效考核的各项要素。

第二，工作流程分析。绩效考核指标必须从流程中去把握，根据被考核对象在流程中扮演的角色、责任以及同上游、下游之间的关系，来确定其衡量工作的绩效指标。此外，如果流程存在问题，还应对流程进行优化或重组。

第三，绩效特征分析。可以使用图表标出各指标要素的绩效特征，按需要考核程度分档，如可以按照非考核不可、非常需要考核、需要考核、需要考核程度低、几乎不需要考核五档对这些指标要素进行评估，然后根据少而精的原则按照不同的权重选取。

第四，理论验证。依据绩效考核的基本原理与原则，对所设计的绩效考核要素指标进行验证，保证其能有效、可靠地反映被考核对象的绩效特征和考核目的要求。

第五，要素调查，确定指标。根据上述步骤所初步确定的要素，可以运用多种灵活方法进行要素调查，最后确定绩效考核指标体系。在进行要素调查和指标体系的确定时，往往将几种方法结合起来使用，使指标体系更加准确、完善、可靠。

第六，修订。为了使确定好的指标更趋合理，还应对其进行修订。修订分为两种：一种是考核前修订。通过专家调查法，将所确定的考核指标提交领导、专家会议及咨询顾问，征求意见，修改、补充、完善绩效考核指标体系。另一种是考核后修订。根据考核及考核结果应用之后的效果等情况进行修订，使考核指标体系更加理想和完善。

（5）绩效标准的制定

提取出合适的绩效考核指标后，每个绩效指标还需有相对应的绩效标准。绩效标准分为描述性标准和量化标准，这两类标准的制定过程存在较大的差异。

①描述性标准。描述性标准常运用于行为指标和能力指标中，在对整体性绩效结果的评估中运用较多。描述性标准在能力指标中的应用主要是区分被评价者能力或者特质差异的行为因素，需要借助行为指标和相应的描述标准区分优劣。描述性标准在行为指标中应用的结果是行为特征标准。

描述性标准往往基于实际发生的事情或行为，因此需要企业对日常发生的工作行为和事件有清晰的了解。下面以行为标准的制定过程为例说明如何建立描述性标准。

制定行为标准需要5个基本步骤：第一，对不同工作绩效水平员工的工作行为进行长期而连续的观察和详细的记录；第二，分析、整理收集的行为资料，分辨造成员工之间绩效差异的一系列关键行为或代表性行为；第三，将选择的行为分配到已有的行为指标下；第四，运用简洁明了的陈述句描述筛选的一系列行为；第五，对各行为指标下的行为分等、分级，建立具有参照性的行为标准。

②量化标准。在绩效考核中，量化标准常常运用在业绩指标中。量化标准能够精确描述指标需要达到的各种状态，被广泛运用于生产、销售、成本控制、质量管理等领域。量化标准要基于企业的历史数据和战略目标（或绩效目标）来制定，具体有5个步骤：第一，以公司层面、部门层面和职位层面的绩效目标和绩效指标为依据，初步确定各层面的量化考核标准；第二，参考企业最近几年的绩效标准，调整上述标准；第三，将调整后的绩效标准分发给各级管理人员和相关人员；第四，各级管理人员和下属就各级量化考核标准进行讨论，形成一致的调整意见，然后将调整意见递交给相关部门；第五，企业汇总各级量化标准，形成最终的量化考核标准。

（6）考核指标的权重分配

考核指标体系的量化，包括加权、赋分与计分几项工作，它是在考核指标与考核标准确定后必须要进一步量化的工作。加权是对所有考核指标进行纵向比较，然后根据每个指标在考核体系中的重要性，把总体"1"逐一地分赋到每个指标，使其分赋到的数字能够恰当地表示该指标在"总体"中的重要性。同时，考核项目的权重分配要依据考核的目的而定。

常见的确定绩效考核指标权重的方法有主观经验法、等级序列法、对偶加权法、倍数加权法和权值因子判断表法。

3. 确定绩效指标中的有效沟通

管理者和员工的共同投入与参与是绩效管理的基础。绩效管理是一项协作性活动，由工作执行者与管理者共同承担。在确定绩效指标和绩效计划阶段，管理者需要与员工就工作绩效期望达成共识，员工对自己的工作目标作出承诺。

在上下级进行双向有效沟通并达成共识后，员工的绩效计划不但要用文字记录在案，还需要主管上级和直接下属签订文字协议书，协议书一式三份，除上下级各保留一份外，人力资源部存档一份。这也可以有效规避以后可能出现的法律风险。

7.3.3 设计评价体系

1. 选定评定者

一般来说，由直线经理负责给员工进行绩效打分。但是事实上，在进行评价时，所有与员工相关的人都可以对员工进行评价，包括自我评价、同事评价、上级评价、下级评价、服务对象评价、小组评价等。将这些评价综合起来就是360度反馈评价。

360度反馈评价是一种日益流行的涉及公司内外来源的多层面信息的评价方法，也称为全方位反馈评价或多源反馈评价。传统的绩效评价，主要由被评价者的上级对其进行评价；而360度反馈评价则由与被评价者有密切关系的人，包括被评价者的上级、同事、下属和客户等，分别匿名对被评价者进行评价，被评价者也对自己进行评价，具体如图7-2所示。然后，由专业人员根据有关人员对被评价者的评价，对比被评价者的自我评价，向被评价者提供反馈，以帮助被评价者提高其能力水平和业绩。作为一种新的业绩改进方法，360度反馈评价得到了广泛的应用。《财富》500强企业都已经采用了这种评价方法。目前，国内的一些企业也开始采用这种评价方法。

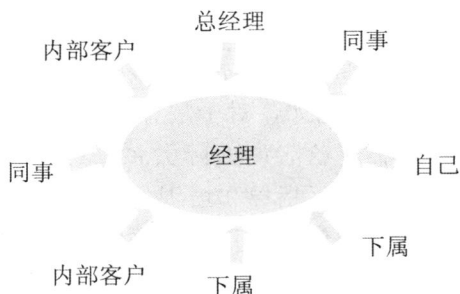

图 7-2　360 度评价示意图

在进行 360 度反馈评价时，一般都是由多名评价者匿名进行评价。采用多名评价者，确实扩大了信息搜集的范围，但是并不能保证所获得的信息就是准确的、公正的。同样，虽然匿名评价可能会使评价结果更加真实，但是更真实的评价并不一定就是更有效的。

在 360 度反馈评价的过程中，受到信息层面、认知层面和情感层面因素的影响，可能会导致所获得的评价结果是不准确的、不公正的。从信息层面来说，评价者对被评价者所承担的职位角色可能并不是非常了解，也有可能不知道应该对被评价者的哪些行为表现进行评价，也有可能没有或者很少有机会观察被评价者的行为表现。从信息层面来说，由于评价者没有掌握相应的信息，或者了解的信息不全面，会使评价结果出现误差。

从认知层面来说，由于对人的评价是一项复杂的活动，需要评价者正确地获取、储存、提取并集成不同时间段与被评价者所担任的职位、工作业绩有关的各项信息，来对被评价者作出评价。而评价者可能会简化这项活动，只是根据他们对被评价者的整体印象，而不是具体的行为表现来对被评价者进行评价。

从情感层面来说，评价者可能会无意识或者有意识地歪曲对被评价者的评价。为了维护自己的尊严，一般的评价者在评价时会给自己较高的评价，而给其他人较低的评价。在对自己进行评价时，倾向于把成功归因于自己的能力，把失败归因于外部环境的限制；在对他人进行评价时，倾向于把成功归因于外部环境，把失败归因于被评价者。在同一公司工作的员工，既是合作者，又是竞争者，考虑到各种利害关系，评价者有时还会故意歪曲对被评价者的评价。比如，可能会给跟自己关系好的被评价者较高的评价，给跟自己关系不好的被评价者较低的评价。

由于以上原因，为了提高评价结果的准确性和公正性，在进行 360 度反馈评价之前，应对评价者进行选择、指导和培训。360 度反馈评价一般是让被评价者的上级、同事、下属和客户对被评价者进行评价，但是并不是所有的上级、同事、下属和客户都适合做评价者，一定要选那些与被评价者在工作上接触多、没有偏见的人充当评价者。即使是这样，也不一定要求所有的评价者对被评价者的所有方面进行评价，可以让被评价者确定由谁来对他（她）的哪些方面进行评价。比如，对于被评价者的客户服务意识，可能由客户来评价更合适；对于被评价者的人际关系，可能由同事来评价更合适。在评价之前，还要对评价者进行指导和培训，让评价者对被评价者的职位角色有所了解，让评价者知道如何作出正确的评价、在评价的过程中经常会犯哪些错误。在培训的时候，最好能让评价者先进行模拟评价，然后根据评价的结果指出评价者所犯的错误，以提高评价者实际评价时的准确性和公正性。

因此，一般来说，并不建议对所有人都采用 360 度反馈评价的方法，除非是某人有晋升潜质，要对其做升职调查时需要做 360 度反馈评价。

2. 选择适当的评价方法

绩效考核的评价方法可以分为四类（见图 7-3）：第一类是比较法，主要包括排序法、强制分布法和配对比较法；第二类是特性法，包括图评价尺度法、混合标准尺度法；第三类是行为法，包括关键事件法、行为锚定法、行为量表法、组织行为修正法；第四类是结果法，包括目标管理法、平衡计分卡、关键绩效指标法。

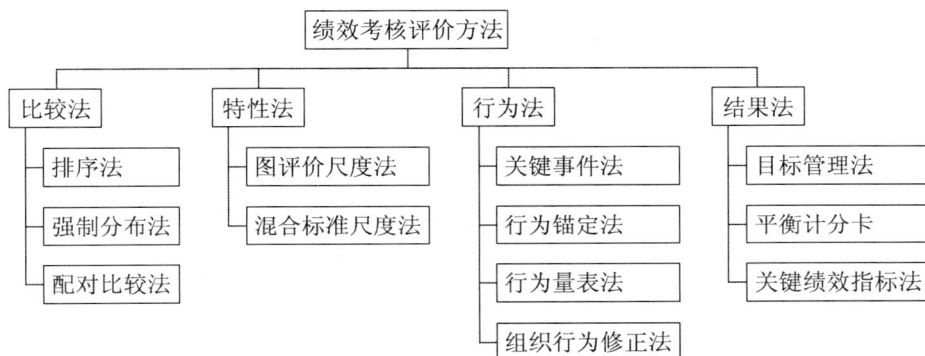

图 7-3　绩效考核评价方法分类

一个组织采用的考核方法，一般并不是一种方法，而是多种方法的组合，可能是同一类型中不同方法的组合，也可能是不同类型方法的组合。

（1）比较法

绩效评价的比较法要求评价者将一个人的绩效与其他人进行比较，这种方法所采取的通常做法是：首先对个人的绩效或价值进行某种总体上的评价，然后再设法对属于同一工作群体的所有员工排定一个顺序。比较法可以分为排序法、强制分布法、配对比较法。

①排序法。简单排序法要求管理人员将本部门的所有员工从绩效最优者到绩效最差者加以排序。交替排序法则要求管理人员首先列出所有需要接受评价的员工名单，然后从中挑选出谁是最好的员工，将这个人的名字从名单中划去，接着从剩下的名单中找出谁是最差的员工，也把其名字从名单中划去，以此类推。

②强制分布法。强制分布法也同样采取排序的形式，只不过是以群体的形式对员工进行排序，这种绩效评价技术要求管理者将一定比例的员工放入事先确定好的各类等级之中去（见表 7-2）。强制分布法会迫使管理人员根据分布规则的要求，而不是员工个人的实际绩效来将他们进行归类。例如，即使一位管理人员手下的所有员工绩效水平都高于平均水平，这位管理者也会被迫将某些员工的绩效评价为"绩效很低"。

表 7-2   **强制分布法**

等级	绩效描述	比例分布
A	绩效最高	15%
B	绩效较高	20%
C	绩效一般水平	30%
D	绩效低于要求水平	20%
E	绩效很低	10%

③配对比较法。配对比较法要求管理人员将每一位员工与同一工作群体中的所有其他员工进行一对一的比较。如果一位员工在与另一位员工的比较中，被认为是绩效更优秀者，那么此人得 1 分，否则记为 0 分。在全部的配对比较完成之后，对每一位员工得到的分数进行汇总，从而得出每一位员工的绩效评价分数（见表 7-3）。配对比较法是一种系统比较程序，科学合理，但是它只考评总体状况，不分解维度，也不测评具体行为，其结果仅有相对等级顺序，不能反映员工之间的差距有多大。另外，配对比较法是一种很费时的方法。

表 7-3   **配对比较法的员工绩效考核表**

员工	A	B	C	D	E
A		1	1	0	0
B	0		0	0	0
C	0	1		1	0
D	1	1	0		1
E	1	1	1	0	
总分	2	4	2	1	1

（2）特性法

绩效管理的特性法关注的是，员工在多大程度上具有被认为对企业的成功非常有利的那种特性（特点或特质）。运用这种方法的一些绩效评价技术通常都会界定出一系列的个人特质，如主动性、领导力、竞争力等，然后根据这些特质来对员工个人进行评价。

① 图评价尺度法。图评价尺度法是绩效管理中最常见的方法之一。在这一方法中，评价者需要利用评价尺度和特性对被评价者的绩效进行评价（见表 7-4）。管理人员每次只需要考虑一位员工的绩效状况，在每一项特性的 5 个分数中圈出一个与被评价员工最为相符的分数即可。图评价尺度法既可以为评价者提供大量的不同分数，也可以为评价者提供一种连续的分数，评价者只要在这个连续的分数段上画一个符号即可。

表 7-4 图评价尺度法的例子

下列这些绩效领域对于大多数职位来说都非常重要。请通过圈定相应分数的形式得出你对每一绩效维度的评价结果。

绩效维度	评价尺度				
	杰出	优秀	良好	尚可	较差
知识	5	4	3	2	1
沟通	5	4	3	2	1
判断	5	4	3	2	1
管理技能	5	4	3	2	1
质量	5	4	3	2	1
团队合作	5	4	3	2	1
人际关系能力	5	4	3	2	1
主动性	5	4	3	2	1
创造性	5	4	3	2	1
问题解决能力	5	4	3	2	1

②混合标准尺度法。混合标准尺度法是为了克服图评价尺度法所存在的一些问题而产生的。为了创建一个混合标准尺度，首先必须对相关绩效维度加以界定，然后再分别对代表每一个绩效维度好、中、差的内容加以说明。最后，在实际生成的评价工具中，再将这些代表一个绩效维度好、中、差的说明性文字与代表其他绩效维度好、中、差的说明性文字混合在一起，如表 7-5 所示。

表 7-5 混合标准尺度

被评价的三个特性	绩效等级说明
主动性	高
智力水平	中
与他人关系	低

说明：请在每一项陈述后面指明员工的绩效是高于陈述水平（填 "+"）、相当于陈述水平（填 "0"），还是低于陈述水平（填 "-"）。

主动性	高	1. 该员工确实是个自发主动工作的人，此人一贯都是积极主动地做事，因此从来不需要上级监督。+
智力水平	中	2. 尽管这位员工可能不是一位天才，但是他确实比我认识的许多人都更聪明。+
与他人的关系	低	3. 这位员工有与别人发生不必要冲突的倾向。0
主动性	中	4. 虽然总体来说这位员工的工作还是积极主动的，但是偶尔也需要上级对其进行督促才能完成工作。+
智力水平	低	5. 尽管这位员工在理解一些事情的速度方面比某些人要慢，并且在学习新东西方面也比别人要花更长的时间，但是他还是具有一般的智力水平。+

与他人的关系	高	6. 这位员工与每一个人的关系都不错，即使与别人意见相左的时候，他也能够与其他人友好相处。–
主动性	低	7. 这位员工有点儿坐等指挥的倾向。+
智力水平	高	8. 这位员工极其聪明，他学东西的速度非常快。0
与他人的关系	中	9. 这位员工与大多数人相处都比较好。只是在极其偶尔的情况下才会在工作中与他人发生冲突，而这些冲突通常是很小的。–

赋分标准

陈述			分数
高	中	低	
+	+	+	7
0	+	+	6
–	+	+	5
–	0	+	4
–	–	+	3
–	–	0	2
–	–	–	1

根据上述评价等级确定分数的过程举例：

	陈述			分数
	高	中	低	
主动性	+	+	+	7
智力水平	0	+	+	6
与他人的关系	–	–	0	2

（3）行为法

绩效管理中的行为法的主要做法是将一位员工在有效完成本职工作时所必须展现出来的行为加以界定。这种方法所包括的各种绩效评价技术都是首先界定上述所说的这些行为，然后再要求管理人员来评价一位员工在多大程度上展现出这些行为。

①关键事件法。关键事件法要求管理人员将每一位员工在工作中表现出来的能够代表有效绩效与无效绩效的具体事例都记录下来。管理人员可以利用这些事件向员工提供明确的反馈，让员工清楚地知道，自己在哪些方面做得好、在哪些方面做得不好。此外，通过重点强调那些能够对组织战略起到支持作用的关键事件，这种方法还能够与组织的战略密切相连。

②行为锚定评价法。行为锚定评价法是建立在关键事件法基础之上的，这种绩效评价方法的设计思路如下：通过开发与不同绩效水平相联系的行为锚，来具体界定各个绩效维度。开发行为锚定评价尺度首先要搜集代表职位上优秀绩效与无效绩效的大量关键事件，然后将这些关键事件加以分类，划归到不同的绩效维度中去。那些被专家们认为能够清楚地代表某一特定绩效水平的关键事件将会被作为行为事例来对评价者提供指导。管理人员的任务就是根据每一个绩效维度来分别考察员工的绩效，从而确定在每一个绩效维度中，员工的实际绩效表现与具有指导性的哪些关键事例最为相符，这种评价结果就成为员工在这一绩效维度上的得分。

行为锚既存在优点，也存在缺点。优点是，它可以通过提供精确和完整的绩效维度定义来提高评价者的信度；缺点是，它可能导致偏见性的信息回忆，也就是说那些与行为锚最为近似的行为最容易被回忆起来。

③行为量表法。行为量表法是在关键事件法的基础上发展起来的，它要求评价者根据某一工作行为发生频率或次数的多少来对被评价者打分。因此，行为量表法只不过是将行为进行加总的考评量表，考评者只要将那些表示员工具体行为发生频率的数字简单相加就可以了。行为量表的建立主要包括以下步骤：第一，运用关键事件技术进行任务分析；第二，通过任务分析识别出工作行为；第三，将每种行为所出现的次数划分为无等级标度，并进行因素分析；第四，将每个要素内的每项得分相加，所得总分与每个员工的小时工作量进行相关性分析。

行为量表法有很多优点：第一，它克服了关键事件法不能量化、不可比以及不能区分工作行为重要性的缺点，是从员工所做的系统的工作分析中设计和开发出来的，因此有助于员工对考评工具的理解和使用。第二，它有助于产生清晰明确的反馈，因为它鼓励主管和下属之间就下属的优缺点进行有意义的讨论。

④组织行为修正法。组织行为修正法是通过一套正式的行为反馈与强化系统来管理员工的行为。该系统建立在行为学家的动机观点基础之上。这种观点认为，雇员的未来行为由其得到过正面强化的过去行为所决定。一般而言，组织行为修正法由以下四个部分组成：第一，界定对工作绩效来说是必要的一套关键行为；第二，运用一套衡量系统来评价这些行为是否表现出来；第三，管理者或咨询人员将这些关键行为告知雇员，还可以为雇员制定目标，要求雇员必须以怎样的频率来表现出这些行为；第四，向雇员提供反馈与强化。

（4）结果法

结果法是一种按照员工的工作成果进行评价的方法，考评者以员工的工作结果而不是行为表现或特征来对员工进行考评。这种方法比较客观，容易为员工所接受，能够减少产生偏见的可能性。同时，结果法促使员工对其行为负责，认真谨慎地选择完成任务的方法。

①目标管理法。目标管理法的理论基础是：并不是有了工作才有目标，而是

有了目标才能确定每个人的工作，所以企业的使命和任务必须转化为目标。因此，管理者应该通过目标对下级进行管理。组织最高层确定了组织目标之后，必须对其进行分解，转化为各个部门以及个人的目标，管理者根据目标完成情况对下级进行考核和奖惩。

目标管理是一种程序或者过程，即让企业的管理人员和员工一起亲自参加工作目标的制定，根据组织使命确定一定时期内组织的总目标，并由其决定上、下级的责任和分目标，把这些目标作为考核组织绩效以及考核部门和个人产出对组织贡献的标准。它要求每个员工在工作中实行自我控制，并努力完成工作目标。目标管理具有以下优点：形成激励、有效管理、明确任务、自我管理、控制有效。

②平衡计分卡。平衡计分卡（Balanced Score Card，BSC）于20世纪90年代初由哈佛商学院的罗伯特·卡普兰（Robert Kaplan）和诺朗诺顿研究所（Nolan Norton Institute）所长戴维·诺顿（David Norton）共同提出的一种绩效评价体系。按照卡普兰和诺顿的观点，平衡计分卡将企业战略目标逐层分解为各种具体的、相互平衡的绩效考核指标，并对这些指标的实现状况进行不同时段的考核，从而为企业战略目标的完成建立起可靠的执行基础。

平衡计分卡中的目标和测评指标来源于组织战略，它把组织的使命和战略转化为有形的目标和衡量指标。平衡计分卡包含四个维度，基本框架如图7-4所示。

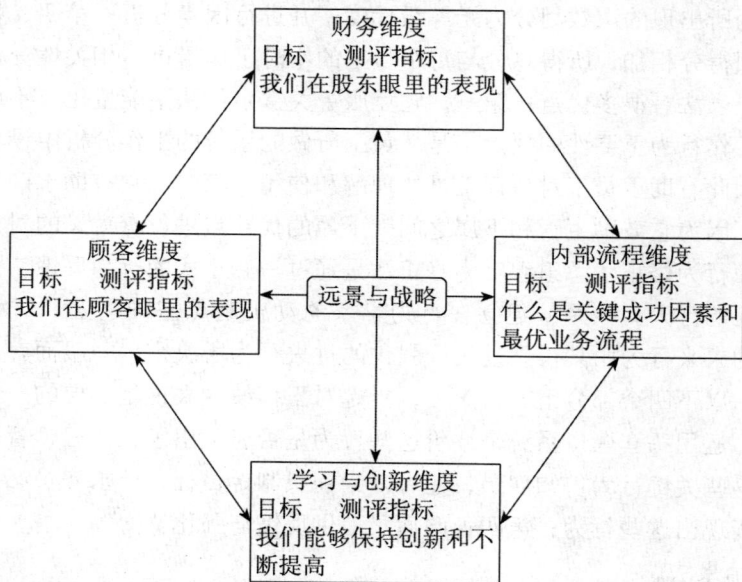

图 7-4 平衡计分卡

A. 顾客方面。目标是解决"顾客如何看待我们"这类问题，公司如何以客户为导向进行运作已经成为管理层首先考虑的问题。平衡计分卡要求管理者把为顾客服务的宣言转化为具体的测评指标，这些指标应该能够反映真正与顾客相关的因素。顾客所关心的五类事情是：时间、质量、性能、服务、成本。对于企业而言，应该明确这些方面所达到的目标，然后把这些目标转化为指标。顾客方面体现了企业对外界变化的反应。常见的顾客指标包括送货准时率、顾客满意度、产品退货率、合同取消数等。

B. 内部流程方面。目标是解决"我们必须擅长什么"这一类问题。以顾客为基础的指标十分重要，但是这又依赖于组织中所发生的流程、决策和行为。管理者需要关注这些使公司能够满足顾客需要的关键内部经营活动。内部流程方面的指标应该来自于对顾客满意度有最大影响的业务流程，包括生产率、生长周期、合格品率、新产品开发速度、出勤率等。

C. 学习与创新方面。目标是解决"我们能否继续提高并创造价值"这一类问题。以顾客为基础的测评指标和内部流程测评指标确定了公司认为竞争取胜的最为重要的参数，但是环境和竞争要求公司不断改进现有产品和流程。只有通过持续不断地开发新产品、为顾客提供更多价值并提高经营效率，才能使组织发展壮大，从而增加股东价值。

D. 财务方面。目标是解决"我们怎样满足股东"这一类问题。财务方面的测评指标告诉企业管理者他们的努力是否对企业的经济收益产生了积极作用，所以财务方面是其他三个方面的出发点和归宿。常见的财务指标包括销售额、利润率、资产利用率等。

在企业内应用平衡计分卡一般遵循以下步骤：

第一，公司的愿景与战略的建立与倡导。公司首先要建立愿景与战略，使每一个部门可以采用一些绩效衡量指标去完成公司的愿景与战略，另外也可以考虑建立部门级战略。同时，成立平衡计分卡小组或委员会去解释公司的愿景和战略，并建立财务、顾客、内部流程、学习与成长四个方面的具体目标。

第二，绩效指标体系的设计与建立。本阶段的主要任务是依据企业的战略目标，结合企业长短期发展的需要，为四类具体的指标找出其最具有意义的绩效衡量指标，并对所设计的指标自上而下、从内部到外部进行交流，征询各方面的意见，吸收各方面、各层次的建议。这种沟通与协调完成之后，使所设计的指标体系达到平衡，从而能全面反映和代表企业的战略目标。

第三，加强企业内部沟通与教育。利用各种不同沟通渠道如定期或不定期的刊物、信件、公告栏、标语、会议等让各层管理人员知道公司的愿景、战略、目标与绩效衡量指标。

第四，确定每年、每季、每月的绩效衡量指标的具体数字，并与公司的计划和预算相结合。注意各类指标间的因果关系、驱动关系与连接关系。

第五，绩效指标体系的完善与提高。首先，在该阶段应重点考察平衡计分卡指标体系的设计是否科学，能否真正反映本企业的实际。其次，要关注的是采用平衡计分卡后，测评指标对于绩效评价的不全面之处，以便补充新的测评指标，从而使平衡计分卡不断完善。最后，要关注已设计的指标中的不合理之处，予以坚决取消或改进，只有经过反复认真的改进才能使平衡计分卡更好地为企业战略目标服务。

③关键绩效指标法。关键绩效指标（Key Performance Indicator）是通过对组织内部流程的输入端、输出端的关键参数进行设置、取样、计算、分析，衡量流程绩效的一种目标式量化管理指标。关键绩效指标是把企业的战略目标分解为可操作的工作目标的工具，是企业绩效管理的基础。KPI 可以使部门主管明确部门的主要责任，并以此为基础，明确部门人员的业绩衡量指标。关键绩效指标的理论基础是二八原理，即 80% 的工作任务是由员工 20% 的关键行为完成的。因此，只要对 20% 的关键行为进行分析和衡量，就能抓住业绩评价的重心。

绩效可以按其实施主体分为组织绩效、团队绩效、个人绩效三个层次，所以对组织绩效进行评价也有三种关键绩效指标：企业级关键绩效指标、部门级关键绩效指标、员工个人关键绩效指标。实际上，在实施绩效管理时，这三者并非完全独立，因为组织绩效依赖于个人绩效，提高个人绩效的最终目的还是提高组织绩效。因此，在对个人进行绩效考核时，既要考核个人关键绩效指标，又要适当考核其所在部门的关键绩效指标。只有这样，才能有效地将个人利益与部门利益、组织利益结合起来。

在确定关键绩效指标时要遵循一些原则，这些原则概括为 SMART 原则，如表 7-6 所示。

表 7-6　　　　　　　　　　**确定关键绩效指标的 SMART 原则**

原则	正确做法	错误做法
明确的（specific）	切中目标 适度细化 随情境变化	抽象的 未经细化的 复制其他情境中的指标
可衡量的（measurable）	数量化的 行为化的 数据或信息具有可得性	主观判断 非行为化描述 数据或信息无从获得
可实现的（attainable）	在付出努力的情境下可以实现 在适度的实践内实现	过高或过低的目标 期限过长
相关的（relevant）	可证明的 可观察的	假设的 不可观察或证明的
有时限的（time-based）	使用时间单位 关注效率	不考虑时效性 模糊的时间概念

企业在制定关键绩效指标时，应当根据企业的战略重点，运用头脑风暴法和

鱼骨分析法找出业务重点，并找出这些关键业务领域的关键绩效指标。在制定部门和岗位关键绩效指标时，通常采用以下步骤：

第一，详细描述部门和岗位的工作职责。首先根据组织的战略目标、部门设置情况、部门间的工作流程，确定每一个部门的基本职责。然后，根据部门内的岗位设置情况以及不同岗位间的工作业务流程关系，把部门的职责分解到各个岗位上。通过工作分析，明确每一岗位的具体职责，为每一岗位建立规范的工作说明书。

第二，提取工作要项。工作要项是指各部门和岗位工作中所包含的重要职责，在明确了工作职责的基础之上，管理者与被管理者共同确定将哪些工作作为工作要项。确定工作要项的方式有以下三种：第一，管理者与被管理者先通过商讨共同拟定一个初稿，然后召集所有相关员工一起讨论，直到意见一致为止。第二，管理者先拟定一个初稿，被管理者在仔细阅读的基础之上提出改进意见，管理者再根据被管理者的意见作出一定修改，直到双方都接受为止。第三，被管理者先拟定一个初稿，管理者在仔细阅读的基础之上提出改进意见，被管理者再根据管理者的意见作出一定修改，直到双方都接受为止。

第三，建立关键绩效指标。确定了工作要项之后，每一项工作要项就是一个关键绩效指标。关键绩效指标必须符合量化和行为化标准，否则就不能作为关键绩效指标。关键绩效指标有四种类型，分别是数量、质量、成本和时限。

第四，确定不同指标的权重。不同方面的绩效指标在总体绩效中所占的比重不一定相同。

第五，确定绩效标准。关键绩效指标体现了每一部门或岗位对组织目标有增值作用的工作产出，指标的内容规定了从哪些方面对工作产出进行衡量或评估，标准则指明了各个指标分别应达到什么程度或水平。绩效标准是进行绩效评价时所依据的标准，对量化的绩效指标设定的绩效标准通常是一个范围，这个范围的下限是基本标准，上限是卓越标准。基本标准是被评估对象必须达到的水平，如果被评估者的绩效低于标准的下限，表明被评估者存在绩效不足的问题，需进行改进；如果被评估者的绩效超出标准的上限，则表明被评估者作出了超出期望水平的卓越表现。

7.3.4 绩效形成过程的督导

在绩效形成过程中主要通过行为监督指导记录表来进行督导。行为监督指导记录表主要记录在考核期间被考核者发生的极限行为。记录内容包括编号、发生的极限行为、日期、针对该行为管理者的应对措施、采取措施的时间、采取措施后的后续变化、下属改变现状的时间、双方签字。这些内容都体现了对绩效形成过程的督导。

行为监督指导记录表主要有三方面的作用：一是作为考核的事实记录和信息

来源，正常行为不记录，超过标准的行为记为 A、B，低于标准的行为记为 C、D；二是作为管理的依据；三是作为各级管理者是否承担相应管理责任的监督表格。

7.3.5 工作绩效评价实施

1. 评价实施

在实施绩效评价时要强化原始记录，提高评价质量，并对评价标准统一认识，达成一致。同时，评价者要为自己的主观感受寻找事实和客观依据。

2. 常见评价因素的判断基准

一般来说主要有十四个常见的评价因素。

①工作过程的正确性。工作过程正确性的优秀标准为：一贯遵循正确的方针、政策、程序和方法。不合格的情况为：未经批准擅自违反既定方针政策；破坏正常的组织权力结构，发生越权、侵权行为；擅自改变规定的程序和方法。

②工作结果的有效性。工作结果有效性的优秀标准为：工作结果总是达到和超过预期的要求。不合格的情况为：以某种借口为由，达不到预期要求；存在返工、投诉和有关部门的抱怨；需要经常指导、监督和控制，存在对其工作不放心的感觉。

③工作方法选择的正确性。工作方法选择正确性的优秀标准为：总是能够选择正确的工作方法。不合格的情况为：在工作方法选择方面经常需要上级指导；对自己的职业能力缺乏信心；因工作方法不当造成工作失误和损失。

④工作效率。工作效率的优秀标准为：总是能在规定时限内完成工作。不合格的情况为：拖延工作具有一贯性；完成工作需要上级监督和不断督促；工作缺乏逻辑性，没有条理。

⑤工作数量。工作数量的优秀标准为：承担明显超过平均水平的工作量，并能同时推进多项工作。不合格的情况为：承担的工作与大多数人相仿；不能同时推进多项工作；一旦工作数量增加，工作质量则明显下降。

⑥工作的改进与改善。工作改进与改善的优秀标准为：主动改进工作方法，不断提高绩效水平。不合格的情况为：墨守成规，安于现状，缺乏创新意识；缺乏改善工作的热情和有价值的建议；固执己见，反对改革。

⑦统筹安排与计划。统筹安排与计划的优秀标准为：合理分配工作，有效利用资源。不合格的情况为：工作分配上出现职责重叠，时间安排发生冲突；员工的工作任务与责任不均衡；存在人浮于事的现象。

⑧知识。知识的优秀标准为：拥有足以履行各种职责的专业知识和管理知识。不合格的情况为：因相关知识欠缺而需频繁指导；难以正确理解和把握上级意图，执行不力。

⑨经验和技能。经验和技能的优秀标准为：在处理本职工作时总是得心应

手，无需指导和帮助。不合格的情况为：在履行工作职责时经常就具体问题寻求指导和帮助；对处理常规问题显得没有把握；在事务性处理过程中缺乏主见；难以独立承担完整的工作。

⑩沟通能力。沟通能力的优秀标准为：善于选择适当的人与方式进行交流；准确理解他人意图，准确表达自己意见，表达流畅。不合格的情况为：不能根据客观情况，选择适当的沟通方式；文字、语言表达缺乏逻辑，存在沟通障碍；无法准确理解他人意图。

⑪解决问题能力。解决问题能力的优秀标准为：总是善于发现问题，并正确解决。不合格的情况为：不能预先发现问题，把问题在萌芽状态消除；不能正确把握问题的本质和产生的原因；不能选择正确的问题处理方法；经常因问题处理不当而被抱怨。

⑫督导能力。督导能力的优秀标准为：经常检查下属工作进度，指导和协助下属解决工作中的问题，有效协调下属的工作关系，注重培养下属的工作能力。不合格的情况为：经常抱怨下属工作不力；经常抱怨下属工作能力不足；不能准确把握下属工作进度和存在的问题。

⑬责任意识。责任意识的优秀标准为：忠于职守，尽职尽责，积极主动，实事求是，工作扎实。不合格的情况为：强调客观理由，推脱应负责任；好大喜功，言过其实；畏惧困难，不敢承担挑战性工作；牢骚满腹，抱怨重重；把问题上交，提不出有价值的建议。

⑭个人品格。个人品格的优秀标准为：自信、友善、公正、无私、乐于助人。不合格的情况为：没有主见，人云亦云；语言粗鄙，怪话连篇，经常阴阳怪气；缺乏同情心，在力所能及的范围内坐视他人的困难不管。

3. 考核结果的修正

在考核结果出来后，还需要进行宽严修正和部门修正。之所以要进行宽严修正是因为各部门掌握标准不一，需要统计修正；之所以要进行部门修正，是因为各部门存在绩效方面的实际差异，因此需要在宽严修正的基础上进行部门修正，确保公平。

7.3.6 绩效评价面谈

1. 绩效反馈

实施绩效考核后要给予绩效反馈，绩效反馈是由员工和管理人员一起，回顾和讨论考核的结果，如果不将考核结果反馈给被考核的员工，考核将失去极为重要的激励、奖惩和培训的功能。因此，绩效反馈对绩效考核起着至关重要的作用。

反馈是一个双向的动态过程，由反馈源、所传送的反馈信息、反馈接受者三部分组成。绩效反馈一般通过语言沟通、暗示及奖励等方式进行。根据不同的分类依据，绩效反馈有不同的分类方式。根据被考核者的参与程度可以分为指令式反馈、指导式反馈和授权式反馈。根据反馈的内容和形式可以分为正式反馈和非正式反馈。

2. 绩效面谈

绩效面谈是考核结果反馈的重要形式。绩效面谈是直线经理与员工之间针对绩效评价结果进行讨论的面谈。绩效面谈主要有三个目的：一是要让员工了解自己的考核结果背后的原因，以此来增加共识，减少误解和猜疑，从而对考核结果形成一致看法，既承认员工优点，又指出不足；二是对下一阶段工作的期望达成一致协议；三是通过面谈讨论制订双方都能接受的绩效改进计划，并为员工的发展提供建议。

绩效结果反馈面谈的主要步骤包括：

①面谈准备。面谈准备主要包括相关的数据和分析的准备，也就是要求主管在绩效面谈前一定要进行绩效诊断，主管不仅要告诉员工考核结果，还要告诉员工为什么会产生这样的绩效，应该如何避免出现低的绩效。

②面谈过程控制。首先，主管应当在开始的时候花一点时间讲清楚面谈的目的和具体议程，这样会有助于消除双方的紧张情绪，同时也便于双方控制面谈的进程；其次，在面谈过程中，主管一定要注意平衡讲与问，注意倾听被考核者的意见，充分调动对方讨论的积极性，赢得他们的合作，避免对抗与冲突的发生。主管应当只谈员工的工作表现，而不要对员工本人作出评论。负面的评价不可避免，但为了让员工保持正面的自我印象，可以先说好的评价。如果管理者和员工的看法有较大的差异，双方应先认清差异的所在。总的来说，在面谈过程中要注意以下八点：建立彼此信任的相互关系，营造有利的面谈气氛；清楚说明考核和面谈的目的是培养和发展员工自己；鼓励对方表达自己的观点和意见，不要打断；照顾对方的感情，避免对立情绪和冲突发生；集中于绩效本身，回避性格问题；面向未来，不追究既往；优缺点并重，突出优点和对未来工作绩效的期望；以积极的方式结束面谈，激发员工的工作热情。

③确定绩效改进计划。双方在讨论绩效产生的原因时，对于达成的共识应当及时记录下来，那么这些问题可能就是员工在下期需要重点关注和提高的地方，有助于对下一阶段的绩效重点和目标制订计划。面谈结束后，双方要将达成共识的结论性意见或经双方确认的关键事件或数据，及时予以记录、整理，填写在考核表中。对于达成共识的下期绩效目标也要进行整理，形成下期的考核指标和考核标准。

7.3.7　制订绩效改进计划

获得绩效考核结果并进行绩效面谈后，要制订绩效改进计划，主要有四个步骤：第一，确定绩效改进目标，包括工作绩效改进目标、个人能力提升目标等，在制定目标时注意目标要具体，难度要适当，并且容易改的先改，容易见效的先改；第二，拟订具体的行动方案；第三，明确改进绩效资源方面的保障，确定外部资源和内部资源，如组织与上级、员工的客户、培训教师、企业培训制度等；第四，明确评估改进计划完成的方法。

7.3.8　绩效改进指导

1. 绩效改进指导的步骤

在进行绩效改进指导时，主要分为四个步骤：第一，分析绩效改进指导的需求，明确绩效改进项目的先后顺序，明确各个绩效改进项目的关键点、最佳时机；第二，拟订指导计划，首先评估下属的学习风格，然后选择学习活动，最后准备指导计划；第三，执行指导计划，要求与下属保持深入沟通，发挥下属改进绩效的主动性，并营造有利的学习环境，包括管理者的指导技巧、员工的学习条件、其他人的配合等；第四，评估绩效指导成效，评估指导目标是否达成，是否需要进一步指导，对下属的辅导是否有效，下属在指导过程中有什么反应，下属有哪些需要改进的地方。

2. 绩效改进表

每一次考核结束后，管理者应与被考核者就考核中的不足进行绩效面谈，这就需要用到绩效改进表。绩效改进表的内容包括：绩效改进项目，改进标准，一项改进是属于业绩改善还是能力提高；绩效改善的步骤；绩效改善的关键点；表格建立的日期；双方签字。通过这种方法，帮助员工改善绩效，同时对管理者本人进行考核。

7.4　绩效考评结果的运用

绩效管理之所以被称为人力资源与劳动关系管理的基石，其根本原因在于绩效考评结果可以运用于人力资源与劳动关系管理的方方面面，如图7-5所示。

7.4.1　岗位技能评估与员工发展规划

在绩效管理后期，管理者应当根据绩效结果进行岗位技能评估，为被考核者制订培训计划，如一年计划、三年规划等，从而及时组织相关的培训教育活动，实现员工与组织的共同发展。

技能评估的目的就是要了解员工在目前和将来的工作中获得成功的重要技能是什么，从而帮助员工设立个人发展规划，这个规划是建立在员工的目标设定之上的。

1. 技能的分类

技能分为软技能和硬技能两类。软技能是指沟通能力、倾听能力、说服能

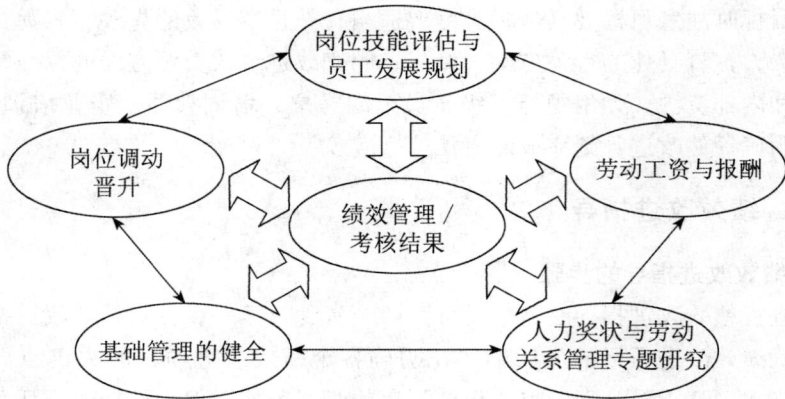

图 7-5　绩效管理是人力资源与劳动关系管理的基石

力、自我激励能力等；硬技能是指程序化技能（process skill）和专业技能（professional skill）。以销售代表为例，硬技能就是英语口语能力、计算机使用能力、演讲技巧、谈判技巧、产品常识等，这些是容易通过培训获得的认知技能，而软技能则是指那些不易后天获得的非认知技能。

2. 技能评估

对硬性技能可以进行定量评估，分为新手、初步胜任、完全胜任、不仅胜任还能当师傅、专业技能大师五个等级，而对软性技能则不能进行打分，只能分成两类：符合要求、有待提高。继续以销售代表为例，表 7-7 展示了技能评估表的样本。

表 7-7　　　　　　　　　　　　销售代表的技能评估表

硬性技能评估				软性技能评估	
评估项目	现在得分	期望得分	行为建议	评估项目	待业建设
1. 英语口语				1. 自我激励和指导	有待提高
2. 计算机技巧	2	3	需培训	2. 和谐相处能力	符合要求
3. 专业知识					
4. 谈判技巧	4	3	可当师傅	3. 影响力和说服力	有待提高
5. 演进技巧	3	3			

3. 员工培训与发展规划

进行岗位技能评估后，如果发现员工在硬技能和软技能上存在不足，就要分析原因，对症下药。如果是硬技能存在不足，那是员工个人能力不足的原因。如果是软技能存在不足，既有可能是员工自身的原因，也有可能是外在环境的原因，如经理没授权、公司政策限制、绩效与奖励不挂钩、人手财力等问题。因此，软技能缺失，有时候并不需要培训，变革公司的制度就可以解决问题。

但是针对硬技能不足，以及由于员工自身能力引起的软技能不足，就需要制订员工发展规划，对员工进行培训。员工培训计划及发展规划表样例如表 7-8 所示。

表 7-8 员工培训计划及发展规划表

员工缺失技能	行动计划	负责人	时间	核对

附注：①员工未来 3~5 年的计划是什么？他要做到什么职位？需要增加什么技能？
②针对这个员工的发展规划，从现在开始他就需要学习的是什么？

7.4.2 劳动工资与报酬

绩效考核的结果最直接的应用就是决定奖金的发放与工资的调整。绩效评价结果能够为报酬分配提供切实可靠的依据，因此进行薪酬分配和薪资调整时，应当根据员工的绩效表现，应用考核结果，建立考核结果与薪酬奖励挂钩制度。例如在年度工资额的调整上，对绩效较差的员工，可以下调其下年度的工资；反之，如果员工绩效很好，则可以适当上调其下年度的工资。

7.4.3 岗位调动与晋升

绩效考核还是岗位调动与晋升的重要依据。管理层可以通过分析累积考核结果的记录，发现员工工作表现与其职位的不适应性问题，查找原因并及时进行职位置换。

例如，能级较高的员工，由于个人爱好或其他原因不能适应现有职位，能力没有充分发挥，或能级较低的员工，逐渐不能胜任现有职位，但可以胜任较低序列职位，对这两类员工可参照个人选择，有组织、有计划地将其置换到新的职位，真正做到人适其事，事得其人。

7.4.4 人力资源与劳动关系管理专题研究

绩效考核的结果还可以在人力资源与劳动关系管理的方方面面中得到应用，如：绩效考核结果是制定新的测评指标的基础；绩效考核结果用于招聘录用；绩效考核结果用于检验人力资源政策的效用；绩效考核结果用于制订人力资源规划；绩效考核结果用于编制人力资源培训计划。

第 8 章　总报酬模型与薪酬管理技术

8.1　总报酬模型及其设计技术

8.1.1　总报酬模型

人力资源与劳动关系管理中最核心最根本的问题就是如何做到员工报酬和组织绩效的对等承诺及其对等实现。对于劳动者而言，他付出的是劳动，获得的是报酬，为了保证组织效率和劳动关系的和谐，就必须保证让劳动者觉得自己所得等于甚至大于自己所付出的。基于这个目的，本章将总报酬定义为员工由于为企业工作而获得的一切成果，也就是说用广义的薪酬衡量员工为企业工作所得的一切。这个定义类似于美国薪酬协会"整体薪酬"（total reward）的定义。

美国薪酬协会将整体薪酬定义为：用以交换员工的时间、天赋、努力和成果而提供给员工的货币形式或者非货币形式的回报，它包括五个关键的因素：薪酬，福利，工作-生活平衡，绩效和认可，发展和职业机会。这些因素有效地吸引、激励和保留企业成功所需要的人才。整体薪酬战略是为了获得最好的激励效果，将五个要素有机结合成定制化的薪酬包的艺术。总报酬模型如图 8-1 所示。

相比于传统的薪酬概念，总报酬强调了很多与工作相关的非经济报酬，如员工由于完成工作而获得的关系回报（relational returns），或是员工在工作地点获得的心理回报（psychological returns），诸如被赏识、有身份地位、就业安全感、挑战性的工作、学习机会等。这些非经济报酬能更好地满足员工的精神需要，改善员工的心理状态，更强调以人为本的理念，更好地实现劳资双方共赢。

1. 薪酬

薪酬指雇主由于员工提供服务（时间、努力和技能等）而付给员工的工资。

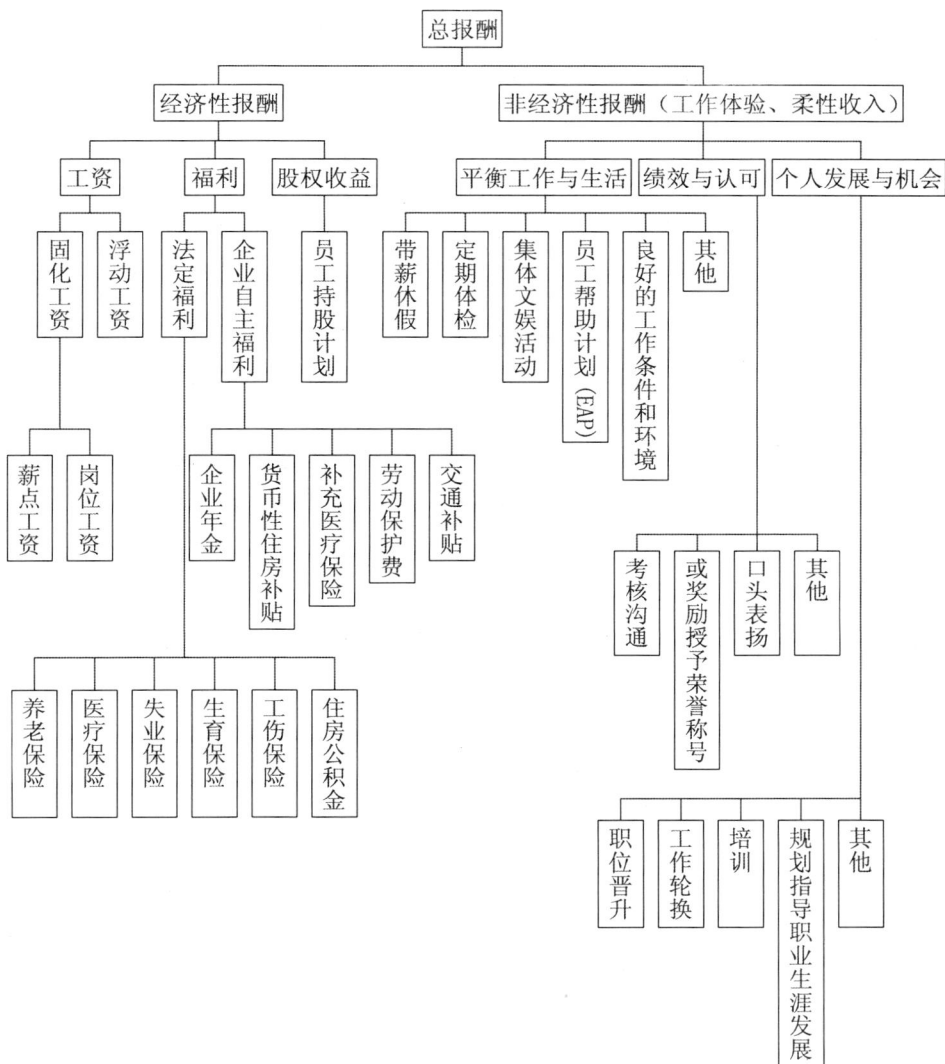

图 8-1　总报酬模型

薪酬包括四个核心要素：

①固定薪酬。固定薪酬也就是人们常常提到的"基本工资"，它是不随绩效或者成果而改变的薪酬。

②可变薪酬。可变薪酬是人们所称的"风险报酬"，直接随绩效水平或者工作成果而变化，它是一种在每一个绩效周期都必须重新建立标准的一次性报酬。

③短期激励薪酬。它是可变薪酬的一种形式，聚焦于激励一年期或者更短周期之内的绩效。

④长期激励薪酬。它也是可变薪酬的一种形式，聚焦于激励超过一年期的绩效。典型的长期激励计划包括股权计划、限制性股权计划、绩效分享和现金。

作为整体薪酬的最传统的要素，薪酬对于组织成功十分必要。

2. 福利

福利是雇主提供给员工的现金报酬以外的补充项目。这些项目的目的是保护员工以及其家庭不受财务风险的危害，它可以分为以下三种类别：

①社会保险：五险一金。

②商业保险：医疗、意外伤害等。

③非工作时间报酬：该计划的目的是保证员工非工作时的收入，如工作时的休息、换制服时间，不在工作时的假期等。

3. 工作-生活平衡

工作-生活平衡指一整套积极支持员工在工作和家庭方面都获得成功的组织实践活动、政策、项目和理念。在工作场所，组织对于工作-生活平衡的主要支持措施可以分为七个类别：工作场所弹性、带薪假期和非带薪假期、健康和情绪状态、子女关怀、财务援助、社区参与、管理参与/文化改变参与。这些类别涵盖了薪酬、福利以及其他人力资源计划。总体而言，工作-生活平衡强调关注员工的关键共性需求、家庭、社区以及工作场所。

4. 绩效和认可

（1）绩效

绩效是组织成功的关键因素，评估绩效是为了了解员工完成了什么、是如何完成的。绩效涉及组织、团队和个人对于实现业务目标和组织成果所作出的努力。

（2）认可

认可是指雇主对雇员的绩效、行为和业绩表示特别的关注。它满足了员工获得赞赏的心理要求，同时强化特定的行为（如超额业绩），促进和支持组织目标的实现。不管是正式的还是非正式的，认可计划在事实发生后需要马上实施，通常认可计划没有一个事先确定的目标和期望的绩效水平。认可激励可以采用现金方式和非现金方式（例如语言认可、奖杯、证书、晚餐等）。

认可计划的价值在于：强化绩效提升的价值；培育不断提升的文化，即使这种提升未必能确保；将表示赞赏的步骤正式化；提供积极的、及时的反馈；培养对于有价值的行为和活动的沟通习惯。

5. 发展和职业机会

发展是指为了提高员工技能和胜任力的一系列学习体验。发展使得员工表现更好，使得领导者不断提高、完善组织的人员战略。

职业机会是一项为雇员提升其职业目标的计划。它可以包括在组织内向高职位晋升的机会，以使有才能的员工被部署到那些能够使他们为组织提供最大价值的职位上。发展和职业机会包括以下内容：

①学习机会：学费资助、企业大学、新技术的培训、参加外部研讨会、自我

发展工具和技术、在职学习和在更高层级岗位上轮岗、目的明确的公休。

②辅导和指导：领导力培训、接触专家和信息网络、在组织内或组织外正式的或者非正式的导师项目。

③晋升机会：实习、海外工作、职位晋升、职业阶梯、继任计划。

8.1.2 总报酬模型是对传统用工管理范式的突破

1. 总报酬模型明确了将"员工第一"作为总报酬的构成理念

在考虑企业的付薪依据时，总报酬模型强调将那些对员工最具价值的要素作为组织的付薪基础，薪酬组合要针对员工不同的需求制定，薪酬形式和薪酬内容要具有多元性。该模型重新审视了组织与组织中人的价值，建议任何员工认为具有价值的东西都可以成为总报酬的组成部分。只有这样，企业才能将有限的激励资源通过组合，最大限度地作用于员工价值，支持企业在人才相对短缺的市场中获得竞争优势。因此，该模型将多种激励方式有机地整合在一起，明确界定总报酬是用以吸引、激励和保留员工的各种手段的整合。

2. 总报酬模型从人力资源与劳动关系战略管理的高度，系统梳理了总报酬的逻辑框架

总报酬模型更加强调薪酬战略，人力资源与劳动关系战略和组织的一致性。该模型把基于总报酬的薪酬战略置于组织整体发展战略之中，使之成为支持组织人力资源与劳动关系战略实现的重要工具。该模型认为，一个有效的薪酬计划总是以支持组织战略实现为目标的。总报酬计划将多种激励方式有机地整合在一起，强调目标与绩效管理的一致性，使其成为支持组织战略实现的有力工具。

3. 总报酬模型更加强调将劳资双赢战略与企业具体的薪酬管理实践相结合

总报酬模型认为，只有通过对内外部环境变化的分析，才能有针对性地将总报酬导入到组织的薪酬管理实践中来，才能吸引和激励员工、提高员工参与和满意程度，实现组织绩效的提升和发展，并最终实现劳资双赢的战略目标。

总报酬的付酬方式更加强调组织内部的沟通与员工参与，更容易促进员工的自我认知，促进员工对组织薪酬公平性的认同，建立良好的企业薪酬文化，进而提升薪酬系统的有效性。

总报酬的付酬计划更具有弹性。它将薪酬以企业价值为导向转变为以员工需求为导向，并可以根据员工需求的变化，及时调整薪酬要素以及各要素之间的比例关系，以此引导员工的行为来支持组织的变革。

总报酬模型有助于更好地控制人工成本。它在关注经济报酬（现金）的同时，也强调诸如发展机会、工作环境、组织文化等非经济报酬为员工带来的价值。在总报酬计划中，不增加现金成本也可以提高员工的满意度和成就感。

8.1.3 总报酬模型的有效性

1. 整体薪酬方法为何有效

企业通过薪酬换取员工的绩效，因此对于企业而言薪酬最重要的是能够激励员工从而获得更高的绩效。在过去的几十年中，很多非常有说服力的证据证实，最好的吸引、激励和保留人才的方法就是整体薪酬，而不仅仅是工资和福利。下面用经典的激励理论——马斯洛的需求层次理论来证明这一点，因为马斯洛强调无形的需要（包括成长的需要和自我实现的需要）对员工来说具有同等重要的价值。表8-1显示了整体薪酬是如何与著名的马斯洛需求层次理论相匹配的。

表8-1 整体薪酬与马斯洛需求层次理论的匹配

自我实现的需要（认知和理解，潜力全部达到）	学习和发展，晋升，成长
尊重的需要（积极的自我形象）	认可，提升，绩效反馈
感情上的需要（团队的感情和认同）	归属感和同事
安全上的需要（长期生存）	财物安全，健康和福利
生理上的需要（短期生存）	小时工资，基本工资

2. 整体薪酬五大优势

（1）提高组织弹性

21世纪已经成为"个性化报酬"的时代，雇主需要对不同的细分员工创造不同的混合薪酬包。整体薪酬由于结合了交易性和关系性奖励而提供了极大的弹性，因为它允许对各种奖励进行组合乃至再组合，以满足不同员工的情感需要和激励性需要。

（2）提高招聘和保留人才的效率

整体薪酬对于解决招聘和员工留任问题至关重要，它能够创造一种满足员工需要的工作体验，并且鼓励他们贡献额外的努力。它能够解决更为广泛的问题，并把薪酬成本花在有效解决员工工作价值观改变所导致的问题上。当组织帮助员工在工作和生活方面都高效率运转的时候，员工就会对这个组织产生强烈的组织承诺。

公司需要做一个现实的表述，让潜在的员工能够看到在该公司工作的总体价值。一个具备整体薪酬的公司会更有竞争力，因为这能体现出在雇佣关系中的总体价值。

（3）降低人工成本/员工流动成本

员工流动成本是非常高昂的，根据康奈尔大学的研究，对于时薪人员而言，失去一个员工的总成本是该职位年薪的30%到150%。而整体薪酬可以大大降低组织员工流动率，从而降低人工成本。

（4）加速提高劳动力市场中的竞争力

人才短缺已经成为商业环境中的长期问题，企业正史无前例地需要得到更高的员工组织承诺，但是员工的忠诚度却在降低。如果人们发现有一个与自己需求更加符合的环境，他们就会选择那个环境，而如果人们的需要得到满足，他们就会选择留下。

整体薪酬就可以达到更好地满足员工需求的目标，因为企业可以在一个综合框架中对报酬进行组合和匹配，并针对员工的个人需求，进行整体薪酬包的沟通。

（5）提高盈利能力

对于整体薪酬包的一大误解就是认为这些组合十分昂贵，其实不然，将薪酬重新组合恰恰是节省成本的方法，这样的方法可以增加其项目并提升员工对价值的感知，而且不需要提高企业的总投资。从很大程度上来说，将资金放在有价值的位置比增加资金本身更加有效。

如今的员工群体包含了不同的几代人，每一代人又有着各自对雇佣关系的期望。许多员工调查显示，年轻员工把工作环境、学习和发展当做首选，而并不是传统意义上的报酬；相反，老一辈的员工更重视工资和福利。显然，期望制定一组对所有人都具有吸引力的报酬组合，或者通过设计一套解决方案就能解决一系列复杂的业务问题，是不太可能的。

因此，为了实现薪酬和绩效的对等承诺，满足不同员工群体的需求，企业需要一个整体薪酬计划的组合。

8.1.4 总报酬模型设计技术

整体薪酬计划的设计主要有以下六个步骤：

1. 分析和评估

开发整体薪酬计划的第一步就是要清楚理解当前的情况，这包括：界定当前情况，列出目前薪酬的清单，根据人员和资金两个维度评估现有的整体薪酬组合，以及听取现在和潜在员工的意见，了解他们的价值取向。

（1）为什么要进行评估

优先开发一个支持组织的现有状况和未来业务战略的系统性薪酬计划是十分重要的，因为这样可以避免不完全信息造成的影响，明确薪酬计划的定位，增加管理层的可信度，确保遵守法律。

（2）如何进行评估

评估需要有效收集、组织和分析数据，现状也需要记录下来。第一，收集容易获得的内部和外部数据；第二，以最优企业为基准进行公司战略、政策和实践的标杆研究；第三，收集附加数据，包括正式的和不正式的；第四，综合不同来源的商业信息，形成准确、精要的总结；第五，基于构建整体薪酬计划的目标评估现在的实践；第六，确定提升的机会和目标。

2. 设计

（1）明确公司的使命和愿景

公司的使命是公司存在的原因或目的。公司愿景勾勒出了公司渴望实现的目标。企业使命聚焦于"企业需要为未来的发展和成功做什么"，而愿景则提供了组织长期生存发展的蓝图。公司愿景使得管理者在决策的时候保持同一个方向。

（2）明确业务战略

业务战略是为了支持或者实现公司的使命和愿景目标而提出的，关于产品或服务的竞争性定位的计划。业务战略包括定价、质量、产品创新、卓越服务、市场反应、需要的回报率、成本结构等。

（3）确定整体薪酬战略

需要确定每一个员工群体的最佳整体薪酬组合，得到或者分配每一个元素的方式，每一个员工群体适合的细分劳动力市场，每一个员工群体在市场中期望的竞争性定位。

3. 开发

开发整体薪酬项目需要确定以下项目的具体内容：项目计划和目标，个体参与者在具体薪酬要素上的资格，指标和目标的底线，项目起始资金，计划的选择和结构，行动的日程表。

4. 执行

首先要获得高级管理层的批准。为了确保整体薪酬计划得到批准，建议做一些调查工作，发现需求，然后提供合适的解决方案；勾画一个决策流程的框架，明确最终决策者以及谁能够影响最终决策者；确保跟进计划的管理层能够得到关于新计划的影响的周期性报告。

其次要组成执行团队。在组成一个团队时，要选择具有广泛代表性的人员，明确团队的角色和决策机制，提供关于"做什么"和"怎么做"的培训，明确人力资源人员的角色。

在全员推行整体薪酬计划之前最好进行试点，也就是先将整体薪酬计划应用在一个小团队的员工身上。

5. 沟通

一旦整体薪酬项目被开发出来，它就需要进行有效的沟通，例如，如何确定薪酬，为什么要进行薪酬调查或者提供特定的福利等。管理层与员工的沟通是非常必要的，内容包括项目的目标，与企业战略的联系，成本，以及员工可以怎样影响绩效指标等。

6. 重新评估和修订

评估的指标主要包括定量评估和定性评估两种，根据评估的结果进行修订可以不断完善整体薪酬项目。

定量评估包括：直接绩效产出，例如员工流失率的降低和招聘效率的提高；评估性产出，如人均整体薪酬成本；间接绩效产出，如人均经营收入、生产效率、顾客保留等。

定性评估就是观察这个项目带来的工作质量的提升，例如：在没有增加员工的情况下生产效率是否有提高？工作-生活平衡的改善是否在没有任何副作用的情况下提高了生产效率？员工是否说他们更愿意留在这个企业？

8.2 普通员工的总报酬管理

员工的总报酬包括经济性报酬和非经济性报酬两个部分。普通员工的经济性报酬主要包括薪酬与福利两个部分，而普通员工的薪酬体系设计一般有三种，即职位薪酬体系、能力薪酬体系和技能薪酬体系。员工的非经济性报酬包括三个部分的内容：工作-生活平衡、绩效考核与绩效认可、个人发展与工作机会。

8.2.1 职位薪酬体系设计

1. 职位薪酬体系的含义与特点

职位薪酬体系是指，首先对职位本身的价值作出客观的评价，然后根据这一评价结果，赋予承担这一职位的人与该职位价值相当的薪酬。这种薪酬体系在确定基本薪酬时，重点考虑的是职位本身的价值，往往很少考虑人的因素。职位薪酬体系有利于企业实现同工同酬，同时也便于按照职位对薪酬进行系统管理，降低了管理成本。实施职位薪酬体系的企业要求职位说明书清楚明确、工作对象相对较为固定。

职位薪酬体系的主要优点在于，它有利于按照职位系列进行企业的薪酬管理，操作过程简单且管理成本较低。然而职位薪酬体系也存在着一些显著的缺点：由于薪酬与职位直接挂钩，导致员工通过晋升来获得大幅度加薪的可能性降低，进而使员工的工作积极性受挫；由于职位结构相对稳定，员工薪酬也就相对稳定，从而不利于企业对变化的外部环境迅速作出反应，也不利于企业及时、恰当地激励员工。

尽管职位薪酬体系存在一些缺点，但不可否认它仍然具有很强的实用性，且在操作方面比能力薪酬体系更简单易行。目前我国的大部分企业仍使用这一薪酬体系。

2. 实施职位薪酬体系需要注意的问题

由于职位薪酬体系最大的特点是员工担任何种职位便能获得何种水平的薪酬，因此在实施这种薪酬体系时需要注意以下几点：第一，职位薪酬体系要求纳入该系统的职位本身必须有着明确的岗位职责和具体的专业知识等要求，即需要具备进行职位分析的基础。第二，若一个职位的工作内容频繁变动，将使职位薪酬体系的相对稳定性和连续性难以维持。第三，同一组织内部，若存在员工个人能力与其职位不匹配的情况，则职位薪酬体系难以发挥作用，因此企业必须保证有能够按照个人能力安排职位的机制存在。第四，若企业的职位等级很少，则无法使员工通过晋升来提高薪酬水平，进而影响工作积极性；反之，若企业的总体薪酬水平不高，而职位等级又很多，处于职位序列最底层的员工所得到的报酬就会很少，难以达到企业激励员工的目的。

3. 职位薪酬体系设计的基本流程

职位薪酬体系的设计步骤主要包括五个（见图 8-2）：第一步，了解一个组织的基本组织结构和职位在组织中的具体位置；第二步，收集与特定职位的性质相关的各种信息，即进行职位分析工作；第三步，整理通过职位分析获得的各种信息，按照一定格式把重要信息描述出来并加以确认，编写成包括职位职责、任职资格条件等信息在内的职位说明书；第四步，对典型职位的价值进行评价，即完成职位评价工作；第五步，根据职位的相对价格高低来对它们进行排序，即建立职位等级结构，这一职位等级结构同时也形成了薪酬等级结构。

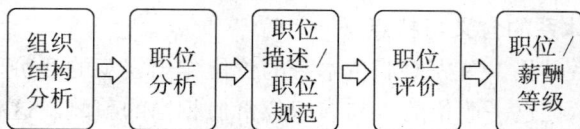

组织结构分析 ⇒ 职位分析 ⇒ 职位描述/职位规范 ⇒ 职位评价 ⇒ 职位/薪酬等级

图 8-2　职位薪酬体系的设计流程

资料来源　刘昕. 薪酬管理［M］. 3 版. 北京：中国人民大学出版社，2011：70.

4. 职位评价技术

职位薪酬体系设计的核心工作是对职位本身的机制及对组织的贡献度进行评价，然后再根据这种评价以及外部劳动力市场的薪酬状况来确定应当对不同职位支付的薪酬水平的高低，而帮助企业确定不同职位在企业中的重要程度的技术就是职位评价。

（1）职位评价的内涵

职位评价是一个为组织制定职位结构而系统地确定各职位相对价值的过程，这一过程是以工作内容、所需要的技能、对组织的价值、组织文化以及外部市场等为综合依据。职位评价是基于这样一些基本假设：①根据职位对组织目标的实现所作出的贡献大小来支付薪酬的做法合乎逻辑；②在基于员工所承担职位的相对价值来确定员工报酬的情况下，员工会感到比较公平；③组织能够通过维持一种基于职位相对价值的职位结构来促成企业目标的实现。在职位评价的过程中，一定要根据职位本身的职责和任职资格条件来进行评价，而不是过多地考虑职位上目前任职者的能力、绩效等状况，因为职位评价只是在假设所有职位上的人都称职的情况下对职位的价值进行判断。

（2）职位评价的流程

职位评价大体上可以划分为六个步骤，如图8-3所示。

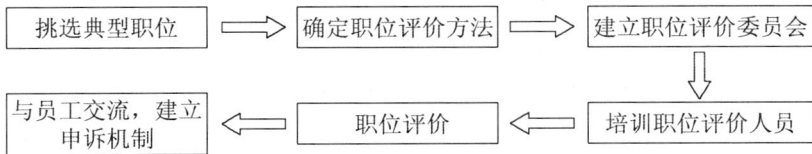

```
┌─────────────┐    ┌───────────────┐    ┌─────────────────┐
│  挑选典型职位  │ ⟹ │  确定职位评价方法  │ ⟹ │  建立职位评价委员会  │
└─────────────┘    └───────────────┘    └─────────────────┘
                                                  ⇓
┌─────────────┐    ┌───────────────┐    ┌─────────────────┐
│ 与员工交流，建立 │ ⟸ │    职位评价     │ ⟸ │  培训职位评价人员   │
│   申诉机制    │    └───────────────┘    └─────────────────┘
└─────────────┘
```

图8-3　职位评价流程

①挑选典型职位。如果组织中的职位数量不多，那么就可以对所有职位进行评价。然而，由于一方面受到管理成本控制，另一方面没有必要对所有职位都进行评价，所以可以在组织中挑选有代表性的基准职位作为评价对象，而其他职位的价值则可以通过与这些典型职位之间的比较得出。基准职位能够代表所要研究职位序列中的绝大多数职位，并且广为人知。在操作实践中，可以请各职能领域的管理者自行决定本职能领域中的职位大概可以划分为多少个级别，然后找出相应级别中的代表性职位。

②确定职位评价方法。组织必须决定采用哪种职位评价方法对本组织的职位进行评价，例如，是选择单一的评价方法还是将多种评价方法结合使用，因为每一种评价方法都有其优点和不足。

③建立职位评价委员会。根据国际经验，职位评价委员会一般包含5～10人，这些人最好能够站在整个企业的高度来理解职位评价。然而，在国内企业的操作实践中通常都会建立一个规模相对较大的评价委员会，将企业的中高层管理人员和部分一线主管，甚至部分资深员工和工会代表都吸收进来。这样做主要是基于以下原因：职位评价是以常人的判断为基础，无法像科学一样精确，所以要想使评价结果为广大员工所认可，就需要使职位评价委员会的组成具有广泛的员工基础。同时，这种做法也有助于降低职位评价中个人误差因素的影响。

④培训职位评价人员。在进行职位评价之前，必须让评价人员了解职位评价的目的以及评价中可能会出现的误差。除此之外，还应在正式评价之前对一些职位进行模拟测评，进行一些练习，以避免大家对评价工具的某些内容产生误解或重大分歧，从而使评价的一致性程度更高。

⑤职位评价。评价委员会首先要根据已经确定好的职位评价方法对典型职位进行评价；然后根据其他职位与典型职位的关系确定其职位等级；最后根据总体职位评价结果建立职位等级表，确定每一个职位的相对位置和价值。

⑥与员工交流，建立申诉机制。职位评价的结果对每一位员工都很重要。在整个职位的分析和评价过程中，组织应该正式与员工进行交流，确保员工理解和接受职位评价的过程和结果。另外，组织应该建立申诉机制和程序，以使整个评价得到员工的认可和支持。

（3）职位评价的方法

职位评价的方法有量化评价法和非量化评价法两种，如图 8-4 所示。非量化评价法是指那些仅仅从总体上来确定不同职位之间的相对价值顺序的职位评价方法，而量化评价法则试图通过一套等级尺度系统来确定一种职位的价值比另一种职位的价值高多少或低多少。非量化评价法有两种：排序法和分类法。量化评价法也有两种：要素计点法和要素比较法。

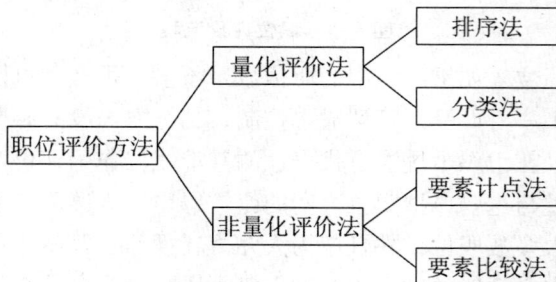

```
                              ┌─────────┐
                 ┌─ 量化评价法 ─┤  排序法  │
                 │            └─────────┘
                 │            ┌─────────┐
                 │            │  分类法  │
     职位评价方法 ─┤            └─────────┘
                 │            ┌─────────┐
                 │            │ 要素计点法│
                 └─ 非量化评价法 ┤          │
                              └─────────┘
                              ┌─────────┐
                              │ 要素比较法│
                              └─────────┘
```

图 8-4　职位评价方法分类

①排序法。排序法是根据总体上界定的职位的相对价值或者职位对组织成功所作出的贡献来将职位从高到低排列。运用排序法进行职位评价要求评价者对需要评价的职位内容相当熟悉，否则不可能作出准确的判断。排序法又分为三种方法：直接排序法、交替排序法和配对比较排序法。直接排序法是指简单地根据职位价值大小从高到低或从低到高进行总体上排序。交替排序法是指首先从待评职位中找出价值最高的一个职位，然后找出价值最低的一个职位，之后依次从剩余职位中找出价值最高和最低的职位，如此循环直到所有职位都被排好顺序为止。配对比较排序法是首先将每一个需要被评价的职位都与其他所有职位分别进行比较，然后根据职位在所有比较中的最终得分来划分职位的等级顺序。评分的标准是价值较高者得一分，价值较低者得零分，价值相同者双方不得分。

②分类法。分类法是将各种职位放入事先确定好的不同职位等级中的一种职位评价方法。分类法的主要特征是能够快速地对大量的职位进行评价，这种方法目前在公共部门以及企业中仍然被广泛使用，尤其是在存在技术类工作的组织中。分类法的实施分为以下步骤：

首先，确定合适的职位等级数量。确定职位等级数量实际上确定了职位价值的层级结构。一般情况下，企业中的职位类型越多，职位之间的差异越大，所需要的职位等级就会越多；反之，就会较少。此外，企业对职位等级设计的战略思路也会影响企业内部的职位等级数量。例如，传统的官僚层级结构中职位等级划分较细，而接受现代薪酬宽带理念的企业中，职位等级划分则不那么细致。

其次，编写每一职位等级的定义。职位等级定义通常是对职位内涵的一种较为宽泛的描述，它要达到的目的是指明可以分配到该等级中的职位所承担责任的性质、所承担责任的复杂程度以及从事该等级中的这些职位上的工作所需要的技能或者职位承担者所具备的特征。在编写职位等级定义的时候，通常需要阐述不同职位等级上的职位所具有的以下几个方面的特征：职位内容概要、所承担的责任、所需具备的知识水平与技能水平要求、所接受的指导与监督等。美国联邦政府的职位分类等级描述中所使用的报酬要素包括以下九大要素以及相关子要素：职位所要求的知识、监督控制、指导方针、工作复杂性、工作范围与影响、人际接触、接触的目的、体力要求以及工作环境等。

最后，根据职位等级定义对职位进行等级分类。将每一个职位完整的职位说明书或者工作描述与上述相关职位等级定义进行对比，然后将这些职位分配到一个与该职位的总体情况最为贴切的职位等级中去。依次类推，直至所有的职位都被分配到相应的等级中去。表8-2举例说明了某工程公司的职位分类系统。

表8-2　　　　　　　　　　　　**某工程公司的职位分类系统**

工作等级	各工作等级中的工作类型	等级分类定义举例
10级	首席执行官	
9级	副总裁	
8级	高级经理	1级：办公室的一般支持性职位。一般情况下，办公室的一般支持性职位向一线主管人员或者部门管理人员汇报工作。这些职位通过完成以下任务为其他职位提供综合性支持服务：操作办公室中的一些常规设备，如传真机、复印机、装订机等；文件存档以及邮件归类和传递。办公室的一般支持性职位通常需要遵守标准的办事程序，同时处理一些日常事务。一些非常规性的时间以及问题往往交给主管人员或者相关人员处理。要求从事这些工作的人员具备基本的办公设备知识，并且了解一般性的办事程序。这些职位包括邮件处理员以及传真操作员
7级	中层经理	
6级	专业3级	
5级	专业2级	
	主管级职位	
4级	专业1级	
	技术3级	
	职员/行政事务3级	
3级	技术2级	
	职员2级	
2级	技术1级	
	职员1级	
1级	办公室的一般支持性职位	

资料来源　刘昕. 薪酬管理［M］. 3版. 北京：中国人民大学出版社，2011：83.

③要素计点法。要素计点法又称为因素计点法（point-factor method），它通过若干因素来评定各个职位的价值大小，具有较高的准确性与适当的成本。要素计点法首先确定组织为评价职位价值而需要运用的报酬要素是哪些，然后再根据程度差别来对每个报酬要素进行等级划分和等级定义，并且赋予每一个报酬要素不同的权重，赋予每一个报酬要素等级不同的点值。每一个职位在每一个报酬要

素上所处的实际程度等级被确定下来之后，职位评价者只需把该职位在每一个报酬要素上的点值进行加总，就可以得出该职位最终获得的总点值，最后再根据每一个职位的总点值大小对所有职位进行排序，即可完成职位评价过程。要素计点法通常包含三大关键因素：报酬要素；反映每一种报酬要素在整个职位评价体系中的相对重要性的权重；数量化的报酬要素衡量尺度。

要素计点法的操作主要包括以下几个步骤：

第一，选取合适的报酬要素。报酬要素（compensable factor）是指一个组织认为在多种不同职位中都包含的一些对其有价值的特征，这些特征有利于组织战略以及组织目标的实现。由此可以看出，报酬要素实际上是在多种不同的职位中都存在的组织愿意为之支付报酬的一些具有可衡量性质的质量、特征、要求或结构性因素。评价人员在运用要素计点法进行职位评价时，必须谨慎选择报酬要素，因为这些要素具有强化组织战略和哲学的重要作用。在与员工进行沟通时，这些报酬要素能够清晰地向员工传递关于组织价值观的重要信息。

实际操作中，最常见的四维报酬要素主要是责任、技能、努力、工作条件以及它们的相关子要素。责任所表达的是组织对于员工按照预期要求完成工作的依赖程度，强调职位上的人所承担职责的重要性。责任的子要素包括决策权、控制的组织范围、影响的组织范围、与其他工作的一体化程度、失败的影响或者工作的风险性，以及在没有监督的条件下完成工作任务的能力等。技能是指完成某种职位的工作所需具备的经验、培训、能力以及教育水平等（它并不是指某一员工实际掌握的技能水平）。技能的相关子集包括技术能力、专业知识、组织知晓能力、受教育水平、专门培训、工作资历、人际关系技能或者脑力程度所进行的衡量。努力是对为完成某种职位上的工作所需发挥的体力或者脑力程度所进行的衡量。主要的努力程度子要素包括任务的多样性、任务的复杂性、思考的创造性、分析性问题的解决、技能的体力运用，以及得到协助的程度等。工作条件是指职位上的人所从事工作的伤害性以及工作的物理环境。工作条件的子要素包括工作的潜在伤害性、受到别人伤害的威胁程度、特定的运动神经或者注意力集中性技术所产生的影响、工作过程中的不舒服感、暴露性或者肮脏程度等。

选择报酬要素时，需要注意以下几个方面的选择标准：

● 报酬要素应该与总体上的职位价值具有某种逻辑上的关系。要素在某种职位中出现得越多，那么此种职位的价值就越高。

● 报酬要素必须能够得到清晰界定和衡量，并且那些运用报酬要素对职位进行评价的人应当能够一致地得到类似的结果。职位评价的目的是根据这些要素出现的情况来确定职位的价值等级，所以报酬要素应当以不同的程度出现在不同的职位中。

● 报酬要素必须对准备在某一特定职位评价系统中进行评价的所有职位具有共通性。只适用于小部分职位的报酬要素可能会造成歧视。

● 报酬要素必须能够涵盖组织愿意为之支付的、与职位要求有关的所有主要内容。

● 报酬要素必须是与被评价职位相关的。例如，"工作环境"对于评价工作环境类似的管理类职位来说可能并不十分必要，但对于同时评价生产类和管理类职位的职位评价系统来说就是必要的。

● 报酬要素之间不能出现交叉和重叠。报酬要素的交叉和重叠可能会导致某些报酬要素被重复计算，产生歧视问题。然而，在实际操作中又不可能完全消除报酬要素间的交叉和重叠，所以只有通过报酬要素权重的设计来避免上述问题的产生。

● 报酬要素的数量应当便于管理。过多的报酬要素数量会加大职位评价者的负担，而且未必对评价结果的有效性有很大帮助。因此，在实践中要选择适当数量的报酬要素。

第二，对每一种报酬要素的不同程度、水平或层次加以界定。每一种报酬要素的等级数量取决于组织内部所有被评价职位在该报酬要素上的差异大小。差异程度越大，则报酬要素的等级数量就需要划分得越多；反之则会相对少一些（见表8-3）。

表8-3　　　　　　　　　　　　　操作技能的等级界定

定义：评价岗位操作的技术复杂程度和对技能的积累程度要求	
等级1：（5分）	技术、操作技能要求简单
等级2：（15分）	技术一般，操作技能要求一般，需要半年以上熟练期
等级3：（30分）	技术比较复杂，操作技能要求较高，需要1年以上实习期
等级4：（45分）	技术复杂，操作技能要求高，需要2年以上实习期

第三，确定不同报酬要素在职位体系中所占的权重或者相对价值大小。报酬要素在总体报酬要素体系中所占权重以百分比的形式表示，它代表了不同的报酬要素对总体职位评价结果的贡献程度或者所扮演角色的重要程度。不同的报酬要素所占权重大小对最终的职位评价结果会产生很大的影响，它实际上反映了一个组织对职位重要性的根本看法。确定报酬要素在总体职位评价体系中所占权重的方法有两种：经验法和统计法。经验法实际上是利用管理人员的经验或者共识来进行决策。统计法则是运用统计技术或者数学技术来进行决策的一种比较复杂的方法。

第四，确定每一种报酬要素不同等级所对应的点值。组织需要为即将使用的职位评价体系确定一个比较合适的总点数或者总分。一般情况下，如果被评价的职位数比较多，而且价值差异比较大，需要使用的总点数就应该高一些；反之，总点数相对低一些。原则上，总点数应当能够准确、清晰地反映出不同职位之间的价值差异。

确定了总点值之后，还必须确定每一种报酬要素在内部不同等级上的点值，通常采用两种方法来完成这项工作：一种方法是几何方法；另一种是算术方法。依照几何方法计算出的得分跨度范围要远远大于根据算术方法计算出的得分跨度范围。算术方法比较容易计算，几何方法则要求在每一报酬要素内的等级递增幅度保持相同的百分比，所以它更容易向员工解释，公平性也更强。

第五，运用报酬要素来分析和评价每一个职位。前面四个步骤为职位评价提供了一套依据、标准或尺度，而真正的职位评价实际上从这一步开始。在进行职位评价时，评价者需要考虑被评价职位在每一个既定报酬要素上实际处于哪一个等级，然后根据这种等级所代表的点数确定被评价职位在该报酬要素上的点数。得到被评价职位在所有报酬要素上的应得点数之后，将此职位在所有报酬要素上的得分进行加总即可得到该职位的最终评价点数，如表8-4所示。

表8-4　　　　　　　　　　生产岗位评估要素表

评估因素		等级数量	分数	合计数
大要素	细分要素			
劳动技能	文化理论知识	4	25	12
	操作技能	4	45	
	作业复杂程度	3	35	
	预防、处理事故复杂程度	4	15	
劳动责任	质量责任	4	25	100
	原材料消耗责任	4	25	
	经济效益责任	4	25	
	安全责任	4	25	
劳动强度	体力劳动强度	4	50	140
	脑力消耗疲劳程度	4	40	
	作业姿势	3	30	
	工时利用率和工作班制	4	20	
劳动环境	作业条件危险性	4	20	40
	有毒有害危害	4	10	
	噪声危害	4	10	
合计			400	400

第六，将所有被评价职位根据点数高低进行排序，建立职位等级结构。所有职位的评价点数都算出来之后，按照点数高低加以排序，然后根据等差方式对职位进行等级划分，产生职位等级表，职位评价工作宣告完成。

④要素比较法。要素比较法实际上可以看成是一种比较复杂的排序法。一般排序法是把每个职位视为一个整体，根据某些总体指标来对职位进行排序，而要素比较法则要多次选择报酬要素，并依据它对职位进行多次排序。例如，第一次可能根据"技术复杂度"这个要素对职位进行排序，而第二次可能根据"心理要求"这个要素对职位进行排序。最后，把各个职位报酬要素上的得分通过加权得出一个总分，然后得到一个总体职位序列。要素比较法的操作步骤如下：

第一，确定报酬要素。要素比较法要求评价者必须仔细、全面地做好职位分析，最好有标准、规范的职位说明书。与此同时，要素比较法还需要确定用来对职位进行比较的依据或尺度，即报酬要素是什么。例如，在要素比较法中选择使用以下几种报酬要素：心理要求、身体要求、技术要求、承担责任、工作条件。

第二，选择典型职位。职位评价小组需要挑选出 15~20 个在企业中有代表性的基准职位来作为职位评价的对象，而其他职位的价值则可以通过与这些典型职位之间的报酬要素比较得出。

第三，根据典型职位内部相同报酬要素的重要性对职位进行排序。职位评价者根据以上 5 个报酬要素分别对典型职位进行排序，排序过程是以职位描述和职位规范为基础。通常由评价小组的每位成员对职位进行排序，然后再以开会讨论或者计算平均排序值的方法来决定每个职位的序列值。

第四，将每一典型职位的薪酬水平分配到其内部的每一个报酬要素上去。评价小组首先需要根据自己的判断决定每一个典型职位中不同报酬要素的权重，然后再根据事先确定的典型职位薪酬水平来确定典型职位内部每一报酬要素的价值。

第五，根据每个典型职位内部的每一报酬要素价值分别对职位进行多次排序。确定了所有典型职位每一报酬要素的价值之后，将所有的职位排列在一起，然后根据每一种报酬要素分别对职位进行多次排序。

第六，根据两种排序结果选出不能作为典型职位的职位。每个典型职位都存在两种排序方法：一种是根据第三步得出的最初排序；另一种是由第五步得出的结果排序。在每个报酬要素之下都对应着对典型职位的两种排序结果，它们应该一样。如果两种排序结果之间差异很大，这表明这个典型职位并不是真正的基准职位，所以该职位不能作为典型职位使用。

第七，建立典型职位报酬要素等级基准表。将所有典型职位的薪酬水平以及每一典型职位内部的每种报酬要素的薪酬水平都确定以后，可以建立起一张典型职位报酬要素等级基准表，如表 8-5 所示。在表 8-5 中，典型职位 A 的心理要求要素的价值为 4 元，身体要求要素的价值为 0.4 元……依次将所有典型职位都放入这张可供其他职位与之进行比较的表中。

表 8-5   典型职位报酬要素等级基准表

薪酬水平（元）	心理要求	身体要求	技术要求	承担责任	工作条件
0.2				职位 B	职位 B
0.3					职位 C
0.4		职位 A	职位 D	职位 D	
0.5					职位 D
0.6					
0.7					
0.8				职位 C	
0.9					
1.0					
1.1					
1.2	职位 D				
1.3		职位 C			
1.4	职位 B	职位 D			
1.5					
1.6	职位 C				
1.8			职位 B		
2.0		职位 B	职位 C	职位 A	
2.2					
2.4					
2.6					
3.0			职位 A		
3.5					
4.0	职位 A				
4.5					

资料来源 刘昕. 薪酬管理［M］.3 版. 北京：中国人民大学出版社，2011：102.

第八，使用典型职位报酬要素等级基准表来确定其他职位的工资。评价小组成员可以依照待评价职位的各报酬要素与典型职位的报酬要素之间的对比，确定待评价职位的每一报酬要素与典型职位报酬要素等级基准表中的哪一个或哪几个典型职位的统一要素最为接近。然后，把与之最相近的那个或那些职位的统一报酬要素的价值，作为确定待评职位在该报酬要素上的货币价值的依据。

8.2.2 能力薪酬体系设计

1. 能力的基本概念

能力是指胜任力，即实现某种特定绩效或者表现出某种有利于绩效实现的行为的能力，而不是一般意义上的能力，它是一系列的技能、知识、能力、行为特征及其他个人特性的总称。"冰山模型"是目前对能力具有较强解释力的模型，这一模型认为一个人的能力由知识、技能、角色定位、价值观、自我认知、人格特征（品质）和动机七大要素组成（见图8-5）。知识是指个人在某一特定领域中所掌握的各种信息，如知道如何运用办公软件处理文件。技能则是通过重复学习获得的在某一活动中的熟练程度，如打字。角色定位指一个人对职业的预期，即一个人想要做些什么事情，如管理者、专家、教师。价值观指一个人对事物是非、重要性、必要性等的价值取向，如合作精神、献身精神。自我认知是一个人所形成的关于自己的身份、人格以及个人价值的概念，它是一种内在的自我。品质（个人特征）是指在一个人行为中的某些相对稳定的特点以及以某种既定方式行事的总体性格倾向。动机是指推动、指导个人行为选择的那些关于成就、归属感或者权力的思想。

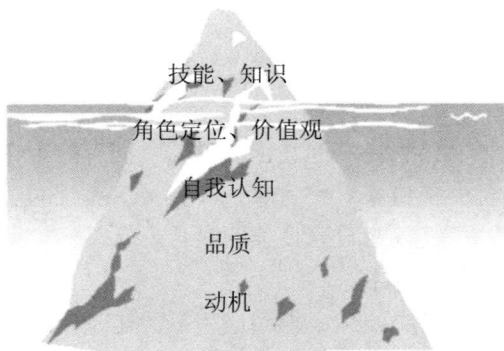

技能、知识

角色定位、价值观

自我认知

品质

动机

图8-5 能力的冰山模型

从能力的冰山模型来看，知识和技能是位于海面上的可见冰山部分，称为基准胜任力特征，它是对胜任者基础素质的要求，却不能把表现优异者与表现平平者区别开来。海面以下的冰山部分包括角色定位、价值观、自我认知、人格特征（品质）和动机等胜任力特征，可以统称为鉴别性胜任力特征，这是区别表现优异者与表现平平者的关键因素。

2. 能力薪酬体系

能力薪酬体系，也称为知识薪酬体系，它是指组织根据员工所掌握的与工作有关的能力（胜任力）支付基本薪酬的一种薪酬制度。目前，在将能力和薪酬挂钩的问题上，真正像技能薪酬那样直接将能力与基本薪酬完全挂钩的做法并不常见。企业常常采取多种不同形式将能力与薪酬挂钩，其中主要的模式有五种：

职位评价法、直接能力分类法、传统职位能力定薪法、行为目标达成加薪法、能力水平变化加薪法。

8.2.3 技能薪酬体系设计

1. 技能薪酬体系的内涵和特点

技能薪酬体系指组织根据员工个人所掌握的与工作有关的技能以及知识的广度和深度支付基本薪酬的一种薪酬制度。这种薪酬制度通常适用于所从事的工作比较具体而且能够被清晰界定的操作人员、技术人员以及办公室工作人员。技能薪酬体系通常可划分为深度技能薪酬体系和广度技能薪酬体系两种。深度技能即通过在一个范围较为明确的具有一定专业性的技术或专业领域内不断积累而形成的专业知识、技能和经验。深度技能培养往往是沿着某一专业化的职业发展通道不断上行的过程。例如，大学老师的技能和职业发展就是一种深度技能的累积过程，由于专业化的要求大学教师的教学和研究领域通常相对狭窄，他们往往在某一领域内积累和提高自己的水平。按照突出深度技能的思路来设计的薪酬体系就是深度技能薪酬体系。与深度技能不同，广度技能往往要求员工在从事工作时运用其上游、下游或者同级职位上所要求的一般性技能。广度技能往往要求任职者不仅能够胜任在自己的职位族范围内需要完成的各种任务，而且能够完成本职位族之外的其他职位需要完成的一般性工作任务。基于广度技能的薪酬体系就是广度技能薪酬体系。

在技能薪酬体系下，组织更多的是依据员工所拥有的工作相关技能而不是其承担的具体工作或职位的价值来支付薪酬，并且员工薪酬的上涨也取决于员工个人所掌握的技能水平的提高或者自己技能的改善。

2. 技能薪酬体系的实施前提

技能薪酬体系能否在一个组织中得到应用最终还是要取决于管理层对员工的看法，因为这种看法会影响组织和员工之间心理契约的性质乃至薪酬将采取何种形式。组织的组织形式与管理层对组织和员工之间关系的看法的各种组合方式如图8-6所示。在图8-6中，横坐标表示的是组织管理层对员工的态度，分为敌对态度和合作态度。在敌对的管理哲学下，管理层把员工看成组织利益的竞争者，所以他们会想方设法控制员工在组织中能够发挥的作用，使其最小化。员工相对应也会采取一系列的报复行为。另一种状况是管理层对员工持合作态度，即组织通过积极地与员工合作来达到组织的目标。纵坐标代表组织形式，可以划分为有机组织和官僚组织两种形式，前者是指结构松散的有机系统，而后者则是指具有严格职位描述的高度结构化的官僚主义组织。

在图8-6四个象限中的组织都可以实施职位薪酬体系，但是只有具备特定的心理环境和职位结构的组织才能采用技能薪酬体系。最适合实施技能薪酬体系的组织是那些管理层和员工都愿意合作，并且职位结构也允许员工可以不受传统

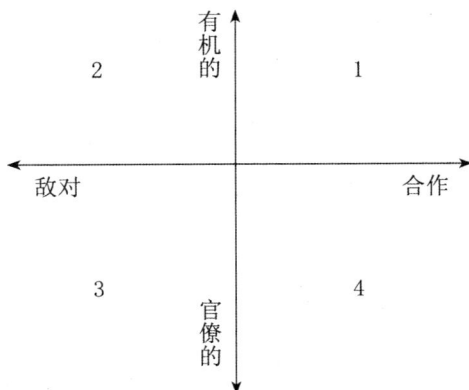

图 8-6　技能薪酬体系适用的组织与管理类型

的工作描述束缚而自由发展的组织，也即图 8-6 第一象限中的组织。技能薪酬体系的实施需要管理层和员工对两者之间的关系持有一种长期态度，只有这种长期态度才能保证对技能的长期强调，这恰恰是技能薪酬体系运转的一个前提条件。与此同时，在技能薪酬体系设计和实施的过程中，组织和员工都需要共同承担相应的责任和风险。

8.2.4　福利

1. 福利的意义

对于员工来说，福利是员工获得人文关怀，一同分享企业发展成果的手段。对于企业来说，福利既可以提高员工的凝聚力、向心力与忠诚度，也可以提高企业对外的竞争力，从而创造一个双赢的局面。总的来说，福利有以下意义：

（1）福利激励是薪酬激励的有效组成部分。福利是员工的间接报酬，相对于薪酬来说，福利是一种对员工长期的承诺，也从侧面反映一个企业的薪酬待遇、员工关系以及企业对员工的关心程度。

（2）福利是吸引和留住人才的重要策略。福利是一种很好的吸引和保留员工的工具，有吸引力的员工福利计划既能招聘到高素质的员工，又能保证已经被雇用的高素质员工能够继续留在组织中工作。美国《财富》杂志评选出"全美最值得为之工作的 100 家公司"，这些公司一个共同的特点就是以丰厚的福利回报员工，而且福利的形式多样化，其结果就是员工的流失率几乎为零。

（3）营造和谐与具有特色的企业文化，强化员工忠诚度和提升企业的核心竞争力。福利计划有助于营造和谐的企业文化，强化员工的忠诚度。一般来说，员工都希望自己工作的企业像个大家庭，劳资双方相处融洽。一份稳定的福利保障，同时能体现企业"细微之处见真情"的管理理念和人本思想。

（4）维护员工的健康和保证员工的生活品质，提高人力资本储备。现代社会生活与工作节奏加快，员工的心理压力增大，在很大程度上影响到员工的工作效率和身心健康，进而影响到企业人力资本的质量和储备。企业可以利用有效的员工福利计划帮助员工舒缓压力，调节节奏。

（5）能够使员工行为与企业战略目标保持高度一致，实现组织的战略目标。福利本质上又是一种补充性报酬，既然是报酬，那就是以员工支付的合理劳动为代价。因此，企业的福利政策一般涵盖福利设定的目标和相应的对员工行为的要求，具备对员工的认识和行为进行正确导向的功能，从而实现员工行为与组织战略目标的一致性，有利于组织战略目标的实现。

2. 福利管理

（1）制订福利规划

首先，确定员工福利的目标。企业在制订福利计划时要明确该福利计划要达到何种目的。

其次，提供福利的类型。福利决策和直接薪酬决策还是存在很大差异的。直接薪酬往往比较单一，而对于福利，企业可以根据员工的不同要求进行福利组合。

（2）做好福利预算

福利预算既是为了对一系列福利成本开支进行权衡与取舍，也是为了控制成本。在考虑成本控制战略时，有必要考虑以下几个方面：第一，某种类型的成本高，则节约福利成本的机会就越大。第二，福利类型的增长轨迹也非常重要，即使某种类型福利的成本在当前是可以接受的，但是其增长率可能会导致企业在未来承担巨大的成本。第三，只有在企业具有非常大的自由度来选择将多少钱投入某种类型的福利方面时，遏制福利成本才会起到作用。

（3）强调福利的沟通

员工福利要对员工的行为和绩效产生影响，必须就福利信息与员工进行有效的沟通，让员工意识到福利是全面薪酬的一部分。能够有效沟通的福利模式必须有三个因素。首先，企业必须宣传自己的福利目标，并且确保每一次沟通活动都能达到这些目标。其次，必须通过合适的渠道来传播这些信息。最后，沟通的内容必须具体、完整，不能用有碍交流的复杂专业术语。

（4）注重福利的评价与反馈

一套好的福利计划本身应该具有以下几个特征：①亲和性。员工福利计划应该建立在亲情、平等和信任的基础上，体现企业的人情化关怀，利于凝聚人心，增强员工的归属感，激发员工工作的动力和活力，并体现企业的管理理念和人本思想。②灵活性。福利计划的设计要灵活，尽量满足不同员工的不同需求；同时，能够根据实际情况和财务情况适时作出调整。③竞争性。企业的福利水平对外具有竞争力，方可确保企业在劳动力市场上的竞争优势，有效吸引和保留企业的核心员工。④成本效能。员工福利计划和各个福利项目的成本必须控制在企业可支配的范围内，并能够很好地体现企业的经营状况和财务能力。⑤可操作性。

企业福利计划的项目必须是切合实际且方便实施的，福利项目和表达越容易被员工理解和选择，对企业来讲，其管理难度和管理成本就越低。⑥特色性。福利计划要体现企业的经营哲学和战略目标，从而塑造和谐、特色的企业文化。总而言之，只有好的员工福利保障计划，让员工切实得到真正的实惠，员工才能全身心投入到工作中，为企业服务。

3. 福利的内容

（1）法定福利

根据我国的《社会保险法》，目前我国的法定福利主要是指五险一金。

①基本养老保险。我国现行的城镇职工基本养老保险覆盖城镇各类企业及其职工、个体工商户和灵活就业人员。

城镇各类企业及其职工的基本养老保险费由参加基本养老保险的企业和个人共同缴纳。企业应当按照国家规定的本单位职工工资总额的比例缴纳基本养老保险费，职工应当按照国家规定的本人工资的比例缴纳基本养老保险费。缴费的具体比例按省政府或省政府授权的地区政府的规定执行。

无雇工的个体工商户、未在企业参加基本养老保险的非全日制从业人员以及其他灵活就业人员可以参加城镇职工基本养老保险，由个人缴纳基本养老保险费。

退休时的基础养老金月标准以当地上年度在岗职工月平均工资和本人指数化月平均工资的平均值为基数，缴费每满1年发给1%。个人账户养老金月标准为个人账户储存额除以计发月数，计发月数根据职工退休时城镇人口预期寿命、本人退休年龄、利息等因素确定。职工或退休人员死亡，个人账户中的个人缴费部分可以继承。

②我国现行城镇职工基本医疗保险。我国城镇职工的基本医疗保险费由企业和劳动者共同缴纳，企业应当按照国家规定的本单位职工工资总额的比例缴纳基本医疗保险费，职工应当按照国家规定的本人工资的比例缴纳基本医疗保险费。缴费的具体比例按省政府或省政府授权的地区政府的规定执行。

我国已经实行医疗保险统筹基金和个人账户相结合的医疗保险制度，统筹基金和个人账户分别核算、互不挤占。统筹基金确定起付标准和最高支付限额，起付标准原则上控制在当地职工年平均工资的10%左右，最高支付限额原则上控制在当地职工年平均工资的4倍左右。职工患病后，所需医疗费用在起付标准以下的从个人账户支付或由个人支付；起付标准以上、最高支付限额以下的医疗费用，主要从统筹基金中支付，但个人也要负担一定比例。

③我国现行的工伤保险。工伤保险基金由企业缴纳的工伤保险费、工伤保险基金的利息和依法纳入工伤保险基金的其他资金构成。工伤保险费根据以支定收、收支平衡的原则，确定费率。国家根据不同行业的工伤风险程度确定行业的差别费率，并根据工伤保险费使用、工伤发生率等情况在每个行业内确定若干费

率档次。行业差别费率及行业内费率档次由国务院劳动保障行政部门会同国务院财政部门、卫生行政部门、安全生产监督管理部门制定，报国务院批准后公布施行。

统筹地区经办机构根据企业工伤保险费使用、工伤发生率等情况，适用所属行业内相应的费率档次确定单位缴费费率。国务院劳动保障行政部门定期了解全国各统筹地区工伤保险基金收支情况，及时会同国务院财政部门、卫生行政部门、安全生产监督管理部门提出调整行业差别费率及行业内费率档次的方案，报国务院批准后公布施行。

企业应当按时缴纳工伤保险费。职工个人不缴纳工伤保险费。企业缴纳工伤保险费的数额为本单位职工工资总额乘以单位缴费费率之积。

工伤保险基金在直辖市和设区的市实行全市统筹，其他地区的统筹层次由省、自治区人民政府确定。工伤保险基金存入社会保障基金财政专户，用于规定的工伤保险待遇，劳动能力鉴定，以及法律、法规规定的用于工伤保险的其他费用的支付。任何单位或者个人不得将工伤保险基金用于投资运营、兴建或者改建办公场所、发放奖金，或者挪作其他用途。

工伤保险基金应当留有一定比例的储备金，用于统筹地区重大事故的工伤保险待遇支付；储备金不足支付的，由统筹地区的人民政府垫付。储备金占基金总额的具体比例和储备金的使用办法，由省、自治区、直辖市人民政府规定。

④我国现行的失业保险。我国实行的是劳动者和企业分担失业保险费的制度。城镇企业事业单位按照本单位工资总额的2%缴纳失业保险费。城镇企业事业单位职工按照本人工资的1%缴纳失业保险费。城镇企业事业单位招用的农民合同制工人本人不缴纳失业保险费。

具备下列条件的失业人员，可以领取失业保险金：按照规定参加失业保险，所在单位和本人已按规定缴纳失业保险费满一年；非因本人意愿中断就业；已办理失业登记，并有求职要求。

失业人员在领取失业保险金期间有下列情形之一的，停止领取失业保险金：重新就业的人员；应征服兵役的人员；移居境外的人员；享受基本养老保险待遇的人员；被判刑收监执行或者被劳动教养的人员；无正当理由、拒不接受当地人民政府指定的部门或者机构介绍的工作的人员；有法律、行政法规规定的其他情形的人员。

失业保险金的标准，按照低于当地最低工资标准、高于城市居民最低生活保障标准的水平，由省、自治区、直辖市人民政府确定。

对于城镇职工，失业保险支付期限长短与缴费时间长短挂钩：失业人员失业前企业和本人累计缴费满1年不足5年的，领取失业保险金的期限最长为12个月；累计缴费满5年不足10年的，领取失业保险金的期限最长为18个月；累计缴费10年以上的，领取失业保险金的期限最长为24个月。重新就业后，再次失业的，缴费时间重新计算，领取失业保险金的期限与前次失业应当领取而尚未领取的失业保险金的期限合并计算，最长不超过 24 个月。

对于单位招用的农民合同制工人，连续工作满一年，本单位并已缴纳失业保险费，劳动合同期满未续订或者提前解除劳动合同的，由社会保险经办机构根据其工作时间长短，对其支付一次性生活补助。

⑤我国现行的生育保险。生育保险费用实行社会统筹，由企业按工资总额的一定比例向社会保险经办机构缴纳生育保险费。提取比例由地方根据收支平衡情况确定，但最高不得超过工资总额的 1%。职工个人不缴纳生育保险费，生育保险基金应存入生育保险基金专户。

产假期间的生育津贴由生育保险基金补偿到单位，单位按本企业上年度职工月平均工资计发。女职工生育的检查费、接生费、手术费、住院费和药费由生育保险基金支付。超出规定的医疗服务费和药费（含自费药品和营养药品的药费）由职工个人负担。女职工生育出院后，因生育引起的疾病的医疗费，由生育保险基金支付；其他疾病的医疗费，按医疗保险待遇的规定办理。

⑥住房公积金。住房公积金，是指国家机关、国有企业、城镇集体企业、外商投资企业、城镇私营企业及其他城镇企业、事业单位、民办非企业单位、社会团体及其在职职工缴存的长期住房储金。住房公积金缴存基数按职工本人上一年度月平均工资计算。

（2）企业福利

①企业补充养老保险。企业补充养老保险也叫企业年金，是指在国家基本养老保险的基础上，依据国家政策和本企业经济状况建立的、旨在提高职工退休后生活水平、对国家基本养老保险进行重要补充的一种养老保险形式。

企业补充养老保险由劳动保障部门管理。单位实行补充养老保险，应选择经劳动保障行政部门认定的机构经办。企业补充养老保险费可由企业完全承担，或由企业和员工双方共同承担，承担比例由劳资双方协议确定。

企业补充养老保险基金由企业缴费、职工个人缴费和企业年金基金投资运营收益三部分组成。企业补充养老保险基金实行完全积累，采用个人账户方式进行管理。企业缴费应按照年金方案规定比例计算，计入职工个人账户，职工个人缴费额计入本人个人账户。企业补充养老保险基金的投资运营收益，则按净收益率计入企业年金个人账户。按照相关规定，职工在达到国家规定的退休年龄时，可从本人企业补充养老保险个人账户中一次或定期领取企业年金。未达到退休年龄的，不得从个人账户中提前支取资金。

相对于其他形式的养老基金而言，企业补充养老保险既能够体现出专家投资管理的潜力和优势，又能有较好的风险收益组合和较低的交易成本。企业设立的补充养老保险计划是其人力资源管理和人力资本投资的重要举措，有效的企业补充养老保险计划有利于保留和吸引企业高端技术和管理人才，进而有利于增强企业内部的凝聚力和外部的市场竞争力。

②企业补充医疗保险。企业补充医疗保险是指企业在参加基本医疗保险的基础上，根据自身的经济承受能力，本着自愿的原则，自出资金，对本企业职工超出基本医疗保险基金支付以外的医疗费用，实行医疗补助的医疗保险。

企业补充医疗保险的实施对象是参加基本医疗保险的职工，非参保人员不在此实施范围之内。

并不是所有企业都能够建立补充医疗保险，建立补充医疗保险的企业，首先，必须参加基本医疗保险，并按时足额缴纳保险费用。其次，具有一定的经济承受能力，即具有持续的税后利润，并按时缴纳其他社会保险费用，保证足额发放职工工资。最后，已经形成的医疗保障待遇高于基本医疗保险待遇，且有能力主办或参加补充医疗保险。

③其他企业补充福利。企业福利还有很多形式，如过节费、住房福利、购车福利、教育福利、文娱体育设施等。

（3）弹性福利计划

弹性福利计划是一种有别于传统固定式福利的新型福利制度，它强调员工根据自己的需要，从那些有一定雇主缴费基础的不同类型和水平的福利项目中进行选择，建立起自己的一揽子福利计划。弹性福利由企业自主设计和实施，企业根据自己的实际情况和员工需要，提供包括一系列范围广泛的财富、健康和生活方式的福利组合，包括薪酬、退休、保险、母婴福利、儿童照料、牙科/眼科、旅行、健身、住房、手机和教育补贴等。

在弹性福利下，每位员工将根据其工资、绩效、服务年限、婚姻状况等，获得一定数量的福利额度。员工在此额度内，根据自己的偏好选择福利项目。如果员工的消费超出了分配额度，则需自己出钱负担超出部分，相应金额从工资内扣除。弹性福利的灵活组合，满足了员工和家人在不同生命阶段的不同需求，使企业提供的福利项目能够最大限度地符合员工的需要，从而使福利的总效用达到最大化。同时，企业利用弹性福利计划，可以有效地控制福利成本，彰显其福利优势，吸引和留住人才。

弹性福利计划有很多种类型，其中最主要的类型便是"核心+自选"计划，该计划规定了员工的核心福利项目，然后在此基础上再加入可选福利项目。核心福利项目是所有员工都享有的基本福利，且员工不能更改其中的构成。自选福利项目包括所有可以自由选择的项目，并附有购买价格，每位员工都有一个福利限额，如果总值超过了福利限额，差额就要折成现金由员工支付。第二种弹性福利计划的类型是变换缴费计划，即允许员工通过税前减薪方式向雇主出资的健康计划或其他多种福利计划进行缴费。由于采用了税前减薪方式，所以它能减少员工应税的薪水数额。第三种弹性福利计划的类型是弹性支取账户，指员工每年可从其税前总收入中预先拨取一定数额的款项，以此作为自己的"支取账户"，并用该账户去选择购买雇主所提供的各种福利措施。除了上述三种计划之外，还有组合计划、福利套餐型、积分型计划等。以上各种弹性福利计划的形式，其基本思想都是向员工提供一笔数量固定，而且可以花在一系列福利项目上的福利费。

8.2.5　工作-生活平衡

1. 概述

工作-生活平衡，又称工作家庭平衡计划，是指组织帮助员工认识和正确看待家庭同工作间的关系，调和职业和家庭的矛盾，缓解由于工作家庭关系失衡而给员工造成压力的计划。一般来说，单身成人的主要问题是寻找配偶和决定是否结婚组建家庭。婚后初期，适应两人生活、决定是否生育，作出家庭形式和财务要求的长期承诺变为当务之急。子女出生后，体验为人父母的经验，担负起抚养和教育子女的责任成为首要任务。子女成人后不仅要适应空巢生活，而且又要开始为自己的父母提供衣食和财务上的照顾。这些需要形成的压力有的会影响员工的工作情绪和精力分配，有的则形成强烈的职业方面的需要和工作动机，最终影响员工对工作的参与程度。制订有效的工作家庭平衡计划的主要措施包括：向员工提供家庭问题和压力排解的咨询服务，创造参观或联谊等机会促进家庭和工作的相互理解和认识，将部分福利扩展到员工家庭范围以分担员工家庭压力，把家庭因素列入考虑晋升或工作转换的制约条件中，以及设计适应家庭需要的弹性工作制以供选择等。

对于企业来说，实施工作-生活平衡政策可以带来很多好处，比如，提高工作效率、吸引人才、降低流动率和缺勤率、减少管理成本、增强顾客满意度，还可以建立一个更加愉悦、公正并充满活力的工作场所。

2. 工作-生活平衡计划设计

（1）对所提供的工作-生活平衡福利进行评估

首先要对所提供的工作-生活平衡福利进行评估，例如有没有其他能够提供但现在没有提供的工作-生活平衡福利？同类组织提供了哪些工作-生活福利？

（2）管理层和员工之间的沟通

实行了工作-生活平衡计划的组织中员工满意度有多高？还希望有其他福利吗？人力资源专家应该经常进行调查，评估员工满意度以及他们对组织中的工作-生活平衡的看法。这些结果应该反馈到管理层和非管理层员工，以便对计划进行改进。

（3）评估所提供的工作=生活平衡福利产生的投资回报率

对员工来说，良好的工作-生活平衡所带来的好处似乎是显而易见的，但对组织来说，有什么好处？又如何评估？评估工作-生活平衡福利对收益和利润的直接贡献是困难的。Cutterbuck 指出，工作-生活平衡的影响力是中期的，或者说是间接的因素，类似于留存率、公司的声誉、生产力、质量、创造力和顾客服务。

3. 工作–生活平衡计划的内容

（1）弹性工作制度

弹性工作制度是指在固定工作时间长度的前提下，灵活地选择工作的具体时间、方式和地点。具体形式如弹性工作时间（员工可以在保证1天工作8小时的前提下自由选择上下班的时间）、工作分享（2个或者更多的员工共同承担一份工作而有更多的休闲时间）、压缩工作周（员工可以在比较短的时间比如4天内完成1周40小时的工作量，从而有更长的周末）、弹性工作地点等。

（2）人性化的请假制度

为了减少员工个人生活与工作的冲突，有些公司除了提供法定的带薪假期外，还可提供付薪或不付薪的病假、照顾生病的家庭成员等事假。

（3）巧妙设计家庭照顾福利

通过与一些家政服务公司建立长期的合作关系、提供相应的福利计划、为员工的子女照看费用支付部分补贴等，都可以缓解员工的家庭压力。现阶段，日托资助成为一种流行的福利。

（4）帮助员工寻求家人的支持

帮助员工寻求家人的支持，比如，创造家庭成员参观公司或相互联谊的机会，能促使家庭成员了解员工的工作环境、工作状况，以及工作范围内成员的相互理解和认识，更容易取得家庭成员对员工工作的理解与支持，从而促进工作–生活的平衡。

8.2.6　绩效考核与员工认可[①]

8.2.7　个人发展与职业机会

个人发展是指员工为了提高技能和胜任力的一系列学习体验。个人发展使得员工表现更好，使得领导者不断完善组织的人员战略。职业机会是一项为员工提升其职业目标的计划。学费资助、继任计划、学徒制、培训、职业发展规划指导等都是提升员工个人发展与职业机会的有效措施。

1. 继任计划

继任计划是指发现并追踪具有高潜质的雇员的过程。它是为首席执行官（CEO）、副总裁、职能部门和业务部门的高层经理等职位寻找并确认具有胜任能力的人员，是为组织储备核心的人力资本，其实施过程要涉及人力资源培训与开发、职业生涯管理和绩效测评等方面。

继任计划主要包括三个阶段：

---

① 总报酬管理中的绩效考核与员工认可部分请参见第7章"绩效认可与绩效管理"。

（1）高潜质雇员的挑选

企业一般有几种方法可供选择：确定该职位的能力需求并进行相关的测试，如心理测试；在招募时挑选一些名校的学习成绩优异的毕业生；挑选在工作岗位上业绩突出的人等。这一阶段的候选人较多，随着继任计划的深入开展，候选人逐渐减少。

（2）进行相关的开发

这一时期通常要为这些候选人制订合适的职业生涯发展规划，并对其进行相应的开发，包括在职或脱岗的培训与开发，调动他们到其他地方去任职，承担具有挑战性的关键任务或重点项目等。在这一阶段，高潜质雇员与公司文化氛围相适应，并显露出能够代表公司形象的个性特征，达到高层管理者期望的被开发人员进入高级管理层。

（3）与高层管理者的频繁接触

在这一阶段，高层管理者在开发这些候选人方面起着举足轻重的作用，频繁接触使候选人对领导风格与公司文化有进一步的了解。当然，能否继任，最后还要视职位空缺的可能性及现任任职者的情况来决定。需要强调的是，候选人的挑选与开发要经过较长的时间。因此，鉴于它的重要性，国外公司一般都制定并形成了较为规范的管理模式，如果能够切实地遵守并加以认真实施，就可以保证公司在管理者离职后迅速填补留下的空缺，保证公司的正常发展与运作。同时，公司借此可以储备大量的管理人才，形成发现人才、培养与开发人才、任用人才的良性机制与氛围，为公司的长远发展打下坚实的基础。

2. 轮岗培训

轮岗培训是为了让轮岗员工对新的工作环境和业务有所了解，补充新的知识和能力。轮岗是在预定的时期内使受训者相互变换工作岗位，使其获得不同岗位的工作经验的形式。如在对管理人员进行培训时，让受训者有计划地到生产、销售、财务等部门工作几个月，实际参与所在部门的工作，或仅仅作为观察者，了解所在部门的业务，扩大受训者对整个企业各个环节工作的了解。

轮岗培训的意义主要有三点：①培养工作乐趣。在任何一个工作岗位上待长了，必然会让员工产生厌倦情绪，开始产生惰性，失去工作激情和创造精神。进行工作岗位轮换后，新的岗位有全新的工作流程和内容，会给人带来一定的刺激感和乐趣，能有效地提升员工的工作积极性，避免因为在同一岗位长时间工作产生厌倦感，从而降低工作效率。②做到工作的系统化和整体性。轮岗就需要进行经常性的工作交接，这迫使各位员工将手头工作进行系统化和整体性处理。因为要定期交接，"当前事，当前毕"，每位员工就必须及时把手头的工作整理得很清晰、很有条理，这样才能快速准确地交接。③各岗位员工之间的互相理解、配合，降低内耗。企业最大的消耗在于内耗，而内耗更多是人为因素造成的，除去制度设置的不合理，各个岗位与人员之间互相不理解、不配合是主要原因。通过岗位互换，各岗位员工之间就会有深切的体会与理解，互相体谅别人的难处和工作特性所在，有效地增强员工之间的理解与配合度，在总体上减少内耗。④增强员工的多项工作技能。从个人的角度而言，通过轮岗，员工可以在短时间内学习更多的工作技能，自己的职业素质和职业竞争力都将得到提升，也能在一定程度上缓解待遇问题。

8.3 企业高管的薪酬管理

8.3.1 高管薪酬激励概述

1. 有关概念界定

（1）企业高管

高管是指能有效利用各类资源，对企业重大经营活动具有实际经营权、决策权并能承担风险，对企业发展具有控制力和影响力，对企业业绩影响较大的企业高级管理人员的总称。在两权分离的现代企业中，高管属于委托代理关系中的代理方。在现代公司制企业中，高管通常包括董事会成员、正副总经理、财务总监及其他共同参与制定战略决策的高层管理者们。由于企业高层管理团队的战略决策会对企业的发展产生重大影响，因而高管人员效能的高低、决策的正确与否，势必会影响企业的绩效乃至长期稳定的发展。由于企业高管人员不仅属于企业战略的制定层还是执行层，负责整个企业运营各环节的组织与协调工作，对企业的经营决策拥有很强大的控制权和决策权，因此可以说，企业高管人员的战略决策决定着企业的命运，所以对高管人员的薪酬激励也就显得尤为重要。

（2）高管薪酬

高管薪酬包括广义的薪酬和狭义的薪酬。狭义的薪酬是指企业以国家法规和劳动合同为依据，以货币形式给予员工的劳动报酬。它主要有以下几种形式：工资、津贴、奖金等。广义的薪酬不但包含上述现金形式的报酬支付，还包括以培训、福利、晋升机会等非货币形式给服务于企业、付出劳动的员工的奖励和补偿。本书中的高管薪酬是广义上的概念，指高管为企业提供劳动或劳务而获得的回报，由经济性报酬和非经济性报酬组成。

经济性的报酬可分为直接报酬和间接报酬两种。直接报酬主要包括绩效工资、股权、红利、基础工资、奖金、各种津贴等。间接报酬包括各种福利，如补助、保险、带薪休假、优惠等。非经济报酬主要由工作本身、组织特征和工作环境三部分组成。

（3）从交易关系到"三位一体"关系

工作场所的用工管理有三重境界，最低境界即在老板和员工之间形成交易关系，员工付出劳动，企业给付报酬。第二重境界即形成"三位一体"的关系——利益共同体、事业共同体、命运共同体。此时员工与组织不仅形成了书面契约，还形成了心理契约。最高境界则是形成使命共同体，但基本不可能实现。员工从普通员工变成高管后，不仅仅是职位的转变，在很大程度上更是从交易关系到"三位一体"关系的转变，伴随着这一转变过程的还有薪酬的转变，因为高管薪酬的核心是股权激励，而股权激励的核心则是分享。在高管层级，高管与企业形成的是利益共同体、事业共同体、命运共同体，因此高管在更大程度上要分享企业的发展成果。

2. 企业高管薪酬相关理论分析

（1）委托代理理论

1933 年，美国学者伯利（Berle）和米恩斯（Means）在《现代公司与私有财产》一书中，对美国 200 家大公司进行了分析，发现其中占公司总数量 44%、占总财产 58% 的企业是由并未握有公司股权的经理人员控制的，由此他们得出，现代公司的发展，已经发生了"所有与控制"的分离，公司实际上已经被职业经理组成的"控制者集团"控制。后来，人们把这种现象称为"经理革命"。委托代理关系是随着企业所有权和控制权（经营权）的逐步分离而产生的。所谓委托代理关系，就是指委托人把自己的事务交给其代理人代为处理而形成的委托人与代理人之间的责、权、利关系。

詹森和麦克林（Jensen，Meckling，1976）指出，当经理人员只拥有公司部分剩余索取权时，他就会制定使自己效益最大化的经营决策，因为他获得全部收益而只承担部分成本，所以一个理性的经理人员往往在尽可能给公司赚钱的同时又尽可能地从公司支出费用以最大化自己的利益，代理成本随之产生。他们认为经理人员拥有的股权越小，其代理成本越大，当没有股权的时候，其代理成本达到最大。同时，詹森（Jensen，1986）认为，委托人和代理人之间的目标和所追求的利益是不一致的，代理人凭着自己拥有大量信息的优势，在决策时可能会背离委托人的要求而投资到净现值为负的项目中去，或甚至作出与委托人利益相反的选择。

委托代理理论认为经济组织的效率高低关键在于能否设计一套激励机制以诱导代理人透露其私人信息，选择更高的努力水平，使公司资源分配符合帕累托最优或次优，也就是说激励是相容的。所以，授予经理人员（或代理人）一定数额的股权是激励代理人的一种有效方法，它能使代理人利益与公司的利益更趋一致，与委托人的目标更靠近。法马和詹森（Fama，Jensen，1983）认为，当一个或者几个代理人集决策经营权和控制权于一身时，通过将剩余索取权授予决策者来解决所有者与决策者之间的代理问题，也是有效率的。

总之，委托代理理论认为，经理人员持股能增大公司的价值，有利于公司绩效的提高，他们之间具有正相关关系。

（2）锦标赛理论

锦标赛理论认为，与既定晋升相联系的工资增长幅度，会影响到位于该工作等级以下的员工的积极性；只要晋升的结果尚未明晰，员工就有动力为获得晋升而努力工作。因此，锦标赛理论把丰厚的高管薪酬当做希望成为高管的员工一系列竞赛的奖品。员工职位的提升被当做一种胜利，而更加丰厚的报酬（更高的基本工资、奖金、增加的福利和额外补助）就代表奖品。员工提升的级别越高，赢得竞争的机会就越少：在公司的等级结构中，级别越高，职位越少。

锦标赛理论模型中主要有以下三个论点：

首先，薪酬基于代理人边际产出的排序，而不是具体的边际产出。边际产出的排序要比边际产出的准确度量更简单，因此可以降低监控成本。组织内的晋升和奖励是基于"连续排除对手的竞赛"，最后的赢家将获取职业晋升和奖金报酬。这一观点主要说明为什么经理层级间的薪酬差距会随着职位的升高而增大。锦标赛理论认为，普通员工晋升到高层经理人的过程就好比在买彩票，当你希望获得的奖金越大时，你需要投入的就越多，而只有在预期得奖金超过所付出的成本时，员工才会有动力来求得晋升。

假如普通员工晋升为较高级别的管理者时能获取超额奖金，那么就能够诱使竞争者向往更远大的目标，这种超额奖金在由次高层级经理晋升到最高层级经理时最为明显，因为此时高层管理人员面临的挑战将会最大，其所付出的代价也最大。此时若无足够大的奖金差距诱因来激发次高层级的经理人员继续向前的动力，很可能就使他们裹足不前，失去竞争的动力。所以，为了使经理人能持续不懈地努力工作，就要设计一套薪酬差距随职位上升而增大的薪酬制度来诱使经理人投入更大的努力。

其次，锦标赛理论模型暗示着公司内薪酬差距对组织绩效是有影响力的。锦标赛理论模型认为要诱使代理人（竞赛者）努力，必须付出相对高的奖金来激励他们，若以较高的奖金（薪酬差距）可以诱使高层管理人员作出较大的努力，则他们必然获得较大的产出及绩效。因此，在锦标赛理论模型中，假设企业委托人的监督成本较高时，组织若以相对绩效来激励企业的员工，会优于以绝对绩效来激励员工，高的竞赛奖金（薪酬差距）则会给竞赛者很大的动力，在赢家与输家的竞争下，他们竞赛努力的成果终将会提升组织的绩效。

最后，在锦标赛理论模型中，假设当企业的外部环境不确定程度高时，竞赛者所投入的边际成本会随着不确定程度的增加而递增。当运气成为竞赛成功与否的一个重要决定因素的时候，竞赛者努力参与的动力将会大大降低。因此，为了激发竞赛者增加自我努力程度以克服不确定的竞争环境，获得最后胜利，必须使奖金（薪酬差距）的差距设计随着外部环境不确定程度的增加而递增，以增加竞赛者继续努力的动力。

（3） 社会比较理论

社会比较理论又称公平理论，首先是由美国心理学家斯泰西·亚当斯（Stacy Adams）在 20 世纪 60 年代提出来的。公平理论认为，人们通常会通过比较来判断自己是否获得公平的报酬，通常集中在比较工作所得与工作付出这一相对值上。只有在两者之比为一，即两者相等时，员工才会感到切实的公平感，其行为才会得到有效的激励。当员工感到不公平时，他会以选定原来的参照者不合适作为理由让自己下台阶，当无法继续找到合适的理由时，他的意志就会很消沉，在极端情况下也会考虑离开企业。因此，在制定高管薪酬时应当注意，除了报酬指标的绝对值能够影响薪酬激励效果，报酬因素的相对值也存在很大的影响。激励制度应本着公平、公正的原则，使"所得＝付出"的等式在客观上保持成立，尽管主观判断的误差难以完全消除，也不致让员工感到严重的不公平。

8.3.2　高管薪酬设计

1. 高管薪酬构成

高管的总体薪酬与普通员工的总体薪酬有一个显著差异，那就是高管的总体薪酬强调长期或递延奖励而不是短期的奖励。高管薪酬的主要部分包括：

- 现付核心薪酬。
- 递延核心薪酬：长期激励。
- 福利。
- 非物质报酬。

（1） 现付核心薪酬——年薪制

高管的现付总体核心薪酬包括三个部分——年度基本工资、年度奖金和短期奖励。

基本工资主要根据市场的行情和高管自身业绩、经验和知识，考虑企业的总资产、销售收入规模和企业状况等要素，通过预先谈判确定，按期支付，并在一定时期内保持不变。

奖金主要有三种：非固定奖金、活动绩效奖金和预先确定分配奖金。董事会给高管人员发放的非固定奖金是选择性的。在确定非固定奖金的金额时，董事会会考虑四个因素——公司利润、财务状况、业务状况和未来前景。例如，当公司在市场上的地位很稳固的时候，董事会可能会发给高管非固定奖金。绩效奖金则是根据高管人员实现具体绩效目标的情况来决定的。分配奖金的资金总量则是根据一个固定公式来计算的，决定该奖金的资金总额和具体奖金数量的主要因素是公司利润。短期奖励则表明董事会认可高管人员为实现竞争战略目标而取得的进步。

目前高管的现付薪酬基本都是以年薪制的方式发放，在我国也是如此。早在十八年前，我国部分省市就开始试点企业经营者年薪制，其中一些做法值得借鉴。例如，深圳是较早执行经营者年薪制的试点城市。1994 年 9 月深圳市发布了《试点企业董事长、总经理年薪制办法（试行）》，1997 年 9 月又发布了《深圳市国有企业经营者年薪制暂行规定》，就年薪制的实施对象、年薪标准等内容进行了规定。再如，四川省 1994 年起在 22 户新体制实验企业试行经营者年薪制。从年薪水平看，1994 年四川省 15 户试点企业经营者平均实际年薪收入为 25 970 元，是这些企业职工平均收入的 5.06 倍。从效果看，年薪制的实施，可以在一定程度上调动经营者的积极性，同时促进国有企业资产的保值增值。经核实，四川省实行年薪制的 15 户试点企业 1994 年的净资产（所有者权益）增值率为 26.05%，利税增长了 9.45%。从单个企业来看，武汉市国有资产经营公司成立于 1994 年 8 月，注册资本 12 亿元，1996 年实行"企业家年薪制"，对其控股、全资企业法定代表人全部实行年薪制。年薪包括基薪、风险收入和年功收入三部分。基薪是经营者的基本报酬，由国资公司根据企业的规模和经营效益水平确定。如企业年利润总额在 1 亿元以上的法定代表人基薪为 4.2 万元。风险收入是年度经营的效益报酬，由国资公司根据企业经营责任书及企业实际经营业绩核定。未完成指标的不给予年度风险收入，还要扣减以前年度的风险金。

（2）递延薪酬——长期激励

递延薪酬（deferred compensation）是指一名员工和公司达成协议把该公司给该员工的报酬推迟到将来的一个日期支付。递延薪酬是高管人员总体薪酬的一个特点。作为一种激励手段，递延薪酬把高级管理人员的长期利益和公司业主或股东的长期利益联系在一起，使高管人员有一种公司主人翁的感觉，促使高管人员有动力去努力工作。

目前高管人员的长期激励主要有以下几种形式：股票期权、储蓄-股票参与计划、股票持有计划、受限股票计划、虚拟股票计划及股票增值权、延期支付计划、特定目标长期激励计划。其中股票期权是最主要的形式。

①股票期权。股票期权是一种股权激励，是指上市公司以本公司股票为标的，对其董事、监事、高级管理人员及其他员工进行的长期性激励。通过向高管员工让渡部分公司股权的形式，使企业人力资本获取一定的剩余索取权，高管员工能够以股东的身份参与企业经营、分享利润、承担风险、勤勉尽责地为公司的长期发展服务。

②储蓄-股票参与计划。储蓄-股票参与计划主要是为了吸引和留住高素质的人才并向所有的员工提供分享公司潜在收益的机会。高管人员也可以参与该项计划。

储蓄-股票参与计划允许员工一年两次以低于市场价的价格购买本公司的股票。该计划首先要求员工将每月基本工资的一定比例放入公司为员工设立的储蓄账户。一般规定的比利是税前工资额的 2%～10%，少数公司可以高达 20%。然后公司在期末以期初价格和期末价格中最低价的 85% 为员工买入公司的股票，并将购买价与期末价之间的差价返还到员工账户。

③股票持有计划。股票持有计划是指薪酬委员会决定无偿赠予高级管理人员的股票，然后通过证券商从市场上购买本公司股票，存入信托公司或公司的留存股票账户。高管人员只有退休或离职时才获得这些股票的支配权。股票持有计划在美国上市公司中非常普遍，例如通用汽车公司规定：董事长需持有基本工资3.5倍价值的股票；总裁、理事会其他成员需持有基本工资2.5倍价值的股票。

④受限股票计划。所谓受限股票是指高级管理人员出售这种股票的权利受到限制，只有在特定情况下才能出售。它是专门为某一特定计划而设计的激励机制，目的是激励高级管理人员将更多的时间精力投入到某个或某些长期战略目标中。

薪酬委员会预期该战略目标实现以后，公司的股票价格应当上涨到某一目标价位，然后公司将受限股票送给高级管理人员或者授权他们以远低于市场价格的价格购买受限股票。只有当股票市值达到或超过目标价格时，高级管理人员才可以出售受限股票并从中获益。

受限股票计划的特点在于股票出售受限，不可转让，而且公司有权回购。例如花旗集团的5年期受限股票计划。该公司1998年认为公司应当在5年内实现市场战略上的重新定位，以保持其长期竞争力，与之相对应的是公司股价从120美元上升到200美元。花旗集团规定，只有在股价达到200美元，而且在连续30个交易日里至少10天的价格高于该价格水平时，高管人员方可出售受限股票。

⑤虚拟股票计划及股票增值权。虚拟股票计划是指公司给予高级管理人员一定数量的虚拟股票，对于这些虚拟股票，高级管理人员没有所有权，但是与普通股东一样享有股票升值带来的收益，以及享有分红的权利。

股票增值权是指公司给予高级管理人员这样一种权利：高级管理人员可以获得规定时间内规定数量股票价值上升所带来的收益，但是该高级管理人员对这些股票没有所有权，因此虚拟股票计划享有分红权，而股票增值权则不享有分红权。

⑥延期支付计划。延期支付计划是指将高级管理人员的部分年度奖金以及其他收入存入公司的延期支付账户，并以款项存入当日按公司股票平均市场价折算出的股票数量作为计量单位，然后在既定的期限（多为5年）后或者该高级管理人员退休以后，以公司股票形式或者依据期满时股票市值以现金方式支付给该高级管理人员。延期支付计划的优势在于将公司高级管理人员的薪酬与公司长期业绩联系起来，并减少公司和个人的税赋。

⑦特定目标长期激励计划。特定目标长期激励计划的激励方式接近于受限股票计划，但其实施方式接近于年度奖金的评定。特定目标多为一些非常重要但不可能在实施当年见效的战略目标，公司为此设计出3~5年的特定目标计划，来

激励高级管理人员对长期战略目标倾注更多的注意力。特定目标长期激励计划一般采用特定目标奖金的方式，其评定标准是前 3～5 年内公司战略计划中既定的长期目标的实施情况。例如通用汽车 1997 年设立了一次性的以净资产收益率为目标的激励计划，规定：如果从 1997 年的计划时间起到 2000 年 12 月 31 日为止这段时间里，净资产收益率达到 12.5%，则 2000 年 12 月 31 日公司将向高级管理人员赠予既定数量的普通股票；如果目的未达到，该计划在该时点自动失效。

（3）福利

高管的福利待遇主要包括：带薪休假，由企业购买的各种保险，免费或有折扣地享受企业提供的服务，比如午餐、医疗、班车等。

①退休金计划。退休金计划一般包括两个部分：一部分是国家法律规定的养老保险，即法定退休金；另一部分则是公司为高管补充的养老保险，有时又叫"高级管理人员补充退休金计划"，各公司规定的条件不一。

②金色降落伞计划。金色降落伞（golden parachute）是指这样一种合同规定：当公司被并购或恶意接管时，如果高级管理人员被动失去或主动离开现有职位，他可以获得一笔离职金。一方面，金色降落伞保证了离职的高级管理人员的福利；另一方面，在有些特殊情况下，并购或接管有利于股东权益，但是高级管理人员出于保住自己职位的考虑，会竭力阻止并购或接管。例如在 20 世纪 80 年代，纳贝斯克公司被杠杆收购后，其首席执行官罗斯·杰克逊离职，作为补偿，他获得了 538 万美元，这是 80 年代最大的一笔金色降落伞离职金。

③额外补助。额外补助包括范围广泛的多种福利，例如免费午餐、公司轿车等。额外补助的目的有两个：首先，这些福利是高管人员身份地位的象征；其次，高管人员可以将额外福利用于改善个人生活或者把它作为一种业务工具。

（4）非物质报酬

高管人员的非物质报酬主要包括精神激励和职位激励。精神激励主要包括事业发展机会、地位与声誉、权利、受褒奖机会等方面的激励。职位激励主要包括就职、升迁与升迁机会激励等。

2. 我国的股权激励

（1）股权激励实施背景

修订后的《公司法》、《证券法》在公司资本制度、回购公司股票和高级管理人员任职期间转让股票等方面均有所突破，从根本上消除了上市公司实施股权激励的法律障碍。《国务院批转证监会关于提高上市公司质量意见的通知》中明确指出，上市公司要探索并规范激励机制，通过股权激励等多种方式，充分调动上市公司高级管理人员及员工的积极性。股权分制改革工作向纵深推进，进一步增强了证券市场的有效性，为上市公司实施股权激励构筑良好的市场基础。2005 年 12 月 31 日证监会颁布《上市公司股权激励管理办法（试行）》。

目前我国规范股权激励的相关法律法规主要有：《公司法》、《证券法》；证监会颁布的《上市公司股权激励管理办法（试行)》、《公开发行证券的公司信息披露规范问答 2 号》、《股权激励有关事项备忘录》；国资委颁布的《国有控股上市公司（境内）实施股权激励试行办法》；财政部、税务总局颁布的《关于个人股票期权所得征收个人所得税问题的通知》、《企业会计准则第 11 号——股份支付》、《关于〈公司法〉实施后有关企业财务处理问题的通知》、《关于个人股票期权所得缴纳个人所得税有关问题的补充通知》、《关于上市公司高管人员股票期权所得缴纳个人所得税有关问题的通知》、《关于股权激励有关个人所得税问题的通知》。

（2）实施股权激励的基本条件

①上市公司。激励计划必须符合法律法规的规定，有利于公司的持续发展，不得损害上市公司得利益。上市公司不得存在以下情形：最近 1 个会计年度财务会计报告被注册会计师出具否定意见或者无法表示意见的审计报告；最近 1 年内因重大违法违规行为被中国证监会予以行政处罚。

②高管。诚实守信，勤勉尽责，维护公司和全体股东的利益。

③中介机构。诚实守信、勤勉尽责，保证所出具的文件真实、准确、完整。

（3）股权激励的数量

根据我国的法律规定，上市公司全部有效的股权激励计划所涉的标的股票总数累计不得超过公司股本总额的 10%。非经股东大会特别决议批准，任何一名激励对象通过全部有效的股权激励计划获得的本公司股票累计不得超过公司股本总额的 1%。公司如无特殊原因，原则上不得预留股份；确有需要预留股份的，预留比例不得超过本次股权激励计划拟授予权益数量的 10%。股本总额是指股东大会批准最近一次股权激励计划时公司已发行的股本总额。

（4）股票来源

①定向增发。定向增发是指企业发行新股，其中提取的激励基金不得用于资助激励对象购买限制性股票或者行使股票期权。

②回购。回购是指通过留存股票账户回购股票，要杜绝内幕交易、股价操作等行为。另外，回购的激励股票应在 1 年内授予激励对象，并且在我国不得超过本公司已发行股份总额的 5%，上市公司也不得为激励对象以股权激励计划获取有关权益提供贷款以及其他任何形式的财务资助，包括为其贷款提供担保。

（5）股权激励形式

在我国，股权激励形式主要有股票期权和限制性股票两种。股票期权是指上市公司授予激励对象在未来一定期限内以预先确定的价格和条件购买本公司一定数量股份的权利。限制性股票是指激励对象按照股权激励计划规定的条件，从上市公司获得的一定数量的本公司股票。

（6）股权激励方式

①定价。股票期权的股权发行价格不低于股权激励计划草案摘要公布前 1 个

交易日股票收盘价和公布前 30 个交易日内股票平均收盘价中较高者。限制性股票，如为定向增发，发行价格不低于定价基准日前 20 个交易日公司股票均价的 50%；如为回购，则按《公司法》的规定执行。

②授予。如果是分次授予，对于股票期权而言，要重新确定价格。授予价格的定价基础以此次授予所召开董事会决议公告日为确定行权价的基准日。对于限制性股票，定价必须一致。若不一致，要重新履行申报程序。要注意取消的期权不得另授。如果激励对象发生职务变更、离职、死亡等事项，要写明股票期权未授予部分如何处理（一次授予不存在此问题）。关于授予日，股权激励计划中明确规定授予权益条件的，上市公司应当在授予条件成就后 30 日内完成权益授权、登记、公告等相关程序。

③授予后。不得设置上市公司发生控制权变更、合并、分立等情况下激励对象可以加速行权或提前解锁的条款。对于股票期权，授权日与获授股票期权首次可以行权日之间的间隔不得少于 1 年。股票期权的有效期从授权日计算不得超过 10 年。激励对象获授的股票期权不得转让、用于担保或偿还债务。对于限制性股票，要注意禁售期内所拥有的股票权利，以及未能解禁股票的处理。定向增发所获得的限制性股票自股票授予日起 12 个月内不得转让，激励对象为控股股东、实际控制人的，自股票授予日起 36 个月内不得转让。

（7）窗口期问题

①不得授予股票或股票期权的期间。

A. 定期报告公布前 30 日。

B. 重大交易或重大事项决定过程中至该事项公告后 2 个交易日。

C. 其他可能影响股价的重大事件发生之日起至公告后 2 个交易日。

②与重大事件间隔期。

A. 上市公司发生《上市公司信息披露管理办法》第三十条规定的重大事件，应当履行信息披露义务，在履行信息披露义务期间及履行信息披露义务完毕后 30 日内，不得推出股权激励计划草案。

B. 下列期间，上市公司不得提出股权激励计划草案：上市公司提出增发新股、资产注入、发行可转债等重大事项动议至上述事项实施完毕后 30 日内；增发新股、发行可转债实施完毕至所募集资金已经到位；资产注入实施完毕至相关产权过户手续办理完毕。

C. 公司披露股权激励计划草案至股权激励计划经股东大会审议通过后 30 日内，上市公司不得进行增发新股、资产注入、发行可转债等重大事项。

（8）股权激励计划履行程序

在我国，履行股权激励计划要经过董事会审议、证监会备案、股东大会批准三个程序。

①董事会表决股权激励计划草案时，关联董事应予回避。独立董事发表独立

意见。

②证监会备案应提供的相关材料。

A. 申请报告（公司基本情况、股权结构图、主要股东情况、最近 3 年业绩、管理层构成情况、股权分置改革影响、公司治理专项活动整改情况、股权激励方案主要内容、激励对象行权资金来源、分析股权激励计划对公司盈利能力和股东权益产生的影响），材料原件、复印件及其电子材料；

B. 相关部门的批准文件，如国资监管部门；

C. 董事会决议；

D. 股权激励计划；

E. 独立董事意见；

F. 监事会核查意见；

G. 关于激励对象合理性说明；

H. 法律意见书；

I. 独立财务顾问报告（如有）；

J. 上市公司不提供财务资助的承诺书；

K. 上市公司、中介机构对文件真实性的声明；

L. 上市公司考核方案和薪酬委员会议事规则；

M. 控股股东、实际控制人支持函；

N. 二级市场自查报告。

中国证监会自收到完整的股权激励计划备案申请材料之日起 20 个工作日内未提出异议的，上市公司可以发出召开股东大会的通知，审议并实施股权激励计划。

③股东大会应当对股权激励计划中的如下内容进行表决：

A. 股权激励计划所涉及的权益数量、所涉及的标的股票种类、来源和数量；

B. 激励对象的确定依据和范围；

C. 股权激励计划中董事、监事各自被授予的权益数额或权益数额的确定方法，高级管理人员和其他激励对象（各自或按适当分类）被授予的权益数额或权益数额的确定方法；

D. 股权激励计划的有效期、标的股票禁售期；

E. 激励对象获授权益、行权的条件；

F. 限制性股票的授予价格或授予价格的确定方法，股票期权的行权价格或行权价格的确定方法；

G. 股权激励计划涉及的权益数量、标的股票数量、授予价格及行权价格的调整方法和程序；

H. 股权激励计划的变更、终止；

I. 对董事会办理有关股权激励计划相关事宜的授权；

J. 其他需要股东大会表决的事项。

股东大会就上述事项作出决议，必须经出席会议的股东所持表决权的 2/3 以上通过。

股权激励计划经股东大会审议通过后，上市公司应当持相关文件到证券交易所办理信息披露事宜，到证券登记结算机构办理有关登记结算事宜。

（9）股权激励计划信息披露

在董事会审议通过股权激励计划草案后 2 个交易日内，公司应当披露股权激励计划公告，同时在网站披露拟授予对象、数量及占比。股权激励计划经股东大会批准后要发布例行公告。实施过程中涉及重大事项，例如分红、行权价格调整、授予完成情况、解售或行权等情况要进行披露。在定期报告中还要详细披露报告期内股权激励计划的实施情况。

（10）股权激励计划的变更与撤销的相关规定

在我国，不可随意提出修改权益价格或激励方式。如果修改，应由董事会审议通过并公告撤销原股权激励计划决议，同时向中国证监会提出终止申请。若上市公司董事会审议通过撤销实施股权激励计划决议或股东大会审议未通过股权激励计划，自决议公告之日起 6 个月内，上市公司董事会不得再次审议和披露股权激励计划草案。

3. 高管薪酬确立的标准

（1）市场标准

市场标准是指主要根据高管人才市场上供需力量对比所形成的市场薪酬水平，来确定本企业高管的薪酬水平。这种基于市场薪酬标准决定高管薪酬的方法通常包括三个程序：确定市场的范围，进行市场薪酬水平的调查，确定本企业的高管薪酬水平。

（2）企业业绩标准

①确定企业的业绩指标。一般来说，企业经济效益指标主要体现在财务指标或是股票市场价格指标上，在各种类型的指标中，应该根据企业经营的特征选择最能体现企业高管业绩的指标，而尽量减少或避免采用那些比较短期的、高管容易影响或操纵的指标。

②确定业绩标准。确定企业的业绩指标达到什么样的标准，高管就可以得到多少数量的报酬。一般来说，确定企业的业绩标准，必须考虑企业发展的战略、企业目前所处的阶段、企业所在行业的竞争程度、企业以往的业绩水平等因素。

③确定合理的企业高管业绩薪酬比重。以企业的经营业绩为标准确定高管的薪酬水平，必须明确高管薪酬中风险性收入在总薪酬中的合理比重。这个比重的确定，可以参考企业当地的生活标准、企业的基本规模、企业经营的难度和高管的风险规避程度等因素。

（3）风险标准

风险标准是指根据高管经营管理企业过程中可能面临的风险来决定其薪酬水平。风险理论指出，企业高管所面临的风险主要与企业的复杂程度有关，而企业的复杂程度又是由企业规模、竞争程度等因素决定的。

①企业规模。企业规模是一个综合性的决定因素，随着企业规模的增大，企业高管所需要考虑的因素也会增加。随着高管需考虑的因素增加，他们要作出的决策也会相应增加，因此他们面临的风险也就越大。在实际操作中，可以综合考虑企业的资产总额、营业收入总额、员工人数等各个具体指标，将企业划分为不同的规模等级，作为确定高管薪酬水平的一个指导因素。

②竞争程度。市场竞争程度越大，企业高管所受的压力就越大，他们所作出的哪怕一个不正确的决定都有可能导致企业经营的失败，因此他们所面临的风险也就越大。企业竞争程度的大小，可以根据市场上业务相同（相似）的企业的数量以及其产品的市场占有率来评价。

（4）其他标准

除了市场、业绩和风险标准外，还可以综合考虑其他标准来确定合理的高管薪酬水平。例如，可以通过受教育程度、参加工作时间、所获得的荣誉和奖励等因素来衡量高管的人力资本存量，从而确定其薪酬水平。

8.4　基于劳资双赢的薪酬管理模式

8.4.1　绩效与报酬的对等承诺与对等实现

在人力资源及劳动关系管理中实现劳资双赢的关键在于实现绩效与薪酬的对等承诺。对于员工而言，绩效是他们对组织的承诺，他们希望通过达成绩效获得薪酬。对于组织而言，薪酬是组织对员工的承诺，组织希望通过薪酬激励员工努力工作，获得高绩效，为组织创造价值。若要实现劳资双赢以及和谐的劳动关系，关键就在于使绩效与薪酬的承诺对等。对于员工而言，要实现从绩效到薪酬的对等承诺，关键在于他们所获得的是合理、合情、合法的薪酬；对于组织而言，要实现从薪酬到绩效的对等承诺，关键在于薪酬成功激励了员工，使组织获得了高绩效，并通过总报酬实现员工与企业的共同发展。因此，实现绩效与薪酬对等承诺的薪酬管理模式，关键在于薪酬制定得合理、合情、合法，以及薪酬的有效激励作用。这种基于劳资双赢的薪酬管理模式如图8-7所示。

8.4.2　薪酬管理的法律环境——合法

1. 最低工资

最低工资是指劳动者在法定工作时间内提供正常劳动的前提下，其所在单位

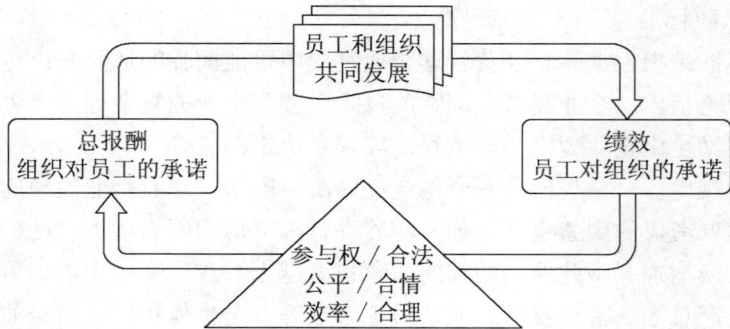

图 8-7　绩效与薪酬对等承诺

应支付的最低劳动报酬。在我国下列各项不得作为最低工资组成部分：加班加点工资；夜班、高温、井下、有毒有害等特殊工作环境下的津贴；法定社会保险和福利待遇等。

我国最低工资分为月最低工资标准和小时最低工资标准两类。其中，月最低工资标准适用于全日制就业劳动者，小时最低工资标准适用于非全日制就业劳动者。

在我国，企业必须将有关最低工资的规定告知劳动者；企业支付给劳动者的工资不得低于当地最低工资标准；未完成劳动定额或承包任务时，若约定支付标准低于最低工资标准，则约定无效（实行计件工资或提成工资等工资形式的企业，在科学合理的劳动定额基础上，其支付劳动者的工资不得低于相应的最低工资标准）。

县级以上地方人民政府劳动保障行政部门负责对本行政区域内企业执行最低工资标准规定的情况进行监督检查。各级工会组织依法对该规定的执行情况进行监督，发现企业支付劳动者工资违反最低工资标准的，有权要求当地劳动保障行政部门处理。

2. 工作时间和休息休假

工作时间是指法律规定的劳动者在一昼夜或 1 周内从事工作的时间，即劳动者每天应工作的时数或每周应工作的天数。休息休假，又称休息时间，是指劳动者在法律和行政法规规定的法定工作时间以外自行支配的时间，包括劳动者每天休息的时数、每周休息的天数、节假日、年休假、探亲假等。

工作时间包括标准工作时间、缩短工作时间、延长工作时间、不定时工作时间和综合计算工作时间四类。标准工作时间（标准工时）是指法律规定的在一般情况下普遍适用的，按照正常作息办法安排的工作日和工作周的工时制度。我国《劳动法》第三十六条规定，国家实行劳动者每日工作时间不超过 8 小时、平均每周工作时间不超过 44 小时的工时制度。根据 1995 年 3 月重新修订的《国务院关于职工工作时间的规定》，标准工作时间调整为职工每日工作 8 小时、每周工作 40 小时。实行计件工作的劳动者,企业应当根据每日工作不超过 8 小时、平均每周工作不超过 44 小时的工时制度,合理确定其劳动定额和计件报酬标准。

工作周之间的休息时间,是指劳动者连续工作 1 周后应当享有的休息时间。国家机关、事业单位实行统一的工作时间,星期六和星期日为周休息日。企业和不能实行统一的工作时间的事业单位,可以根据实际情况灵活安排周休息日。但劳动者在 1 个工作周内,至少应当有连续 24 小时以上的休息时间。

法定节假日是指根据各国、各民族的风俗习惯或纪念要求,由国家法律和行政法规统一规定的用于庆祝和度假的休息时间。根据 2013 年 12 月国务院颁布的《关于修改〈全国年节及纪念日放假办法〉的决定》,我国法定节假日共有 11 天:新年,放假 1 天(1 月 1 日);春节,放假 3 天(农历正月初一、初二、初三);清明节,放假 1 天(农历清明当日);劳动节,放假 1 天(5 月 1 日);端午节,放假 1 天(农历端午当日);中秋节,放假 1 天(农历中秋当日);国庆节,放假 3 天(10 月 1 日、2 日、3 日)。

3. 劳动报酬权

劳动报酬权是劳动者在劳动关系中享有的最基本、最核心的权利。劳动者提供劳动力以获得报酬是劳动关系财产性的体现,支付劳动报酬是企业承担的保护劳动者财产权的义务。通过管理劳动者的报酬来促进对员工的激励和企业的发展,是现代企业的首要目标之一。

《劳动法》中的"劳动报酬"是指劳动者从企业得到的全部工资收入,而"工资"是指企业依据国家有关规定或劳动合同的约定,以货币形式直接支付给本单位劳动者的劳动报酬,一般包括计时工资、计件工资、奖金、津贴和补贴、延长工作时间的工资报酬以及特殊情况下支付的工资等。国家法律明确规定劳动者应享有的工资、奖金、津贴等待遇不得低于最低标准。作为劳动合同中的一项重要内容,劳动报酬的确定需要注意以下几点:

(1)劳动报酬条款既可以约定具体的数额,也可以作为规章制度中所确立的一个分配制度实行。

(2)当事人在合同中约定的劳动报酬不得低于当地最低工资标准。未约定或约定不明确,而国家有关机关定有相关报酬标准的,依照规定标准给付报酬;无规定的,参照市场同类劳务标准给付。

(3)劳动报酬的种类包括基本工资、津贴、交通费用、住房补贴费、伙食费、培训费用、医疗费、提成等,这些都要在合同内明确约定,以保留明确的证据,避免日后引起不必要的纠纷。

(4)企业需向劳动者明确说明劳动报酬的计算方式。如按件、按时或按天、按级别等。

(5)加班应当支付加班费,工人依法享受假日的,应当照常发工资,对于事假、病假或其他假期的工资则由双方规定。

（6）应规定企业不得无故拖欠劳动者工资，以及拖欠的后果等。另外，企业为了避免"克扣"劳动者报酬的情况，扣减报酬的理由也需要在合同中详细规定。基于正当理由扣减劳动者报酬的，扣减数额总计不得超过当期应付报酬的一定比例。

（7）应在合同中约定社会保险费的缴纳方式及缴纳基数等。

劳动报酬权是企业在制定薪酬体系时的基本出发点。企业要做到保障员工的收入，并在此基础上提供相应的薪酬激励，以完善企业的薪酬管理制度。在实践中，有很多企业与劳动者已经建立了劳动关系，但未订立劳动合同，对劳动报酬的具体事项，包括劳动报酬的金额、支付方式、支付时间等，仅作了口头约定，或者约定不够明确。一旦发生争议，往往无据可查，无法确定。针对这种情况，《劳动合同法》作出了相关规定：与劳动者约定的劳动报酬不明确的，可重新进行协商；协商不成则适用集体合同的规定。

保证员工能够持续为企业服务的必要条件是企业及时、足额地向劳动者支付必要的报酬，这是企业薪酬管理实施的基本原则，也是对劳动者基本报酬权利的保障。在保障员工基本报酬权的同时，企业还需考虑外部政策法律环境对员工薪酬的设定，如最低工资的法律规定等。

4. 加班工资支付

根据我国《劳动合同法》的规定，在支付加班工资时要注意：

（1）企业安排劳动者工作日延长劳动时间的，按照不低于本人工资的百分之一百五十支付加点工资；在休息日劳动又不能安排同等时间补休的，按照不低于本人工资的百分之二百支付加班工资；在法定休假日劳动的，按照不低于本人工资的百分之三百支付加班工资。

（2）实行计件工资制的，劳动者在完成计件定额任务后，企业安排其在法定工作时间以外加班加点的，应当分别按照不低于其本人法定工作时间计件单价的百分之一百五十、百分之二百、百分之三百支付加班加点工资。

（3）经劳动行政部门批准实行综合计算工时工作制的，劳动者在综合计算周期内总的工作时间超过总法定工作时间的部分，视为延长工作时间，企业应当依照相关规定支付劳动者加点工资。劳动者在法定休假日劳动的，企业应当按照不低于本人工资的百分之三百支付加班工资。经劳动行政部门批准实行不定时工作制的，不执行加班加点工资支付的规定。

（4）实行轮班工作制的，劳动者在法定休假日遇轮班的，企业应当按照不低于本人工资的百分之三百支付加班工资。

劳动者正常工作时间工资是指劳动合同规定的劳动者本人所在工作岗位（职位）相对应的工资。加班工资基数就是劳动者正常工作时间的工资。企业在支付加班工资时，必须对相关法律法规有足够的了解，在此基础上，实施按劳付薪，对员工的劳动成果予以肯定，以激励其更好地为企业服务。

5. 劳务派遣工的薪酬支付

劳务派遣是近年来社会各界议论较多、实践中出现问题也较多的一种用工形式。劳务派遣用工在我国起步晚、发展快，在满足企业灵活用工等方面起到了一定的积极作用，但也产生了被派遣劳动者与所在企业直接用工存在同工不同酬、未缴或欠缴社会保险费等问题。随着劳务派遣员工数量的急剧增加，企业在制定薪酬制度时更需要着重考虑劳务派遣员工的薪酬问题。针对劳务派遣员工的薪酬问题，《劳动合同法》及其他相关法律法规从维护劳动者合法权益和保持劳动力市场活力的角度出发，对劳务派遣用工作出了特别规定。

劳务派遣中劳动的雇佣与使用是相分离的，雇佣中强调的是劳动关系的主体特点，使用中强调的是劳动关系的内容特点。

派遣单位承担的应当是与劳动合同订立、终止、解除相联系的权利义务，如合法招聘、社会保险、劳动报酬、解除合同的经济补偿金等。在被派遣劳动者的实际工作期间，派遣单位有支付报酬的义务，但在被派遣劳动者未被派遣的等待期间，派遣单位也有义务支付报酬。

作为用工单位，向劳务派遣员工支付劳动报酬也是其承担的主要义务。这是因为：第一，被派遣劳动者是为用工单位而不是为派遣单位履行劳动义务；第二，用工单位从被派遣劳动者的劳动中所得收益一般大于派遣单位；第三，从社会风险预防机制来看，派遣单位和用工单位都面临着责任危机，尤其是无法负担或支付劳动力再生产费用的信用危机，以派遣单位承担责任为主就意味着社会风险集中于为数相对较少的派遣单位，以用工单位承担责任为主则意味着社会风险可分散到众多的用工单位中去。因此出于社会安全的考虑，应当选择社会风险的分散机制，强调用工单位支付劳动报酬的义务。

根据《劳动合同法》第六十三条，劳务派遣员工应享有与用工单位正式员工同工同酬的权利。目前，各国讨论被派遣劳动者是否能获得平等待遇时，仍以用工单位的正式员工作为比较对象，因为劳务派遣单位不从事生产，被派遣劳动者之间缺乏可比性，这种现象是因劳务派遣雇用与使用分离所致。

在我国的劳务派遣实践中，同工不同酬的现象非常普遍，而同工不同酬实际也是劳务派遣泛滥的最主要动因。在具体实践中，如何遵循《劳动合同法》的规定，具体实施被派遣劳动者与用工单位的劳动者同工同酬，是一个值得研究和探讨的问题。

6. 非全日制用工的薪酬支付

非全日制用工是相对于传统的全日制用工的一种用工方式。《劳动合同法》第一次以法律的形式对非全日制用工进行了专门性的规范。而辨别和确定劳动者是否属于非全日制用工，是企业在实际操作中遇到的最常见的问题。

从企业的角度来说，对非全日制劳动者的薪酬管理主要体现在计酬方式和工作时间两个方面。具体需要注意以下几个方面：

（1）注意用工时限。对此法律已作出了硬性规定，企业在使用非全日制员工时，必须严格遵守用工时限。另外，由于非全日制用工的特殊性，非全日制用工不能约定试用期。

（2）慎重选择合同形式。尽管法律规定非全日制用工可以约定口头协议，但口头协议往往很难规范双方的权利与义务，"口说无凭"往往是产生劳动纠纷的原因，因此，在企业使用非全日制用工时，如果条件允许，为了避免劳动者不履行相应义务，应尽量采用书面劳动合同的形式，以避免不必要的纠纷和风险。

（3）履行法律义务，按时付酬。非全日制用工的用工单位应将薪酬数量和支付时间在合同中完整体现。

（4）社会保险的缴纳。从事非全日制工作的劳动者应当参照个体工商户的参保办法参加基本养老保险，可以以个人身份参加基本医疗保险。

8.4.3 基于公平的薪酬分配——合情

1. 薪酬管理与公平分配

薪酬管理包括薪酬体制、薪酬水平、薪酬结构等各个方面，薪酬分配的公平性需要体现在薪酬管理的各个方面，具体如表 8-6 所示。

表 8-6　　　　　　　　　　　　薪酬管理与公平分配

基本内容	主要任务	公平分配关键决策
薪酬体制	确定组织基本薪酬以什么为基础，薪酬体系以什么机制构建	价值公平——体现合理的计酬要素和劳资双方价值平衡，劳动力使用与经济利益回报的价值交换公平
薪酬水平	确定组织、部门、职位的平均薪酬水平	外部公平——组织薪酬的外部竞争性
薪酬结构	确定组织内部不同职位、人员薪酬之间的相互关系	内部公平——组织薪酬的内部一致性
薪酬核定	确定具体员工的薪酬待遇（薪等、薪级、薪额）	员工公平——体现具体员工的工作价值与工作贡献程度
薪酬形式	确定和管理员工所得薪酬的组成形式、成分及比例关系	功能公平——恰当运用公平分配定律进行薪酬构成形式及组合的确定，达到薪酬功能平衡
不同群体薪酬	确定和管理不同工作性质员工群体的有针对性薪酬	群体公平——体现不同群体员工的工作价值与贡献，区别设计和管理不同类型员工的薪酬
薪酬管理事务	薪酬规划、预算、执行、控制、沟通、评价等	组织公平——薪酬管理系统满足员工在组织中的分配公平性感受，有助于组织和个人目标实现

2. 薪酬水平与外部公平

薪酬的实质就是劳动者付出劳动的回报，这是一个交易过程。交易的主体是劳动者与企业（企业主），一方付出劳动（商品），另一方支付工资（货币）。在充分竞争的市场前提下，商品的价格是由市场决定的。这个价格（薪资）的形成本质上是个博弈的过程。在一个被雇用者面对多个企业，或多个被雇用者面对一个企业的博弈中，均衡只会出现在雇用者与被雇用者双方都得到相对满意的支付的结合点上。所以，在劳动力市场上，任何一个应聘者在向企业提出工资额度（价格）要求时，都应该考虑价格是否太高，否则可能就找不到工作。同样，任何一个企业对某个特定岗位给出的价格明显低于市场价格，就得不到人才。市场是公平的，作为商品的劳动力付出的劳动的卖价（工资要求）和作为企业用来购买劳动的买价（给出工资）都必须要有竞争力，否则就不可能成交。也就是说，薪酬必须具有竞争力，或者说必须具有市场公平性。员工将自己在公司所得与社会上同类工作的平均工资水平相比较的过程及比较的结果会影响到他今后的工作积极性甚至去留。外部不均衡表现得过高或者过低，都会对公司产生不利影响。

企业的薪酬水平需要依据企业战略等原则具体确定。薪酬水平策略主要包括处于薪酬水平领导地位的市场领先型策略、跟随行业总体薪酬行情的市场跟随型策略、成本优先的成本导向型策略和混合型策略，如图 8-8 所示。

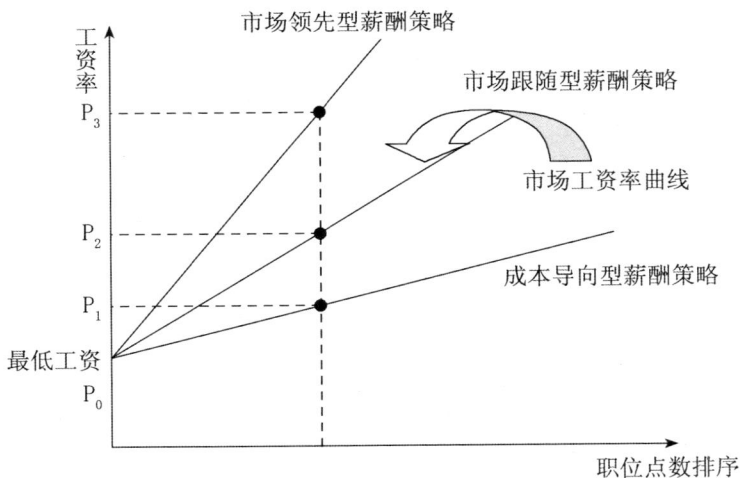

图 8-8　薪酬策略

3. 薪酬结构与内部公平

（1）内部公平

薪酬的内部公平是员工对自身工作在企业内部的相对价值的认可。根据亚当斯的公平理论，员工将自己的付出、所得与企业内其他员工的付出、所得进行比较，进而判断自己所获薪酬是否具有内部公平性。当员工发现自己的收入-付出比与企业其他员工的收入-付出比相同时，他就会获得薪酬的内部公平感；反之，则产生内部不公的感受。

薪酬结构是指对同一组织内部的不同职位或技能之间所做的工资率安排。一个完整的薪酬结构模型包括：薪酬等级的数量；同一薪等内部的薪酬水平变动范围；相邻两个薪等之间的交叉与重叠关系。通过职位评价或技能评价，企业可以决定其薪酬等级的数量。企业可以将职位在组织内部的评价点数与外部市场调查薪酬数据结合起来，得到薪酬政策曲线，进一步根据该曲线来设计薪酬区间的中值、级差以及各薪酬等级的浮动区间。

薪酬的内部公平强调的是组织内部薪酬关系的一致性，薪酬结构的内部一致性强调的是组织内部薪酬结构背后的逻辑关系和政策关系的一致性。为了达到这一点，要注意以下事项：

①薪酬结构设计应当与组织结构、组织关系和工作设计之间保持一致的政策关系，所确定的工资结构应当支持组织的工作流程，对所有员工公平。

②在制定薪酬结构时，首先要制定工作评估的标准，对工作进行评价；然后确定不同的薪酬等级，按薪酬等级分配工作，使相同等级的工作获得相同的报酬，即同岗同酬。

（2）同工同酬

同工同酬是指在同一企业中，处于相同岗位并且技术熟练程度相同的劳动者，不分性别、本地外地、年龄和民族，只要从事同样的工作，付出相同的劳动，就应当得到一样的报酬。同工同酬的理念表明，每个劳动者在同样的劳动关系中应处于同等的地位、获得同等的劳动收益，即应当实现劳动平等。在企业劳动关系管理中，实施职位薪酬体系的目标便在于实现同工同酬，它可以看做劳动实质平等的典型体现。

实现同工同酬时需要具备的条件有：

①劳动者的工作岗位相同、工作内容相同、工作性质相同；

②劳动者在相同的工作岗位上工作时所达到的劳动强度与其他员工一致；

③劳动者付出同样的工作量取得了相同的工作业绩；

④劳动者的技术水平、熟练程度相当。

需要特别说明的是，按照《劳动法》中按劳取酬的原则，"同酬"的意思是指，不同的劳动者在相同的工作岗位从事相同的工作所获得的薪酬构成应该是一致的。因此，企业在支付劳动报酬时，不能简单地根据同工同酬的原则来向劳动者支付数额相等的报酬，而是应该考虑劳动者具体的表现与企业特定薪酬制度的构成。由于工资等级是企业薪酬制度的重要组成部分，是企业自我管理的具体体现，因此不能认为在有关工资的规定中对相同岗位设计不同等级的工资是违反了同工同酬的原则。

根据《劳动合同法》第十一条的规定，企业未在用工的同时订立书面劳动合同，与劳动者约定的劳动报酬不明确的，新招用的劳动者的劳动报酬按照集体合同规定的标准执行，没有集体合同或者集体合同未规定的，实施同工同酬。本条涉及的情况，是在企业与劳动者约定的劳动报酬不明确的时候，以及对于新录用员工的劳动报酬没有可参照的集体合同的标准时劳动报酬的确定。此时不能只是直接使用最低工资等国家劳动标准，而要首先参照集体合同中的标准。集体合同是指企业职工一方与企业就劳动报酬、工作时间、休息休假、劳动安全卫生、保险福利等事项，通过平等协商达成的书面协议。并不是每个企业、行业或是每个区域都会签订集体合同，即使签订了集体合同，其中可能也没有关于劳动报酬的事项。在这种情况下，应实行同工同酬。

当劳动合同对劳动报酬、劳动条件等标准约定不明确而引发争议时，企业首先应该遵从法律的提倡，与劳动者进行重新协商，这是《劳动合同法》司法属性的体现，即合法范围内的意思自治是必须予以保护的；其次，如果协商不成的，则适用集体合同规定；再次，没有集体合同或者集体合同未规定劳动报酬的，企业应当实行同工同酬；最后，没有集体合同或者集体合同未规定劳动条件等标准的，适用国家有关规定。

《劳动合同法》第六十三条还规定，被派遣劳动者享有与用工单位的劳动者同工同酬的权利。用工单位无同类岗位劳动者的，参照用工单位所在地相同或者相近岗位劳动者的劳动报酬确定。本条款规定了被派遣劳动者与用工单位的劳动者享有同工同酬的权利。享受同工同酬也是宪法赋予劳动者的权利，是必须要执行的，因此，被派遣劳动者也应享受同工同酬。

8.4.4 实现薪酬管理的高效率——合理

1. 薪酬管理的效率

薪酬管理的效率包括员工个体和组织整体两个层面。从员工个体层面来看，薪酬设计的效率要求体现在对员工工作动机、工作行为以及个体绩效等方面的促进。组织层面的有效性主要是指薪酬体系对组织目标的贡献程度。所以，薪酬的效率要求应体现为对企业战略目标的实现所提供支持的程度。

有效率的薪酬制度所吸引的人才、倡导的行为与奖励的技能一定是与企业战略导向一致的。例如，以技术领先为战略目标的企业，关键人才需要具备创新精神与冒险精神，关键技能体现在一流的专业技能、丰富的研发经验与自我学习的能力，关键行为则体现在相互协作与知识的共享行为。企业的管理者可以通过确认组织中薪酬最高的那部分员工（相对于市场上的薪酬水平，而不仅是与企业内部相比）所具有的性格特征、表现出的行为与能力是否与实现战略目标所需要的相一致来判断薪酬制度的有效性。

具体来说，薪酬设计是通过以下三个方面对战略目标的实现提供保障：

（1）吸引关键人才

不同战略模式需要不同类型的人才，也就需要不同的薪酬制度。有关薪酬策略的研究表明，组织的薪酬水平、薪酬特征与吸引、留住特定员工所需的特征是相一致的。比如，高浮动的薪酬制度有利于吸引具有冒险精神和创新精神的员工，这种薪酬策略将会促进差异化与技术创新战略的实现；相反，高稳定的薪酬制度吸引和留住的则是谨慎、墨守成规的员工，这种薪酬策略与强调标准化、低成本战略模式相匹配。只有执行能够吸引与留住实现战略目标所需要的关键人才的薪酬策略，才是有效的薪酬制度。

（2）奖励关键技能

不同的战略模式需要不同的技能作为支撑，这就需要相应的薪酬制度能够激励员工学习与掌握该方面的知识。低成本战略需要员工在同行中具备领先的成本管理能力。技术领先的战略则需要员工具有行业一流的专业技能，同时又必须具备出色的研发管理能力。差异化战略要求员工具有更加敏锐的市场嗅觉与营销能力。研究表明，员工会将更多的时间花在能够得到组织认可的领域，来学习掌握一种能够受到组织奖励的技能。为了激励员工掌握组织迫切需要的技能，就要根据员工关键技能的水平来确定薪酬等级。只要能够持续对关键技能进行奖励，薪酬制度就会像指挥棒一样激励员工提高关键技能，促进组织战略目标的实现。

（3）激励关键行为

不同的战略模式对员工的行为要求也不相同。一个研发项目经理的绩效构成不仅包括进度、质量与成本等短期指标，还包括技术创新、人才培养、技术定型等长期指标。注重当期盈利能力的薪酬设计更注重短期指标与薪酬的联系，侧重于长期可持续发展的薪酬设计则侧重于对长期指标的奖励。一般来说，处于初创期、成长期的企业薪酬设计会侧重于短期行为指标，而处于成熟期的企业则更加侧重员工的长期行为。

以上是组织层面薪酬管理的有效性，而从员工个体层面来看，薪酬设计的效率要求体现在对员工工作动机、工作行为以及个体绩效等方面的促进，也就是能够对员工进行激励。激励的本质是让员工总是把精力投入工作，总是能够积极主动地找方法，总是把事情做到极致。积极、想办法、最终把事情做到最好，这三点也就是我们常提到的态度、方法（行为）、结果。而体现激励性的薪酬管理的一个代表性体系就是绩效薪酬体系。

2. 绩效薪酬体系的激励性

在各种薪酬体系中，绩效薪酬体系是指将员工的收入与绩效水平挂钩的薪酬体系，它来源于科学管理之父泰勒创造的一种激励性的计件工资报酬体系。泰勒时代绩效薪酬的形式主要为计件工资、计时工资、差别计件工资等。正如约瑟夫·马尔托齐奥在其书中所说，根据员工的绩效来支付报酬是 20 世纪美国薪酬管理的一个里程碑，从薪酬管理实践的历史发展来看，特别是 20 世纪 80 年代以后，市场细化、竞争加剧及产业微利化等经济现实，促使人们对劳动关系管理产生了更为深入的关注及根本观念上的转型，相应地对人员的激励也日益重视，从而"按绩效支付报酬"成为薪酬分配的主流导向。前一节已经提到，绩效薪酬计划大体上可以分为基于个体层面的薪酬计划和基于群体层面的薪酬计划。

（1）基于员工个人的绩效薪酬计划

基于员工个人的绩效薪酬计划包括计件工资、计时工资、绩效加薪、绩效奖金等。计件工资制是一种在生产工人中使用最为普遍的、以个人为基础的激励性工资制度。在这种薪酬制度下，工人根据他们所生产的每一单位的产品获得一笔报酬，这笔报酬是与每件产品相联系的计件工资率，工人产出高则获得的报酬就高。

制定计件工资率时，最关键的问题是生产标准的确定。生产标准首先要为员工创造一定的收入，激励员工努力工作，同时要将生产的人工成本控制在一定范围内，最后还需要保证雇员所得的工资能够达到最低工资标准。计件工资制可以向员工提供一种直接的增加生产的激励，在该模式下员工获得的报酬与产出挂钩，所获报酬是变动的，产出越大所获报酬越高。因此，工人就有动力去努力提高绩效，从而得到较高的报酬。雪瑞对一家植树公司的员工在计件工资和固定工资下的生产率进行了研究，发现在计件工资制下，工人的生产率增加了 20% 左右。史兰进行了两组试验，第一组工人先被支付计时工资，然后从中随机挑选一半工人改为计件工资，第二组工人在先被支付计时工资，然后所有的人都转为计件工资，结果发现工人的产量增加在 23% ~36% 之间。

尽管计件工资制在向员工提供激励及筛选高生产率的员工方面有很大优势，但现实生活中很多企业还是偏好按投入支付工资的计划，即通常所说的小时工资制。以投入为基础的工资取决于员工所投入的时间或者在工作中所投入的努力水平，与产量没有关系。原因在于企业对产量的衡量存在很多不确定因素的影响，成本很高。同时，大多数员工都是风险规避型的人，其他条件（如报酬的平均水平）相同的情况下，他们更为偏好以工时为基础的工资中所具有的那种确定性。计时工资制中一个隐含的假设是员工在工作中所消耗的时间越长，则他们在工作中付出的努力程度也就越高。

绩效加薪主要是在工资保障功能的基础上，把绩效工资的内容纳入基本工资的范畴内，而将绩效部分作为奖金发放。每一年的工资增加额会加入次年的基本工资内，随着时间的延续，会形成庞大的工资累计额，使企业的负担加重。因此，绩效加薪的成本是比较高的。近十几年来，绩效工资也受到了学界较为严重的批判，主要有两点理由：一是员工每年的绩效增长进入员工的基本工资，因而创造了一种年金形式的、呈现了明显的工资上涨趋势的、永久性的承诺，组织为此支付了昂贵的代价和成本；二是业绩工资对员工绩效增长的影响并不是在所有条件下都很显著（拉齐尔，1996）。

（2）基于团队的绩效薪酬计划

基于团队的绩效薪酬计划关注薪酬与团队以及薪酬与组织绩效之间的关系，员工与组织风险共担、收益分享的方式，主要包括收益分享计划、利润分享计划、员工持股计划等。

①收益分享计划。20 世纪三四十年代，收益分享计划逐步为企业和员工所知晓。收益分享计划的采用具有三重意义：节约劳动成本、员工参与管理、分享组织成功。米尔科维奇（1999）认为，收益分享计划是通过提供给员工参与企业收益分享的权力来进行团队员工激励的一些分配方式的总称。一般而言，收益分享计划是在企业和员工之间分配由于成本节省或者员工参与提出具有建设性意见而带来的收益。收益分享计划包括斯坎伦计划（Scanlon plan）、拉克计划（Rucker plan）、提高分享计划/生产率改进分享（improshare plan/improved productivity through sharing）三种。

A. 斯坎伦计划。约瑟夫·斯坎伦 1935 年提出了利益分享的概念，起初是为了强调员工参与。斯坎伦计划强调在管理层提供有关生产信息的基础上，通过团队合作降低成本，鼓励员工参与，其目标是降低企业的劳动成本。这一计划包含的公式为：劳动力成本和产品销售价值（sales value of production，SVOP）的比率，被称为斯坎伦比率。实施这种奖励计划的机制为：该比率若比基期的比率低，说明在产品销售价值不变的情况下，节约了劳动力成本，那么节约的部分就可以作为奖金奖励给工人。

B. 拉克计划。拉克计划是 1933 年由艾伦·拉克提出的，与斯坎伦计划一样都强调了员工参与，并用货币奖励鼓励员工参与，它在关注劳动力成本降低的同时还注意降低原材料成本和服务成本，将节约的概念扩展到公司整体。拉克公式中的增加值是产品销售价值和产品原材料的购买价值之间的差额，其与雇用成本的比率为拉克比率，用来计算是否应该给团队成员发放奖金。

$$拉克比率 = \frac{产品销售价值 - （原料成本 + 其他投入 + 提供的服务）}{雇佣成本}$$

实施这种奖励计划的机制为：拉克比率越大，说明增加值相对于总雇佣成本越大，企业收益越多，员工的绩效就可以得到收益并分享奖金。

C. 生产率改进分享计划。生产率改进分享计划是米歇尔·费恩 1973 年提出的。它要求在更短的劳动时间中生产出更多的产品，强调员工按时完成生产计划。因此，该计划的关键是计算劳动时间比率（labor hour ratio formula）。劳动时间比率可以衡量生产一件产品所需要的劳动小时数，用计算出的劳动时间比率与基期或者目标比率进行比较就可以发现公司的劳动时间比率是否有所提高。计算周期通常很短，每周都会发放一次奖金。但是奖金的发放因为回购规定（buy-back provision）而存在最高限额。公司将把超过最高限额的奖金储存起来，以一次性付款购回生产力的方式再支付给工人，这之间公司就可以因为生产率上升到一定水平后调整生产力衡量标准。

总的来说，这三个计划都是目前较为著名的收益分享计划，尽管各自的方法不同，但其基本原理都旨在鼓励团队成员在公司的指导意见下改进效率，然后再根据公司绩效的提高给团队成员发放奖金，这样就建立了从绩效到行动、回馈，最终达成高绩效的良性循环。这三个计划都是根据劳动时间来衡量生产力的水平，激励员工用尽可能少的时间生产出尽可能多的产品，适合于生产性员工团队。

②利润分享计划。利润分享计划是当公司达到生产的利润目标的时候，将一部分利润作为奖金分配给员工，利润分享计划一般是针对公司的全体员工，作为组织激励计划的一种。奖励的发放可以是现金支付，也可以是延期支付，或者二者结合进行发放。现金现付制度每隔一段时间将一定比例的利润作为奖金发放给员工，其性质与一般所谓现金分红类似。延期支付制度就是把奖励员工的现金为其存入某一账户中，等员工退休之后，再支付给他们。两者的差别不只体现在支付时间上，在税收安排上也有差别，支付现金时一般需要员工同时支付一定税额，采用存入账户的形式则只有当员工取用这些钱的时候才上缴一定的税额。利润分享计划让员工分享到公司的利润，从而可以加深员工的归属感，同时也让公司在分享金额时有很大的自由度。正因为如此，如果利润分享占员工总薪酬的比例过大，会降低员工的安全感，对未来薪酬水平的未知会影响员工的储蓄和购买计划，人员流动可能会因此增加。

③员工持股计划。根据员工持股计划，公司给予员工购买公司股票的权利，员工可以认购相应的股票，努力提升股票价值后以较高的价钱将股票卖出，从而获得货币收入。一方面，公司通过实行员工持股计划可以获得税收上的优惠；另一方面，一些公司认为，通过员工持股计划可以提高员工在组织中的参与程度，并借此提升公司的业绩。但是员工持股计划是有风险的，影响股票价格的因素有很多，其与员工个人绩效之间的关系不明显。这种激励计划类似于延期支付，并让员工因为购得合伙人的股份而产生主人翁的感觉，把员工的长期利益和公司所有人或股东的长期利益联系在一起。

第9章 职业生涯管理、员工支持计划与教练技术

9.1 职业生涯管理

9.1.1 职业生涯管理概念

职业生涯是一个人与工作相关的整个人生历程。虽然职业生涯管理指的是个体的工作行为经历，但可以从个人和组织两个角度进行。于是，职业生涯管理包括个人职业生涯管理与组织职业生涯管理两部分。个人的职业生涯管理也称自我职业生涯管理，以实现个人发展成就的最大化为目的，通过对个人兴趣、能力和个人发展目标的有效管理实现个人的发展愿望，即在组织环境下，由员工自己主动实施的、用于提升个人竞争力的一系列方法和措施。组织职业生涯管理，是企业组织以组织成员个人的职业发展需求为出发点，通过各种政策措施和活动，为组织成员的职业发展提供机会，从而调动组织成员工作的积极性，实现组织和组织成员的共同发展。

从个人角度来看，职业生涯管理是一个人对自己所要从事的职业、要去的工作组织、在职业发展上要达到的高度等作出规划和设计，并为实现自己的职业目标而积累知识、开发技能的过程。但是，组织是个人职业生涯得以存在和发展的载体，离开了组织，就没有职业位置，没有工作场所，职业生涯就无从谈起。同样，组织的存在和发展也依赖于个人的职业工作，依赖于个人的职业开发与管理，所以员工的职业生涯管理也是组织的职责。从组织角度对员工的职业生涯进行管理，主要表现为帮助员工进行职业素质测评，制订职业生涯规划，建立各种适合员工发展的职业通道，针对员工发展需求进行培训，给予必要的职业指导，进而促使员工职业生涯的成功。

9.1.2　职业生涯管理基本理论

职业生涯管理的基本理论包括职业选择理论、职业发展阶段理论。

1. 职业选择理论

（1）帕森斯的特质–因素理论（Trait-Factor Theory）。特质就是人的个体特征，包括能力倾向、兴趣、价值观和人格等，可以通过心理测量来评价；因素是指在工作上取得成功所必须具备的条件或资格，可以通过工作分析来了解。帕森斯认为，人的特质与职业所要求的因素匹配是职业选择的核心。

（2）霍兰德的人格–职业匹配理论（Personality-Job Fit Theory）。这一理论主要有四个观点：第一，将人格划分为六种类型，即现实型、研究型、社会型、常规型、管理型、艺术型，大多数人的人格类型都可以被归为其中一种或处于某两种之间，能够适应一种或两种类型的工作。第二，职业也有六种类型，名称、性质与人格类型分类基本一致。第三，一个人的行为表现是职业环境和人格类型相互作用的结果。第四，人格特点与职业类型之间需要匹配，否则若一个人在与其人格类型相互排斥的职业环境中工作，他不会感到快乐，也无法胜任工作。

（3）施恩的职业锚理论（Career Anchor Theory）。"职业锚"是指个人经过搜索确定的长期职业定位，是人们在选择并发展自己的职业时所围绕的中心，是个人在选择职业时无论如何不会放弃的那种至关重要的东西或价值观。职业锚由三部分组成：自己认识到的才干和能力，自我动机和需要，态度和价值观。职业锚通过个体职业经验逐步稳定、内化下来，当再次进行职业选择时便会发挥作用。经长期研究，施恩提出了八种"职业锚"：技术/职能型职业锚，管理能力型职业锚，创造型职业锚，安全感型职业锚，自主型职业锚，纯挑战型职业锚，服务型职业锚，生活型职业锚。

2. 职业发展阶段理论

职业发展阶段理论认为尽管每个人的职业生涯发展过程不同，但有共同规律可循，于是将人的职业发展过程按照不同标准或特征划分为不同的阶段，假设每个阶段都有独特的需要解决的任务和问题，并为这些任务的解决提出了方法与对策。

（1）萨柏的职业发展理论。萨柏（Donald E. Super）以美国白人作为研究对象，把人的职业生涯划分为五个阶段，即成长阶段（0~14岁），探索阶段（15~24岁），确立阶段（25~44岁），维持阶段（45~64岁）和衰退阶段（65岁以上），并将前三个阶段又分别细分为三个子阶段。

（2）金斯伯格的职业发展理论。美国职业生涯发展理论的先驱金斯伯格（Eli Ginzberg）通过比较美国富裕家庭的人从童年期到成年早期和成熟过程中的有关职业选择的想法与行动，以研究人从童年到青少年阶段的职业心理发展过程为重点，将职业生涯发展分为幻想期（11岁以前）、尝试期（11~17岁）与现实期（17 岁以后）三个阶段，并把后两个阶段分别细分成各个子阶段。

（3）施恩的职业发展理论。美国职业生涯管理学家施恩（Edgar H. Schein）立足于个人生命周期的特点及不同年龄段所面临的问题与职业工作主要任务，将职业生涯分为九个阶段：成长、幻想、探索阶段（0～21 岁）；进入工作领域（16～25 岁）；基础培养（16～25 岁）；早期职业的正式成员资格（17～30 岁）；职业中期（25 岁以上）；职业中期危险阶段（35～45 岁）；职业后期（40 岁之后到退休）；衰退和离职阶段（40 岁之后到退休）；离开组织或职业（退休）。

（4）格林豪斯的职业发展理论。美国心理学博士格林豪斯（Greenhouse）的研究侧重于不同年龄段职业生涯所面临的主要任务，并以此为依据将职业生涯划分为五个阶段，如表 9-1 所示。

表 9-1 　　　　　　　　　　　　　　　　**职业生涯阶段**

阶段	职业准备阶段	进入职业阶段	职业生涯初期	职业生涯中期	职业生涯后期
年龄	0～18 岁	18～25 岁	25～40 岁	40～55 岁	55 岁至退休
任务	发展职业想象力，培养职业兴趣和能力，对职业进行评估和选择，接受必需的职业教育和培训	进入职业生涯，选择一种合适的、较为满意的职业，并在一个理想的组织中获得一个职位	逐步适应职业工作，融入组织，不断学习职业技能，为未来职业生涯成功做好准备	努力工作，并力争有所成就。在重新评价职业生涯中强化或转换职业道路	继续保持已有的职业成就，成为一名工作指导者，对他人承担责任，维护自尊，准备引退

9.1.3　组织职业生涯管理

对个人来讲，组织职业生涯管理有助于员工更好地认识自己，为他们发挥潜力奠定基础；能够提高员工的专业技能和综合能力，从而增加自身的竞争力；能满足个人的归属需要、尊重需要和自我实现的需要，进而提高生活质量，增加个人的满意度；有助于员工更好地控制职业生活，实现工作家庭平衡。对组织来讲，组织职业生涯管理能够使员工与组织同步发展，以适应组织发展和变革的需要；能够优化组织人力资源配置结构，提高组织人力资源配置效率；能够提高员工满意度，降低离职率。

组织职业生涯管理的内容包括：职业素质测评、职业生涯规划、职业发展通道设计等。职业发展通道设计的内容在第 4 章中已有论述，本章不再重复。

1. 职业素质测评

职业素质测评是指通过管理学、教育学、心理学等一系列科学和客观的手段，对员工的个性特点、智力水平、管理能力、职业兴趣、气质特征、领导类型、一般能力倾向等方面进行测评，对员工的优势和劣势有全面的了解，便于安排适合的工作；针对不足之处，拟订相应的培训方案；根据以上特点，结合工作分析的结果，对其进行具体的职业生涯规划。

测评的主要方法和技术包括：

（1）管理能力测评。应用情景模拟方法中的公文处理技术对管理人员的管理能力进行测评。

（2）智力测验。利用国际通用的量表问卷测量员工智力水平的高低。

（3）卡特尔 16 种个性测验。测验人的内向或外向、聪明或迟钝、激进或保守等方面的个性特征。

（4）职业兴趣测验。测评员工个性、兴趣与职业类型的匹配度，为择业作参考。

（5）气质测验。利用国际通用的气质与职业关系理论对表现为心理特征的神经过程特征进行鉴定，以确定员工的气质类型及其适合的工作类型。

（6）一般能力倾向测验。测验人的图形识别、空间想象、计算的速度与准确性、言语理解、词语组合等方面的能力倾向。

（7）A 型行为与 B 型行为测量。A 型行为与 B 型行为的人格特质有很大不同，对员工行为的测量能够为他们安排不同的工作提供指导意义。

（8）领导测评。对管理人员的领导类型进行测评，确定其是否适合在当前职务上工作，哪些职务适合其工作，如何提高管理水平等。

2. 职业生涯规划

根据员工职业素质测评的特点，结合工作分析的结果，可以对员工进行具体的职业生涯规划。组织可以指导员工设计自身的职业生涯规划，可以引导、管理员工实施自身的职业生涯规划，还可以为员工职业生涯规划的实施和实现铺设道路、提供条件。此时应注意的是，要基于组织发展进行员工的职业生涯规划，包括：基于组织战略设计并实施员工职业生涯规划；随着组织结构的发展及时调整员工职业生涯规划；在员工职业生涯规划的设计和实施过程中还要注意融入组织文化。另外，基于组织发展的职业生涯规划还需建立相配套的员工培训与开发体系。

职业素质测评与职业生涯规划能够帮助员工更好地认识自我，也能使组织更加了解员工的职业需要，以便排除障碍，帮助员工满足需要，进而促进员工成长。这其中体现的是对员工的人文关怀，这种关怀的作用又能够通过员工的良好发展反馈到组织，满足组织的需要，促进组织的发展。

9.2 员工支持计划

21 世纪，企业间的竞争主要表现为人才的竞争，员工支持计划通过企业对员工无微不至的关怀，提升员工对企业的忠诚度，从而帮助企业吸引人才、留住人才、发挥人才的最大效用。越来越多的企业管理者已经意识到，现代管理的中心任务是对人的管理。员工支持计划为管理者提供了一种新手段，把以人为本的人性化的管理思想贯彻到战略劳动关系管理的实践过程中。员工支持计划是构建和谐的劳动关系、进行高绩效人力资源管理的有力推手。

9.2.1 员工支持计划的定义及内涵

1. 员工支持计划的定义

员工支持计划（employee assistance programs，EAP①）是一种新生的管理技术方法，是由组织为员工提供的系统的、长期的支持项目，是维护劳资双赢的和谐劳动关系的有效手段，通过专业人员对组织的诊断、建议和对员工及其家属的专业指导、培训和咨询等多种方式，帮助解决组织成员及其家属的身心和行为问题，以维护员工的身心健康，提高员工的工作生活质量，从而提升组织效率，达到劳资双赢的目的。

2. EAP 的主要特点

（1）服务对象的广泛性。EAP 项目服务对象既包含普通员工，也涉及高级管理人员，既包含员工本人，也可涉及员工家属。

（2）服务内容的多样性。如今，EAP 已经发展成一种综合性的服务，其内容包括压力管理、职业心理健康、裁员心理危机、灾难性事件、职业生涯发展、健康生活方式、法律纠纷、财务、婚恋、子女教育、饮食习惯、减肥等各个方面。

（3）服务人员的专业性。20 世纪 80 年代，EAP 组织建立了 CEAP 协会（EAP 认证咨询师），开创了 EAP 咨询师这一职业。现在，EAP 服务从业者绝大多数接受过专业教育，并且持有与工作相关的执照或资质证书，但他们来自社会工作、心理咨询、健康护理、人力资源管理、劳动关系、法律等不同专业领域。

（4）服务过程的保密性。专业的 EAP 服务机构和服务人员应恪守职业道德，不得向任何人泄露服务对象的资料，雇主和员工都不必担心自己的隐私被泄露。EAP 服务机构或人员向组织提供意见建议时，也不得泄露员工个人隐私。当然，如遇重大情况（如危及他人生命财产安全），应及时与有关方面沟通。

3. EAP 的主要理论依据

EAP 是在实践中产生的，而非理论论证的结果，但追根溯源，我们认为，人本管理相关理论给予了 EAP 实践强有力的支撑，才使其不断发展。

人本管理理论就是以人为中心、以人为本的管理理论。它以人的全面发展作为管理的价值目标，以充分尊重人作为价值规范，是知识经济下现代管理理论不断发展的必然产物。这种极其人性化的管理理论正逐渐成为主宰企业管理者思想的最重要的管理理论，为员工支持计划更广泛的传播与实施奠定了重要理论

---

① EAP，有的也翻译为员工援助计划、员工帮助计划或员工辅助计划，个别组织为了突出人本观念，也叫员工关怀计划，本书认为以上名称均略显狭隘，挂一漏万，只有员工支持计划才能更好地体现 EAP 的精神实质。

基础。

一些学者认为，EAP 背后的原理是员工的个人关注点与雇主的绩效关注点的重叠（Wrich，1980；Steele，1995；Roman & Blum，1995；Masi，2004）。这个原理假设一些个人问题不仅仅是心理问题或酒精药物滥用问题，如果没有解决好，就会给员工和企业带来更大的损失。

4. EAP 的服务内容

由于分类标准不一致，目前中外学者在有关 EAP 的内容上没有一致结论。我们认为任何影响个人工作绩效的因素都可以纳入 EAP 的服务内容，可涉及个人能力、性格、动机、价值观、态度、压力、工作条件和环境等因素。如今，EAP 已经发展成一种综合性的服务，全面帮助员工解决工作问题和个人问题。解决这些问题，主要从三个方面入手：一是针对造成问题的外部压力源本身去处理，即减少或消除不适当的管理和环境因素；二是处理压力所造成的反应，即情绪、行为及生理等方面症状的缓解和疏导；三是改变个体自身的弱点，即改变不合理的信念、行为模式和生活方式等。

5. EAP 的主要作用

近年来，劳动关系领域出现了许多新问题，例如富士康接二连三的跳楼门，众多企业的用工荒现象，物价暴涨及各地最低工资标准的提升等，给企业管理者带来了前所未有的困扰和无奈。如何更好地处理企业内的员工关系，营造有效、和谐、良好的劳动关系环境，是各方关注的焦点。

从理论上说，EAP 是组织"人性化"管理的一个组成部分。EAP 最大的作用就是无论是个体还是企业，通过实施 EAP 计划，可以有效地预防各种劳资矛盾的发生，对于已发生的重大劳动关系事件可以给予有效的解决、处理措施。

那么，EAP 到底能为组织和员工带来什么作用呢？

（1）员工层面

如果组织所提供的这套援助计划具有高度的保密性、实际的帮助性能、可操作性和便利性的话，可以减轻员工来自家庭以及工作方面的压力，使员工能够全神贯注地投入到自己的职业生涯中，充分发挥自己的创造力及工作热情。

EAP 能够帮助员工优化人际关系、摆脱心理困扰、减少关系冲突、提高工作积极性、增强身心健康、消除不良嗜好、促进个人成长、提升个人绩效等。

（2）管理者层面

EAP 也是人力资源部门应对快速发展和变革带来不稳定因素的有效助手，它能帮助企业更好地应对业务重组、并购、裁员等组织变革和发展危机。EAP 的实施，有助于发现员工的心理问题以及与之相关的组织气氛、企业文化和管理等方面存在的问题，这对企业的决策、管理、改进和员工开发是很有意义的。EAP 还能提供裁员心理帮助、员工绩效沟通，有效降低员工和管理者的压力，预防过激事件的发生。

EAP能够帮助管理者提升领导能力、实现工作生活平衡、缓解工作冲突、促进家庭和睦、降低工作压力、提升工作效率、促进人岗匹配、提高部门生产力等。

（3）组织层面

通过实施员工援助计划组织可以更深入地了解员工的个人信息，有针对性地为员工排忧解难，保持员工良好的工作状态，并且更易于培养员工的忠诚度。

EAP能够帮助组织节约用工成本、改善组织氛围、改进生产管理、提高员工士气、优化福利制度、加强组织绩效、提升组织形象、减少怠工缺勤、减少非正常离职、增强组织凝聚力等。

总之，EAP既是对员工负责，也是对企业负责，更是对社会负责，是构建和谐劳动关系的有效手段之一。

9.2.2 EAP的发展历程与本土化

1. EAP的发展历程

EAP最早起源于20世纪二三十年代的美国，经过几十年的发展，目前已在欧美国家以及日本等许多企业成功运用。纵观EAP的发展过程，我们可以将其简要概述为5个阶段。

（1）职业戒酒计划（1917—1962年）

职业戒酒计划（occupational alcoholism programs，OAP）最早可追溯到1917年美国纽约梅西百货所创立的员工咨询系统。20世纪二三十年代，美国的一些企业注意到员工酗酒、吸烟与吸毒等问题影响企业的绩效，于是企业聘请有关方面的专家帮助员工解决这些问题，在此基础上建立了职业戒酒计划，这便是EAP的早期雏形。这一阶段的主要特点是，认为酗酒是引起员工问题的主要原因，并成为员工是否需要帮助的特征，没有考虑到酗酒背后的深层次原因，组织及管理者在职业戒酒计划中处于被动状态。组织的职责是引导有问题的员工到外部寻求帮助，但前提条件是当员工的帮助或治疗成为需要时，组织管理者或工会才会提供这种引导。

（2）员工支持计划（1962—1980年）

员工支持计划（employee assistance programs，EAP）。20世纪六七十年代，由于美国社会的剧烈变动，滥用药物、家庭暴力、工作压力、离婚、疾病、法律纠纷、亲人伤亡等问题也越来越成为影响员工情绪及工作表现的重要原因，企业绩效的降低不仅是酗酒单方面的原因造成的，这一切都使企业开始考虑更为广泛的健康问题。于是，OAP开始向EAP转变，范围得到扩大，内容也更丰富，提供更多的服务以解决更广泛的个人问题。在这个时期，企业主要运用一些系统干预的方法来了解、诊断问题员工的行为并探讨其产生的原因，积极主动地提供家庭、法律、医疗、财务方面的援助，帮助员工解决问题。常见的干预方法主要包括评估、咨询、辅导、治疗等。

（3）职业健康促进计划（1980—1988 年）

职业健康促进计划（occupafion-health promotion programs，OHPP）开始于1980 年，是针对 OAP 中员工支持项目过于一般化，对员工心理与行为问题缺乏细致描述的不足而提出来的。OHPP 是组织所采取的寻找并解决那些在工作场所内外引起员工健康隐患问题的措施和活动的总称，目的在于通过提高员工健康医疗维护、身心健康水平，促进员工的人际关系的良性发展，增加工作环境中的合作行为，提高员工的适应性、主观幸福感，最终达到提高工作效率与组织绩效的目的。关注员工具体疾病隐患、具有预防性是 OHPP 与其他项目的主要区别。

（4）员工增强计划（1988—2004 年）

员工增强计划（employee enhancement programs，EEP）。从 20 世纪 80 年代起，一些新概念的提出使员工支持计划延伸至员工增强计划，它强调压力管理、全面健康生活形态、工作生活质量、人际关系管理等问题，致力于改善工作中和工作后可能逐渐引发未来健康问题的行为。员工增强计划具有系统性、全面性、动态性、超前性的特点。

（5）人性化的雇佣（2004 年至今）

人性化的雇佣（employment with a human face，EHF）。近年来，一些专家学者将人性化的雇佣这一新理念引入企业管理，特别是一些劳动关系领域专家学者对 EAP 日益重视，并积极为 EAP 开辟新的发展领域。例如，约翰·巴德（John W. Budd）教授认为，只有对人性问题给予更大的尊重，才能实现广泛的、共享的繁荣。[①] Edward Trieber 和 Jo Renee Fine 两位博士则认为，工作生活平衡项目的目的就是帮助员工解决他们每天工作和生活中存在的困扰，让员工能更好地投入到工作中去。[②]

由此可以看出，随着人们对员工问题的认识不断深入，员工支持计划的内容在不断扩展，其定义的内涵和外延也不断发生变化，具有一定的阶段性和时代性。

近来，随着经济全球化进程的加快，企业规模不断扩大，出现了越来越多的跨国企业，领导层的流动性增加、员工离职率增加等问题的出现，都引起了管理者的重视。同时，一些国家的政府对 EAP 的态度越来越积极，认为 EAP 不仅给企业带来收益，也给社会带来好处，因而 EAP 在政府部门、军队得到广泛应用。一些政府在立法方面加强了对 EAP 的监管，有助于 EAP 得到更多关注、尊重、规范和传播。

---

① 巴德．人性化的雇佣关系——效率、公平与发言权之间的平衡［M］．解格先，马振英，译．北京：北京大学出版社，2007.
② 马燕，等．EAP 国际动态与中国实践［M］．北京：世界图书出版公司，2013：142.

2. EAP 的本土化

世界发展历史表明，在国家或地区的人均 GDP 处于 1 000 美元至 3 000 美元的发展阶段，往往对应着人口、资源、环境、效率、公平等社会矛盾的瓶颈约束最为严重的时期，也往往是"经济容易失调、社会容易失序、心理容易失衡、社会伦理需要调整重建"的关键时期。中国内地目前正是处于这种瓶颈约束最为严重的时期，出于维系稳定性和持续性的紧迫需求，不论是政府，还是企业，关注社会的稳定，关注企业内部劳工关系的和谐，是一个必然的趋势。其实，中国内地一些企业很早就有关注员工身心健康的意识，尤其是在最近的 20 年来，很多企业开始强调用行为科学方法解决员工管理问题，改进思想政治工作等。在企业家的邀请下，心理、人力资源、劳动关系、法律等领域专家开始走出校园，为企业员工提供 EAP 服务。从组织行为的角度来看，企业采用 EAP 服务模式还只是最近四五年才开始的，而且主要是从进入中国市场的外资企业开始的。也就是说，外资企业带来了包括 EAP 在内的现代管理理念和方法。在此背景下，惠普、摩托罗拉、思科、阿尔卡特、诺基亚、爱立信、北电网络、可口可乐、杜邦、宝洁和亨斯曼等一大批外商投资企业，尤其是 IT 行业纷纷启动在中国境内的 EAP 项目。为了保护员工的个人隐私，大多数企业采用的是外部专业咨询机构提供 EAP 服务的模式。境外的 EAP 服务机构因此也开始进入中国内地市场，如澳大利亚国际心理服务有限公司、香港亚太天力人力资源发展有限公司等。服务方式主要采用电话远程服务，为了普及 EAP 服务模式，占领中国内地市场，一些国际组织把重要的 EAP 学术研讨会安排在北京、上海等城市举行，以扩大影响。

目前，在中国内地接受 EAP 服务的对象，除了少数的外籍员工外，绝大多数是本地员工。由于文化背景、员工的观念或意识等方面的差异，向本地员工提供 EAP 服务的内容和方式需要进行必要的调整，由本地专业人员提供相关的服务会更受欢迎。因此，本地的 EAP 服务机构也相继出现，国内大企业如联想集团、国家开发银行和上海大众等也逐步引入 EAP 服务。

与国外的 EAP 相比，中国内地的 EAP 还处于起步阶段，心理健康在中国仍是一个比较新的概念，更多的管理者还没有充分认识到企业员工心理问题的重要性。此外，由于缺少相关的法律制度，很多项目在实施的过程中常常会遇到法律或道德上的难题。例如，在 EAP 项目实施过程中，员工的哪些个人信息可以告知管理者，哪些会侵犯员工的隐私，类似的问题在目前还没有明确的条文界定，使得 EAP 专家在面对管理者和员工时存在两难选择。

随着社会的发展和科技的进步，工作压力、网络成瘾、人口老龄化、文化多样性和危机事件等一些新的问题又不断涌现出来。一方面，EAP 服务在中国还需要更广泛的推广；另一方面，其服务内容还需要跟上时代发展的步伐，不断进行更新和完善，这对于 EAP 工作者来说是一项巨大的挑战，还需要更多专家和相关人士努力探索和开拓。参考国外案例可以发现，工会的参与，企业管理者的了解和支持，以及工作人员的极度热情，在 EAP 项目的推动过程中都是必不可少的要素，同时政府机构给予相应的支持也会推动 EAP 的发展。

9.2.3　EAP 的应用

1. EAP 的主要模式

EAP 常见的模式主要有四种：以内部管理为基础的内部 EAP 模式、以契约为基础的外部 EAP 模式、以资源共享为基础的联合 EAP 模式、以专业化和灵活性相结合的内外结合 EAP 模式。

（1）内部 EAP 模式

内部 EAP 模式是指组织内部设置专门的 EAP 部门或在某些部门设置专门的 EAP 职位，由组织内部的专职人员负责 EAP 项目的策划，以及为员工实施培训、心理咨询等服务。组织或者招聘相关专业的人员专职负责 EAP，或者通过培养的方式将员工培养为 EAP 专业人员。美国 EAP 发展的初期，基本采用这种服务模式，但目前逐渐转为外部 EAP 模式。

由于在这种模式下为员工提供服务的专业人员是组织内的员工，他们对组织的文化、潜在的问题、员工的特性有着更深的理解和把握，因此这种模式的优点是显而易见的：内部 EAP 专业人员可以根据对组织和员工的深入了解，设计更有针对性的服务内容；能够借助组织内部的资源执行和实施项目计划；因为咨询室设立在工作场所内，员工接受服务更方便。

组织内部的人员提供 EAP 服务，最大的一个缺点就是员工不容易产生信任，员工很难相信提供咨询、调查的人员能将他们的信息保密，因而影响了员工的使用率。其次，组织要消耗一定的人力、精力来执行 EAP，这个成本甚至会高于直接花钱购买 EAP 服务。另外，专职人员因为身处相同的环境，在设计项目内容的过程中难免带有主观性，在处理某些个案时也容易陷入专业性和组织利益之间的矛盾中。

（2）外部 EAP 模式

外部 EAP 模式是组织将 EAP 项目外包，完全由外部的 EAP 专业机构或具有心理咨询相关知识经验的专业人员为员工提供 EAP 服务。近年来，西方国家的中小企业更愿意采用外部 EAP 模式，在中国大多数组织也是采用这种模式来为员工提供 EAP 服务。

这种模式的优点在于：对组织人力资源的耗费最少，组织只需要花费很少的项目管理成本以及支付一定的费用就可以获得全套的专业服务，西方国家的经验表明，少于 5 000 人的组织开展 EAP 项目，外部 EAP 模式的费用更低；外部 EAP 专业机构或人员通常具有更强的专业性，并且经验往往更丰富；由于提供

EAP 服务的人员不属于该组织，可以更好地坚持自己的职业守则，员工在接受服务的时候也更能感到个人隐私的安全性，因而服务的使用率会更高。

外部 EAP 模式的主要缺点在于：外部人员对组织的情况不够了解而导致服务的针对性不强；当组织出现一些危机状况时，外部专业人员的响应速度会受一些影响。

（3）联合 EAP 模式

联合 EAP 模式是多个组织联合成立一个专门提供 EAP 的服务机构，在该机构中配备专职的 EAP 专业人员。这种模式一般适用于具有长期合作关系的多个企业。

联合 EAP 模式同时具有内部 EAP 模式、外部 EAP 模式的优点：专业性强，针对性强，有一定的保密性，并且组织的投入较低。但联合 EAP 模式在中国很难实施。一方面由于中国的组织目前对 EAP 的需求还不够多，很难形成联合组织的规模；另一方面，在这个联合 EAP 服务机构的人员配置、成本支付等方面，多个组织也有引发争端的可能。

（4）内外结合 EAP 模式

内外结合 EAP 模式是组织内部的 EAP 实施部门和外部的 EAP 专业机构联合，共同为组织提供 EAP 服务。内外部的 EAP 专业人员共同设计针对性的服务，内部人员主要的职责在于推动员工对 EAP 的认识，并识别和推荐一些有困扰的员工接受 EAP 服务，而调查、培训、咨询等专业服务，则主要由外部人员来提供。在中国的大型企业中，越来越多的企业使用这种服务方式，在内部设置专职或兼职的 EAP 人员。

实践证明，对于人数超过 5 000 人的大型组织，这种模式是最理想的，既能保证服务人员的专业性、员工的信任度，还有组织内的 EAP 人员在充分了解组织内部的情况下，协助设计服务方案、推进项目的进度，并对质量进行监督。

当组织决定导入 EAP 项目时，如何选择最适合的 EAP 模式，则需要从组织本身的实际情况、实施部门的人员配置、组织的规模、对 EAP 的定位等多方面进行考虑。但无论采用哪种模式，都应该保证服务的专业性、便捷性和保密性，以期达到 EAP 的效果，并让员工相信并愿意使用 EAP。

2. EAP 实施的基本要素

由于组织的行业特性、员工特质存在较大差异，以及员工面临的个人问题和组织对 EAP 的预期目标不同，EAP 在不同组织中具体实施时各自有所侧重。归纳汇总国外 EAP 的研究和实践，我们可以发现，对于一个成功、有效的 EAP 来说，以下这些要素是必须具备的：

（1）来自管理层的支持

管理层最大限度的认可与积极支持，对 EAP 的顺利实施来说非常必要。特别是在 EAP 的初期导入阶段，中层管理者的参与可以为项目的执行提供基本的支持和协助，但如果不能得到最高层管理者的认同，EAP 项目也很难达到预期的成效并且持续进行下去。

（2）来自工会等组织或职能部门的支持

在美国，EAP 得到了全国范围内的工会组织的支持，同时工会与管理者之间的协作对 EAP 专家来说也非常重要。

如果实施 EAP 的企业存在有组织的工会，而且对 EAP 抱以积极的态度，希望员工能够更多地参与其中，那么与工会取得合作将非常必要。当然，在中国本土 EAP 项目中，由于组织介入的角度不一，这方面的支持也不仅限于工会层面。

（3）明确的政策与程序说明

每一个向员工提供 EAP 服务的企业，都必须声明 EAP 的公开政策与程序，让员工了解并相信公司推动 EAP 的诚意与决心，最有效的办法是正式宣布一套明确的政策与程序，其中应该包括以下几个方面：

①员工存在问题是可以被接纳的：让员工认识到每个人都有可能碰到问题或困扰，回避问题不是最佳选择，要有勇气面对并解决问题。

②充分支持员工为解决问题所作的努力：个人问题或困扰对组织和员工个人都存在负面影响，只要员工本人愿意在这方面作出努力，同事和公司都会给予协助和支持，并愿意通过聘请专业机构向面临困扰的员工提供保密的、专业的帮助。

③确保接受服务员工的安全感：让员工知道接受 EAP 所提供的服务是安全的，不会因为曾向 EAP 寻求帮助而影响到考核绩效甚至升迁，同时其个人资料受保密条款约束，不记入档案。

④EAP 的设立是为了帮助员工及其家人，不会成为管理者的工具。

⑤自愿原则。

总之，要强调员工是公司最宝贵的财富，同时，所有接受 EAP 的员工的资料都将受到保护。

（4）良好的保密措施

保密是 EAP 得以有效实施的基础，所有员工都有权利为自己的问题寻求帮助并获得保密的承诺。在员工被公司的管理者推介给 EAP 专业服务机构后，他（她）有权获知，在任何情况下，他（她）的相关信息都不会记入档案，而且，转介者也不会知道他（她）的实质问题。在各个环节上做到严格的保密，是 EAP 取得成功的关键。这是因为只有员工本人才可以将自己的咨询信息公开，其他人不具有这样的权利。但是，仅仅向员工作出这样的承诺是不够的，还要将其落实到实际操作中去。在 EAP 实施的各个环节，都有可能在无意间透露员工的隐私。

（5）完善的教育促进与培训

EAP 的推动与实施是在广大员工的参与基础上取得成功的，并非职能部门几个专员就能达成目标。因此，为了顺利执行 EAP，必须让公司上下全面系统地了解 EAP，并明白个人与组织在这方面的共同利益，要特别为与员工直接接触的基层主管举办培训，使其提升发现与面对员工问题的能力；其他管理者经过教育促进与培训后，要充分了解 EAP 的哲学、功能和做法，让 EAP 协助他们更有效地提高部门管理效能，成为他们一个新的动力系统；另外也要让员工及其家属了解 EAP 的政策、程序、方案内容（如向新进员工及其家属提供一份员工支持计划的说明书，对一般员工举办员工支持计划说明会，利用各种机会、场合、渠道进行宣传与促进）。也就是，要始终秉持"全员参与"的理念进行经常性、多形式的宣介。

（6）财务支持和劳工保险

在美国的大多数 EAP 项目中，公司往往会为雇员支付头三次的咨询费用，五年之内的费用保持不变，鼓励更多的员工参与此项计划。和普通人一样，有问题的员工也害怕做心理咨询，并担心负担不起费用，但当他们知道不用付出什么时，就会更倾向于接受服务以及让家属参与。

同时，公司会考虑把 EAP 项目与劳工保险相结合，这样可以通过保险金的方式支付部分与 EAP 相关联的费用，比如转介过程中的治疗费等，相对可以降低 EAP 项目的实施成本。通常情况下，保险金只付给心理治疗师和心理学家提供的服务项目，然而很多问题由专业人员治疗其实效果更好，这些专业人员包括家庭治疗师、戒酒咨询师、药物滥用专家、社会工作者、性问题专家、康复治疗家或营养专家等。EAP 协调人员应该备一份这些专家的名单，进行有效的转介，组织则应敦促保险公司接受这些专家。

（7）专业的 EAP 从业人员

在 EAP 被广泛运用的美国，一般要求 EAP 协调人员具备以下几个方面的专业知识：

①对酗酒问题的认识和治疗。EAP 最初就是为了尽力让酗酒的员工恢复工作能力而出现的（Roman，1981），取得了巨大的成功之后，就拓展到了其他问题。现在的 EAP 仍是对酗酒问题最好的干预治疗方法。如果失去了这种动力，对于全国范围的戒酒运动无疑是一个打击，也会削弱 EAP 的效用（Dickman & Phillips）。

②婚姻和家庭关系问题的治疗。情感问题在 EAP 所接案例中占第二位（McCleallan，1982）。EAP 从业人员对这个领域必须非常熟悉，并能通过转介获得足够的资源来解决这个问题。

③一般情感障碍。EAP 协调人员要知道，当员工情绪失调的症状（如沮丧、焦虑和压力大）越来越明显时，要时刻准备好及时转介给专家处理。

④其他典型问题。困扰员工的问题有很多，如经济问题、法律问题等，但他们通常只是因为其中一些问题而被推荐接受 EAP 的帮助。所以，公司在转介时

必须为 EAP 提供充足的信息。

⑤咨询技巧和个案管理。EAP 协调人员经常要处理很多不同业务，他们需要与当事人交谈、进行诊断、咨询和掌握转介技术。因此，他们必须了解这个领域，知道怎样能促进治疗，针对某一种情况哪些专家更适合或更优秀。

（8）广泛的服务项目

EAP 的存在一定是为解决员工出现的一系列问题（如酗酒、药物滥用、隐私、家庭、经济、悲伤、心理健康、医疗以及法律问题等）。员工可以因为各种影响工作或自身利益的问题而向 EAP 寻求帮助。

但 EAP 也有一个明显的缺点：当前的 EAP 吸引了很多普通医生，他们对 EAP 不了解，而且也没有给别人做酗酒或药物滥用的康复训练的经验。有证据显示，这些医生在接诊时，不能很好地诊断诸如酗酒或药物滥用的问题，对于改善来访者的问题更不会有什么帮助。

（9）确实的记录、追踪和评估

首先，每项和 EAP 有关的服务都要保留及时、准确、完整的记录，以保有完备的资料，作为后期诊断、评估、追踪、督导及研究的依据。其次，要有适当的追踪服务，包括向服务对象了解成效、关注转介员工的后续情况等。最后，对整体 EAP 项目的执行情况及相关人员的表现也要进行定期评估，并将结果呈报管理层。

EAP 项目的整体评估非常关键，组织和 EAP 机构都需要知道计划进行得怎么样，是否取得了预期的成效。

3. EAP 的实施步骤

当前，企业在实施 EAP 项目时，往往会遵循以下导入程序：

（1）明确 EAP 职能部门

EAP 项目作为一套系统、长期的项目，本身涉及诸多环节，且环环相连，彼此互为支持和呼应，同时 EAP 项目还要与组织现有资源匹配和融合，为此需要企业根据自身情况和项目本身的定位，明确项目的责任部门，以便统筹调度和组织实施。

（2）成立 EAP 专项小组

由负责 EAP 项目的职能部门牵头，成立 EAP 专项小组，推动组织实施 EAP 项目。在规模较小的组织中，EAP 专项小组可涵盖在职能部门内部；在规模较大的组织中，往往有其他职能部门人员介入，这些人员可以站在不同的角度提供意见，还可以发挥他们自己的专长，如有些人善于沟通，有些人擅长促进宣传，还有些人可能有助于表达和推广，等等。

当然，该小组并不意味着组织内部所有职能部门都要委派代表参与，总体负责的职能部门要根据组织内部的需要进行选择，最核心的目的是争取各部门的认同并集思广益，共同推进 EAP 项目的实施和执行。

（3）EAP 项目需求分析

EAP 项目工作小组应根据组织的特性和员工的需求，对 EAP 项目进行初步需求分析，为 EAP 模式的选定、专业机构选择做好相应准备。

通常情况下，如果组织倾向于采用外部模式，该项工作往往由外部专业机构协同进行。

（4）确立 EAP 项目目标及编制预算

EAP 项目小组的一个至关重要的任务就是确立 EAP 项目的预期目标。当然这个目标的确认需要得到公司高层管理者的最终认同，否则将极大影响项目的最后评估。

目标可以从短期、中期、长期的角度来阐述，具体情况要根据组织的情况和员工需求进行设定。

如同企业导入其他项目一样，成本问题是项目小组考虑的另外一个重要问题。编制项目预算要结合公司的财务状况和年度预算，并尽可能在细化的基础上进行量化。

采用外部模式的 EAP 项目，外部机构在该环节往往有不同程度的介入。

（5）设置专职人员或指定专业机构

对于采用内部模式的 EAP 项目，需要设置专员具体负责项目的执行，并对该岗位的工作职责予以澄清和明确，确立相应的工作流程和制度。

如果采用其他模式，则需要甄选具备专业能力和实施能力的外部专业机构，并就整体合作事宜通过协约形式进行明确。

（6）建立员工支持系统

任何一种模式的 EAP 项目，均需要形成 EAP 项目详细规划书，并由项目专项小组对其进行完备的论证，在提交公司高层管理者批准后实施和执行。

实施前的规划方案与相关准备工作对 EAP 项目的顺利导入有较大影响，一方面容易说服高管层并获得最大限度的支持，另一方面容易得到员工的认同和信任。

实施前期的促进和宣传同样具有非常重要的意义，包括项目导入目的、工作流程、服务内容、服务形式等，由此员工可以清楚知道如何有效使用组织所提供的资源并寻求相关帮助。

（7）EAP 项目效果评估

根据设定的项目周期，EAP 项目小组将进行效果评估分析，对前期执行过程中存在的缺陷和不足进行修正，同时将评估分析结果和相关建议向管理层汇报，作为组织层面审定后期项目实施和执行问题的相关依据。

4. EAP 项目效果评估

面对 EAP，国内主要有两种态度：一类人推崇 EAP，认为它以一种新的方法给企业氛围和绩效带来了福音；另一类人则对 EAP 并不关注，认为在企业采用心理干预等软性手段过于务虚，与中国企业现阶段发展步伐不匹配。这些看法的出现，总体而言是因为人们对 EAP 的效果认识还并不完备，只是凭自己的主观理解作出判断。可见，消除人们特别是企业家对于 EAP 效果的疑虑和误解是十分必要的。它将对 EAP 在中国企业中的持续推广起到很重要的作用。

EAP 的评估就是指通过科学的方法对 EAP 项目能为企业和员工带来的效果进行客观的评价，或者说，评估 EAP 项目在多大程度上实现了预先设定的目标。效果评估不仅提供一个机会让使用 EAP 的企业看到投资得到了很好的回报，而且有助于体现 EAP 的价值，使它受到更多人的关注。EAP 所涉及的问题包括心理健康、家庭婚姻、工作场所创伤、财务、酒精及药物、法律、身体健康等。由于 EAP 服务对象和内容的多样性，我们需要从多个角度来评估 EAP 是否有效，以及如何有效。

（1）员工对 EAP 项目满意度的评估

在一个项目实施之后，对其使用情况和满意情况进行评估，能够帮助工作人员考察该项目是否为员工所接受，这也是一个项目持续推广的首要条件。同样，对于 EAP 而言，使用率和满意度的评估是一个不可或缺的过程。其评估指标包括：EAP 服务的便捷性、及时性，EAP 的使用率，一般员工对 EAP 的满意度，管理者对 EAP 的满意度等。

（2）员工个人改变的评估

EAP 发展至今，尽管它的服务范围不断扩大，但其首要作用仍是帮助员工解决自身问题。如果 EAP 确实可以为那些需要帮助的员工解决心理困难，帮助企业处理特殊员工的心理问题，那便可以证明 EAP 的效果和使用价值。EAP 对员工的影响主要是指在使用了 EAP 提供的各种服务后，员工自身的情绪、态度、能力和行为发生了哪些改变。

现有的大量研究通过对员工心理健康、压力状态等指标的检验，发现 EAP 对员工特定问题（例如酒精、药品滥用）的干预和解决有着很好的效果。但值得中国企业注意的是，国外研究发现 EAP 对酒精、药品滥用等物质依赖问题所产生的效果要大于其对心理健康问题产生的效果。在中国，员工对于酒精和药品的依赖并不多，更多的是单纯的个人或家庭心理问题，而 EAP 对于解决这类问题的效果相比而言可能不够明显。尽管如此，国内已使用 EAP 的企业依旧纷纷表示多数使用者从中获了心理问题的改善，这证明 EAP 也能给中国员工带来个人改变。由于员工心理问题的恶化可能会给企业造成经济和企业形象上的极大威胁（如员工自杀等极端问题会带来赔偿纠纷和负面的社会影响），为员工提供 EAP 服务来改变其个人心理与行为，将是企业一种主动应对员工压力、主动规避风险的正确途径。

（3）组织层面改变的评估

EAP 对组织运行的影响，是指 EAP 在组织内的实施是否为组织带来了实际的改变。对组织层面的评估分为硬性指标（如生产率、产品质量、缺勤率、员工赔偿、招聘及培训费用等）和软性指标（如人际冲突、工作满意度、组织气氛等）。

大多数 EAP 的定义中，都将组织层面的改变（如提高组织绩效）作为其中一个重要的目标，并且认为，EAP 通过对员工减压，可以降低员工的缺勤情况，提升企业工作氛围，使企业生产效率有较大的改善。已往的数据统计也显示，中小企业投资 1 美元的员工支持计划，可以带来 5～16 美元的成本节约，但这一结论并没有得到普遍验证。

相当多的研究也发现绩效指标并未随着 EAP 的引入而发生变化。对此，主要的解释有两点：第一，随着 EAP 服务范围的扩大，员工不再是单纯因为酗酒等物质依赖问题而寻求帮助，多数求助的员工是因个人或家庭问题导致心理困扰。这些困扰与 EAP 最初用以解决的酒精成瘾等问题不同，并不会严重影响工作绩效。因而，员工在接受短期的 EAP 服务之后，即使心理困扰得到解决，也不会像解决严重的酗酒问题那样，使得工作绩效发生大幅的改变，使得 EAP 评估者无法在组织层面上察觉。第二，EAP 的介入可能使得潜在问题在变得更严重之前就获得了解决。对于 EAP 使用者来说，无法保证如果他没有接受 EAP 服务，可能会出现怎样的后果，进而也就无法通过比较而获得 EAP 对于组织真实的作用。因此，针对 EAP 对组织层面的作用，企业需要清醒的认识，需要及时纠正这一误区，即并不是在所有情况下 EAP 的引入都能带来组织层面上的各类变化。

EAP 是一项体现以人为本理念的实践，强调对员工的尊重和关爱，当员工获得组织关怀时，相应的也会通过更为积极的工作来回报组织。从赫兹伯格的双因素理论来分析，EAP 是一种保健因素。它通过创造一个专业化的平台，来消除员工不满情绪，解决员工心理问题，但并不能使得员工因工作满意而激发工作积极性，产生充分的激励作用。正确看待 EAP 在组织绩效上的价值，就要认识到 EAP 对组织主要的作用在于改善组织气氛与提高员工忠诚度。企业不应为了提高生产率或者降低缺勤率这些刻板的数字化目标而建立对 EAP 过高的期望。EAP 能够在很大程度上减少员工的压力，但却很难减少工作中压力源的存在。可以说，通过 EAP 来有效解决员工压力问题，也是给企业买的一道"保险"。

综上，我们认为 EAP 在员工使用率及满意度、员工个人问题解决上都具有较为明显的作用，而在组织层面的效果则并不明显。

9.3 教练技术

9.3.1 教练技术的历史起源

教练技术始于 20 世纪 70 年代中期，源自体育教练，但又有所发展。一个比较流行的说法是：1975 年，一位美国前网球冠军、教练 Timothy Gallwey 在他所写的名为《网球的内心游戏》（The Inner Game of Tennis）一书中声称，他可以让一个完全不会打网球的人在短短的 20 分钟之内学会网球的基本技巧并熟练地打球。此事引起了美国媒体的注意，他们纷纷派记者去现场采访 Gallwey 教练。在一次现场直播中，Gallwey 教练面对摄像机镜头，在数百万美国人眼前兑现了他的承诺。在后来的采访中，这位网球教练解释道，他所采用的方法区别于传统的讲解规则的教练技术，而是以人们对自身学习和执行的先天能力的信念为基础的。这档节目的播出引起了 AT&T 公司高层领导人员的注意，他们请 Gallwey 教练为公司的经理们上课。不可思议的是，下课后那些经理们所记下的笔记完全与网球无关，反倒是一些企业管理相关的内容。原来听课的经理们已经将网球场上的教练技术迁移到企业管理中。

随着教练技术在企业管理领域的不断传播，越来越多的美国公司开始聘请一些著名的体育教练，如棒球教练、篮球教练和足球教练等，来为他们的销售人员和管理者进行培训，甚至帮助企业将教练技术、管理和领导力三者进行融合。因为教练技术能够帮助管理者和领导人支持他们的属下更好地掌控他们的工作和事业，并能获得在当时传统的"命令-控制"管理文化下少有的效果，因此进入 80 年代后，教练技术逐渐从美国走向全球。

9.3.2 教练的定义及内涵

"教练"已经从传统的体育领域延伸至企业管理、职业生涯管理和绩效管理等方面。教练可以专注于个人生活的任何一个方面，来协助个人成长。

教练的定义形式非常多样化，主要依照客户的需求而采用不同的定义，从业者使用的称呼有执行教练、绩效教练、生活教练等。本书认为，教练是一个合作的过程，教练是以指导或传授的方式提高被训练者的能力，促进自主学习和发展，改进被训练者的绩效或发展技能，使其在生活和职业中保持行为改进，并开发多种策略来实现目标。教练依据目的可分为技能教练、绩效教练和发展教练。

尽管这些常见的定义说法各异，但是它们的核心理念是一样的，即：

（1）教练与被训练者之间是帮助、合作和平等的关系，而不是权威与服从；

（2）重点在于协助被训练者找到解决问题的方法，而不是直接去分析问题；

（3）强调共同合作来制定目标，教练并不需要在所涉及领域拥有高水平的个人经验。

教练是一个交叉性学科领域，与心理治疗、咨询、辅导和培训领域的理论和实践有一些共同之处，还没有与其他领域严格区分开来。教练从业者的专业背景相当广泛，包括咨询顾问、管理者、执行官、教师、销售人员等。

9.3.3 教练技术的核心原理

教练技术是一门通过完善心智模式来发挥潜能、实现目标的管理技术。心智模式是一种深植于人们心中影响人们如何了解这个世界以及如何采取行动的许多假设、成见，甚至图像、印象。

这些观念和假设往往深植于人的心灵深处，可以是隐性的、只是模模糊糊意识到的，也可以是很强烈的个人信念。不管人们是否意识到自己的心智模式，心智模式就像一面筛子，使人们有选择地选取符合这种心智模式的信息，而对其他信息则完全可能视而不见，或者通过各种方式予以否定、选择性记忆或扭曲等。因此，心智模式对个人的认知和行为以及个人所在组织的文化氛围产生重要的影响。

不同的心智模式使我们产生对"世界"和"问题"的不同认识。我们基于认识采取行动，而行为导致结果，一个个不同的结果累计起来，就形成了我们的现状或者叫命运。

如果要改变我们的命运，首先需要审视并改变我们的心智模式。因此，教练技术不是从成果入手，也不是从行为入手，而是从心智模式入手，引导被训练者看到其固有的心智模式，心智模式对其行为成果产生的影响，进而引导被训练者找出盲点，改善心智模式，重新看清真实存在的客观世界，使人们不拘囿于内心的框框、自我的束缚，去寻找更多的发展、突破和改变。

9.3.4 教练技术的理论方法[①]

目前，教练从业者的背景五花八门，包括商业咨询、管理、教学、工厂培训学习和发展、心理治疗等。各个领域有其自身独特的知识基础，理论体系和实践也都有所不同。教练在实践过程中根据自身的背景和知识侧重采取不同的教练方法。主要的教练方法有五种：心理动力法、行为主义法、以人为本法、认知治疗法和系统导向法。除此之外，还有认知行为法、聚焦目标法、理性情绪行为疗法和现实疗法等。

---

① 姜梅芳，陈国海．西方企业教练技术研究综述［J］．广东外语外贸大学学报，2009（3）．

1. 心理动力法

在工作中，人们常常将自身理想化，或者曲解自己的表现。心理分析用来帮助受训练者发掘无意识的想法以及他们在工作中如何思考、感觉和反应以提高认识。

2. 行为主义法

教练的重点在于可观察的行为而不是内在的心理状况。科学的心理学调查研究的主题是可观察和可衡量的行为。教练帮助受训练者理解行为相关原理，如积极强化和消极强化、惩罚、内在强化和外在强化等，使其在人际沟通和激励方面更加有效。

3. 以人为本法

以人为本法侧重于使受训练者对于工作中自身的相关事件承担个人责任，而不是将霉运或者好运统统归因于外部的因素。人人都有发展的潜力，内在潜力得到释放将会使个人更自主以及更加具有社会建设性。教练帮助受训练者从他人和自己两个不同的立场看待自我，使其觉察到需要改变的方面并积极行动，充分发挥自身潜能。

4. 认知治疗法

此教练方法认为人们能够学习去认识和改变自我的想法。教练和受训练者一起探索什么想法引发不良情绪，然后帮助他们发展相关技巧去防止消极想法，或者使其转变成更加积极和肯定的思维方式，而不是着重于改变他们的情绪反应。

5. 系统导向法

教练假定受训练者的行为不是内在心理的驱使，而是对各方工作要求的一种反应。以个人、群体以及组织层面对绩效水平的影响来看，教练要充分了解整体的组织系统，才能帮助受训练者以更有效的方式去适应环境。

6. 认知行为法

该方法认为我们对事情的反应在很大程度上取决于自己的看法，并不是事件本身。教练强调持续不断的努力以及承诺，并协助受训练者自己解决困难。

教练的主要目标是帮助个人开发及实施行动计划以达到改变的目的，而最终目标则是使其进行自我教练。

7. 聚焦目标法

此教练法用来帮助人们设立以及达到个人和工作目标。教练阶段是合作性的、聚焦于问题解决的系统过程，目的在于提高绩效、自主学习和幸福感。其实质是一系列简单程序的循环：设立目标、开发计划、行动、监督、评估绩效，然后在此评估的基础之上改变行动以进一步提高绩效。

8. 理性情绪行为疗法

教练要处理一些阻碍行为改变的问题，特别是自我观念，如完美主义、拖延、自卑、缺乏恒心以及自我贬低等。除非克服这些心理障碍，否则将很难帮助受训练者以最佳状态实现目标，而理想的方法就是理性情绪行为疗法。它的重点在于有效地影响我们的思想，尤其是不理性的信念。

9. 现实疗法

有国外学者对使用现实疗法和选择理论作为教练的理论框架进行了论述。现实疗法以选择理论为基础演变而来，是着眼于未来的辅导方法。现实疗法包含两个主要的部分：营造一个互相信任的环境；使用技巧帮助人们发觉他们真正想要的是什么。

9.3.5 教练技术与其他相关概念的区别

1. 教练技术与培训

教练技术和已有的形形色色的培训的主要区别是，培训主要着重改善个人和组织能力的技术层面，如个人的技能培训和组织管理技术的培训，而企业教练技术涵盖了个人能力和组织能力的社会层面的内容。"天生我材必有用"的一个基本假设是拥有才干的人总能够找到适宜的社会或者组织环境。但是现实生活中，个人能力的发挥和组织竞争力形成所依赖的这种技术因素和社会因素的匹配很少是自然而然地实现的。许多个人因为无法调和自身心态与环境的错位而发出"怀才不遇"或"生不逢时"的感叹。企业，尤其是服务型企业，往往发现很容易培训员工掌握专业技术，却无法让员工变得态度友善而端正，所以在招聘时往往采取心态第一、技能第二的原则。由于缺乏调整心态的管理技术，许多企业面临"千里马不可得"和"有才无用"的尴尬局面。忽视企业能力的社会层面的结果是，许多企业发展到一定程度面临制度文化管理的瓶颈而无法形成可持续的竞争力。

（1）教练技术要求把每个人看成有个性的活生生的"社会人"，而不是完全理性的"经济人"。每个企业成员的心智模式、心态和行为可以完全不同，而教练必须有针对性地运用教练技巧进行教练。如企业教练的基本技术——聆听（listen）、发问（ask）、区分（dentify）和回应（feedback）——都要求教练能够把握每个教练对象的特殊心态，否则很难切实提高教练对象的绩效。

（2）教练与被训练者之间的关系是平等的、互相信赖的关系，而不是机械的、单向的上下级关系，教练的过程是一个教学相长的互动过程。

（3）在教练的过程中，企业的成员并不是被动地接受行动指令，而是积极地寻求正确的心态和解决问题的方法或者计划，因此教练技术实际上是假设每一个成员都可以探索和创造各种新的可能性的创新者。

（4）企业内部的团队协作和共享的愿景不是管理者一手利用职权令行禁止的结果，也不仅是少数几个人非凡的洞察力的结果，而是管理者运用教练技巧多方穿针引线，企业成员之间充分信任、互动磨合的结果。企业教练的本质是通过充分尊重个人的选择和促进人的发展来充分发展企业，并不是传统意义上的激励。传统意义上的激励假设企业成员与企业的目标是割裂的，因此需要各种管理手段驱使企业成员服从于组织的目标。传统意义上的激励的主体和客体对象是很清晰的，主体是投资者或股东，客体是企业的经理人或者员工，在企业教练技术中激励的主体和客体是一体的。企业教练技术致力于让企业的每一个成员设法统一自己的目标和企业的目标，通过自我超越来实现企业发展，企业成员不再是受管理者驱使的"工蜂"，而是充分享有机会和权利的"企业公民"。

2. 教练技术与导师制

导师（mentor）是后辈学习和模仿的对象。导师对某个行业或者工序的掌握非常熟练，带领着后辈增加经验和技巧。导师是有一套成熟的技巧传授给徒弟的，但教练不需要对某些工作的技巧有非常独到的掌握，专业的教练知道如何发挥人的优点，协助当事人订立目标和达成目标。

一般而言，教练与导师的区别主要在于两点：

①导师一定在所教授的领域比徒弟知道得多，而金牌的教练不一定是金牌的运动员。

②导师的指导通常是较长期的、非正式的、自上而下提供信息的，而教练则是有固定期限的，通常是短期的、结构化的。

3. 教练技术与顾问

顾问（consultant）是某个行业的专家，当事人聘请顾问其实就是购买他的专业知识，顾问会为当事人的问题寻找答案，提供解决方案。

教练技术相信，在大多数情况下，最好的答案在当事人的心中，只是当局者迷，暂时没有发现而已。教练是没有既定答案的，所做的是引导当事人了解自己的真实情况，从中发现属于自己的答案。教练技术的发明者 Timothy Gallwey 曾提出过，如果要当事人学得最多，教练就必须教得最少。

4. 教练技术与心理治疗

心理治疗（psychotherapy）是指治疗人的心理疾病。心理疾病很多时候是因为过去的经历和创伤所致，主要反映在个人情绪和行为的偏差上。心理治疗的目的在于协助患者解决心理问题。治疗手法多是清理过去的不愉快经历，建立健康的未来。

教练不是心理治疗师，教练面对的是心理健康的人，当事人并没有任何行为上的偏差和心理疾病，不太重视当事人过去的经历，不大专注于研究他们过去的动机，只是协助当事人带出他们的强项。

教练技术与心理治疗的区别主要在于：

①心理治疗面对的对象是有心理疾病或者是希望加强心理健康的人。教练技术面对的被训练者是希望不断发现自我、突破自我、看到自己盲点的人。

②心理治疗更关注被治疗者的过去，目标是现在。教练技术关注被训练者的现在，目标是将来。

③心理治疗与健康有关，教练技术与绩效和价值观有关。教练技术以被训练者的目标为目标，帮助被训练者实现目标。

第 10 章　集体协商与集体合同管理

10.1　集体协商管理

10.1.1　集体协商概述

1. 集体协商的概念

"集体协商"（collective consultation）在很多市场经济国家被称为"集体谈判"（collective bargaining）或"劳资谈判"。1981 年国际劳工组织颁布的《关于集体谈判的公约》（154 号）对集体谈判进行了总括性的解释和界定。根据该公约，集体谈判是以一名雇主或多名雇主、一个或多个雇主组织为一方，一个或数个工人组织为另一方，就以下目的所进行的所有谈判：确定就业条件；调整雇主与工人之间的关系；调整雇主组织与工人组织之间的关系。

在我国，为了减轻集体谈判语义中所包含的强烈对抗性，把集体谈判称为集体协商。集体协商是指职工一方的代表与企业方面的代表，就签订集体合同或专项集体合同或其他劳动关系的事项，依法进行商谈的行为①。目前，集体协商可分为用人单位层级集体协商、行业性集体协商和区域性集体协商三种主要类型，集体合同也分为用人单位层级集体合同、行业性集体合同和区域性集体合同。

2. 集体协商的作用

集体协商区别于雇主与单个劳动者之间的个别协商。前者的目的是签订集体协议，规范双方的权利义务关系，解决工作场所中共同关注的问题。

---

①　中华全国总工会组织部，中华全国总工会集体合同部. 全国工会工资集体协商培训教材［M］. 北京：中国工人出版社，2011.

通过集体协商签订集体合同，可以弥补劳动立法的不足。《劳动法》规定的关于劳动者权益的标准属于最低标准，按此标准对劳动者进行保护只是法律所要求的最低水平，而立法者并不希望对劳动者利益的保护只停留在最低水平上，但对劳动者能否获得高于法定最低标准的利益，劳动立法却力不能及。通过集体协商签订集体合同，可以对劳动者利益作出高于法定最低标准的约定，从而使对劳动者利益保护的水平能够实际高于法定最低标准。同时，《劳动法》关于劳动者利益和劳动关系协调规则的规定，有许多是粗线条、原则性的规定，并且相对现实生活中丰富、复杂的劳动关系而言难免有所疏漏。通过集体协商签订的集体合同，可以在一定范围内就劳动利益和劳动关系协调的共性问题作出约定，从而更具体地规范劳动关系。

通过集体协商签订集体合同，可以弥补劳动合同的不足。在签订劳动合同时，单个劳动者因为相对处于弱势而不足以同用人单位抗衡，难免不情愿地接受用人单位提出的不合理条件，劳动者之间也会因实力不同，待遇存在差异。通过集体协商签订集体合同，可以改善单个劳动者在劳动关系中的地位，并且确保在一定范围内全体劳动者的权利义务实现平等。同时，由集体合同对劳动关系的主要内容作出具体约定后，劳动合同就只需就单个劳动者的特殊情况作出约定即可，这样可以简化劳动合同的内容，降低建立劳动关系的成本。

3. 集体协商的历史沿革

集体协商，即西方的集体谈判，这个术语是由英国学者西德尼·韦伯和比阿特丽斯·韦伯首先提出的。1902 年韦伯夫妇在《产业民主》一书中对"集体谈判"作出了明确定义："雇主不是面对雇佣劳动者个体并与之订立劳动合同，而是面对集体的意志、决定，订立统一的合同，合同订立的原则是在当时条件下的雇佣劳动者的集体抉择。"随后，1981 年国际劳工组织颁布的《关于集体谈判的公约》（154 号）对集体谈判进行了总括性的解释和界定。纵观西方市场经济国家的集体谈判的发展，大致可以分为以下四个阶段：

第一阶段：萌芽阶段。从 18 世纪末到 19 世纪下半叶，西方市场经济国家的产业冲突和工会组织的出现使得集体谈判成为现实。一些掌握技能的熟练劳动者自发组织起来，利用罢工或消极怠工等手段迫使雇主不得不到谈判桌上与雇员进行谈判。但当时的集体谈判没有得到法律的保护，雇员随时可能被雇主抛弃。

第二阶段：被法律认可阶段。从 19 世纪下半叶到 20 世纪初，政府在一定的法律范围内开始容许劳动者组织工会并签订集体合同。西方国家废除了禁止劳动者结社的法律，工会开始在法律许可的条件下代表雇员与雇主进行"谈判→罢工→再谈判"的过程，劳资双方开始接受通过协商等较温和的方式进行谈判以解决矛盾的做法。集体谈判制度得到了国家法律的认可和保护，集体谈判日益成为制度化的解决产业冲突的手段。

第三阶段：制度化过渡阶段。从 20 世纪初到第二次世界大战，西方国家进一步完善劳动立法，加强劳动行政管理工作，健全相关机构，扩大劳动监察的范围，全面干预劳动关系。集体谈判和集体协商制度在各国日益普及，由劳资双方通过有组织地协商解决工资和其他劳动条款的方式进一步被劳资双方所接受。政府职责转变为为劳资双方进行谈判创造条件，提供调解、仲裁等服务。在劳动立法中，政府从单方面只邀请雇主代表转变为同时邀请雇员代表参加劳动立法。

第四阶段：制度化地位被确认阶段。第二次世界大战后，西方国家普遍注意运用各种措施缓和劳资关系，并形成一整套规范化、制度化的法律体系和调解机制。集体谈判成为处理日常劳资问题的主要手段。在西方发达国家中，集体谈判已经成为雇佣关系中决定规则的主要手段。集体谈判的范围日益扩大，方式上日趋灵活多样，种类上也日趋完善，各种层次的谈判互为补充，并且成为一项经常性的制度。

10.1.2 集体协商的主体

集体协商的主体，也是签订集体合同的当事人，仅限于劳动关系中的劳方和资方。但集体协商不是劳方个体和资方的协商，而是一种团体行为，即资方及其组织与劳方组织的协商和谈判。各国对于集体协商主体的要求不尽相同，下面以我国《集体合同规定》为例，介绍集体协商的主体。

1. 集体协商代表的产生

集体协商代表（以下统称"协商代表"），是指按照法定程序产生并有权代表本方利益进行集体协商的人员。集体协商双方的代表人数应当对等，每方至少3人，并各确定1名首席代表。

（1）职工一方的协商代表

职工一方的协商代表由本单位工会选派。未建立工会的，由本单位职工民主推荐，并经本单位半数以上职工同意。职工一方的首席代表由本单位工会主席担任。工会主席可以书面委托其他协商代表代理首席代表。工会主席空缺的，首席代表由工会主要负责人担任。未建立工会的，职工一方的首席代表从协商代表中民主推举产生。

（2）用人单位一方的协商代表

用人单位一方的协商代表，由用人单位法定代表人指派，首席代表由单位法定代表人担任或由其书面委托其他管理人员担任。

（3）其他事项

①协商代表履行职责的期限由被代表方确定。

②集体协商双方首席代表可以书面委托本单位以外的专业人员作为本方协商代表。委托人数不得超过本方代表的三分之一。

③首席代表不得由非本单位人员代理。

④用人单位协商代表与职工协商代表不得相互兼任。

⑤部分省份规定女职工较多的，职工方协商代表中应当有女代表。工会女职工委员会负责人应当是协商代表。

2. 集体协商代表的职责、义务

（1）协商代表的职责

①参加集体协商；

②接受本方人员质询，及时向本方人员公布协商情况并征求意见；

③提供与集体协商有关的情况和资料；

④代表本方参加集体协商争议的处理；

⑤监督集体合同或专项集体合同的履行；

⑥法律、法规和规章规定的其他职责。

（2）协商代表的义务

协商代表应当维护本单位正常的生产、工作秩序，不得采取威胁、收买、欺骗等行为。协商代表应当保守在集体协商过程中知悉的用人单位的商业秘密。

3. 对职工方协商代表的保护

企业内部的协商代表参加集体协商视为提供了正常劳动。职工一方协商代表在其履行协商代表职责期间劳动合同期满的，劳动合同期限自动延长至完成履行协商代表职责之时，除非出现下列情形之一，用人单位不得与其解除劳动合同：严重违反劳动纪律或用人单位依法制定的规章制度的；严重失职、营私舞弊，对用人单位利益造成重大损害的；被依法追究刑事责任的。

职工一方协商代表履行协商代表职责期间，用人单位无正当理由不得调整其工作岗位。职工一方协商代表与用人单位发生争议的，可以向当地劳动争议仲裁委员会申请仲裁。

4. 集体协商代表的更换

工会可以更换职工一方协商代表；未建立工会的，经本单位半数以上职工同意可以更换职工一方协商代表。用人单位法定代表人可以更换用人单位一方协商代表。协商代表因更换、辞任或遇有不可抗力等情形造成空缺的，应在空缺之日起15日内按照本规定产生新的代表。

10.1.3 集体协商的流程

一个完整的集体协商流程通常包括四个阶段，即准备阶段、提出议题、进行磋商、达成协议，在某些情况下还存在第五个阶段，即争议解决阶段。

1. 准备阶段

集体协商是个长期而艰苦的过程，不论对劳方还是资方而言，都需要很长的时间为集体协商做准备。准备阶段是协商成功的关键，它使得集体协商代表对其任务形成清晰的理解，增强他们完成任务的自信心。同时，充分的准备有助于在协商中获得优势地位，进而影响集体协商的结果。

为了搞好集体协商，双方在准备阶段的工作主要包括：一方向对方发出集体协商的要约；双方安排参加集体协商的人员并收集相关材料。

职工和企业任何一方均可提出进行集体协商的要求。集体协商的提出方应向另一方提出书面的协商意向书，明确协商的时间、地点、内容等，另一方接到协商意向书后，应于20日内予以书面答复。无正当理由不得拒绝进行集体协商。企业工会组织应主动向企业提出协商要约，启动协商程序，积极促进与企业开展集体协商和签订集体合同。企业工会提出协商要约有困难的，其上一级工会可依法代替基层工会向企业提出协商要约。集体协商要约书应该明确提出进行集体协商的时间、地点和议题等，还应附有协商代表资格认定书，应围绕劳动报酬、工作时间、休息休假、保险福利、劳动安全卫生、女职工特殊权益保护和职工培训等涉及劳动关系方面的主要问题，确定集体协商要约行动的内容。根据实际情况，每年可确定1~2个协商主题，有重点、有目标地开展集体协商要约行动，集中力量，上下联动，突破难点。对于集体合同履行中出现的问题，也可通过集体协商要约行动予以解决。

对于企业方来说，通常会安排人力资源总监、财务部门和法律部门的人员参加协商。如果条件许可，还会聘请一些劳资关系领域的专家参加。企业方收集的信息包括内部员工基本数据、人工成本数据，以及本行业、本地区同类数据，这些数据是决定谈判底线和谈判目标的基础。此外，企业方还要考察以往签订的合同，分析合同内容、条款和到期日等信息，用以估量集体协商结果。职工方的准备工作也是一样的。通常工会会从成员中选择有集体协商经验的人员或工会骨干参加集体协商，还可以向上级工会发出请求，由其派遣人员参加集体协商。需要注意的是，集体协商代表的确定不仅要遵照双方进行集体协商的策略，还应当满足法律法规的相关要求。

2. 提出议题

在这一阶段，双方都会对自己想说的问题进行阐述，并向对方提出初步的要求。这一阶段通常被称为"聋子的对话"或"挑战与违抗"，即在对话中，参加集体协商的人员多是忽略其他人提出的问题，集中全力提出和强化自己的问题。其实对于双方而言，这一阶段的真正目的是揭示自己立场的大致轮廓，收集尽可能多的关于对方的信息，来加强或改变先前对对方谈判限度的看法。这一阶段双方提出的要求涉及范围比较广，一般内容也让对方难以接受。提出这种"不现实"的要求是为以后的谈判开创一个让步的空间，可以有余地权衡对手的情况作出让步。要注意的是，在提出议题阶段，双方的姿态很关键。此阶段的气氛是敌意的还是平和的，将对此后双方的谈判风格定下基调。如果任何一方谈判人员采用或被认为采用了过度的侵犯性态度，就会在下一阶段中处于被动地位，而不得不采取让步或折中的行为。

3. 进行磋商

磋商是集体协商中时间最长，也是问题与争议最多的阶段。此阶段中，双方都开始认真地考虑谈判问题，并且也都愿意作出一定的让步来换取另一方相应的回应。但问题是双方都过高地估计了对方所能作出的让步，同时又低估了对方希望自己作出的让步，这样很容易使谈判陷入困境。

在这一阶段，双方都进行大量的说服对方的工作，并试图使对方重新调整期望，最终愿意作出让步，从而为自己获得有利条件奠定基础。为了达成协议，双方会从一些争议较少的问题入手，最终在一些比较关键的问题上作出适当让步。谈判底线并不是固定的，当认识到无法获得最初期望的条件时，谈判方会不断地对自己的底线进行修改。频繁的休会是这一阶段的特征，因为谈判人员都想安排时间考虑对方提出的论点、提议，或让对方考虑己方的论点、提议，重新考虑立场。

4. 达成协议

劳资双方代表在拟定初步协议后，一般都需将协议内容反馈给他们各自所代表的群体，确定该协议是否为多数人所接受。谈判代表在听取、汇总各自群体的意见后，反复协商、修改，之后形成最终的协议，进入正式批准阶段。所谓正式批准，是指工会成员通过投票来确定合同条款是否被最终认可，这是一个特别重要的程序。在进行投票之前，工会谈判代表小组应首先向工会成员解释协议的内容。如果投票通过，那么协议就成为正式的合同。当谈判的双方对合同的内容和条件都达成共识，并在正式的书面协议上签字后，一次集体谈判宣告结束。但是，如果双方始终不能达成一致，就会出现谈判僵局，进而进入争议解决阶段。

5. 争议解决阶段

在解决争议的阶段中，工会可能会组织会员进行罢工，对资方施加压力；企业方也可能采取闭厂等形式对工会的要求作出强硬回应。不论是罢工还是闭厂都会造成巨大的经济损失，甚至影响到社会的稳定。这时就需要第三方介入，对双方的争议进行调解和斡旋。第三方通常由政府相应的职能部门来承担。国际上常用的争议解决措施包括调解、调停、仲裁以及审判。争议解决的结果是使劳资双方达成共识，停止罢工或闭厂等行为。

10.2　集体合同管理

10.2.1　集体合同概述

1. 集体合同的概念

集体合同（collective agreement）又称集体协议、团体协约、劳资合约、集体约定、联合工作合同等，是工会代表员工与雇主或雇主团体之间签订的，关于劳动条件、劳动标准及劳动关系问题的书面协议。原劳动部颁布的《集体合同规定》将集体合同定义为："用人单位与本单位职工根据法律、法规、规章的规定，就劳动报酬、工作时间、休息休假、劳动安全卫生、职业培训、保险福利等事项，通过集体协商签订的书面协议。"

集体谈判与集体合同有着密切的联系，二者是同一件事情的两个部分。集体谈判是签订集体合同的前提和过程，没有集体谈判也就不会有集体合同的签订；集体合同是集体谈判的一种结果，签订集体合同是进行集体谈判所要实现的目的；集体协商的水平直接影响着集体合同的质量及其可行性，二者是不可分离的。

集体合同是一种特殊的合同，表现在三个方面：第一，合同主体的特定性。集体合同的主体只限于劳资关系双方，并且雇主一方可以是单个雇主也可以是多个雇主组成的组织，但雇员一方则必须是团体；第二，合同内容的特殊性。集体合同的内容是关于劳动关系中特定的权利义务，必须符合劳动基准法关于劳动标准的规定，即集体合同所规定的劳动标准不得低于劳动基准法的劳动标准。如果低于这一标准，即使双方达成一致，该条款也无效。第三，特殊的双务合同。关于合同的违约责任，双方稍有不同，如果雇主或雇主团体一方违背了合同义务，要负法律责任，但若工会一方违背了合同义务，则是采用一种有条件的免责。

签订集体合同是为了确保劳动关系双方在规定的时间内保持某种和睦稳定的状态。集体合同一经签订，员工的工资、福利、就业期限和条件就得到了保证，即使雇主方面遇到困难，也不能改变。而雇主方则可以通过集体合同的有关规定使劳动力成本具有较强的稳定性和可预测性，从而达成一种和谐的劳动关系。这对于提高劳动生产率和企业经济效益，促进经济发展和社会繁荣稳定都具有积极的意义。

2. 集体合同的格式和内容

（1）集体合同的格式

集体合同一般采用条文式格式，主要包括以下几个部分：

①名称。集体合同应该在卷首标明该合同的名称和使用年代。

②序言。序言是集体合同正文前的一段叙述文字，写明签订本集体合同的目的、意义等。在实践中，某些集体合同省略了序言部分，把正文第一章作为总则，也是可以的。

③正文。正文就是集体合同的基本条款，规定了当事人双方的权利和义务。

④过渡性条款或附则。过渡性条款一般包括：集体合同的变更、解除条件及办法；集体合同的监督；集体合同的有效期限；集体合同正本、副本的份数及其法律效力；集体合同呈报核准登记、备案单位；集体合同双方当事人签名盖章；集体合同签订的时间和地点；其他有关事项。

（2）集体合同的内容

从《集体合同规定》中集体合同的定义——集体合同是用人单位与本单位职工根据法律、法规、规章的规定，就劳动报酬、工作时间、休息休假、劳动安全卫生、职业培训、保险福利等事项，通过集体协商签订的书面协议——可以看出，劳动条件和劳动标准的规定是集体合同的重要内容，通常这些也是集体谈判的重要议题。此外，还有一些内容或条款是集体合同必须具备的：调整、确定工会与雇主或雇主团体之间权利义务的规定，例如，在合同的有效期内，工会不得带领员工罢工，雇主不得关闭工厂；企业经营管理方面的某些内容，如工会活动的保障、工会干部的待遇、管理方关于工会事务的权力等；集体合同本身应具备的条款，如集体合同的变更、解除和终止等。

3. 集体合同与劳动合同的区别

劳动合同是劳动者与用人单位之间确立劳动关系，明确双方权利和义务的协议。集体合同是指用人单位与本单位职工根据法律、法规、规章的规定，就劳动报酬、工作时间、休息休假、劳动安全卫生、职业培训、保险福利等事项，通过集体协商签订的书面协议。集体合同与劳动合同相比较，有如下主要区别：

（1）当事人不同

劳动合同当事人为单个劳动者和用人单位；集体合同当事人为劳动者团体（即工会代表全体劳动者）和用人单位或其团体，故又称团体协约或团体合同。

（2）目的不同

订立劳动合同的主要目的是确立劳动关系；订立集体合同的主要目的是为确立劳动关系设定具体标准，即在其效力范围内规范劳动关系。

（3）内容不同

集体合同与劳动合同相比，更加强调职工方的权利和用人单位一方的义务。劳动合同以单个劳动者的权利和义务为内容，一般包括劳动关系的各个方面；集体合同以集体劳动关系中全体劳动者的共同权利和义务为内容，可能涉及劳动关系的各个方面，也可能只涉及劳动关系的某个方面。

（4）形式不同

劳动合同在有的国家为要式合同，在有的国家则要式合同与非要式合同并存；集体合同一般为要式合同。

（5）效力不同

劳动合同对单个用人单位和劳动者有法律效力；集体合同对签订合同的单个用人单位或用人单位团体所代表的全体用人单位，以及工会所代表的全体劳动者，都有法律效力。并且，集体合同的效力高于劳动合同的效力。此外，它们在订立程序等方面也有所不同。

4. 我国集体合同的分类

（1）基层集体合同和区域性、行业性集体合同

我国《劳动法》只规定了企业集体合同，后来在实践中一些地方开始出现行业性集体合同和区域性集体合同。我国集体合同体制以基层集体合同为主导体制，集体合同由基层工会组织与企业签订。《劳动合同法》首次以法律形式规定了行业性集体合同和区域性集体合同，规定在县级以下的区域内，建筑业、采矿业、餐饮服务业等行业可以由工会或者企业方面代表签订行业性集体合同，或者订立区域性集体合同。该法还规定，行业性、区域性合同对本行业、本区域的用人单位和劳动者具有约束力。

（2）专项集体合同与综合性集体合同

专项集体合同，是指用人单位与劳动者根据法律、法规、规章的规定，就集体协商的某项内容签订的专项书面协议。专项集体合同的订立、效力及发生争议的处理同集体合同。常见的专项集体合同有工资专项集体合同、劳动安全卫生专项集体合同、女职工权益保护专项集体合同。综合性集体合同是指用人单位与本单位职工根据法律、法规、规章的规定，就劳动报酬、工作时间、休息休假、劳动安全卫生、职业培训、保险福利等事项，通过集体协商签订的书面协议。

10.2.2 集体合同的订立

1. 集体合同草案的拟定

（1）起草集体合同文本的主体

集体合同的文本应该由谁起草，要视具体情况而定。一般来说，起草集体合同文本可以有三种方式：一是由工会方面起草；二是由企业方面起草；三是工会和企业方面共同组织有关人员一起起草。

从市场经济国家的实践来看，集体合同文本由工会方面起草的情况较多。这是因为进行劳资谈判签订劳资合同的要求一般都是由工会首先提出的。工会方在起草过程中，为了保证集体合同文本的文字表述准确清楚、逻辑严谨，经常借助律师、专家的帮助。

（2）起草集体合同文本的基本要求

集体合同作为一种劳动法律文书，一旦签订生效，就会对企业全体人员具有约束力。所以，起草合同是一项十分严肃的工作。一份高质量的合同草案，将为集体协商奠定良好基础。在前期搜集资料信息和职工意见的准备工作完成后，就可以基本确定本次协商谈判的主题，并开始起草集体合同的工作了。在起草集体合同过程中必须把握几个要点：

①拟订草案应参照有关法律、法规和政策，以及同行业和具有可比性企业的劳动标准，包括集体合同范本和其他与签订集体合同相关的资料等。

②集体合同内容应从企业实际出发，避免千篇一律、毫无特色的统一文本。

③把握集体合同内容应当具备的法定要件，它们是：订立集体合同的双方主体须具有法定资格；集体合同的必备条款必须涉及劳动条件与劳动标准等内容；集体合同内容的协商条款可由劳动关系双方酌情议定；集体合同中应有明确的法律责任规定；集体合同应标明履行期限。

④集体合同的格式应讲求规范，避免随意性。

⑤根据内容不同，集体合同可以分为综合性合同和单项性合同两种类型。

⑥集体合同内容应当具体，具有可操作性，避免过于笼统、原则。

⑦集体合同内容的文字表述应当准确明了，逻辑严谨，避免含糊不清、容易引起歧义的表述。

⑧在起草集体合同文本时严谨、认真、仔细，就可以为下一步的协商过程打下良好的基础，避免一些不必要的人力和时间上的浪费。

（3）起草集体合同的程序

目前，集体合同起草的程序是：首先，成立由工会及职工协商代表组成的合同起草小组，有条件的企业应先对职工协商代表进行培训，使其了解集体协商、集体合同制度的相关知识和基本方法。其次，合同起草小组先审查到期的集体合同内容，如果需要可提请进行修订；对集体合同内容中涉及某些特殊工作场所或涉及某些特殊技术方面的规定，可以请有关专家协助论证。最后，可以就起草的集体合同草案征求职工的意见。

对于首次进行集体协商的企业，如果工会缺乏相关经验，可以求助于上级工会或劳动行政部门协助指导。

2. 订立集体合同的程序

经过集体协商的集体合同草案必须经历三个法定程序才能生效。

（1）职代会审议通过集体合同草案

经双方协商代表协商一致的集体合同草案或专项集体合同草案应当提交职工代表大会或者全体职工讨论。职工代表大会或者全体职工讨论集体合同草案或专项集体合同草案，应当有三分之二以上职工代表或者职工出席，且须经全体职工代表半数以上或者全体职工半数以上同意，集体合同草案或专项集体合同草案方获通过。

（2）双方首席代表签署

集体合同草案或专项集体合同草案经职工代表大会或者职工大会通过后，由集体协商双方首席代表签字。

（3）劳动行政部门审查

签字后的集体合同必须提交劳动行政部门审查。

①集体合同的报审。集体合同或专项集体合同签订后，应当自双方首席代表签字之日起 10 日内，由用人单位一方将文本一式三份报送劳动保障行政部门审查。集体合同或专项集体合同审查实行属地管辖，具体管辖范围由省级劳动保障

行政部门规定。中央管辖的企业以及跨省、自治区、直辖市的用人单位的集体合同应当报送国家劳动保障行政部门或其指定的省级劳动保障行政部门。

②劳动行政部门的审查。劳动行政部门对报送的集体合同或专项集体合同应当办理登记手续。劳动保障行政部门应当对报送的集体合同或专项集体合同的下列事项进行合法性审查：一是集体协商双方的主体资格是否符合法律、法规和规章的规定；二是集体协商程序是否违反法律、法规和规章的规定；三是集体合同或专项集体合同内容是否与国家规定相抵触。

③审查的结果与处理。第一种情况是提出异议。劳动保障行政部门对集体合同或专项集体合同有异议的，应当自收到文本之日起15日内将《审查意见书》送达双方协商代表。《审查意见书》应当加盖劳动保障行政部门印章。用人单位与本单位职工就劳动保障行政部门提出异议的事项经集体协商重新签订集体合同或专项集体合同的，用人单位一方应当再次按规定将文本报送劳动保障行政部门审查。第二种情况是未提出异议。劳动保障行政部门自收到文本之日起15日内未提出异议的，集体合同或专项集体合同即行生效。生效的集体合同或专项集体合同，应当自其生效之日起由协商代表及时以适当的形式向本方全体人员公布。

10.2.3 集体合同的履行、变更、解除和终止

1. 集体合同的履行

（1）集体合同履行的概念

集体合同的履行，是指集体合同当事人按照合同的约定，在适当的时间、地点，用适当的方法，全面完成各自承担的义务。当事人双方都完成了集体合同规定的全部义务，称集体合同全部履行；只完成了集体合同规定的部分义务，称集体合同部分履行；都没有完成规定的义务，称集体合同未履行；如果一方当事人完成了规定的义务，另一方当事人没有完成或者只是部分完成规定的义务，称集体合同单方面未履行，或者单方面部分履行。集体合同的履行以有效集体合同为前提。

（2）集体合同履行的原则

履行集体合同应当遵循实际履行、全面履行和协作履行的原则。

①实际履行原则。实际履行原则即集体合同生效后，当事人双方按照集体合同规定的时间、地点、数量以及履行方式等，全面完成集体合同规定的义务。

②全面履行原则。全面履行原则即当事人完全按照集体合同约定的义务履行，除了法律、法规有规定或征得了对方当事人同意外，不得用完成另外的义务来代替约定的义务。一方违约时，也不得用其他方式代替履行。对方要求继续履行时，仍应完成集体合同规定的义务。

③协作履行原则。协作履行原则即当事人之间应当团结合作、相互支持、相

互帮助、密切配合，完成集体合同规定的义务。

2. 集体合同的变更、解除

（1）集体合同的变更

集体合同的变更，是指在集体合同没有履行或没有完全履行之前，因订立集体合同所依据的主观和客观情况发生某些变化，当事人依照法律规定的条件和程序对原合同中的某些条款进行修改和补充。

集体合同的变更，主要是合同内容的变更。它可以是集体合同有效期限的变更，也可以是标准条件、义务性条款的变更。只要当事人双方协商一致，手续和内容合法，变更原合同关系是允许的。集体合同变更后，当事人之间的权利与义务随之发生变化。

（2）集体合同的解除

集体合同的解除，是指集体合同没有履行或没有完全履行之前，因订立合同所依据的主客观情况发生变化，致使集体合同的履行成为不可能或不必要，当事人依照法律规定的条件和程序，终止原集体合同法律关系。

（3）集体合同变更、解除的条件

有下列情形之一的，可以变更或解除集体合同或专项集体合同：

①用人单位因被兼并、解散、破产等原因，致使集体合同或专项集体合同无法履行的；

②因不可抗力等原因致使集体合同或专项集体合同无法履行或部分无法履行的；

③集体合同或专项集体合同约定的变更或解除条件出现的；

④法律、法规、规章规定的其他情形。

3. 集体合同的终止

集体合同解除与集体合同终止是两个不同的概念。前者是集体合同尚未全面履行或者根本没有履行而予以终止；后者则是指集体合同全面履行而告终止。当然，广义的集体合同终止也包括合同的解除。

集体合同的终止又分为两种情形：一是集体合同期限届满终止；二是当事人双方约定的终止条件出现终止。我国《集体合同规定》规定，集体合同期限为一至三年，期满或双方约定的条件出现，即行终止。在有关集体合同的地方立法（如《北京市集体合同条例》）中，对于集体合同的终止条件有如下规定："有下列情形之一的，集体合同终止：①用人单位依法破产、解散的；②集体合同期满或者双方约定的终止条件出现的；③集体合同期满后，一方不同意续订集体合同的。"

10.2.4 集体合同的效力

集体合同的效力，是指集体合同对什么人、在什么时间和地方具有约束力。

1. 集体合同对人的效力

（1）对集体合同关系人的约束力

集体合同关系人是指在集体合同效力范围内的全体职工和企业管理人员。在一般情况下，集体合同关系人是由法律规定的。因此，只要集体合同依法订立，即使部分关系人反对该集体合同，集体合同对持反对意见的关系人仍具有约束力。

（2）对劳动合同当事人的约束力

集体合同对劳动合同当事人是否具有约束力，历史上曾出现过三种不同的见解：第一，不承认集体合同对劳动合同的效力，即劳动合同当事人若无遵守集体合同的意思表示，集体合同对劳动合同及其当事人没有约束力；第二，承认集体合同对劳动合同当事人具有约束力，劳动合同内容不得违反集体合同的有关规定，否则，劳动合同无效；第三，当劳动合同违反集体合同的某些规定时，凡劳动合同当事人有变更集体合同特别约定的，集体合同对特别约定部分不发生效力，否则，集体合同对劳动合同具有约束力。在这三种见解中，只有第二种认为集体合同规范具有相对稳定性，有利于劳动秩序和社会秩序的稳定。目前，西方发达国家的集体合同立法，大都采用第二种意见，并同时规定，如果劳动合同规定的条件高于集体合同的规定，劳动合同有效，否则，集体合同对劳动合同及其当事人具有约束力。我国《劳动合同法》第五十五条规定："用人单位与劳动者订立的劳动合同中劳动报酬和劳动条件等标准不得低于集体合同规定的标准。"这说明我国集体合同的效力大于劳动合同，集体合同对劳动合同当事人具有约束力。

2. 集体合同的时间效力

集体合同的时间效力通常以集体合同的存续时间为原则。集体合同的存续时间分定期、不定期两种。目前，世界各国大都采用定期集体合同，合同期限一般不超过三年。不定期的集体合同，当事人一方在缔约一年以后，有权要求终止集体合同，其前提是必须在要求集体合同终止前一定期限内以书面形式通知对方。我国集体合同的存续时间一般为一至三年。

集体合同发生效力的时间，一般由当事人约定，通常以集体合同成立之日起发生效力。由于集体合同需履行备案手续，因此，集体合同成立之日，不能以集体合同当事人签字为准，而应以集体合同文本向集体合同管理机关报备后第十五日的次日起为准。我国《劳动合同法》第五十四条规定："集体合同订立后，应当报送劳动行政部门；劳动行政部门自收到集体合同文本之日起十五日内未提出异议的，集体合同即行生效。"如果当事人不以集体合同备案之日起十五日的次日作为合同的生效时间，则应具体情况具体分析。如果当事人将集体合同生效时间订在集体合同成立之后，在一般情况下是允许的。倘若将集体合同约定的各项义务溯至集体合同成立以前发生效力，就出现了集体合同的溯及力问题。在某些国家，当事人如有特别理由，并经集体合同管理部门认可，允许集体合同有溯及力。集体合同的消灭时间当然以集体合同终止时间为准。在旧的集体合同失效后、新的集体合同生效前，依照旧的集体合同的规定所签订的劳动合同，如存续时间没有结束，那么劳动合同仍然有效。但在这段时间内，经劳动合同当事人双方同意，可以变更或订立新劳动合同。

3. 集体合同的地域和产业效力

集体合同对地域的效力，是指集体合同在哪些地域或场所有约束力。这种空间范围通常以一定的行政区域或企业、事业单位来划分。集体合同依据其适用地域的广狭，可分为企业、事业单位集体合同，地方集体合同，全国集体合同。凡以一定的行政区域或场所为空间范围订立的集体合同，在该区域或场所内具有约束力。由于我国集体合同是在企业和县级以下区域内签订的，因此我国集体合同只在签订合同的企业或县级以下区域内具有约束力。

集体合同对产业的效力，是指集体合同对同一产业的职工、雇主有约束力。譬如日本的全日本海员工会与船主团体签订的集体合同，对全日本海员和船主都有约束力。由于我国县级以上的产业工会现在尚不享有缔结集体合同的权利，因此我国不存在集体合同的县级以上产业适用范围问题。

10.2.5 集体合同争议处理

我国集体合同争议主要分为因签订集体合同发生的争议和因履行集体合同发生的争议，对应不同的处理程序。

1. 因签订集体合同发生的争议

因签订集体合同发生的争议，即在集体协商过程中发生争议，双方当事人协商解决，协商不成可由劳动保障行政部门协调处理。

按照《集体合同规定》的要求：集体合同处于协商争议阶段产生的纠纷处理实行属地管辖，具体管辖范围由省级劳动保障行政部门规定。中央管辖的企业以及跨省、自治区、直辖市用人单位因集体协商发生的争议，由国家劳动行政保障部门指定的省级劳动行政保障部门组织同级工会和企业组织等三方面的人员协调处理，必要时，国家劳动行政保障部门也可以组织有关方面协调处理。

2. 因履行集体合同发生的争议

因履行集体合同发生的争议可以通过协商、仲裁和诉讼解决。《劳动法》规定，因履行集体合同发生争议，当事人协商解决不成的，可以向劳动争议仲裁委员会申请仲裁；对仲裁裁决不服的，可以自收到仲裁裁决书之日起十五日内向人民法院提起诉讼。

我国《工会法》规定：企业违反集体合同，侵犯职工劳动权益的，工会可以依法要求企业承担责任；因履行集体合同发生争议，经协商解决不成的，工会可以向劳动争议仲裁机构提请仲裁，仲裁机构不予受理或者对仲裁裁决不服的，可以向人民法院提起诉讼。

第11章 冲突管理与企业劳动争议

11.1 工作场所冲突管理概述

11.1.1 冲突管理的基本原理

1. 冲突的概念

冲突是广泛存在的，在工作场所也是如此。在西方社会，经常使用工作场所冲突（workplace conflict）的概念。工作场所冲突可能起源于以下某一个或者多个因素综合的作用：资源的稀缺性（如时间、责任、地位和预算等）、价值取向（如政治偏好、宗教信仰和道德观念等）、世界观（如何理解世界）、对事实的争议等①。从分类情况看，工作场所冲突可以大致分为两个类型：任务型冲突和关系型冲突。任务型冲突是指因为工作方式、任务利弊等意见不一致产生的冲突；关系型冲突是指因为人的价值取向、幽默感等性格观念因素产生的冲突。工作场所冲突也可以细化为五种主要类型：事实冲突、专业/技术冲突、人际冲突、法律冲突（属于雇佣关系）和意见冲突。绝大多数的工作场所冲突源于组织文化和结构，比如员工自我管理的权利、工作纪律、工作强度、沟通方式等②。

2. 对冲突的认识

（1）冲突认识的变迁

对于冲突的认识，按照出现的时间顺序，管理学界主要有三种观点。罗宾斯

---

① DE DREU C K W. The Virtue and Vice of Workplace Conflict: Food for (Pessimistic) Thought [J]. Journal of Organizational Behavior, 2008, 29 (1): 5–18.

② LIBERMAN E, LEVY Y F, SEGAL P. Designing an Internal Organizational System for Conflict Management Based On a Needs Assessment [J]. Dispute Resolution Journal, May/June, 2009: 62–74.

将这三种观点的变化称为"冲突观念的变迁"①。20 世纪 30 至 40 年代的"传统观点"认为，冲突是暴乱、破坏、非理性的同义词，冲突的出现意味着组织内功能失调，必须加以避免。20 世纪 40 年代末至 70 年代中叶的"人际关系观点"认为，群体内的冲突是不可避免的，存在"对群体工作绩效产生积极动力的潜在可能性"，组织应当接纳冲突。20 世纪 70 年代之后，管理学界出现了"相互作用观点"，越来越多的学者鼓励冲突，认为一定水平的冲突能够使群体保持旺盛的生命力和不断创新。冲突水平与组织绩效的关系如图 11-1 所示。"相互作用观点"并不是忽视组织冲突的消极影响，它最大的贡献在于提醒人们从正反两方面看待冲突，并主动对冲突进行管理。

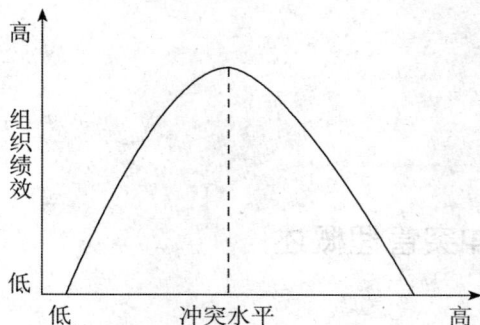

图 11-1 冲突水平与组织绩效的关系

（2）冲突管理研究的认识

随着学者们开始认识到冲突的正面效应，有关冲突管理的研究大多把冲突分为两种类型，这种划分被称作"二分法"。比较有代表性的是 Rahim 提出的"功能正常型冲突"（functional conflict）和"功能失调型冲突"（dysfunctional conflict），或者分为"建设型冲突"（constructive conflict）和"破坏型冲突"（destructive conflict）来讨论②。Rahim 把学者们的观点总结为以下三点：①对个人或群体绩效有消极影响的冲突，应该消减；②有些冲突对个人或群体绩效有正面影响，往往是由于对业务、政策或组织其他问题的不同意见而引起，这类冲突应当培养并保持适度的数量；③组织成员应采取更具建设性的方式来处理冲突。

（3）冲突管理方式的认识

关于冲突的管理方式，尤其是微观企业层面的冲突管理方式，管理学界主要有一维模型和二维模型的划分。一维模型认为冲突管理只存在合作和竞争两种状态，非合作即竞争。学者们逐渐认识到一维模型的局限性，从而发展出冲突管理的二维模型。最早引入二维模型的学者是 Blake 和 Mouton，如图 11-2 所示，横

① 罗宾斯. 组织行为学精要 [M]. 郑晓明，译.5 版. 北京：机械工业出版社，2000：251-257.
② RAHIM M A. Empirical Studies on Managing Conflict [J]. International Journal of Conflict Management, 2000，11（1）：5-8.

坐标表示对人的关心，纵坐标表示对生产的关心，从而区分出五种冲突管理方式：竞争（competing）、合作（collaborating）、妥协（compromising）、逃避（avoiding）和宽容（accommodating）[①]。

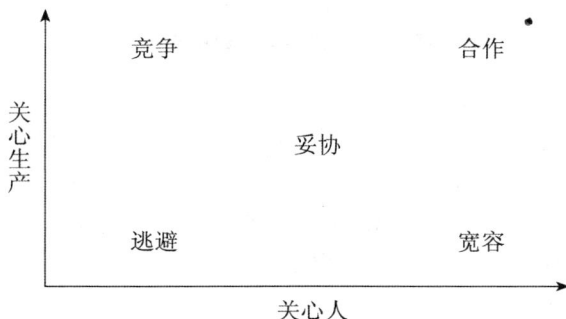

图 11-2　冲突管理的二维模型

3. 冲突与争议的区别

提到冲突，就不得不提到争议的概念。冲突与争议是一个既相互关联又不完全相同的概念。要明晰两者的异同，首先要对冲突和争议的词义进行区分。在权威的朗文英语词典中，冲突（conflict）的解释为"a state of disagreement or argument between people, groups, countries etc"，即在人群间、团队间或者国家间出现的一种意见不一致或争论的状态。而争议（dispute）的解释则为"a serious argument or disagreement"，即严重的意见不一致或争论。可以看出，就英语的词意来说，两者均指的在不同主体之间存在的意见不一致或争论的状态，只是争议的程度要比冲突更加严重。冲突与争议的差异不仅表现在严重程度上，其内容、解决方式等方面也存在一定的差异性。

（1）程度不同

冲突是一种泛指的不一致的状态，对抗的程度较低，而争议则特指严重的不一致，对抗的程度较高，可能以多种较为激烈的形式表现出来。

依据严重程度来划分冲突和争议得到不少学者的认可，例如，Bacharach 和 Lawler[②] 认为冲突是指几乎任何组织都可能存在的摩擦，这种摩擦产生于员工对合理行为的期望上的不匹配。换句话说，冲突更接近于没有爆发的矛盾之意。很多时候，冲突只是一种员工心中的不满意，而争议是冲突的一个子集，是需要在某种条件下寻求解决方案的冲突（见图 11-3）。因此，冲突并不总是转变为争议，它们有时被忽略，有时被抑制，有时被认为不够重要而不被单独处理。

[①]　ROBERT B, HERBERT S, Jane M. Managing Intergroup Conflict in Industry ［M］. Houston：Gulf Pub. Co, 1964.

[②]　BACHARACH S B, LAWLER E J. Power and Politics in Organizations ［M］. San Francisco：Jossey-Bass, 1980.

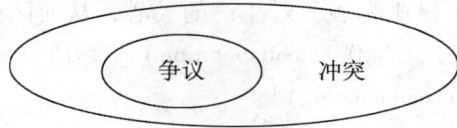

图 11-3 冲突与纠纷关系图

（2）内容不同

冲突和争议都用于描述一种不一致，但是冲突包含了一些潜在的、还没有凸显的矛盾，而争议则只是指已经爆发的显著的矛盾。冲突并不总是会转化为争议，一部分冲突可能会被顺利地化解，或者以其他方式被压抑；另一部分冲突，由于没有得到正确的解决，可能会转变成为争议。

（3）解决方式不同

冲突是两个或两个以上的个人在团体或组织中的一种不和谐。这些不同主体存在利益、目标或优先次序上的分歧。冲突可以是正式的，也可以是非正式的，冲突的化解可以通过第三方介入，也可以不借助第三方，可以通过事前的、主动的和非正式的手段来进行治理。而争议则是更加正式和艰难的，充满着矛盾和争论。因此，有必要使用正式的机制，例如调解、仲裁、诉讼或其他解决办法来处理争议，通常还需要第三者的介入。具体的解决方式对比如表 11-1 所示，其中所列的解决方法从简单到复杂、对抗性从弱到强排列。由此可见，冲突和争议在解决方法的选择上表现出比较明显的差异，

表 11-1 冲突和争议解决方法的差异

	解决方法（简单→复杂，弱对抗→强对抗）						
	规避	调停	协商	ADR	仲裁/判决	诉讼	其他激烈对抗
冲突	√	√	√	√	√	√	√
争议	×	较少	较少	√	√	√	√

可见，虽然两者都存在着会恶化到需要诉诸法院判决甚至于更加激烈的对抗的可能性，但是，部分冲突可以通过较为简单的、对抗性较弱的方法得以解决，而争议更多地依赖较为复杂和正式的解决方式。

总而言之，冲突与争议是两个有紧密联系但是又有显著区别的概念。冲突是不同主体之间潜在的或者已经发生了的不一致，争议则是不同主体之间较为严重和显著的不一致。

11.1.2 劳动争议

1. 劳动争议概念

劳动争议（labor dispute）又称为劳动纠纷，它是劳动关系当事人因劳动权

利义务发生分歧而引起的争议，其中劳动者一方可以是单个的劳动者，也可以是劳动者组成的团体。

在世界范围内，从法律视角来看，各国对劳动争议的界定稍有不同。列举法是法律法规对劳动争议界定的主要方式，有两种具体的列举方式：第一种是直接列举属于劳动争议范围的纠纷，此范围就代表了法院可以受理的劳动争议范畴。例如，国务院 1993 年颁布的《企业劳动争议处理条例》的第二条列举了劳动争议的范围；最高人民法院《关于审理劳动争议案件适用法律若干问题的解释》（法释〔2001〕14 号）第一条从人民法院受理劳动争议的角度界定了其范围：①劳动者与用人单位在履行劳动合同过程中发生的纠纷；②劳动者与用人单位之间没有订立书面劳动合同，但已形成劳动关系后发生的纠纷；③劳动者退休后，与尚未参加社会保险统筹的原用人单位因追索养老金、医疗费、工伤保险待遇和其他社会保险费而发生的纠纷。2008 年 5 月 1 日实施的《劳动争议调解仲裁法》第二条列举了六类可适用于该法的劳动争议情形，划定了劳动争议的范围：①因确认劳动关系发生的争议；②因订立、履行、变更、解除和终止劳动合同发生的争议；③因除名、辞退和辞职、离职发生的争议；④因工作时间、休息休假、社会保险、福利、培训以及劳动保护发生的争议；⑤因劳动报酬、工伤医疗费、经济补偿或者赔偿金等发生的争议；⑥法律、法规规定的其他劳动争议。第二种是通过列举不属于劳动争议的情形来界定劳动争议的法律法规。例如，《最高人民法院关于审理劳动争议案件适用法律若干问题的解释（二）》（法释〔2006〕6 号）第七条规定了不属于劳动争议范围的情形：①劳动者请求社会保险经办机构发放社会保险金的纠纷；②劳动者与用人单位因住房制度改革产生的公有住房转让纠纷；③劳动者对劳动能力鉴定委员会的伤残等级鉴定结论或者对职业病诊断鉴定委员会的职业病诊断鉴定结论的异议纠纷；④家庭或者个人与家政服务人员之间的纠纷；⑤个体工匠与帮工、学徒之间的纠纷；⑥农村承包经营户与受雇人之间的纠纷。

劳动争议是一个在中国劳动关系学界广泛使用的概念。它是以劳动关系为中心的各方已经发生的意见不一致，但是不包括劳动者之间发生的争议，不包含潜在的还没有凸显的冲突。从学者研究视角来看，我国一些学者认为劳动争议的概念应该有广义和狭义之分。广义的劳动争议是指用人单位和劳动者因劳动关系所发生的一切纠纷；狭义的劳动争议是指用人单位与劳动者因劳动权利、劳动义务发生分歧而引起的争议。①

2. 劳动争议分类

多数国家为了更好地处理劳动争议，将劳动争议处理程序建立在对劳动争议进行分类的基础上，针对不同类型劳动争议所具有的特点设计具体的处理程序。

---

① 董保华. 劳动法论［M］. 北京：世界图书出版公司，1999：284.

例如，英国 ACAS（the Advisory，Conciliation and Arbitration Service，咨询、调解及仲裁服务委员会）在履行其调解的主要职能时，就按照个人争议和集体争议采用不同的调解程序；在履行仲裁职责时，委员会坚持仲裁只适用集体争议，个人权利争议并不适用于仲裁的原则。再如，20 世纪 90 年代的日本，经济发展陷入停滞，企业缩减成本等原因导致日本的个别劳动争议数量急剧上升，但是完善的集体劳动争议处理机制不能完全适用于处理个别劳动争议，日本开始逐步建立个别劳动争议处理机制，并颁布《促进个别劳动争议解决法》（2001 年 10 月）和《劳动审判法》（2004 年 4 月）。这一系列的制度安排对处理个别劳动争议发挥了非常重要的作用。各国的实践证明了对劳动争议进行分类，针对不同类别的劳动争议采取不同的处理机制，不仅能够提高解决劳动争议的效率，也能降低司法成本，节约司法资源，而且企业还可以根据不同类型劳动争议的特点，建立预防机制，以减少争议的发生。

各国的法律和实践一般都是按照两种标准来划分劳动争议：第一种是按照劳动争议的主体不同划分为个人劳动争议与集体劳动争议；第二种是按照劳动争议内容的性质不同划分为权利争议与义务争议。例如，瑞典劳动争议体制下劳动争议的类型包括团体争议（集体争议）、个体争议、利益争议和权力争议。[①]

（1）个人劳动争议与集体劳动争议

劳动争议是劳动者或其团体和用人单位一方之间因劳动权利义务发生分歧而引起的争议。由此，单个劳动者与用人单位一方产生的争议是个人争议，也称为个别劳动争议；劳动者团体与用人单位一方因签订和履行集体合同而发生的争议是集体争议，也称为团体争议。

理论界和法律法规对这两种劳动争议进行了详细的界定。例如，著名学者史尚宽先生认为个别劳动争议主要由劳动契约关系所导致各个雇佣人与受雇人间之争议及权利义务生效及消灭的问题，故亦有权利争议之称。也就是说，劳动争议一般表现为权利争议。法律规定了集体争议中劳动者团体的最低规模，例如《中华人民共和国劳动争议调解仲裁法》第七条规定，发生劳动争议的劳动者一方在十人以上，并有共同请求的，可以推举代表参加调解、仲裁或者诉讼活动。也就是说，劳动者一方在十人以上，并有共同请求的，才能称为集体劳动争议。[②]

在协商解决劳动争议的过程中这两种争议依靠的力量悬殊较大，个人劳动争议主要依靠劳动者个人与用人单位交涉以解决争议，集体劳动争议一般是依

[①] 侯玲玲. 中国和瑞典劳动争议处理机制的比较研究［J］. 西南民族大学学报：人文社科版，2006（3）：217.

[②] 原《中华人民共和国企业劳动争议处理条例》第五条规定，发生劳动争议的职工一方在三人以上，并有共同理由的，应当推举代表参加调解或者仲裁活动。该条例已于 2010 年 12 月 29 日由国务院第 588 号令废止。

靠工会，由工会出面与用人单位交涉来解决争议，显然后者的依靠力量更为强大。多个国家都针对个人和集体劳动争议采取不同的处理机制，例如英国ACAS的调解程序中，个人劳动争议和集体劳动争议的侧重点不同。当单个劳动者与用人单位发生争议时，首先由ACAS出面在单位内部通过协商程序解决，未能实现的再由法庭开庭审理，但在庭审之前由ACAS分配调解员，帮助双方当事人在自愿的基础之上解决争议，尽量避免开庭审理。ACAS对集体劳动争议的调解不要求双方事先达成调解协议，只要双方有调解意愿即可进行，[①] 如果集体争议双方未能通过调解解决争议，双方可以选择ACAS的仲裁来解决，但是这种仲裁并不适用于个人劳动争议的解决。再如，瑞典受理个人劳动争议和集体劳动争议诉讼的法院存在差异，个人劳动争议诉讼程序中普通法院作为初审法院，对初审法院判决不服的，可以向劳动法院提起诉讼，劳动法院的判决是终审判决；发生集体劳动争议时，工会作为与用人单位交涉的一方可以直接向劳动法院提起诉讼，因此集体劳动争议诉讼中劳动法院是一审法院，也是终审法院。

（2）权利争议与义务争议

现行的法律法规、劳动合同、集体合同已经就劳动关系双方的权利、义务作出了明确的规定，劳动者一方与用人单位一方就履行这些权利义务发生的争议即权利争议。与此相反，双方就未在法律法规、劳动合同、集体合同中明确规定的权利义务发生的争议则为利益争议。具体而言，利益争议就是在集体谈判中就这些权利义务是否要添加到集体合同、劳动合同中去，或者是已经明确的权利义务是否需要变更而发生的争议。

权利争议和利益争议在争议内容、发生时间、处理方式等方面存在较大区别。

首先，争议的内容截然相反。权利争议的内容是法律法规、劳动合同、集体合同等已经明确的劳动关系双方的权利义务，而利益争议的内容则是未被明确的，是新出现的双方的权利义务。

其次，发生争议的时间有先后。争议内容的不同决定了争议发生的时间不同。权利争议是因已确定的权利义务而发生的争议，因此争议多发生在劳动关系存续期间，劳动合同、集体合同的具体履行过程中。另外，劳动关系终止之时，劳动合同、集体合同期满终止之后产生的争议也属于权利争议，因为这期间劳动者与用人单位仍然肩负一定的义务，即履行后合同义务[②]，这是基于双方原劳动

---

① 王天玉．借鉴与整合：从英国ACAS看我国劳动争议调解制度改革［J］．中国劳动关系学院学报，2008，22（1）：79．
② 劳动合同的履行也是一个前后相续、辩证统一的完整过程，由准备、执行、善后三个阶段构成。当事人在劳动合同解除或终止之后，也负有善后阶段所承担的义务，即"后合同义务"。

关系产生的，《劳动合同法》第五十条也作出了相应规定①。相比之下，利益争议多发生在劳动合同、集体合同订立之前，或者变更之时。

最后，处理争议的过程以及司法介入程度均有所不同。权利争议一般通过协商、调解、仲裁、诉讼程序解决，但是有的国家权利争议处理程序与此不同，例如在瑞典，权利争议可以通过司法程序解决，也可以通过仲裁解决，但是很少有人将权利争议提交仲裁解决。利益争议是由于确定权利义务而发生的，基于订立合同自由的原则，解决利益争议的方式主要是协商、调解、仲裁等非司法介入的方式。

除了这两种分类方法之外，劳动争议还可以按照其他标准进行划分，例如按照劳动争议是否有涉外因素将其划分为国内争议和涉外争议。而且，各个国家和地区具体的分类存在一定差异。例如，新加坡的立法按照争议的具体内容，将劳动争议划分为工资福利争议、工伤争议、保险争议等；日本、韩国以及我国台湾地区按照争议的领域将劳动争议划分为公益事业争议和非公益事业争议。这些分类标准、方式之间并不排斥，例如按照普遍的分类方法，权利争议可以是个人劳动争议，也可以是集体劳动争议，而利益争议只能是集体劳动争议。实践中确实存在多种分类方法并存的现象，例如我国台湾地区的"劳资争议处理法"就把劳动争议分成了权利争议与利益争议，个人争议与集体争议，公益事业争议与非公益事业争议，并据此采取了不同的争议处理方式。②

3. 劳动争议产生的原因

劳动争议是多种原因共同作用造成的，包括社会经济运行环境、经济体制改革、用人单位管理效率、集体合同和劳动合同运行状态、工会协调力度以及法律法规的健全程度，等等。

第一，社会经济总体运行环境是产生劳动争议的客观原因之一。随着我国市场经济体制不断完善，与之相适应的现代企业制度不断推进，以往传统、单一型的劳动关系被打破。用人单位的用人制度变得灵活多样，使得劳动关系也趋于多样化、复杂化，不能正确处理双方的权利义务关系，势必会造成争议。另一方面，我国劳动力市场长期存在严重的供过于求现象，劳动者就业压力大，处于弱势地位，使得其合法利益受到损害，导致劳动争议案件不断攀升。

市场经济建设过程中的企事业单位改制在一定程度上也导致了劳动争议。一方面是国有企业改制过程中比较多的下岗、内退、买断工龄现象导致劳动争议。

---

① 《劳动合同法》第五十条规定，用人单位应当在解除或者终止劳动合同时出具解除或者终止劳动合同的证明，并在十五日内为劳动者办理档案和社会保险关系转移手续。劳动者应当按照双方约定，办理工作交接。用人单位依照本法有关规定应当向劳动者支付经济补偿的，在办结工作交接时支付。用人单位对已经解除或者终止的劳动合同的文本，至少保存二年备查。劳动者和用人单位各自的后合同义务不同，劳动者的后合同义务主要包括：办理工作交接；依约实行竞业限制；保守用人单位的商业秘密；返还、归还因工作需要而使用、占用的用人单位财产、资料，等等。用人单位的后合同义务主要包括：出具解除或者终止劳动合同的证明；在十五日内为劳动者办理档案和社会保险关系转移手续；应当支付经济补偿金的须在办结工作交接手续时支付；保存劳动合同文本二年以上时间；对劳动者的个人信息尤其是与工作相关的信息进行保密，等等。

② 谢青. 劳动争议的界定及其分类处理 [J]. 政治与法律，2008（10）：133.

这部分争议的内容主要集中在下岗生活费水平、社会保险缴纳情况等方面。另一方面是事业单位改制过程中人员分类既不属于公务员编制又不属于合同制用工的劳动者与用人单位之间产生争议。这部分争议由于处于法律法规的空白地带，处理起来难度很大。

第二，劳动关系双方不同的利益追求是产生争议的根本原因。一方面，市场经济条件下，用人单位之间的竞争日益激烈，作为独立的经济体，其追求利润最大化的目标日渐清晰；另一方面，劳动者与用人单位之间的"铁饭碗"关系被打破，劳动者追求个人利益最大化的诉求更加强烈，双方的利益追求产生分歧，导致争议不断发生。

在追求利润最大化过程中，有的用人单位只注重眼前的经济利益，忽略内部管理，致使管理极不规范。例如，延长试用期的时间，超过法律要求的最长6个月；压低试用期的工资水平，不足正常工资的80%，等等。这些做法貌似降低了用工成本，实则违反法律规定势必增加违法成本，不仅损害了劳动者的合法权益，对用人单位的长期发展极其不利。再如，有的用人单位利用规章制度在内部的管理地位，不按照法律要求制定，使规章制度的内容和制定程序都不合乎法律规定，损害劳动者的合法利益。这些行为都会导致劳动者与用人单位之间发生劳动争议。

劳动者在追求个人利益最大化的过程中，有的采取消极甚至违法行为获得利益，导致劳动争议的产生。例如，有的劳动者为了得到就业机会，在求职过程中向用人单位提供虚假信息；在劳动生产过程中不认真对待工作，不严格履行责任，甚至给用人带来经济损失，等等。当然，也有一部分劳动者是通过合法程序维护自身的利益而引发劳动争议。第一种情况是要受到法律的制裁的，是应该被制止的行为，第二种情况体现了劳动者的法律意识、维权意识不断增强，寻求法律手段来维护自己的权益，这是社会所提倡和鼓励的行为。

第三，劳动合同和集体合同履行不规范是产生争议的直接原因。一是劳动合同未能及时签订，劳动者和用人单位双方在生产劳动中的权利、义务不能在最初得到明确，生产过程中双方的权益很难得到保证。二是用人单位没有完全按照法律法规所规定的合同内容来制定劳动合同中的条款，使得双方利益受损，但是由于用人单位处于强势地位，利益受损一方多为劳动者。三是双方在履行劳动合同过程中，未能严格遵守其中的条款，对双方造成损失。四是解除和终止劳动合同不规范造成了劳动争议，这部分争议所占比例较大。其主要原因集中在解除和终止的理由不合法，经济补偿金、经济赔偿金的约束不合法等方面。五是集体合同的订立程序不合法，工会未能严格履行其为劳动者争取合法利益的义务，集体合同的标准不合乎法律要求等，这些都会造成劳动争议。

第四，协调监管制度缺位是产生争议的原因之一。政府和社会对劳动合同、集体合同的履行情况进行监督的制度不健全，不能很好地监督劳动关系双方合法权益的受保护程度。其中一个重要表现就是工会未能严格履行其职责，工会的调解、监督职责到位与否间接影响劳动争议的发生率的高低。

梳理劳动争议产生的原因，有利于用人单位和劳动者双方共同努力清除隐患，从源头上遏制劳动争议的发生，也有利于国家、社会以及其他相关部门，针对劳动争议的产生原因，制定更为有效的处理机制，提高争议处理效率。

11.2 工作场所冲突管理系统

11.2.1 工作场所劳资冲突管理的发展

既然冲突是工作场所普遍存在且不可回避的客观事实，那么冲突的双方必须采取一定的手段来解决这些冲突。在经济社会发展的历程中，曾经出现过多种解决冲突的方法和机制。这些方法从简单到复杂，从肤浅到深入，反映了对于冲突及冲突管理理念的重大转变，以及管理手段和管理技术的重大进步。

冲突管理的发展趋势是，工作场所冲突通过传统的集体谈判和法院诉讼程序来解决的比例越来越少，取而代之的是非诉讼纠纷解决机制（alternative dispute resolution，ADR）和在此基础上产生的冲突管理系统（CMS），到 21 世纪的最初 10 年，又产生了整体冲突管理系统（ICMS）。具体而言，工作场所冲突解决方式的发展大致经历了如图 11-4 所展示出来的路径。

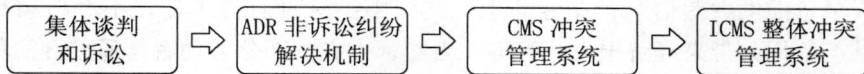

集体谈判和诉讼 ⇒ ADR 非诉讼纠纷解决机制 ⇒ CMS 冲突管理系统 ⇒ ICMS 整体冲突管理系统

图 11-4 冲突治理机制的发展历程

1. 从集体谈判和诉讼到替代性纠纷解决机制

第二次世界大战以后，伴随着美国经济持续的繁荣，美国企业的工会运动达到了高峰。在 20 世纪 50 年代，集体谈判为解决劳资冲突和争议提供了一条明确的通道，成为当时解决工作场所冲突的一个主要渠道。同时，虽然罢工等激烈对抗的手段从来没有被视做积极的方式，但它也是解决集体利益纠纷的有效手段。

随着集体谈判的兴起，美国的立法机构也制定了多部法律来规范雇佣关系。从 20 世纪 60 年代开始，美国国会至少通过了 20 多部法规来规范雇佣关系。其中重要的包括：1964 年和 1991 年的《人权法案》（Civil Right Act），1970 年的《职业安全与健康法案》（Occupational Safety and Health Act），1974 年的《雇员退休收入保障法案》（Employee Retirement Income Security Act）和 1993 年的《家庭和医疗假期条例》（Family and Medical Leave Act）。

这些法规的出台和实施，从多个角度提高了劳动诉讼的发生率，诉讼的事由从工作场所性骚扰到残疾雇员的工作环境问题，再到年龄歧视等。到了 20 世纪 90 年代，越来越多的劳动争议被置于法院的监控之下。这些法律和法规的制定，为通过申诉途径来解决工作场所冲突铺平了道路。美国劳工部 1994 年的数据显示，从 70 年代到 90 年代的 20 年间，与雇佣相关的诉讼案件增长了 400%。

然而，对于企业和雇主而言，与此相伴而来的是高昂的诉讼成本。美国司法部 1996 年的数据表明，在雇佣歧视案件中，如果原告胜诉，平均将得到 20 万美元的赔偿，统计显示，大约 1/9 的原告甚至能得到上百万美元的赔付。① 总之，诉讼案件充斥着美国联邦和地方法院，导致了通过传统诉讼来解决劳资争议的方式既耗时间又耗成本。劳资争议的诉讼解决方案对于雇主和整个社会经济的正常运行都是低效率的。

因此，从 20 世纪 60 年代开始，美国的企业界、司法界都开始转向于寻找成本较小的冲突解决方法。在这样的背景之下，非诉讼纠纷解决方式（ADR）逐渐为人所知，并且逐步地替代了传统的诉讼方式。所谓非诉讼纠纷解决方式，是相对于诉讼的纠纷解决方式而言的，也可以翻译为替代性纠纷解决方式、审判外（诉讼外或判决外）纠纷解决方式。高效率、低成本、民权运动、学术界和法律界的推动等原因都是推动 ADR 逐步替代传统诉讼方式的重要因素。

（1）ADR 的高效率和低成本

造成 ADR 在美国被广泛采用的一个主要原因，是 20 世纪 60 年代爆发的"诉讼潮"。诉讼潮为法院和诉讼双方都带来了较高的成本，同时也耗费了大量的时间。相比而言，ADR 方式不仅节约了诉讼成本，而且发生的交易成本和机会成本都很小。可见，ADR 方法的流行是劳动争议相关方的、社会的、理性选择。

（2）民权运动和福利国家的影响

20 世纪 60 年代，美国民权运动迅速发展，保护个人权利的立法大量出现，从而使法院的受案量剧增，司法体制的弊端与缺点充分暴露出来，诉讼作为解决争议的方式因其耗时、昂贵和破坏当事人之间的良好合作关系而受到批评②。

同时，在 20 世纪 70 年代，西方学者系统地开展了福利国家与"接近正义"运动的研究，其主要的思想就是建立将"社会权利"交给大众的"积极国家"。他们认为，社会变革经历三个阶段（也称波），其中第三波③不仅关心处于不利地位的集团的利益，而且关注整个纠纷处理机构，特别是实体法的简化，以及法院、律师、诉讼的替代手段的产生，在第三次改革浪潮中具有特殊的重要性。

（3）学术界和法律界的推波助澜

ADR 在美国的发展声势浩大，这也要归功于司法界与学术界的交相推波助澜。首先，ADR 在被法院系统的实践采纳后，学术界对 ADR 的发展给予了高度

---

① LIPSKY D B, SEEBER R L. Resolving Workplace Disputes in the United States: The Growth of Alternative Dispute Resolution in Employment Relations [J]. Journal of Alternative Dispute Resolution in Employment, 2000, 2: 37-49.

② SANDER F E A. Alternative Methods of Dispute Resolution: An Overview [J]. University of Florida Law Review, Winter, 1985: 94-100.

③ 莫诺·卡佩莱蒂. 英文版序言 [M] //福利国家与接近正义. 刘俊祥，译. 北京：法律出版社，2000: 3.

重视。1978 年福特基金会开展了"争议解决新方式"的研究计划，试图发动学术界、司法界、律师等联合探讨解决争议的新方法。1985 年，桑德教授（Frank E. A. Sander）出版了《争议解决多样化》一书。

在立法上，1990 年的《美国民事司法改革法》、《行政争议解决法》、《谈判制定规则法》都包括了 ADR 程序。在机构设置方面，联邦与各州都有专门的 ADR 委员会，美国律师协会（ABA）设有争议解决特别委员会。这些机构为当事人提供 ADR 的规则、条款、中立者和法律顾问等。ADR 在法院系统的运用也向规范化方向迈进：1990 年的《民事司法改革法》要求联邦法院减少民事司法费用，减少并杜绝拖延现象，以便将合适的争议案件纳入 ADR 解决渠道。

综上所述，冲突解决方法在从诉讼转变到 ADR 的过程中，虽然企业一方同样作出了努力，但更多的是依靠企业外部的力量（如法律界、学术界）在推动，企业更多的是被动地在应对变化。同时，ADR 对于企业内部组织的变化并没有太大的影响。ADR 产生的根本原因是成本节约以及它可以为法院、企业和雇员都节省大量的时间和金钱。

2. 从 ADR 到冲突管理系统

在 1970—2000 年的这 30 年间，美国的许多企业在企业目标、雇员权利和工作组织方式上发生了巨大的变化。造成这些变化的主要原因包括全球化和日益激烈的商业竞争、美国经济的重组（尤其是制造业的衰退和服务业的兴起）、以互联网普及为代表的技术进步、对美国经济中许多部门管制的放松，以及在 20 世纪六七十年代对于个人权利保障的加强等。

美国社会熟练劳动力的缺少也是造成组织产生变化的一个原因。在 1992 年美国管理协会举办的人力资源管理年会上，有 61% 的雇主认为熟练劳动力稀缺，比上一年的 51% 上升了 10 个百分点。同时，第二次世界大战以后随着"婴儿潮"出生的劳动者开始接近退休年龄，下一代劳动者人数减少，最终导致企业留住合格雇员变得比以往任何时候都更加困难。合格劳动力缺少的事实，可能将在今后一段时间继续存在，这使得很多组织不得不开始变革。在这个过程中，雇佣关系发生变化的一个主要标志就是工作层级的减少和团队合作的增加。同时，"高绩效工作系统"的产生导致了更少的工作监督和更少的职位层级。这种变化，不仅使得工作团队承担了包括招聘、工作安排和工作纪律等更加广泛的职责，而且允许雇员职位和工作任务有周期性的变动，即岗位轮换。同时，组织开始更多地采用"基于技能的报酬"和"基于绩效的报酬"等灵活多样的激励方式，并且为员工提供在职培训和技能发展的机会。一些采用较为先进工作方式的组织，也更加倾向于使用先进的冲突治理方式。于是，在 ADR 的基础之上，产生了更加系统、更加全面的应对冲突的处理方法，即冲突管理系统。

经济和社会环境的变迁、企业自身的变革、冲突管理系统自身的优势以及 ADR 的发展和完善，这些因素都是促使冲突管理系统逐渐被许多大型企业采纳的原因。

（1）经济和社会环境的变迁

经济环境和社会环境的变化，导致了工作场所内雇佣关系的变化和组织变革的发生。为了应对 20 世纪后半期出现的熟练劳动力稀缺、全球化趋势、互联网等新技术产生以及对于员工权利的进一步重视等变化，组织不得不进行自我调整以留住高素质的员工，保证组织的核心竞争力。这些变化包括工作层级的减少、团队合作的增加、激励方式的创新和多样化、员工自治以及对于员工权利的尊重和保障。

（2）企业自身的变革

企业自身的改变，为冲突管理系统创造了环境，这同时反过来增进了组织的变革。当组织开始改变自身对待员工的理念和做法的时候，相应的对待工作场所冲突的方法也会产生改变。许多企业在为其生存进行了其他必要的组织调整后，才发现自己竟然没有这样的系统，企业的这种认识会给组织变化带来强劲的动力。在意识到争议无法避免，且没有有效手段处理冲突的情况下，一个个组织都在尝试去创造解决争议的新系统。于是，许多组织走得更远，开始实践冲突治理的新方法——冲突管理系统。

（3）冲突管理系统自身的优势

冲突管理系统把工作场所冲突看做不可避免的且不是完全有害的事物。相对于 ADR 作为一种传统争议诉讼的替代机制，冲突管理不仅仅是去应对已经产生的争议，而是更加主动地去预防和阻止冲突转变为争议，把争议尽量解决在萌芽状态。ADR 过于关注于司法程序，企业往往仅把 ADR 作为替代诉讼的一种方法，而运用冲突管理系统，不仅能够更加全面地解决冲突，而且能够满足企业劳动关系管理的需要。

（4）ADR 的发展和完善

冲突和纠纷、冲突管理和纠纷解决的概念本身已经从多个角度说明了冲突和纠纷的包含关系，冲突管理系统和 ADR 并不是互相替代的概念，可以说，冲突管理系统是 ADR 的进一步发展与完善。相对于仅为了减少潜在诉讼的 ADR 项目，一个成功的冲突管理系统需要有不同的结构，实施起来也更加复杂；组织应该把 ADR 项目扩展到冲突管理系统中去。显然，冲突管理系统作为一个系统已经包含了 ADR 的内容和手段。

3. 工作场所冲突管理系统的进一步发展

在 20 世纪最后 10 年和 21 世纪初，在冲突管理系统的基础上，学者又提出了整体冲突管理系统[①]（ICMS）概念。相比较一般的冲突管理系统，整体冲突管理系统更加强调对于组织内出现的事件和问题的预见和关注。它鼓励所有级别

---

① GOSLINE A，et al. Designing Integrated Conflict Management Systems：Guidelines for Practitioners and Decision Makers in Organizations ［M］. New York：Cornell University Press，2001.

的雇员使用冲突管理系统，随时分享自己在工作中遇到的任何问题和想法，甚至是在冲突产生之前。和以前希望"规避"冲突不同，整体冲突管理系统希望能尽可能多地去发现组织中的冲突，去倾听和暴露可能存在不一致的观点和想法。它为组织中的所有人服务，包括企业最低级别的员工。

11.2.2　工作场所冲突管理系统的建立与运行

1. 工作场所冲突管理的方法与程序

（1）工作场所冲突管理的方法

冲突管理的方法是指冲突管理系统通过何种手段去应对和处理组织中出现的冲突。相对于 ADR 较为单一的解决手段（调解和仲裁）而言，冲突管理系统拥有较为丰富和全面的冲突管理方法，不仅涵盖了 ADR 的方法，而且还延伸到了冲突产生、发展、激化的各个阶段。

虽然在不同的组织中，冲突管理的方法不尽相同，且对于各种方法具体的操作也都不完全吻合，但仍然具有一定的内在一致性。表 11-2 总结了若干种主要的冲突管理方法，供企业借鉴、筛选、使用。

表 11-2　　　　　　　　　　　　　**冲突管理方法总结**

冲突管理方法	具体解释
敞开门	鼓励员工随时报告他们发现的问题，鼓励员工进入冲突管理团队的办公室进行对话和沟通
监察员	组织中专门设置的职位，独立于其他直线管理部门，直接向 CEO 报告和负责。员工可以向他们倾诉和获取帮助
电话热线	有两种类型：一是由专门的人员（包括监察员）来接听并解答，二是采取电话留言的方式
面对面沟通	如果冲突各方愿意，那么在冲突管理团队的安排下，可以进行直接协商和沟通
员工顾问	员工顾问是组织的常规雇员，经过培训之后，他可以向冲突各方提供自己的意见。由于本身是组织的成员，员工顾问具有熟悉人员和情况的优势
程序讨论会议	当以上的工作都无法解决冲突时，该步骤将为员工提供下一步如何处理的程序选择。该会议由一位组织的管理人员、一位员工顾问以及涉及冲突的员工共同参加
内部调解	通常有两种方式：一是由管理者作为调解员；二是由员工作为调解员
同行审查小组	由 3 名员工代表和 2 名管理者代表共 5 人组成，听取冲突各方的陈述、审查冲突解决情况，并得出处理意见。各方如不满意，则进入高管审查或者直接进入外部解决程序
高管审查小组	由 3 名或者 5 名副经理级别的高层管理人员组成，员工可向他们提出申诉，由他们来决定最终的处理意见。各方如不满意，则进入外部解决阶段
外部调解	选择组织外部中立的人员或组织进行调解
仲裁	如果外部调解仍然无效，双方可以进入仲裁阶段
法律顾问	如果仲裁仍然无法达成一致，那么冲突各方寻找法律顾问，准备进行诉讼

（2）工作场所冲突管理的程序

表11-2总结的各种冲突管理方法并不是孤立地存在的。许多组织在冲突管理过程中，都把具有相同性质的方法归纳到一起，形成了冲突管理的程序。大部分的组织实践表明，当冲突管理系统对组织内的冲突进行管理时，通常分作不同的阶段来进行处理，在各个阶段中，处理的手段也是根据冲突的激烈和复杂程度，先通过较为简单和低成本的方法来解决；如果有必要的话，再进入较为耗时和耗成本的程序。

不同企业由于国家背景、企业文化等方面的差异，形成的冲突管理程序也不尽相同。例如，有的美国企业将冲突管理分为预防/组织、问题解决、第三方介入和顾问建议4个程序；加拿大企业则分作3个级别的内部程序和1个外部程序。欠发达国家的企业，如以色列建立了冲突管理系统的企业把冲突管理程序分为约束性程序和非约束性程序。其中，非约束性程序是指当冲突较为缓和时，冲突各方可以选择多种解决手段来处理矛盾；约束性手段是指当冲突较为激烈时，冲突的各方必须按照规定的程序来进行解决，不能自主地选择解决程序。

虽然各企业对于冲突管理程序的划分并不完全一致，但是其中都体现着一个思路，就是解决的手段和程序可以分为2个大类：内部程序和外部程序。其划分的标准是冲突的治理是否牵扯到冲突管理团队以外的第三方人员。冲突管理的程序如图11-5所示。这种分类方法在美国财富1 000强企业中并不少见。内部程序是指可以完全依靠组织内部人员解决的冲突管理方法的集合，外部程序则是指需要借助外部第三方来帮助解决的冲突管理方法。组织鼓励冲突的各方优先选择前期和简单的内部程序来解决问题。如果不满意，他们也可以跳过某些步骤，选择使用较为复杂和高成本的外部程序来处理。

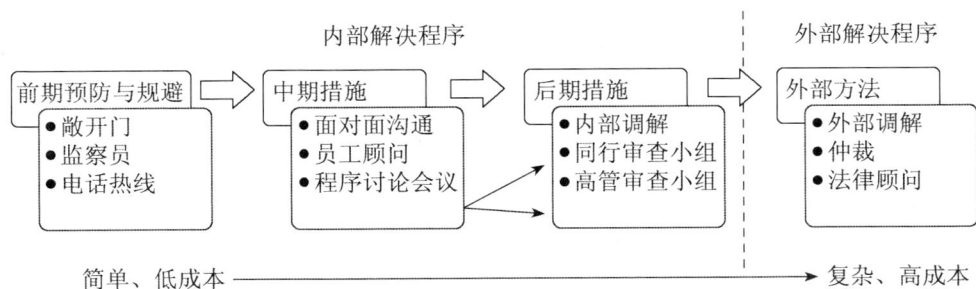

图11-5　冲突管理的程序图

2. 工作场所冲突管理系统的建立

（1）前期准备阶段

在工作场所中，为创建一个有效的冲突管理系统，需要做大量的准备工作，目的是为建立冲突管理系统提供解释、研究和探索的基础。准备阶段需要完成的几项主要任务是：成立冲突管理团队、获得高管人员的支持以及组织状况评估。

①成立冲突管理团队。首先要做的是成立一个冲突管理团队，即CMS团队。

一个合格的 CMS 团队，应该包括组织内部人员和组织外部人员。组织内部人员包括各利益相关者，如组织内的咨询师、调解员、法律专家、管理人员和人力资源专家；组织外部人员应是冲突管理领域的专家。团队的成员应该尽可能具有多元化的背景，包括性别、种族和级别等。这样能够尽可能地做到公平公正，并且具有信服力。冲突管理团队不仅应该包含各利益相关者的代表，团队成员还应该拥有不同的专业技能，这些技能包括人力资源管理、法律、政治、沟通与谈判等方面的技能。

关于由谁来建立冲突管理团队的问题，主要有两种做法。一种做法是由内部发起人（internal champion）来建立冲突管理团队，一般认为内部发起人是组织中最迫切希望建立冲突管理系统的人，他们通常是频繁发生纠纷的部门经理、人力资源主管或者内部顾问等。内部发起人会主动地领导建立冲突管理团队，他们对于冲突管理系统的建立具有非常重要的作用和意义。第二种做法是由组织高层管理人员直接发起建立。在这种情况下，组织的一个或者几个部门高管认识到建立冲突管理系统的必要性，直接由他们牵头来完成整个团队的建立工作。造成这种情况的原因可能是组织内部纠纷多发，从而引起了高管的关注。

CMS 团队成立之后，将负责有关冲突管理系统建立和运行的事项。

②获得高管人员的支持。建立冲突管理系统是组织的一次重大变革，因此得到高管人员的认同和支持非常关键，这一工作将由冲突管理团队来完成。如果冲突管理团队是由内部发起人牵头建立的，那么该内部发起人就需要负责向高管展示和说明建立冲突管理系统的必要性和紧迫性，以获得他们的支持。如果冲突管理团队是由高管人员发起的，那么这些工作将会变得相对容易，只需要由该高管与其他高管人员进行沟通即可。

关于如何获得高管人员支持，主要有两个方面的工作。第一个方面是提出需要改变的理由。冲突管理团队可以向高管人员展示组织中现有的冲突治理方法存在的问题，包括直接或间接导致的生产率下降、法律纠纷、员工道德败坏、员工流失等方面的问题。第二个方面的工作是展示改变的机会。比如冲突管理团队可以建立一个商业案例（business case），以此向高管人员展示通过有效的冲突管理，将会给组织带来成本控制、法律风险降低以及其他发展机会等益处。

③组织状况评估。冲突管理团队需要对组织进行分析和评估。对组织进行评估是建立冲突管理系统的前提。只有全面地掌握组织的现状，分析组织的特征与需求，才能正确地认知组织在冲突管理方面存在的问题和需要改进的地方。

CMS 团队需要对于组织的信息进行收集和分析，具体来讲应注意收集以下三个方面的重要信息：第一，组织文化和亚文化；第二，组织目前的冲突情况，包括冲突组织中常出现的冲突类型和频率，雇员、管理人员、组织对于冲突类型认识的分歧等；第三，组织中现有的冲突治理方法，包括当雇员在工作场所遭遇冲突的时候，他们经常或者习惯去找谁（部门）来解决。收集信息可以通过类似于"组织评估问卷"的形式开展，问卷包括的维度及其内容如表11-3所示。

表 11-3   **组织评估问卷**

维度	需要关注的重要问题
组织文化	1. 组织中常用的合作形式 2. 雇员参与决策的程度 3. 组织对工作氛围和工作关系的看法 4. 组织是否愿意解决冲突
冲突情况	1. 冲突频率 2. 和人际关系相关的冲突 3. 和工作条件相关的冲突 4. 和专业技能相关的冲突
现有解决方法	1. 压制和忍耐 2. 直接沟通 3. 调解、仲裁 4. 通过工会或者诉讼
找谁解决	1. 找上级 2. 找同事 3. 找人力资源部门 4. 直接报告高级主管

（2）系统设计阶段

CMS团队在设计组织的冲突管理系统阶段需要完成的主要任务包括：形成初步设计方案、建立支持结构以及试点运行。

①形成初步设计方案。在组织评估之后，冲突管理团队掌握了大量有关组织的重要信息，他们有能力对冲突管理系统作出初步的设计。系统的设计方案应该包括以下几个方面的内容：组织所面临的主要冲突类型和频率、冲突管理方法、冲突管理程序、员工参与程度、各程序相关人员的责任等。需要注意的是，在系统设计的时候，注意与组织文化相协调。例如，在一个气氛宽松、管理层级较少的组织中，可以让员工来自由选择冲突管理的程序；而当组织的等级较多，官僚气息较浓时，冲突管理的程序选择需要管理者更多的参与。

关于冲突管理系统人员的构成问题，可以从理论界、实践界找到答案。例如在美国的组织中，冲突管理系统通常由一名企业专门指定的人作为领导。这个人可以是建立冲突管理系统的发起人，可以是企业的一个高层管理者，也可以是监察员。理论界有学者分析了多个组织中的冲突管理方法，发现监察员制度是一个非常普遍且有效的制度设计。冲突管理系统还应该包含拥有调解技能的人员，这些人员最好来自企业的不同部门，既有普通的员工又有管理人员。当冲突发生时，冲突的员工可以寻找相同部门的调解人员进行沟通。这些冲突顾问和冲突教练有非常重要的作用，发生冲突的员工可以向他们寻求帮助。因此，冲突管理系统一般由领导、监察员、员工顾问以及调解员组成（见图 11-6）。

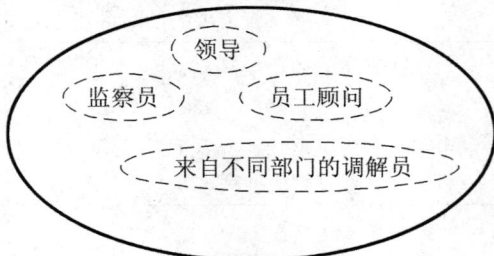

图 11-6　冲突管理系统的人员构成

②建立支持结构。在设计完成之后，系统运行需要有财力和人力的支撑。系统的支持结构是一套能够保证冲突管理系统持续运转的措施和设计，包括系统由谁来运行和运行的经费来源。

从工作性质和内容上看，冲突管理系统的工作类似于人力资源管理和法律事务，但是不应该简单地交给人力资源部门或者法律部门来运行。从美国企业冲突管理的实践来看，冲突管理系统中的协调员在某些情况下是系统的监察员，直接向最高管理者汇报工作。

冲突管理系统的经费来源主要有两个：冲突管理系统内部解决程序的运行费用通常被纳入组织的预算，而冲突管理系统外部解决程序的费用由使用者即员工与组织共同承担。当冲突处于内部解决程序的阶段时，企业组织应该为冲突管理系统埋单，承担全部费用。

当冲突管理需要由外部第三方人员（外部调解员、仲裁员或者律师）参与时，冲突管理的费用会大幅度提高。例如在百威集团中，当员工要求采用外部程序进行冲突解决时，通常是为员工设立一个费用上限，超过这个费用的部分由集团来承担。波音公司的情况与此不同，而是以时间作为参考因素，即公司来承担头两天的调解和仲裁费用，超过这个限度后，将由员工和公司一起分担费用。

③试点运行。为了保证建立起来的冲突管理系统有效运行，组织可以在系统设计的最后阶段，在内部的某个部门进行试点运行。这样对于企业尤其是较大型的企业而言，有助于冲突管理团队获得经验和数据。然而，由此带来的缺点是成本提高，并且较小的实施范围不足以提供有效的样本以供冲突管理团队参考。这些因素说明企业在进行试点运行决策时必须非常慎重。

（3）实施运行阶段

冲突管理系统在正式实施和运行阶段的主要工作包括：系统宣传与推广以及对冲突管理团队进行培训。

①系统宣传与推广。冲突管理系统的宣传工作可以借鉴企业规章制度公示的方式。例如，编制有关冲突管理手册，发放给企业的所有员工，指导他们在各种

情况下如何使用冲突管理系统来解决身边的冲突；各个部门举办活动来向员工面对面地展示冲突管理系统的运行流程；通过公司内部办公网络来宣传和普及冲突管理系统；冲突管理团队可以定期编制月度或者季度报告，向企业管理人员和普通员工通报一段时期内的工作内容。这样一方面可以向管理层展示冲突管理系统的作用，另一方面也可以向普通员工进行宣传，以便更好地指导他们使用冲突管理系统。

②对冲突管理团队进行培训。对于CMS团队，尤其是团队中的内部调解员来说，具有较高的素质和技能水平是非常关键的，因此从一定程度上看，对CMS团队的培训效果直接影响冲突管理系统的运行效果。

对冲突管理团队进行的培训，其内容至少应该包括三个部分：一是法律素养，不仅要熟悉相关的法律法规，还需要具有一定的调解和仲裁经验；二是职业素养，如公正、公平和保密等品质；三是多样化的实际操作技术，如搜集事实、分析问题、沟通技巧和提出选择方案等。

关于培训师的选择和培训的方式，除了常规的课程培训之外，还有一种行之有效的方法：在组织内部进行冲突解决最初的几年，可以引入组织外部的有经验的调解员进行联合调解，这可以让内部调解员迅速地在实际工作中积累知识和经验。一段时间之后，当内部调解员能够顺利地完成评估程序时，就不再需要外部调解员的帮助。

（4）制度化阶段

冲突管理系统不是一个"一次性使用"的工具，应该通过一系列的制度设计，使得冲突管理系统嵌入组织中，成为组织中的常态机构，即把冲突管理系统进行制度化。冲突管理系统的制度化主要包含建立激励制度，持续的沟通、反馈和改进等环节。

如何激励和引导员工使用冲突管理系统呢？最关键的是避免员工因为使用冲突管理系统而遭受到中层管理人员或者其他人的报复。这就涉及信息的保密性，冲突管理系统应该建立严格的保密措施，工作人员应该接受保密性方面的培训。除了保密程序之外，组织的高管可以定期地向员工宣传冲突管理系统的好处，公布冲突管理的成功案例，表达对于冲突管理系统的认可和支持。另外，组织可以把成功的冲突管理与绩效考核相联系，以激励冲突管理团队成员以及有效地使用了冲突管理系统的管理者和员工。

除了激励制度之外，与员工持续的沟通也必不可少，以获得员工的反馈意见，作出持续的改进。

11.3 企业劳动争议的预防及处理机制

11.3.1 企业劳动争议的预防及处理原则

1. 合法原则

合法原则主要体现在依法规范调解过程中法官审判权的行使，确保劳动争议处理程序符合有关法律规定，不违背当事人意愿去强迫调解。同时还应及时查明当事人之间的纠纷争执点和利益共同点，准确合理确定当事人利益关系的平衡点，维持双方当事人权利义务基本均衡，确保调解结果的正当性。此外，争议处理中的合法原则还要求争议处理机构认真履行对相关协议审查确认的职责，确保签署的协议的内容不违反法律规定，不损害国家利益、社会公共利益、第三人利益以及社会公序良俗，从而能够发挥司法功能，维护公平正义。

2. 平等原则

在劳动争议处理的过程中，当事人双方的资格平等，都可以向劳动争议仲裁委员会申请仲裁。法律对争议双方当事人的保护效力也平等，即双方合法权益均等地受到保护，任何一方都不得享有超过法律规定的特权，同时也不允许任何一方无视法律规则，不允许任何只享受权利而不履行义务的不对等行为存在。因此，劳动争议处理机构应根据事实，按照法律，公正、平等地对待当事人双方，确保自身及实际行为的中立性，不得偏向其中的任何一方。

3. 自愿原则

劳动争议处理还应当遵循自愿原则。自愿原则主要体现在以下两个方面：

一是申请劳动争议处理自愿。劳动争议发生后，争议当事人可以申请调解，也可以不经调解直接申请仲裁。调解必须在双方当事人均同意申请的前提下才能进行，任何一方不得强迫。如果有一方当事人不愿意调解，或者达不成调解协议，则调解机构应尊重当事人向其他机构申诉的权利，及时结案，不耽误当事人申请仲裁的时效。

二是劳动争议处理的方式自愿。调解的方式包括直接调解或间接调解、单方调解或双方调解、公开调解或私下调解等。采取何种方式解决争议，由双方当事人自愿决定。

4. 公正原则

劳动争议处理机构在处理劳动争议的过程中，要保持其判断、行为的中立性，依据法律、法规进行客观公正的分析，做到公正调解。劳动争议处理机构要确保双方当事人受到平等对待，处于平等的法律地位，保证争议当事人具有平等的权利和义务；必须始终坚持实事求是，一切从争议的实际情况出发，对双方当事人摆事实、讲道理，做耐心、深入、细致的思想工作，进而在双方协商一致的前提下，引导其自主达成调解协议；同时，也要避免任何一方当事人把自己的意见强加给对方当事人，更不能由调解机构自行代拟调解协议强迫当事人接受。

5. 及时原则

劳动争议处理各个程序都须遵循及时原则。及时原则具体是指劳动争议调解委员会调解劳动争议，必须在法律规定的期限内结束。根据《劳动争议调解仲裁法》第十二条和第十四条的规定，劳动争议调解委员会调解劳动争议，应当充分听取双方当事人对事实和理由的陈述，耐心疏导，帮助其达成协议。自劳动争议调解组织收到调解申请之日起 15 日内未达成调解协议的，视为调解不成，当事人可以依法申请仲裁。

11.3.2　企业劳动争议预防机制

劳动争议从产生到最终形成，由意见、矛盾、摩擦、冲突、个体争议与群体争议的形态表现出来。劳动关系管理要善于从现象和形态中寻找机会，通过劳动关系调整机制使劳动争议从有形转化为无形，化解破坏和谐劳动关系的直接动因。企业劳动关系管理应建立健全劳动关系调整机制，应当站在劳资双赢和现实的角度进行考量，以事前调整预防争议为主，以事后调整解决矛盾为重。劳动争议事前预防就是依据劳动合同、集体合同、企业劳动规则等来调整劳动关系，监督检查劳动合同、集体合同等执行与落实情况，对涉及职工切身利益的事项跟踪监督检查，通过职代会、厂务公开等形式明确职工关心的热点、难点、焦点和重点问题，营造良好的劳动生产环境。实践表明，劳动争议预防是解决"矛盾转化"的有效途径。

11.3.3　企业劳动争议处理机制

企业劳动争议的处理方式通常包括：协商、调解、仲裁和诉讼。

1. 协商

协商是指争议发生之后，雇主或雇主组织和雇员或工会本着平等、合作的原则，自主协商，平等交流，以尽快解决双方的纠纷。协商是解决争议的最基本手段，它不仅使争议双方了解对方的观点、想法，而且在交流中增进了理解，争议也容易得以解决。自主协商还具有成本低、效率高、劳动关系能尽快得以恢复的优点，是市场经济国家处理企业劳动争议的一种重要制度。

2. 调解

调解是指在劳动争议调解机构的主持下，依照法律、法规、政策和道德规范，在查明事实、分清是非的基础上，通过疏导、说服、劝导，促使争议双方进行协商，自愿达成协议，从而消除争议的方法和活动。通过调解来解决劳动争议具有简单快捷、形式多样等特点，且有利于争议的彻底解决。目前许多国家根据劳动争议的性质和当事人的不同，对调解形式进行了区分，如对于权利争议、个别争议实行自愿调解，而对于利益争议、集体争议则进行强制调解。

3. 仲裁

仲裁是指仲裁机构根据当事人的请求解决争议，是依法居中公断的执法行为，包括对争议进行调解、依法审理并作出裁决的一系列活动。仲裁是处理劳动争议的重要手段和方式之一。仲裁可分为自愿仲裁和强制仲裁，劳动仲裁的法律效力由司法权保障。自愿仲裁是指双方在争议发生后或争议未达成和解协议时，自愿将争议提交仲裁机构处理，并服从仲裁裁决。强制仲裁是指根据法律规定，双方必须将争议提交仲裁机构处理，或由仲裁机构主动介入争议处理。

4. 诉讼

诉讼是指当事人就争议依法向法院起诉，法院根据相关法律法规审议案件的活动，是法院通过司法程序解决劳动争议的手段。此外，劳动争议诉讼，还包括当事人一方不履行仲裁委员会已发生法律效力的裁决书或调解书，另一方当事人申请法院强制执行的活动。

主要参考文献

［1］萧鸣政．工作分析的方法与技术［M］．4 版．北京：中国人民大学出版社，2014.

［2］彭剑锋．战略人力资源管理：理论、实践与前沿［M］．北京：中国人民大学出版社，2014.

［3］唐镳．体面劳动的薪酬基础：效率、公平与劳资双赢［J］．中国劳动关系学院学报，2013（1）.

［4］白艳莉．员工雇佣关系感知的动态发展及其管理策略［J］．兰州学刊，2012（12）.

［5］吴冬梅．人力资源理论的五次创新［J］．企业经济，2012（11）.

［6］德斯勒．人力资源管理［M］．刘昕，译.12 版．北京：中国人民大学出版社，2012.

［7］李秀娟．组织行为学［M］．北京：清华大学出版社，2012.

［8］曾湘泉，唐镳．战略劳动关系管理：内容、挑战及展望［J］．中国劳动关系学院学报，2011（4）.

［9］唐镳．战略劳动关系管理［M］．上海：复旦大学出版社，2011.

［10］韩红蕊．从劳动契约角度看近代以来中国劳动关系的发展历程［J］．知识经济，2011（20）.

［11］董保华．劳动合同法立法的争鸣与思考［M］．上海：上海人民出版社，2011.

［12］唐镳．企业劳动关系管理［M］．北京：首都经济贸易大学出版社，2011.

［13］唐镳．劳动关系管理概论［M］．北京：中国人民大学出版社，2011.

［14］王全兴．劳动合同法条文精解［M］．北京：中国法制出版社，2011.

［15］赵应文．工资集体协商［M］．北京：研究出版社，2011.

［16］国务院法制办公室．劳动人事法律法规规章司法解释大全［M］．北京：中国法制出版社，2011.

［17］王振麒．劳动争议处理［M］．上海：复旦大学出版社，2011.

［18］唐鑛．战略劳动关系管理理论与实务［M］．北京：中国人事出版社，2010.

［19］唐鑛．金融危机形势下的战略性劳动关系管理［J］．新华文摘，2010（6）.

［20］刘松博，龙静．组织理论与设计［M］．2版．北京：中国人民大学，2009.

［21］常凯．中国劳动关系报告——当代中国劳动关系的特点和趋向［M］．北京：中国劳动社会保障出版社，2009.

［22］佟新．中国劳动关系调研报告［M］．北京：中国言实出版社，2009.

［23］赵小仕．转轨期中国劳动关系调节机制研究［M］．北京：经济科学出版社，2009.

［24］郭春宏．新法环境下的劳动合同管理与规章制度建设［M］．北京：法律出版社，2009.

［25］肖雨璇．基于社会建构论的企业劳动关系演变研究［D］．湖南大学硕士学位论文，2009.

［26］付亚和．工作分析［M］．2版．上海：复旦大学出版社，2009.

［27］付亚和，许玉林．绩效考核与绩效管理［M］．北京：电子工业出版社，2009.

［28］康青．管理沟通［M］．2版．北京：中国人民大学出版社，2009.

［29］余明阳，张慧彬，等．危机管理战略［M］．北京：清华大学出版社，2009.

［30］张胜辉．希克斯工资谈判模型对我国工资集体协商的启示［J］．职大学报，2009（4）.

［31］彭光华，陆占奇．中国崛起与人性回归——新时期劳动关系形成与发展的背景探析［J］．现代交际，2009（2）.

［32］陶文忠．在经济社会发展中实现劳动者权益——中国劳动关系发展30年回顾［J］．现代交际，2009（2）.

［33］沈琴琴，付麟．中国劳动关系的转型与发展［J］．现代交际，2009（2）.

［34］郑桥．中国劳动关系变迁30年之集体协商和集体合同制度［J］．现代交际，2009（2）.

［35］孙德强．劳动争议处理法制30年发展与展望［J］．现代交际，2009（2）.

［36］关怀.30年来我国劳动立法的光辉历程［J］.朝阳法律评论，2009（1）.

［37］宋湛.集体协商与集体合同［M］.北京：中国劳动社会保障出版社，2008.

［38］罗宾斯，库尔特.组织行为学［M］.孙健敏，李原，译.9版.北京：中国人民大学出版社，2008.

［39］李思恩.沟通力：执行的关键在于沟通［M］.北京：中国民族摄影艺术出版社，2008.

［40］王全兴.劳动法［M］.北京：法律出版社，2008.

［41］解进强，史春祥.薪酬管理实务［M］.北京：机械工业出版社，2008.

［42］张建明，等.劳动标准与劳动监察：政策与实务［M］.北京：北京大学出版社，2008.

［43］石广先.劳动合同法下的企业劳动规章制度制定与风险防范［M］.北京：中国劳动社会保障出版社，2008.

［44］米尔科维奇，纽曼.薪酬管理［M］.成得礼，译.9版.北京：中国人民大学出版社，2008.

［45］伊兰伯格，史密斯.现代劳动经济学：理论与公共政策［M］.刘昕，译.8版.北京：中国人民大学出版社，2007.

［46］刘昕.薪酬管理［M］.北京：中国人民大学出版社，2007.

［47］董保华，杨杰.劳动合同法软着陆［M］.北京：中国法制出版社，2007.

［48］巴德.人性化的雇佣关系——效率、公平与发言权之间的平衡［M］.解格先，马振英，译.北京：北京大学出版社，2007.

［49］吴宏洛.转型期的和谐劳动关系［M］.北京：社会科学文献出版社，2007.

［50］程延园.劳动关系［M］.北京：中国人民大学出版社，2007.

［51］蒙特.管理沟通指南［M］.钱小军，张洁，译.8版.北京：清华大学出版社，2007.

［52］李国光.劳动合同争议的仲裁与诉讼［M］.北京：人民法院出版社，2007.

［53］周春生.企业风险与危机管理［M］.北京：北京大学出版社，2007.

［54］贝赞可，德雷诺夫，尚利，等.战略经济学［M］.詹正茂，等，译.3版.北京：中国人民大学出版社，2006.

［55］常凯.劳动关系学［M］.北京：中国劳动社会保障出版社，2006.

［56］张西超.员工帮助计划——中国EAP的理论与实践［M］.北京：中国社会科学出版社，2006.

[57] 姚裕群. 团队建设与管理 [M]. 北京：首都经济贸易大学出版社, 2006.

[58] 孙健敏, 徐世勇. 管理沟通 [M]. 北京：清华大学出版社, 2006.

[59] 魏江, 严进, 等. 管理沟通：成功管理的基石 [M]. 北京：机械工业出版社, 2006.

[60] 王丽娟. 员工招聘与配置 [M]. 上海：复旦大学出版社, 2006.

[61] 常凯. 劳动关系学 [M]. 北京：中国劳动保障出版社, 2005.

[62] 王全兴. 劳动法学 [M]. 北京：法律出版社, 2004.

[63] 伊万切维奇. 人力资源管理 [M]. 英文版·9 版. 北京：机械工业出版社, 2004.

[64] 许玉林. 组织设计与管理 [M]. 上海：复旦大学出版社, 2003.

[65] 苏海南, 等. 中国标准体系研究 [M]. 北京：中国劳动社会保障出版社, 2003.

[66] 郑桥. 劳资谈判 [M]. 北京：中国工人出版社, 2003.

[67] 马尔托齐奥. 战略薪酬 [M]. 周眉, 译. 北京：社会科学文献出版社, 2002.

[68] 梁立邦, 段传敏. 企业教练：领导力革命 [M]. 广州：中山大学出版社, 2002.

[69] 程延园. 劳动关系 [M]. 北京：中国人民大学出版社, 2002.

[70] 王益英. 外国劳动法和社会保障法 [M]. 北京：中国人民大学出版社, 2001.

[71] 贝尔滨. 管理团队：成败启示录 [M]. 郑海涛, 译. 北京：机械工业出版社, 2001.

[72] 拉齐尔. 人事管理经济学 [M]. 刘昕, 译. 北京：生活·读书·新知三联书店, 2000.

[73] 梁能. 公司治理结构：中国的实践与美国的经验 [M]. 北京：中国人民大学出版社, 2000.

[74] 劳动和社会保障部劳动科学研究所. 外国劳动和社会保障法选[M]. 北京：中国劳动社会保障出版社, 1999.

[75] 张念慈, 单锦元. 现代企业管理理论与方法 [M]. 北京：电子工业出版社, 1993.